JN195285

古代敦賀の神々と国家

古墳の展開から神仏習合の成立まで

堀　大介

雄山閣

まえがき

越前国の敦賀は古代史上の重要地であった。記紀に登場する敦賀は最初の渡来人（都怒我阿羅斯等）の上陸地で、神功皇后が新羅征討の際の出航地であった。北部九州で生まれた誉田別皇子（応神天皇）は忍熊皇子と皇位をめぐり争い、勝利後に禊のために訪れた地でもある。気比大神との名易え説話などを読み解くと、敦賀は王の誕生地で、応神の五世孫として登場する継体天皇との関係から王権にとっての聖地として認識されていた。また敦賀といえば福井県敦賀市域をイメージするが、古代の領域はさらに広大であった。敦賀郡内には伊部郷がある。その比定地である織田の地（福井県丹生郡越前町の織田地区）は敦賀市の中心部から三五キロほど北に離れている。つまり敦賀は現在の南越前町を含めた丹生郡越前町の大半に相当し、もっと広域にとらえ直す必要が出てきた。その認識に立てば越前一宮の氣比神宮と二宮の劔神社は同じ敦賀に鎮座したことになる。両神は高い神階奉授で知られ、特に剣神は神として初の勲位を受けた。しかも両社からは初期神宮寺の創建が指摘できる。気比神宮寺は霊亀元年（七一五）の国内最古級の創建とされるが、あくまで記録上である。しかし気比神の御子神で、その北方に鎮座する劔神社（越前町織田）の神宮寺は境内に残る塔の心礎と周辺で操業した瓦の存在から奈良時代初期に遡る可能性が高い。神地に建つ点で神宮寺的性格を有するので、考古学的に裏付けられる事例として注目される。とすれば宗教的な側面においても敦賀の重要性は指摘できる。本書では古墳・神社・神仏習合などの検討をもとに、敦賀という一地域を中心とした古代史像を描き、国家（王権）との関係性のなかでとらえ直すことで、その地域性と特異性について明らかにしたい。

第一編では福井県敦賀市の古墳と神社を考古学的に検討し、敦賀の特異性と気比神の諸性格について王権との関わりのなかで論じる。第一章では福井県敦賀市に分布する古墳群を対象とし、主要な古墳の形態と時期、埋葬施設と副葬品の内容を検討し、敦賀に特徴的な製塩、王権との関わりを考えるうえでの基礎資料を提示する。第二章では記紀に登場する気比（笥飯）神について神名・鎮座地などから諸性格を読み取り、気比神の成立論から海神・航海神・武神・食神の要素がいつ付加され、どのような経緯で王権との関わりが語られるに至ったのか、その背景について考古資料の分析を踏まえたうえで具体的に明らかにする。

第二編では『続日本紀』宝亀二年（七七一）十月戊辰条にある「詔、充二越前国従四位下勲六等剣神食封廿戸、田二町一」の記事を足がかりとして、越前国の剣神が史料に登場するに至った歴史的意義について論じる。第三章では剣神の高い神階奉授や神として初の叙勲を授与された理由を考え、歴史的な経緯について明らかにする。第四章ではその厚遇の理由を剣神社に祀られた祭神に求め、縁起や由緒と『続日本紀』などにもとづき分析をおこなう。

第三編では北陸南西部における神仏習合の成立について文献史料と考古資料から論じる。第五章では劔神社所蔵の梵鐘［国宝］にある「剣御子寺鐘／神護景雲四／年九月十一日」という銘文に示された剣御子寺（剣御子神宮寺）の成立について境内とその周辺の考古資料を整理し、越前町が五年間実施した発掘調査の成果を踏まえて明らかにする。第六章では北陸道に鎮座し、のちの名神大社と称される三つの神社（気比・若狭比古・気多）に伴う神宮寺を中心に取り上げ、文献史料と考古資料の分析を通じて成立論について言及する。

終編では、なぜ奈良時代初期において一部の神社に神宮寺が創建されたのか、その至る論理について論じる。第七章では、日中における神身離脱の言説を中心に神宮寺の創建譚を検討し、八世紀前葉の政治的・社会的な背景を踏まえたうえで北陸道における初期神宮寺の成立と経緯について明らかにする。

なお、各章に関連する論考を附論として各編の末尾に収録した。

◎古代敦賀の神々と国家　古墳の展開から神仏習合の成立まで◎目次

第一編　古代敦賀の諸相とヤマト王権

第一章　敦賀における古墳の成立と展開

はじめに

平成二十二年（二〇一〇）から五年にわたり福井県丹生郡越前町の劔神社境内と番城谷山古墳群の発掘調査を実施し、その成果を通じて越前・若狭の古代史を整理するなかで、改めて敦賀という視点でとらえ直す必要が出てきた。まず、古代敦賀郡の北部域にあたる越前町織田の地には劔神社が鎮座するが、その元宮（奥宮）である座ヶ岳と結んだ南北の延長線上には敦賀市の氣比神宮が鎮座している。ともに古くから高い神階を有する点など関係性が深く、律令国家に厚遇された歴史がある。次に、番城谷山5号墳は丹南（福井県の嶺北南部域）唯一の葺石と埴輪の両方を備える造出付円墳（墳長四六・四メートル）で古墳中期前葉から中葉にかけて築造されたが、現在の敦賀市域でその両方を備える古墳は向出山2号墳（直径一六メートル）のみである。同時期に比定できる可能性が高いので、同じような経緯や政治的な背景が想定できる（第1図）。これは敦賀という地域概念が広域に及び、かつ古墳時代に遡ることを示唆するもので、のちの敦賀郡の領域的広がりを理解するうえで重要となる。本章では敦賀市域で過去に調査

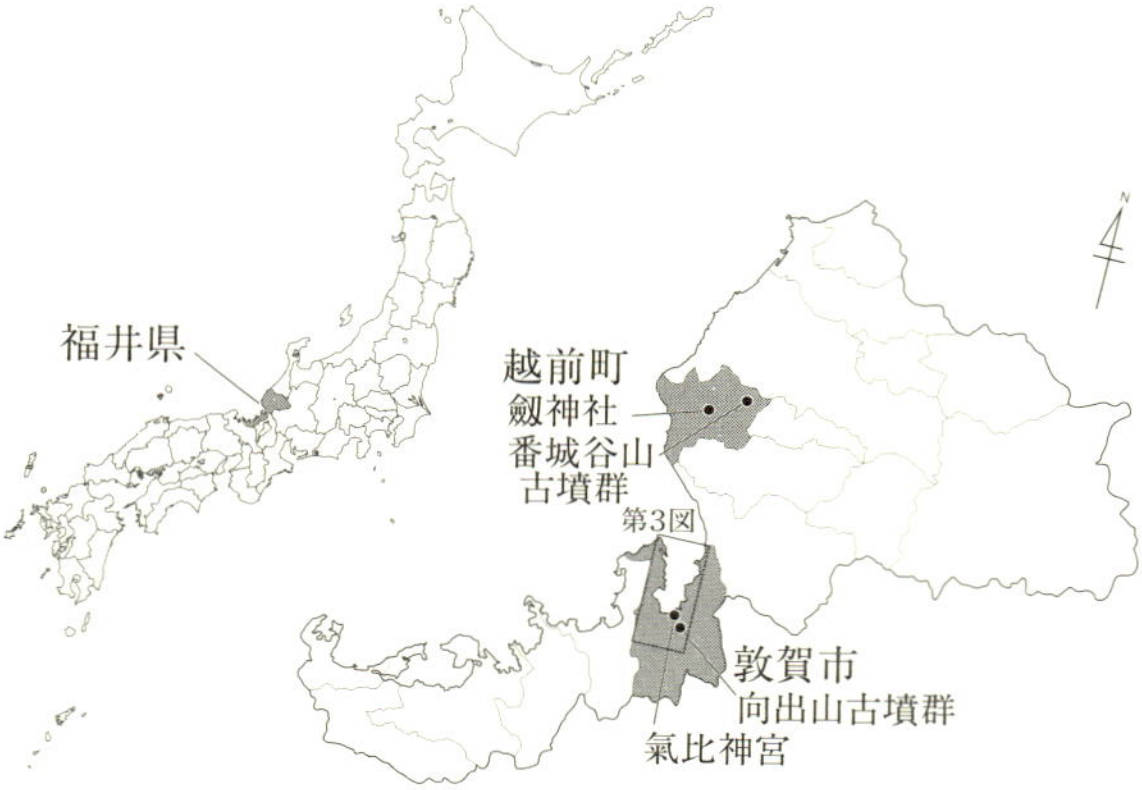

第1図　福井県敦賀市・越前町と関係地

された古墳を中心に整理し、古代敦賀の歴史性と地域性を解明するうえでの前提となる基礎資料を提示したい。

第一節　研究史と問題の所在

一　研究史

敦賀の古墳については石井左近の資料紹介が嚆矢である。[1]その報文では穴地蔵古墳・沓丸山古墳・石坂古墳・金ヶ崎古墳・長谷御堂山古墳・鳩原古墳群などが取り上げられたが、昭和二十九年（一九五四）に発掘調査がなされた向出山古墳群については特に詳しく紹介された。それ以降、首長系譜を体系的にとらえたのは中司照世であり、敦賀地域と王権との関係の成立を五世紀後半とする従来の説に対して、立洞2号墳の調査成果から修正を余儀なくされると述べた。[2]具体的には首長墓に該当する古墳とその時期について、小谷ヶ洞2号墳（円墳、四世紀後葉）→立洞2号墳（帆立貝形前方後円墳、四世紀末～五世紀初頭）→明神山1号墳（前方後方墳、五世紀前葉～中葉）→明神山3号墳（円墳、五世紀中葉～後葉）→向出山1号墳（墳丘外に方形区画をもつ円墳、五世紀末）→向出山3号墳（円墳、六世紀後葉）とし、四、五世紀代にほぼ継続する首長系譜を示した。そして四世紀後葉の敦賀は北陸のなかでも特殊な地域として位置づけ、立洞2号墳の被葬者が一層密接な王権との関係を保有した点を強調している。

これに対して森川昌和は中司の見解を踏襲しながらも、向出山1号墳→3号墳の間に明神山9号墳を位置づけた方が首長系譜をより理解できるとし、本格的な前方後円墳の築造を六世紀前半と考えた。[3]加えて若狭の三方郡から大飯郡にかけての盟主的な群集墳に前方後円墳が採用されることと同様の性格を与えている。その後、中司照世は明神山1号墳の築造時期を古墳前期に遡らせた。[4]歴代首長を順次列挙するのは不可能としながらも、明神山1号墳（前方後方墳、四世紀）→立洞2号墳（帆立貝形古墳、四世紀末ないし五世紀初頭）→向出山1号墳（円墳、五世紀後葉）→明神山9号墳（前方後円墳、六世紀前半）の系譜を示し、一部判明した傑出した副葬品とともに系譜論の根拠を段築・葺石という定型化する外表施設の採用を重視した。

それから中司照世は明神山9号墳の後続として衣掛山1号墳（直径約二六メートルの円墳、六世紀中葉）を加え、歴代五基による首長系譜を提示した。[5] 向出山1号墳を除く他の首長墳はさほど大規模ではないが、前・中期では三基とも葺石を備えるなど極めて顕著な存在として位置づけている。立洞2号墳からは石釧、向出山1号墳からは類例の少ない副葬品をあげ、敦賀の特異性について言及する。また近年の発掘調査事例を整理し、その成果を踏まえたうえで古墳の時期を再検討した。[6] 小谷ヶ洞2号墳を四世紀中頃、立洞2号墳を四世紀後半、向出山2号墳を五世紀中頃、向出山1号墳を五世紀末頃に位置づけるなど部分修正をおこない、明神山1号墳は丑寅山支群の四世紀初頭の発現を理由に四世紀前半に遡らせて考えた。

一方、古川登・御嶽貞義は大賀克彦の古墳編年にもとづき、福井県嶺北の古墳を検討するなかで敦賀市域の首長系譜を提示した。[7] 舞崎3号墳（方墳一四メートル、前Ⅱ期？）→舞崎1号墳（方墳一三メートル、前Ⅲ期？）→宮山1号墳（前方後円墳二四メートル、前Ⅳ期？）→宮山2号墳（前方後円墳二三メートル？、前Ⅴ期？）→小谷ヶ洞2号墳（円墳二五メートル、前Ⅵ期）→立洞2号墳（張出付円墳二四メートル、前Ⅶ期）→明神山1号墳（前方後方墳四五・八メートル、中Ⅰ～Ⅱ期？）→明神山3号墳（円墳三〇メートル、中Ⅲ～Ⅳ期？）→向出山1号墳（張出付円墳六九・四メートル、後Ⅰ期）→明神山9号墳（前方後円墳三〇メートル、後Ⅱ期？）とする系譜は最も詳細なものである。

両者の相違は明神山1号墳の時期にある。前期とする中司に対し中期前半とする古川・御嶽であるが、近年の発掘調査の増加[8]により従来円墳の3号墳が前方後円墳に変更され、従来中期の1号墳は古墳前期前葉に盛行する前方後方墳の流れでみれば前期古墳に位置づけられる。[9] いずれにせよ舞崎古墳群や宮山古墳群など発掘調査の増加により詳細な時期比定可能な段階にきている。

後期古墳については石井左近らの調査で、その存在が明らかとなった。[10] その後、福井県教育委員会は山の上1号墳と向出山3、4号墳、敦賀市教育委員会は衣掛山古墳群と鳩原古墳群、敦賀半島東部に展開する西浦古墳群や穴地蔵古墳群などの発掘調査を実施した。特に川村俊彦は衣掛山古墳群の報告書において1、4号墳にみる被葬者の政治性や3号墳に副葬された製塩土器の意義を論じ(11)、西浦古墳群の報告書において製塩集団とそれを膝下とした関係について海人集団との関わりを考えた(12)。網谷克彦は穴地蔵1号墳の使用石材の法量規格から敦賀平野に石材採掘加工業の分離・独立が存在したことを指摘している(13)。その関連でいえば石棚付設の横穴式石室は敦賀市付近に集中することから研究対象となった。その出現と背景については紀伊・大和とのつながりを指摘した中村修などの研究があり(14)、近年では美浜町の歴史シンポジウムなどで議論が盛んになっている(15)。

二　問題の所在

研究史を整理すると、首長系譜については大筋で一致するもののの細部となると統一見解には至らず、報告書には墳形への誤認や時期比定の振れ幅と漠然さがある。古墳前期初頭の円墳と認定された事例（明神山12～18号墳）(16)、階段状に展開する古墳（明神山4～6号墳、12～14号墳、26～29号墳）が円墳と認識された事

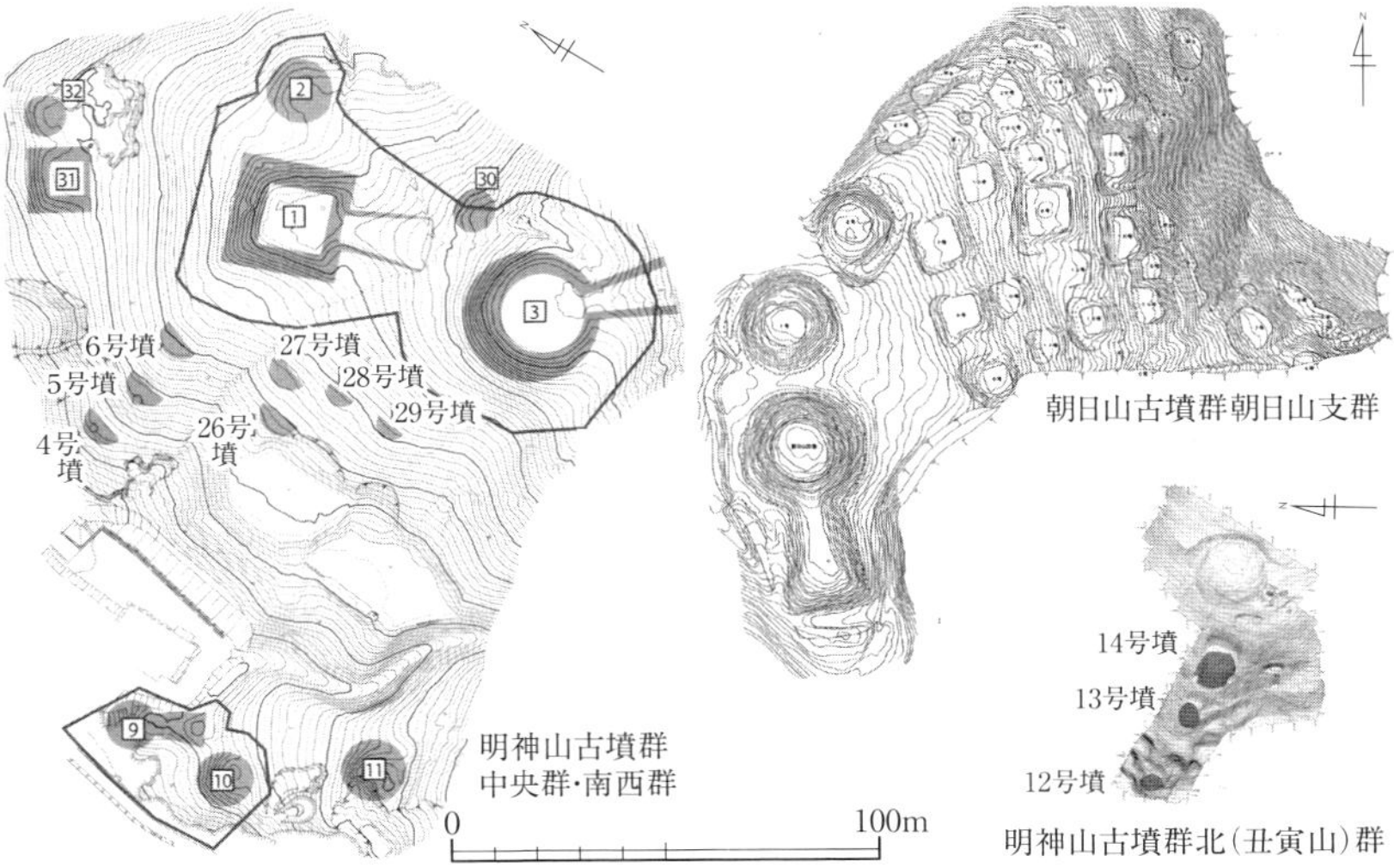

第２図　明神山古墳群と朝日山古墳群［縮尺 1:3,000］

例[17]は、北陸南西部における伝統的な方形墳丘墓の築造を重視すれば誤認とみられる（第2図）。こうした見解の相違や墳形の誤認について時期比定可能な資料が少ないという制約はあるが、詳細な編年との対応や厳密な精査がなされず、福井県の全体的な墓制のなかで位置づける視点に欠けたことに原因がある。一方で、後期古墳の資料は比較的充実している。敦賀という地域性から海とのつながりや海人集団との関係性のなかで論じられるものの、横穴式石室の構築方法からみた検討、石棚付設の横穴式石室や製塩土器の副葬など特徴的なものばかりに目がいき、古墳群の詳細な時期的な変遷とその背景について論じたものは少ない。他の古墳群との比較検討や福井県全体のなかでの位置づけ、王権との関わりのなかで論じる必要があるだろう。

本章で重視するのは詳細な時間軸上での議論である。仮に政治・社会史を論じるのであれば、二〇年幅を単位とする土器編年と古墳編年にもとづくことが重要で、その点に関しては再三指摘してきたので、本章においても古墳の築造時期の比定に主眼を置く。土器編年は堀編年、須恵器編年は田辺編年、古墳は大賀編年をもとにするが、他の研究成果も補助的に用いる[18]。出土遺物を伴う場合は編年にできるだけ適用することとし、時期判別のできないものは周辺地域との比較のなかで位置づける。敦賀市に所在する古墳群は都合四つの地域に区分する。分析の対象としたのは調査がなされた古墳を基本とし、墳丘・埋葬施設・副葬品・築造時期を中心に概要を述べる。

第二節　事例の検討

敦賀市の古墳群は一八か所を数える（第3図）。北西部から南部および北東部にかけて1西浦古墳群（六基）、2穴地蔵古墳群（三基）、3莇生野古墳群（不明）、4黒河川流域の古墳群（七基）、5宮山古墳群（三基）、6山泉古墳群（不明）、7衣掛山古墳群（四九基）、8鳩原古墳群（二基）、9明神山古墳群（三二基）、10小谷ヶ洞古墳群（二基）、11吉河古墳（一基）、12向出山古墳群（四基）、13中村山古墳群（二基）、14山の上古墳群（二基）、15立洞古墳群（四基）、16 大椋古墳群（二基）、17 舞崎古墳群（五基）、18 金ヶ崎古墳（一基）がある。消滅古墳もあり正確な数は把握できないが、既報告を集計すれば一四六基以上を数える。[19] 本節では敦賀市域を㈠北西部域、㈡南西部域、㈢南東部域、㈣北東部域の四つに設定して古墳群ごとに概観する。

一　北西部域

㈠　西浦古墳群

概要　敦賀湾西海岸に点在する古墳群の総称である。敦賀半島の東側にあたるこの一帯は小岬角と砂浜が交互に連なる海岸線からなり、砂浜に面した各々の小低地に集落が営まれた。各集落の後背には北から石坂古墳・色古墳・沓丸山

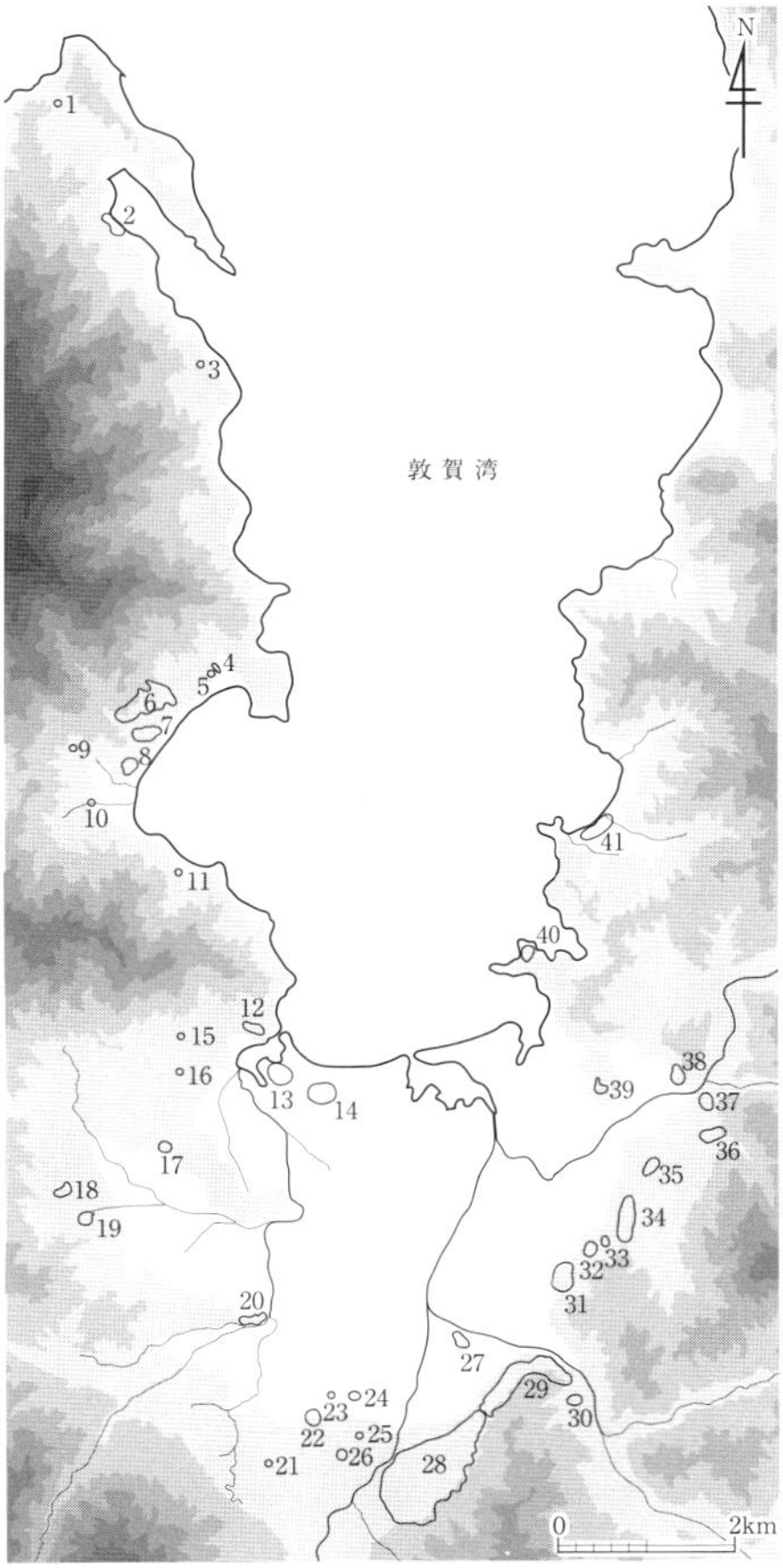

第３図　敦賀の関連遺跡

1 石坂古墳　2 浦底遺跡　3 色古墳　4 ダンノ穴横穴墓群　5 沓丸山古墳　6 薬研谷横穴墓群　7 常宮横穴墓群　8 縄間横穴墓　9 尾尻 1 号墳　10 白塚古墳　11 名子古墳　12 穴地蔵古墳群　13 櫛川遺跡　14 松島遺跡　15 妙華谷横穴墓　16 善衆衣谷横穴墓　17 馬坂横穴墓群　18 沓見横穴墓群 A　19 沓見横穴墓群 B　20 莇生野古墳群　21 長谷御堂山古墳　22 黒河 1・2 号墳　23 狐塚古墳　24 粟野南小学校古墳　25 天満神社古墳　26 高土居古墳　27 宮山古墳群　28 山泉古墳群　29 衣掛山古墳群　30 鳩原古墳群　31 明神山古墳群　32 小谷ヶ洞古墳群　33 吉河古墳　34 向出山古墳群　35 中村山古墳群　36 山の上古墳群　37 立洞古墳群　38 大椋古墳群　39 舞崎古墳群・舞崎前山古墳　40 金ヶ崎古墳　41 鞠山遺跡

古墳・尾尻1号墳・白塚古墳・名子古墳の六基が築造される。様相不明な点はあるが、墳丘は直径一〇～二〇メートルをはかる横穴式石室をもつ円墳で、古墳後期後葉・末（後Ⅲ・Ⅳ期）に比定できる。以下に概要を述べる。[20]

石坂古墳　敦賀市立石に所在する。敦賀半島基幹部の地溝帯に形成された小平地の奥、標高五〇～六〇メートルの山麓に立地する。すでに消滅しており様相は不明である。報告書では墳丘三メートル未満の円墳とあり、かなり削平されていた。[21]付近の景観は三方を山に囲まれ、南東方向に浦底湾がある。浦底集落近くの海岸には製塩土器の散布地（浦底遺跡）が存在する。浜禰ⅡA式の製塩土器で敦賀市域最古とされる。こうした環境から製塩または漁撈を生業とする海浜集団の存在があり、本墳の被葬者はその集団の統率者あるいは政治権力者とみられる。

色古墳　敦賀市色に所在する。集落背後の標高二八メートルの山麓に南面する。墳丘の過半は失われるが、直径一〇メートル未満の円墳とされる。横穴式石室は玄室奥側部分のみを残し、奥壁幅二・一メートル、高さ一・五メートル、長さは不明である。右側壁は最奥の根石まで、左側壁は奥から二石目の根石までが、上部は最奥の天井石のみが遺存している。床面は栗石と河原石を併用した礫床である。古墳に伴う遺物はないが、床面直上に堆積した焼土中からは中世の陶器片が出土した。常宮湾岸を中心とした製塩集団による造墓活動の一環をなすものととらえられる。

沓丸山古墳　敦賀市沓に所在する。集落背後の山塊から集落至近に延びた枝尾根先端の小丘、通称丸山の標高二〇メートルの山上に立地する。眼下に常宮湾岸を臨み、海上を隔てて港が遠望できる。主軸長一六メートル、短軸長一四・六メートルの楕円形の墳丘をもつ円墳である。墳頂部は削られており、高さは不明である。墳丘基底は尾根先端の自然地形を利用して地山を削り出し、丘尾を幅二・五メートルの溝で切断する。側面には幅一～二メートルのテラスがめぐり、前庭部に繋がる。埋葬施設は全長九・五メートル、玄室長四・五メートル、玄室幅二・二メートル、玄室高二・四メートルの横穴式石室である。両袖式で玄門の左右に高さ一・六メートルの門石を立てる。羨道は左側壁が外方に開く。天井部は遺存しない。床面は地山の上に厚さ一〇センチのマサ土で叩き締め、小石の礫床をつくる。出土遺物は須恵器の子持坩［東京国立博物館所蔵］を除いて須恵器の大半と鉄刀は散逸したが、地元には須恵器三点（𤭯一点・台付長頸壺一点・短頸壺一点）、碧玉製管玉四点が保管される。調査では須恵器の広口壺、製塩土器（浜禰ⅡＢ式）、滑石製勾玉が出土した。築造時期はＴＫ43型式期の須恵器から古墳後期後葉（後Ⅲ期新段階）に比定できる。常宮湾岸を中心とした製塩集団による造墓活動の一環をなすものととらえられる。特にその規模や占地の点で他を卓越した際立った存在で、常宮湾岸一帯における盟主墳ともいうべき古墳である。

尾尻１号墳　敦賀市縄間に所在する。集落背後の山麓、標高四五メートル前後の丘陵斜面に南面する。墳丘は削平され確認されていない。残存長三・三メートル、奥壁幅一・一メートル、玄門付近で一・二五メートルの横穴式石室である。奥壁から三・二メートルの地点で左側壁の石材が内側に突出することから、不完全な左片袖型と推測されている。天井部は遺存しない。須恵器片二点と土師器細片が攪乱土中から出土したが、時期は特定できない。報告書では白塚古墳に先行するとあり、築造時期は古墳後期後葉・末（後Ⅲ・Ⅳ期）に比定できる。常宮湾岸を中心とした製塩集団による造墓活動の一環をなすものととらえられる。

白塚古墳　敦賀市縄間に所在する。集落後背の標高約二〇メートルの山麓に南面する。昭和五十九年（一九八四）敦賀市教育委員会が圃場整備事業に伴う緊急発掘調査を実施した。墳丘前面のみの調査であるが、墳丘は直径一〇メートル前後、高さ二・五～三メートルの円墳とみられる。外護列石らしき痕跡が認められ、その墳丘裾のラインから八角墳の可能性もある。埋葬施設は全長六・二メートル、玄室長二・七メートル、玄室幅一・二メートル、玄室高一・八メートルの横穴式石室である。両袖式で、羨道はラッパ状に外方へ開く。玄室奥には石棚がある。板石を両側壁腰石に架構し、床から棚上までの高さ〇・七五メートル、棚の奥行き一・一メートルをはかる。石棚より前方の床に割石を二段に積み、その上へ石棚の面に合わせ板石を載せて新たな石床をつくる。追葬時の増設とみられる。副葬品には金銅製耳環一点、須恵器九点、土師器一点がある。一次埋葬に伴う須恵器の杯蓋（ＴＫ209型式期）と耳環は石棚下方の床面、二次埋葬に伴う有鈕杯蓋三点と杯身二点の須恵器（ＴＫ217型式期新段階）は玄門付近の床面に置かれていた。他に須恵器の長頸壺と土師器の杯は羨道の攪乱層、有鈕杯蓋と高台付杯は前庭部の攪乱層から出土した。奈良時代の所産である。築造時期は古墳後期末のＴＫ209型式期が最初で、ＴＫ217型式期新段階までの埋葬のあと奈良時代に墓前祭祀がおこなわれたとみられる。常宮湾岸を中心とした製塩集団による造墓活動の一環をなすものととらえられる。

名子古墳　敦賀市名子に所在する。集落背後の標高一六〜一八メートルの山麓に南面して開口する。すでに墳丘の過半を失い、石室も半ば崩壊していたが、奥壁に近い部分は天井部まで遺存していた。墳丘は山麓の斜面を利用して築かれた復元直径七メートルをはかる円墳である。地山削り出しによる幅一メートルの周溝がめぐる。明瞭に残るのは後部のみで、前面は破壊されている。埋葬施設は全長三・九メートル、玄室幅一・二五メートル、高さ一・三メートルをはかる横穴式石室である。玄室と羨道の境は明確ではないが、右側壁が半ばよりラッパ状に開く。床面は地山を削って成形し、奥壁から〇・八メートルの線上に三個の栗石を置き、上面にあわせて棺台をつくる。古墳に伴う出土遺物はないが、後世の酒徳利が混入していた。築造時期については不明な点が多い。報告書では古墳後期後葉・末（後Ⅲ・Ⅳ期）の築造で、常宮湾岸を中心とした製塩集団による造墓活動の一環をなすものととらえられる。

まとめ　築造時期が判明するのは六基のうち二基である。群内最大の沓丸山古墳は横穴式石室を有する最初の盟主墳であり、郡内最古の古墳後期後葉（ＴＫ43型式期）に位置づけられる。白塚古墳は古墳後期末（ＴＫ209型式〜ＴＫ217型式期新段階）に比定できるので、造墓活動の終焉ととらえられる。他の四基はその間に位置づけられる。報告書によると、個々の造営主体を単一の母集団とみるか、同一の母集団に属しながらもその相異なる系譜の有力家長層単位にまで細分化し得るのかは特定できないとし、少なくとも同一の生業（製塩）という共通項でくくられる、ひとつの共同体としての母集団という意味においては古墳造営とその母体である製塩集団との関係のなかでとらえられるという。いずれにせよ築造主体は製塩土器の副葬や周辺の製塩遺跡の存在、海浜部という古墳の占地から古墳後期後葉・末（後Ⅲ期新段階・後Ⅳ期）に編成された製塩または漁撈を生業とする海浜集団の統率者あるいは政治権力者とみられる。

（二）穴地蔵古墳群

概要　敦賀市櫛川に所在する。敦賀半島の基部にあたる三内山山塊の南麓、標高一〇〜二〇メートルの小尾根上に立地する。三基の古墳からなる。1号墳の存在は早くに知られ、梅原末治が大正四年（一九一五）、上田三平が大正十一年（一九二二）に石室の調査をおこない、[22] 昭和五十三年（一九七八）の県史跡の指定を契機として再調査がなされている。[23] 3号墳は1号墳の東方約一五〇メートルの尾根上にあり、昭和四十年代に土砂採取で削られた際に発見された。平成元年（一九八九）には敦賀市教育委員会が3号墳の緊急調査を実施した。[24] 2号墳は1号墳の南西約二〇メートルの地点にあったが、工事により消滅した。平成十二年（二〇〇〇）には1号墳の保存修理事業が実施された。[25] 以下に概要を述べる。

穴地蔵1号墳　直径一二メートル、復元高三・五メートルの円墳で、周溝をもつ。前庭部のテラスから開口部付近にかけて削平を受ける。南東に開口する横穴式石室は全長約五メートル、玄室長三・七メートル、最大高二メートル、奥壁の底部幅一・五六メートルをはかる。平面形態は矩形を呈し、両側面ともに奥壁から開口部に向かってわずかに狭まり、羨道の残存長は一・三メートルをはかる。奥壁から三石目に門石を意識した立石を置き、左片袖式を意識した無袖式である。奥壁寄りには石棚が設けられ、上下二室に区別された構造となる。奥行き一・九三メートル、棚面の高さ〇・九六メートルをはかる。左右両側に架構するが、奥壁には架からない。床面は奥壁付近で円礫を多数含み、当初は玉石敷の礫床と考えられた。副葬品には須恵器八点（有鈕蓋三点・杯身二点・無台杯一点・壺二点）、鐙に伴う鉄製馬具三点（鉸具二点・連結部分の金具一点）、鉄釘の残欠一四点、土師器二点などがある。築造時期はＴＫ217型式期古・新段階の須恵器から古墳後期末（後Ⅳ期）に比定できるが、その後も追葬はおこなわれた。

穴地蔵3号墳　直径一二メートルの円墳で、幅一・五メートルの周溝をもつ。奥壁幅一・六メートル、玄室長三・四メートルの横穴式石室で、天井石は欠失するが、高さは一・七メートル前後をはかる。右側壁には奥壁から三・四メートルの位置に立石を置く。1号墳と類似するが、石棚はもたない。同一の築造主体による近接した時期とみられる。盗掘を受けていたが、内部からは須恵器の提瓶一点、杯蓋二点、鉄製刀子一点、鉄鏃三点、ガラス小玉一四点が出土した。築造時期はＴＫ43型式期の須恵器から古墳後期後葉（後Ⅲ期新段階）までに比定できる。

まとめ　1、3号墳の造営主体は櫛川あたりに拠点をかまえる製塩集団とされる。3号墳（後Ⅲ期）→1号墳（後Ⅳ期）

の系譜とする。特に1号墳の石棚は美浜町丹生の浄土寺古墳群（2、3号墳）と共通する。浄土寺の二基はともに石棚をもつ横穴式石室で、古墳後期末（TK217型式期新段階）の築造である。[26]浄土寺2号墳は墳丘が七・四×六・八メートルをはかる円墳で、奥壁から二メートルのところで両側に立石を置いて門石とした擬似両袖式であるが、石材の使い方や壁の構造が穴地蔵と酷似しており、同一の発想・技法にもとづくという。いずれかの片側に立石をもつなど門石を意識しながらも明確な玄門とせず、袖も不完全なままで片袖気味に終わる事例は衣掛山古墳群にあり、敦賀市域での特徴とみられている。[27]

二　南西部域

（一）黒河川流域の古墳群

概要　敦賀平野南部では黒河川扇状地の緩斜面に長谷御堂山古墳、黒河1、2号墳、狐塚古墳、粟野南小学校古墳、天満神社古墳、高土居古墳などが築造された。隣接し合う二、三の集落をひとつの単位としてそれぞれに一基または二基の古墳が伴う。敦賀平野の遺跡は南東部に集中するが、南西部では古墳中期以前が希薄である。本地域は黒河川の氾濫による礫の多い堆積物で、耕地化の困難から開発が遅れ、本格的な開発は古墳後期である。古墳の多くは過去に破壊されたが、伝世遺物から古墳後期後葉・末の築造で、未調査のものも外表施設の観察から同時期に比定できる。[28]伝世遺物として粟野南小学校古墳の須恵器三点（無蓋高杯一点・高杯一点・長頸壺一点）、天満神社古墳の須恵器二点（杯蓋一点・杯身一点）が紹介された。[29]築造時期はTK209型式期の須恵器から古墳後期末（後Ⅳ期）に比定できる。農耕集落を基盤とした新興の有力者層が勃興した結果、古墳の築造に至ったと考えられている。以下に長谷御堂山古墳の概要を述べる。

長谷御堂山古墳　敦賀市長谷に所在する。扇状地に孤立する小山塊の標高七五メートルの南端尾根に立地する。昭和十一年（一九三六）土砂採掘中に石室が露出し、大刀・土器などが出土した。発見時すでに壊滅的な状態であった。復元直径一二メートル、高さ三メートルの円墳で、全長七・二メートルの南西に開口する横穴式石室をもつ。墳丘は地山斜面を利用する。周溝は墳丘後部から右側方部へかけて幅一～五メートルでめぐり、開口部にかけて漸次的に帯状のテラスとなり前庭部に展開している。石室は完存しない。開口部右側には立石を置いた門石、そこから奥へ一・八メートルまでの間には羨道右側壁の根石列が検出された。崖の断面には奥壁の掘形と根石が認められた。前庭部の撹乱層からは須恵器の破片が出土した。須恵器五点（杯二点・杯蓋一点・広口壺一点・高杯一点）はTＫ43型式期とみられる。石井左近の記録によると遺物は土器数個、鉄刀（頭椎大刀、柄頭鍍金?・金銅装）残片、金環などが存在したが、遺物は散逸してしまったという。(30) 築造時期は須恵器の時期から古墳後期後葉（後Ⅲ期新段階）に比定できる。

（二）宮山古墳群

概要　敦賀市山泉に所在する。標高三七メートルの小さな独立丘陵上に立地する。かつて五基の円墳・方墳と考えられていたが、平成十二年（二〇〇〇）敦賀市教育委員会が工事に伴う1号墳の発掘調査を実施した結果、竪穴式石室を有する前方後円墳と判明した。報告書によると、割石積みの古要素と石室の小規模の新要素から築造時期は四世紀後半から五世紀初めに位置づけられた。(31) その後の敦賀短期大学の測量調査により2、3号墳も前方後円墳の可能性が高まった。占地状況から3号墳→2号墳→1号墳の築造順で、2、3号墳は合同形とみられた。(32) 3号墳の後円部は試掘調査で直径一九メートルと判明した。(33) 古川登と御嶽貞義は敦賀地域の首長墓として1号墳［前Ⅳ期］→2号墳（前方後円墳）［前Ⅴ期?］とし、古墳前期中・後葉に位置づけている。(34)

宮山１号墳　墳長二五メートルの前方後円墳で、後円部直径一二メートル、前方部長一四メートル、前方部幅九・五メートルに復元された。後円部の一部と前方部の裾の岩盤を削り出して成形する。風化は激しく、築造時の盛土はほとんど流失していた。後円部には割石積みの竪穴式石室がある。天井石となる板石は存在せず、石室両側の壁を順にせり出しながら天井部をつくる。石室の全長四・五メートル、幅〇・七五メートル、残存高〇・九五メートルをはかる。そのまま両壁を持ち送れば復元長は一・〇五メートル程度になる。石室からは鉄剣一点、用途不明鉄製品（鉇?）一点が出土した。土器はない。竪穴式石室の採用は敦賀市域では珍しく、嶺北においても一般的でない。築造時期は畿内系の影響がより強くなるのが木田1式期であるので古墳前期後葉（前Ⅴ期）頃と考えておきたい。

宮山2号墳　尾根方向に規制された北面する前方後円墳で、墳長約三〇メートルをはかる。現状では後円部頂の後端との比高は一・三メートル、前方部頂の前端との比高は一・五メートルをはかる。後円部径は後円部側面の傾斜変換が不明瞭であったが、くびれ部などの位置から直径一九メートルと推測された。段築・葺石・埴輪は認められない。

宮山3号墳　丘陵の最高所に位置する。尾根方向に規制された北面する前方後円墳で、2号墳と同形で墳長約三〇メートルをはかる。試掘調査の結果、岩盤加工痕跡から後円部径が正円形で、直径一九メートルに確定した。前方部までには調査が及ばず、前方部かどうかは確定しなかった。段築・葺石・埴輪は認められない。

まとめ　1、2号墳の後円部が尾根筋に築造されたのに対して、3号墳は南端の最高所に位置し、後円部縁辺にテラスを設けるなど三基中で最も占地のメリットが高い。2、3号墳が同規模であるのに対して、1号墳は墳長二五メートル、後円部径一二メートルで、墳形・規模に前二者とは差異が認められる。中野は1号墳の築造年代を四世紀末～五世紀前半とし、その推定根拠を竪穴式石室の短さに求めるが、古川らは古墳全体の流れから前Ⅳ期と古く位置づけた。網谷の指摘した3号墳→2号墳→1号墳の序列を重視し、1号墳の前Ⅴ期を起点にして3号墳（前方後円墳）［前Ⅲ期？］→2号墳（前方後円墳）［前Ⅳ期？］→1号墳（前方後円墳）［前Ⅴ期］とする。

(三) 山泉古墳群

敦賀市山泉に所在する。衣掛山古墳群の西方、黒河川の開析扇状地上に立地する。古墳後期後葉・末の群集墳である。衣掛山・山泉古墳群で八〇基以上にのぼるが、現在ではそのほとんどが消滅してしまったため、詳細は不明である。(35)

(四) 衣掛山古墳群

概要　敦賀市堂に所在する。笙の川が敦賀平野に流れ出る左岸の、標高一八六メートルの衣掛山北麓部に開けた標高二〇～三〇メートルの扇状地に立地する。破壊・消滅古墳を除けば東群・西群に分けられる。分布調査の結果から東群三四基あまり、西群一五基あまりを数える。東群三四基のうち山麓部北接の平地に所在する二八基については敦賀市教育委員会が昭和六十二年（一九八七）に圃場整備事業に伴う発掘調査を実施した。[36] 大部分が円墳であり、横穴式石室をもつ群内最大の1号墳が最初に築造される。そのあと直径五～一四メートルの円墳や小石室などが古墳後期末まで築造される。西群は大部分が山麓部に所在する。西群一五基のうち山麓部で最も平地寄りの四基については福井県教育庁埋蔵文化財調査センターが平成十四、十五年（二〇〇二、〇三）に発掘調査を実施した。[37] 以下、主要古墳の概要を述べる。

衣掛山1号墳　復元直径二六メートルの円墳で、緩やかな弧状をなす幅一～二メートル、深さ〇・八メートルの周溝がめぐる。墳頂部は削平されたが、石室は遺存していた。内部は未調査なので詳細はわからないが、石室は全長九・七五メートル、玄室長四・五メートルの左片袖式の横穴式石室である。南側周溝から須恵器の甕二点が出土した。築造時期はＴＫ10型式期の須恵器から古墳後期中葉（後Ⅱ期新段階）に比定できる。

衣掛山3号墳　直径一四メートルの円墳で、玄室長三・四メートル、玄室最大幅一・三メートル、奥壁幅一・一メートルをはかる無袖の横穴式石室である。羨道は一・一メートル残るが、前庭部は破壊されている。無袖ながら玄門に框石が置かれ、その左側に立石を置いた片袖を意識したつくりである。框石を隔てて羨道から玄室へは一石分の段差を設けて低くし、框石の上を割石で閉塞する。床面は岩グサリを敷き固めたもので排水は良いが、二か所に自然石を置き棺台としている。棺台の上端は床面から〇・二メートルの高さで水平に保つように据えられている。副葬品には須恵器一六点（杯蓋三点・杯身九点・䭾一点・長頸壺一点・提瓶一点・壺一点）、土師質製塩土器一点、銅芯銀装耳環一点、鉄鏃一点がある。他に須恵器片三九点、若干の土師器片が出土した。製塩土器は煎熬の痕跡のない未使用品で、ほぼ完形である。築造時期はＭＴ85型式・ＴＫ43型式期の須恵器から古墳後期後葉（後Ⅲ期）に比定できる。

衣掛山4号墳　直径一五メートルの円墳で、墳丘東側に幅四メートル、深さ〇・六メートルの周溝が確認された。玄室長四メートル、玄室奥壁幅二・一メートルをはかる左片袖式の横穴式石室である。羨道幅一・三メートル、同残存長四・二一メートルで開口部は破壊される。右側壁だけがやや湾曲した片側胴張りに近い平面形態である。玄門には床面から一・二メートル高の立石を両側に置いて門石とする。閉塞施設は検出されない。床面は礫床二面が検出され、追葬がおこなわれていた。第一次床面は偏平な山石を敷き詰め、玄室から羨道二・五メートルまで礫床を形成する。第二次床面は第一次床面の直上に河原石を敷き詰め、玄室から羨道へ一・七メートルまで礫床を形成する。これに伴い、玄室最奥にはめ込む形で河原石を積みあげた石壇を設ける。副葬品には須恵器五九点、土師器一点、碧玉製管玉四点、馬具一括（鉄地金銅装の轡一点・杏葉二点・雲珠一点・辻金具一点・鋲留金具四点、鉄製の鞍二点・鉸具一点など）、金銅製耳環二点、銅芯銀装耳環二点、銀製耳環二点、鉄製鋤先一点、鉄製銛一点、鉄製鍔一点、鉄製刀子一点、鋲留めかぶせ二点がある。他に須恵器片約三〇点、攪乱層より約四〇〇点の須恵器・土師器の破片が出土した。第一次の副葬品は右袖隅に一括して置かれていた一群が主体で、鉄地金銅装馬具一式を含む。床面の構造から二時期の埋葬がなされたが、副葬品からは被葬者三体分の耳環と須恵器の内容があるので三次に及んだ可能性が高い。第一次遺構面に伴う須恵器はＴＫ43型式期の年代から古墳後期後葉で、第二次遺構面に伴うＴＫ209型式・ＴＫ217型式期古段階の須恵器から古墳後期末（後Ⅳ期）に比定できる。第一次埋葬は3号墳の築造よりやや遅い段階で、第三次埋葬は群内で最も下る時期といえる。

衣掛山15号墳　直径一二・五メートルの円墳で、上部構造は削平されて残存しない。幅二メートルの周溝がめぐり、前庭部にいくにつれて消えていく。石室は全長七・九メートル、玄室長四・八メートル、奥壁幅一・三五メートル、玄門幅一メートルをはかる。明確な門石はないが、玄室と羨道との境に框石が置かれ、一石分の段差をもって玄室床面は下がる。礫床はもたない。副葬品には須恵器二一点（杯身七点・杯蓋六点・短頸壺二点・長頸壺一点・台付長頸壺一点・提瓶一点・高杯一点・椀一点・椀蓋一点）、鉄製利器の残欠がある。他に攪乱層からは須恵器・土師器、製塩土器などが出土した。特徴として製塩土器の出土がある。製塩土器は口径九・四センチ、器高一〇・六センチの丸底で、浜禰ⅡＢ式古段階とみられる。築造時期はＴＫ43型式・ＴＫ209型式期の須恵器から古墳後期後葉・末（後Ⅲ期新段階・後Ⅳ期）に比定できる。

衣掛山18号墳　直径一四メートルの円墳で、幅一・五～二メートルの周溝がめぐる。上部構造は削平されて残らず、墳丘の中心を挟んで二基の石室が並行して築かれる。1号石室は全長六メートル、玄室長三・四五メートル、玄室幅一・二メートル、玄門幅一・二メートルの右片袖式の横穴式石室である。玄室入口に框石を置き、一石分の段差をつくり羨道を一〇センチ高くしている。床面は河原石を敷き詰め、羨道まで達する。奥壁に並行して三〇センチの位置に山石四個が整然と並ぶ。棺台と思われる。左右二個ずつのレベルが違うことから複数埋葬とみられる。2号石室は全長三・七メートル、奥壁幅一・一メートルをはかる。上部構造は破壊された。玄室と羨道を明確に区別せず、床面には奥壁から二・二五メートル付近まで河原石を敷く。中央付近と奥壁寄りの二か所に山石二個ずつを置き、床面から一〇センチのレベルを保って棺台としている。1号石室からは須恵器五点（杯身一点・杯蓋一点・高杯一点・𤭯一点・提瓶一点）、土師器の高杯五点、鉄製馬具三点（素環鏡板付轡一点・壺鐙二点）、鉄刀一点、鉄鏃八点・金銅製耳環二点が出土した。馬具は4号墳の奢侈な装飾品に対して実用性の高い頑強なものである。2号石室からは須恵器六点（杯身二点・杯蓋二点・壺二点）、鉄鏃三点が出土した。他に周溝堆積土から須恵器・土師器片一二〇点も出土した。1号石室の須恵器はＴＫ43型式期で、2号石室の須恵器はＴＫ217型式期古段階に比定できるので、古墳後期後葉・末（後Ⅲ期新段階・後Ⅳ期）の埋葬が考えられる。

衣掛山西2号墳　直径約一二メートル、高さ約三メートルの円墳で、現存する墳丘のほとんどは自然丘陵を削り出して構築したものである。西方に開口する左片袖式の横穴式石室である。石室の全長約五・四メートル、玄室長約二・九メートル、玄室最大幅一・八五メートル、現存高約一・五メートル、羨道部長約二・五メートルをはかり、玄室は胴膨らみの形状を呈する。羨道では中間部に仕切りの横長石を配置し、その外側を閉塞石が積まれていた。副葬品には耳環一点、棗玉四点（琥珀製三点・滑石製一点）、ガラス製小玉一点、須恵器一八点（杯蓋八点・杯身七点・無蓋高杯一点・壺蓋二点・壺四点・𤭯二点・提瓶四点）、土師器の高杯一点がある。その検出状況から少なくとも三回の埋葬が想定される。築造時期はＴＫ43型式期の須恵器から古墳後期後葉（後Ⅲ期新段階）に比定できる。

衣掛山西3号墳　直径約一一・五メートル、現存長約二メートルの円墳で、自然丘陵を削り出して築造する。墳丘基底部に東接する外周には高所の丘陵部分を切断した孤状の溝をめぐらせる。南西部に開口する左片袖式の竪穴系横口式石室である。石室の全長約三メートル、玄室長約二・二メートル、玄室幅は玄門側幅一・一八メートル、奥壁側一・三八メートル、現存高約〇・八メートルをはかる。床面は角礫を右側壁に沿う形で右半分のみ敷き詰める。墓道と玄室の境の墓道内端部には横に長い石を設置し、墓道床面は玄室の床面より一段あがる形で、〇・四メートルばかり高くなっている。墓道長約〇・八メートル、幅約〇・七メートルをはかり、閉塞石が積まれていた。副葬品には須恵器七点（杯蓋二点・杯身二点・無蓋高杯一点・壺二点）、鉄鏃三点、刀子二点がある。築造時期はＴＫ10型式期の須恵器から古墳後期中葉（後Ⅱ期新段階）に比定できる。

まとめ　まずは東群である。群内最大規模の1号墳は周溝出土の須恵器（ＴＫ10型式期）から最初の盟主墳とみられる。1号墳を契機に群の形成が開始すると、東接する3号墳が古墳後期後葉（ＭＴ85型式・ＴＫ43型式期）、それ以降4〜7、9、14、15、18、19、21、22号墳が古墳後期末（ＴＫ217型式期古段階）に築造される。群全体としては西端の1号墳から順次東方へ展開する。なかでも4、18号墳は群内における小単位の核で、古墳後期後葉（ＴＫ43型式期）に築造されたあと古墳後期末（ＴＫ217型式期古段階）まで埋葬がなされる。特に4号墳は三次埋葬が想定される。第一次埋葬は3号墳の築造よりやや遅い時期（ＴＫ43型式期）にあたり、これを核として6、21号墳の築造が展開していく。第三次埋葬にはＴＫ217型式期古段階の須恵器を含むので、約六〇年間は継続していた。群内で早期に築造された3、5号墳は床面に礫床をもたず、棺台を比較的高いレベルに設置している。4号墳の第一次床面、6、9、21、22号墳は礫、4号墳第二次床面、14、18号墳は河原石を用いて礫床を敷く。前者が先行するものの時期的な隔たりは認められず、両者は共存していた可能性が高い。

1、4号墳は墳丘規模と豊富な副葬品から群内の盟主墳であり、相当有力な家長としての勢威をもつ被葬者像が想定された(38)。3号墳には製塩土器が副葬され、15号墳の撹乱層からは製塩土器が出土した。最新の須恵器で副葬時期を押さえると、3号墳はＴＫ43型式期、15号墳はＴＫ209型式期である。製塩土器の型式をみても3号墳のものが尖り底、15号墳のものが丸底であることと齟齬はない。築造主体は製塩土器の副葬などから製塩を管掌する在地集団をその膝下に擁し、製塩を営む海浜地域もその勢域下に治めるだけの覇権を有していた人物と考えられている。なお、4号墳の奥壁に構築された棺台らしき石積み施設は滋賀県高島市の音羽10号墳と近似しており、古墳後期後葉から末にかけての敦賀と滋賀県北部とのつながりを示している。

次に西群である。衣掛山西3号墳は竪穴系横口式石室を埋設するので群内では異例である。この種の階段状の石積み整備をそなえる石室は、その半分にのみ礫床を形成する特徴があり、滋賀県大津市の穴太飼込21号墳をはじめその近隣地域に分布している[39]。また、衣掛山西2号墳の左片袖式の横穴式石室は向出山3号墳と多くの点で類似するという。両墳ともに左袖部側壁と玄室左側壁とで構成する角が鈍角をなし、玄室の左側壁が胴膨らみの形状を呈し、その反対側の右側壁は直線的に奥へ続き、奥壁が石室の中軸線と斜交するのが特徴である。こうした石室は滋賀県甲南市の竜王山2号墳と共通している。したがって衣掛山西2、3号墳ともに滋賀県南部との関係性から造墓集団同士の何らかの密な交流が推測される。

（五）鳩原古墳群

概要　敦賀市鳩原に所在する。笙の川左岸に位置し標高四〇メートルの山麓緩斜面に立地する。1号墳は集落の後背山麓から延びた舌状微高地上にあり、2号墳は1号墳より五〇メートル西方の山麓に南面して立地する。『敦賀市史』に記載された石井左近の報告が嚆矢である[40]。その後、遺構の破壊と盗掘被害があり、敦賀市教育委員会が平成二、三年（一九九〇、九一）に発掘調査を実施した[41]。以下、概要を述べる。

鳩原1号墳　直径一六メートル、高さ三・五メートルの円墳である。山側にあたる西側に周溝がめぐり、北側の墳丘後部では三〜四メートルのテラスとなる。南側の前庭部や開口部右側の南東斜面、墳丘東側斜面などが削平されている。埋葬施設は左片袖式の横穴式石室で、全長一〇メートル、玄室長四・九メートル、玄室幅二・四メートル、高さ二・四五メートルをはかる。敦賀市域最大級の規模である。のちの増補で玄門の右側に門石を擬した立石を据え、不完全な両袖に改変する。玄門には三段の階段状の框石を設置するが、下位二段は後補で当初は一段であった。床面には河原石を用いた礫が形成される。副葬品には須恵器四九点（杯身一一点・杯蓋七点・有蓋高杯一〇点・高杯四点・小型高杯四点・坩二点・壺三点・甕一点・䟽三点など）、土師器片、鉄製の馬具片・刀子、鉄鏃などがある。築造時期はＴＫ43型式期の須恵器から古墳後期後葉（後Ⅲ期新段階）に比定できる。

鳩原2号墳　直径八メートル、高さ二メートルの円墳である。幅一・五メートル、深さ〇・六メートルの周溝をもつ。墳丘左側後部の北西あたりで途切れ、幅一メートルの橋状となる。埋葬施設は玄室の右側壁が破壊されていたが、全長三・五メートル、玄室長一・八メートル、玄室幅〇・九メートル、高さ一・四メートルの右片袖式の横穴式石室であった。羨道幅は〇・八メートルをはかる。床面は地山を削り出した平坦面である。羨道の開口部には割石と自然石を積み上げた閉塞施設の痕跡が認められた。玄室奥に石棚をもち、厚さ二〇センチの板石二枚からなる。奥行き一メートル、床から棚面までの高さは〇・六メートルをはかる。棚石の架構は左右両端を側壁に噛ませるが、奥壁には架からない。石室内部は盗掘を受けていた。土師器の砕片が撹乱土中に混在する程度で、副葬品は残っていない。周溝外縁の表土層直下より袋状鉄斧一点が出土した。低い石棚をもつ点から敦賀半島周辺では最古式のもので、築造時期は古墳後期末（ＴＫ209型式期、後Ⅳ期）に比定できる。

三　南東部域

（一）明神山古墳群

概要　敦賀市坂下に所在する。集落東方の丘陵および山麓に立地する。30～32号墳の新発見により滅失・伝承のものを含むと、三二基で構成される。坂下区東方の丘陵上には一六基の古墳が分布する。古墳群全体の分布状態から北群（丑寅山）・中央群・南西群に三分できる。北群は12～18号墳の七基、中央群は1～6号墳、26～32号墳の一三基、南西群は7～11号墳、19～25号墳の一二基の内訳となる。北群については昭和六十年（一九八五）福井県教育庁埋蔵文化財調査センターが一般国道八号線敦賀バイパス建設に伴う発掘調査を実施した[42]。その後、敦賀市教育委員会主体の調査検討委員会が平成十七年（二〇〇五）から二十二年（二〇一〇）にかけて範囲確認調査を実施した[43]。中央群の2、4～6号墳は円墳、南西群の9号墳は前方後円墳、南西群の7、8、10、11号墳は円墳、北群の12～16号墳は一辺が七～一一メートル、高さ一・八～二・三メートルの墳丘墓あるいは方墳と考えられる。なかでも中央群の1号墳は群内最大規模で、昭和五十一年（一九七六）の発見以来、約四七メートルという敦賀市域で二番目の墳丘規模で葺石を備える。全体の形状から段築もしくは基台部などの外表施設をもつ可能性が指摘された[44]。3号墳は群内で最高所の標高七〇～八〇メートルに位置し、1号墳の尾根上方に隣接している。昭和五十一年（一九七六）の発見以来、直径約三五メートルの円墳と認識されており、立地条件から1号墳に後続する首長墳と考えられた[45]。しかし、円墳という墳形に加えて段築・葺石などの外表施設は認められず、敦賀市域の首長系譜にのるかについては保留状態であった[46]。以下に主要古墳の概要を述べる。

明神山1号墳　中央群に位置する。墳長約四六・七メートル、前方部幅約一三・五メートル、後方部幅約二七メートルの前方後方墳で、外部施設として全体に葺石をもち、後方部にのみ段築を施す形状とみられる。埋葬施設は過去に盗掘を受けたが、石室の一部をかすめただけにとどまるという。竪穴式石室を有したというが、詳細は不明である。古墳に伴う遺物はないが、築造時期は北陸南西部で前方後方墳が盛行する古墳前期前葉（前Ⅱ期）に比定する。

明神山3号墳　中央群の最高所に位置する。墳長五〇メートル、後円部径約三〇・五メートル、前方部幅一三メートル、前方部長一九・五メートルの前方後円墳である。高さは九・七メートルをはかる。後円部前面に段間テラスがあり、前方部中央部では陸橋部の存在が推定された。後方部前面は地山を掘り込んで前方部を区画する溝をつくる。後円部中央付近の陥没は埋葬施設と考えられる。土師器の高杯あるいは器台の細片が出土したが、時期比定には至っていない。築造時期は1号墳の後続に位置づけ、古墳前期中葉（前Ⅲ期）に比定する。

明神山6号墳　中央群の南斜面に位置する。丘陵の高い方を削り取り、低い方に盛って墳丘をつくる。明確な墳丘をもたないが、約一二メートル四方の方墳とみる。埋葬施設は長軸四・八メートル、短軸一・三メートルの不整楕円形で、深さは検出面から五〇センチをはかる。土層断面の状況から小型の割竹形木棺が埋設された可能性が高い。長泉寺1式期の東海系の小型の有稜高杯一点、畿内系の小型器台が出土した。築造時期は土師器の時期から古墳前期前葉（前I期古段階）に比定できる。同様の築造形態をとる4、5号墳、12〜14号墳、26〜29号墳なども古墳前期前葉あるいはそれ以前の方形墳丘墓である可能性が高い。

明神山9号墳　南西群で最西に位置する。墳長約一九メートル、高さ約三メートルで横穴式石室をもつ小規模な前方後円墳である。福井県域の古墳後期前葉から中葉にかけて盛行する小型前方後円墳の築造を重視すれば築造時期は古墳後期中葉（後II期古段階）に比定できる。

明神山11号墳　南西群のなかで最南端に位置する。直径約一五メートルに推定された円墳である。段築・葺石は確認されていない。埋葬施設は西に開口する横穴式石室とみられる。出土遺物は須恵器三点（杯身一点・𤭯一点・台付椀一点）とその細片、若干の土師器片などがある。築造時期はTK209型式期の須恵器から古墳後期末（後IV期）に比定できる。

明神山15号墳　北支群の東端部、丘陵先端頂部に位置する。東西直径一六・六メートル、南北直径一六・四メートルの円形で、高さ三・二五メートルをはかる。墳丘は大部分が削り出しで、北方から東方にかけて周溝がめぐる。墳丘の西部斜面には局部的に角礫による葺石が配置された。段築は確認されていない。埋葬施設は不整形な隅丸長方形の墓壙で、長さ四・七五メートル、幅一・七一〜二・〇四メートル、深さ〇・九メートルをはかり、割竹形木棺とみられている。墓壙内から土器片が出土したが、副葬品は存在しない。築造時期は小谷ヶ洞2号墳との類似から古墳前期後葉（前V〜VII期？）に比定できる。

明神山31号墳　南北一四・七メートル×東西一五・八メートル、高さ一・七メートルの方墳である。北側と西側のトレンチでは地山の削り出しにより墳丘裾部を成形し、南側と東側のトレンチでは〇・九〜一・三メートル幅の周溝が検出された。埋葬施設は確認できなかったが、周溝底より浮いた状態で土師器の二重口縁壺の頸部が出土した。墳丘裾部あるいは周溝に配置されたとみられる。築造時期は長泉寺2式期の土師器から古墳前期前葉（前Ⅰ期新段階）に比定できる。

まとめ　本古墳群では6号墳（方墳、墳長約一二メートル）［前Ⅰ期古段階］→31号墳（方墳、墳長一五メートル）［前Ⅰ期新段階］→1号墳（前方後方墳、墳長四六・七メートル）［前Ⅱ期］→3号墳（前方後円墳、墳長五〇メートル）［前Ⅲ期］→15号墳（円墳、直径約一六メートル）［前Ⅴ～Ⅶ期？］→9号墳（前方後円墳、墳長一九メートル）［後Ⅱ期古段階］→11号墳（円墳、直径約一五メートル）［後Ⅳ期］の系譜を考えた。古墳前期前葉は方形墳丘を意識した古墳（6、31号墳）の築造時期と位置づける。福井県では東海系土器の波及・受容とともに古墳時代前期が開始し、小規模の前方後方墳が出現するが、すぐに衰退する。本古墳群も同じ流れとみれば中規模のもの（1号墳）が一代限りで築造を終えたことになる。古墳前期中葉には土器の畿内化とともに前方後円墳（3号墳）が登場する。それ以降の系譜は明確に追えないが、古墳前期後葉以降、墳丘は円墳化（15号墳）する。古墳後期中葉には前方後円墳（9号墳）が築造され、横穴式石室が導入されると、再び円墳（11号墳）が展開するという流れである。時期比定の難しい円墳は古墳前期後葉から中期、あるいは古墳後期中葉以降に位置づけられる。

（二）　小谷ヶ洞古墳群

概要　敦賀市吉河に所在する。集落の南方、標高約五五～六〇メートルの丘陵先端部にあたり、平野を見下ろすことができ、敦賀湾の海上から見ても目立つ海を意識した場所に立地する。1号墳は丘陵最端の標高約五五メートル、2号墳は1号墳より南の標高約六四メートルに位置する。敦賀市教育委員会が昭和五十年（一九七五）福井県原子力センター建設に伴う発掘調査を実施した(47)。

小谷ヶ洞1号墳　一辺約二〇メートル、西側の高さ約六メートルをはかる方墳である。墳丘は自然地形に約一～二メートルの盛土で構築する。平野部から見える部分は墳丘を整え、南部は自然地形をあまり変えていない。墳丘に葺石・埴輪は認められない。埋葬施設は東西に並列する複数埋葬で、各木棺は墳頂より約一メートル下の盛土中に造られていた。東方の1号埋葬は木口部に礫を積んだ割竹形木棺で、長さ四・七メートルと細長く、幅は〇・七五メートルをはかる。埋葬施設の中央東端において鉄鏃一点が出土した。墳頂付近の封土中から土師器片が出土した。被葬者は頭を南にした埋葬とみられる。1号埋葬の西隣に位置する形態不詳の2号埋葬は、鉄剣一点と鉄鏃一点が重なる状態で出土した。築造時期は副葬品の組成から古墳前期前葉（前Ⅰ期新段階）に比定できる。

小谷ヶ洞2号墳　直径約二五メートルの円墳で、高さ約四メートルをはかる。墳丘は小高い自然地形に約一～一・五メートルの盛土で構築する。1号墳と同様に平地から見える部分は丁寧な造成がなされ、南部は自然地形を比較的残す。葺石・埴輪は認められない。埋葬施設は南北に割竹形木棺一基だけで、長さ三・七メートル、幅〇・九メートルをはかる。棺内からは乳文鏡一点、管玉一点、鉄製刀子一点が出土した。埋葬施設周辺には大型の角礫が積まれ、土師器七点（壺四点・器台三点）が出土した。北側の墳丘裾付近で検出された焼土面は古墳に伴う祭祀遺構と考えられている。築造時期は墳丘出土の木田2式期の土師器から古墳前期後葉（前Ⅵ期）に比定できる。

まとめ　1号墳は方墳で、木棺直葬で二基の埋葬施設をもつ。埋葬施設の木口部に礫を積んだ点と、鉄剣と鉄鏃という副葬品の組成は舞崎1～4号墳の様相と似ているため古墳前期前葉に位置づけた。2号墳は出土土器を根拠に古墳前期後葉とした。敦賀市域最古の円墳となり、前期後葉から始まる円墳化の流れの最初に位置づける。結果、1号墳（方墳）［前Ⅰ期新段階］→2号墳（円墳）［前Ⅵ期］の系譜を考えた。

（三）吉河古墳

敦賀市吉河に所在する。本古墳は支脈の先端部に築かれており、向出山3、4号墳と谷を隔てて対峙する位置にあるため、平野側からは望見できず、直径は約八メートル、高さ約一・五メートルの円墳である。埋葬施設は東に開口する横穴式石室で、天井石はほとんど取り除かれていた。玄室長約三メートル、玄室幅約一・三メートルをはかり、片袖式とみられる。(48) 築造時期は特定できないが、横穴式石室をもつことから古墳後期に比定できる。

（四）向出山古墳群

概要　敦賀市吉河に所在する。集落の東方、通称向出山と称する丘陵山頂部および山麓部に位置する。大規模円墳の1号墳、小規模円墳の2～4号墳の四基からなる。1、3、4号墳については昭和二十九年（一九五四）に発掘調査をおこない、昭和三十四年（一九五九）には敦賀市の指定史跡になった。昭和二十九、四十二年（一九五四、六七）に石井左近らが向出山1、3、4号墳の発掘調査を[49]、昭和四十三年（一九六八）には森川昌和が向出山1号墳の実測をおこなった[50]。昭和五十八年（一九八三）には敦賀市教育委員会が主体となり土地造成に伴う2号墳の緊急調査を実施し、そのあと消滅した[51]。昭和五十九、六十年（一九八四、八五）には福井県教育庁埋蔵文化財調査センターが保存のために向出山1、3号墳の石室の実測をおこない、中司照世が出土遺物について検討している[52]。

向出山1号墳　向出山の先端部の山頂、標高約七〇メートルに立地する。直径五七メートルの円墳で、自然地形をうまく利用して構築し上下二段の段築を造り、それぞれの斜面に河原石を用いた葺石が施された。埴輪は確認されていない。円形墳丘に対し西南部には造出ないしは陪塚的な方形区画（長軸一七メートル、短軸一二・四メートル）が付属している。墳長は六九・四メートルをはかる。墳頂部には並列して大小二基の竪穴式石室が構築された。1号石室はほぼ墳丘の中心部分にあり、長さ約四・四メートル、幅約二メートルをはかる。天井石は石室の北部と中央の二個あり、石室の側壁は河原石積みである。西方の2号石室は長さ約二・六メートル、幅約一・一メートルをはかる。1号石室に比べて側壁の石積みに山石を多く使用し、その隙間に白色粘土を詰め込んで壁を築いていた。1号石室の副葬品には銅鏡（仿製四神四獣鏡一点・不明鏡一点）、滑石製小玉三九点、ガラス製小玉一一点、青銅鉸具一点、鉄鉸具一点、鉄刀複数（素環頭大刀一点）、鉄剣複数、鉄鉾（鉄石突）五点以上、鉄地金銅装眉庇付冑二点、鉄地金銅装頸甲一点、鉄挂甲小札一括、鉄鏃一〇五点以上、鉄刀子一点、鉄鋤一点、砥石二点、須恵器三点（杯・高杯・壺）、土師器の高杯一点がある。被葬者は北に頭を向けて埋葬されていた。2号石室の副葬品には銅鏡一点（仿製四神四獣鏡）、竹櫛一点、滑石製小玉六三点、鉄刀複数、鉄剣複数、鉄鉾（鉄石突）複数、金銅製三輪玉四点、鉄衝角付冑（横矧板鋲留）一点、鉄頸甲一点、鉄肩甲一括、鉄短甲（三角板鋲留）一点、鉄鏃三〇点以上、鉄斧二点、朱の塊がある。築造時期はＴＫ47型式期の須恵器などから古墳後期前葉（後Ⅰ期新段階）に比定できる。

向出山2号墳　1号墳の北西隣に位置する。過去に盗掘を受けていた。直径約一六メートル、高さ約二メートルの円墳で、外表施設に葺石を有する。埴輪は確認されたが、元位置を保っていない。葺石・埴輪の両方を備えるのは敦賀市域唯一である。埋葬施設は割竹形木棺で、長さ約四メートル・幅〇・七五メートルをはかる。副葬品には棺内北部に漆塗竹櫛四三点、滑石製小玉二四〇点、中央部に鉄剣二点、鉄刀一点、南部に鉄鉇六点、鉄斧二点、鉄鑿二点、鉄鏃一〇点、砥石一点、棺外に鉄槍一点、漆塗皮盾一点がある。墳頂部では須恵器三点（壺一点・𤭯二点）が出土した。これまで1号墳に隣接することから陪塚ともいわれたが、築造時期はＴＫ216型式期の須恵器とⅣ期の埴輪から1号墳より古い古墳中期中葉（中Ⅲ期）に比定できる。

向出山3号墳　直径約一四メートル、高さ三・七メートルの円墳で、南西に開口する横穴式石室を有する。石室は片袖式で、全長が七・〇五メートル、玄室長三・六メートル、羨道長三・三九メートルをはかる。玄室幅は奥壁寄りで一・八八メートル、中央部で二・〇二メートル、玄門寄りで一・八メートル、中央がふくらむ胴張りの平面形態である。玄室高は二・六メートルをはかり、羨道は入口に向かって広がる。框石は一枚の扁平な石材を横長に立て玄門から羨門寄りに奥に面を向けて据えられた。玄室には持送りの積み方が認められる。遺物の出土状況は報告されていないが、盗掘をまぬがれた良好な副葬品がある。石室からの副葬品には須恵器三四点（杯蓋一三点・杯身八点・高杯四点・𤭯二点・提瓶三点・脚付長頸瓶四点）、鉄大刀三点、鉄鏃二点以上、馬具の轡二点がある。大刀は大小あり、小型の二点は柄の部分が鹿角装である。装飾品には金環二点、銀環一点がある。中司照世は石室の規模に注目し、横穴式石室の玄室高が人の身長をうわまわるのは地域首長墳に多い傾向だと指摘している。築造時期はＭＴ85型式期の須恵器から古墳後期後葉（後Ⅲ期古段階）に比定できる。

向出山4号墳　3号墳の北西に位置する。過去に盗掘を受けていたが、直径約八メートル、高さ約一・五メートルの円墳と想定される。埋葬施設は片袖式の横穴式石室で北西に開口する。内部には土砂が堆積し、詳細な構造は不明である。石室内部からは鐙金具一組、耳環一点、砥石一点、碧玉製管玉二点、ガラス製小玉四点、須恵器四点（𤭯一点・

脚付長頸瓶一点・提瓶二点）が出土した。馬具が特徴的といえる。鐙金具は鞍から垂れ下がる帯と鐙本体との間を連絡する鐙靼にあたる金具で、鐙本体は木製とみられている。築造時期はＭＴ85式期の須恵器から古墳後期後葉（後Ⅲ期古段階）に比定できる。

まとめ　2号墳は小規模の円墳であるが、群内最初の築造の点、葺石と埴輪の両方を備える点、ＴＫ216型式の須恵器とⅣ期の埴輪をもつ点から古墳中期前半期における最後の系譜に位置づける。そして古墳後期には隣接する墳丘の大型化をとげ葺石を備え二段築成をなす1号墳は、豊富な武器・武具などの副葬品から軍事的な性格の強い政治権力者とみられる。古墳後期後葉には3、4号墳が築造される。特に3号墳の横穴式石室は大型であることから首長系譜に位置づけられる。また副葬品に馬具がある。敦賀市最古級の馬具副葬の古墳といえる。結果、2号墳（円墳）［中Ⅲ期］→1号墳（造出付ないしは方形区画付の円墳）［後Ⅰ期新段階］→3、4号墳（円墳）［後Ⅲ期古段階］の系譜を考えた。

（五）中村山古墳群

敦賀市中村山に所在する。平野部を望見する山頂平坦部縁にある。発見当時、破壊の手が及んでいなかった二基は存在したが、現在は消滅している。墳丘は直径一〇メートルを超えない円墳で、周溝は山側にめぐる。埋葬施設は木棺の直葬とみられているが、遺物は発見されていない[53]。

（六）山の上古墳群

概要　敦賀市井川に所在する。集落の東方、扇状地の扇奥部北側の栃古川に開析された標高約六〇メートル丘陵上に位置する。円墳は二基ある。1号墳については福井県教育委員会が昭和五十一年（一九七六）北陸自動車道の建設に伴う発掘調査を実施した[54]。

山の上1号墳　直径一二・三メートル、高さ一・四メートル以上の円墳で、削り出しと盛土で形成されていた。南西に開口する片袖式の横穴式石室を有する。本古墳も盗掘を受けていた。石室の奥壁は抜きとられていたが、石室の全長六・六五メートル、玄室長二・七五メートル、玄室幅は一・四四メートルをはかる。左側壁には奥壁から二・七五メートルの位置、右側壁には奥壁から二・九三メートルの位置に立石を置く。床面には框石三つを羨道側に設けて、玄室と羨道の境を区画していた。玄室には拳大の角礫が敷き詰められていた。玄室内からは須恵器の提瓶一点、鉄製大刀二点、鉄鏃二点の鉄製武器、刀子一点、釘一点などの鉄製品が出土した。釘以外は副葬された状態を保っていた。羨道部からは玄室を閉じる過程に埋納された須恵器六点（杯蓋一点・杯身一点・高杯三点・壺一点）があり、他三点は開口部で出土した。須恵器はTK43型式期を中心に一部MT85型式期のものを含む。築造時期は須恵器から古墳後期後葉（後Ⅲ期新段階）に比定でき、向出山3号墳とほぼ同時期とみられる。なお向出山3号墳は本古墳の一・八倍の玄室をもつもので、副葬品も質量ともにまさるものである。

（七）立洞古墳群

概要　敦賀市井川に所在する。集落の北方、木ノ芽川が敦賀平野に流れ出た南岸の標高約四〇メートルの丘陵先端部に位置する。円墳の1、3、4号墳、造出付円墳の2号墳の四基からなる。1、4号墳は直径一二メートルあまりの横穴式石室をもつ円墳で古墳後期後葉に比定できる。3号墳は直径一四メートルあまりの円墳で、墳頂部に平坦面をもつなど全体の保存は良好である。2号墳は昭和五十一年（一九七六）に福井県教育委員会が主体となり、北陸自動車道の建設に伴う緊急発掘調査を実施した。(55) 調査後は墳丘の四分の一が工事で削られたが、残された部分は昭和五十四年（一九七九）に福井県の史跡に指定された。以下、2号墳の概要を述べる。

立洞2号墳　墳長二四・五メートル、高さ四・六メートルをはかる二段築成の造出付円墳である。墳丘は自然地形を利用した構築方法で、上下二段に分ける墳丘斜面に葺石が施された。上段は周辺に産出する角礫で、下段は地山に含む礫（砂岩）を多く使用していた。埴輪は存在せず、墳丘北部には上段および下段に造出がつく。埋葬施設は墳丘の主軸と斜交し、東西に設定した割竹形木棺である。長さは六・二メートル、幅は中央部分で〇・七七メートルをはかる。副葬品は棺内の東寄りであるので被葬者は頭部を東にしていた。副葬品には銅鏡（仿製素文鏡）一点、緑色凝灰岩製の石釧三点、竹櫛二点、凝灰岩質頁岩製の管玉六点、ガラス製小玉二五点、鉄斧一点、鉄剣一点がある。築造時期は石釧や鏡などから古墳前期後葉（前Ⅶ期）に比定できる。墳丘の規模と段築・葺石を有し副葬品の内容から盟主的な人物といえる。

四　北東部域

（一）大椋古墳群

敦賀市大椋に所在する。大椋神社背後の丘陵上に位置する。『敦賀市通史』では壁土採取で破壊された鉄刀の残片と土器の破片が紹介された。福井県教育委員会は再踏査をおこなった結果、二基の古墳を確認した。[56]平野側の1号墳は円墳で、墳丘は東西約二七・五メートル、南北約三一・五メートルの楕円形で、高さ約九メートルをはかる。小支脈の先端を修飾して築造された。大規模にもかかわらず東側の山や西側の舞崎の山のため古墳からの視野はさほど広くない。1号墳の背後にある2号墳は方墳で、山寄りに築造された。

（二）舞崎古墳群

概要　敦賀市舞崎に所在する。天筒山山頂から南方と東方に尾根が分岐するやや狭い平坦面、標高九五メートルの地点に舞崎1〜4号墳は配置され、南端近くの中腹、標高六五メートル付近に舞崎前山古墳が立地する。平成十一、十二年（一九九九、二〇〇〇）に敦賀市教育委員会が開発事業に伴う発掘調査を実施した。[57]当初は天筒山城の郭と認識されていたが、弥生時代の高地性集落と前期古墳、平安時代前期の遺構と平安時代末の経塚などからなる複合遺跡だと判明した。石井左近の敦賀市通史以来知られていた前山古墳についても調査がおこなわれ、後期古墳に位置づけられた。

舞崎1号墳　長径一六・五メートル、短径一四・二メートルの長方形を呈する方墳である。築造方法は西側斜面下方に土を積んで方形の平坦面を築き、墓壙を地山面下まで掘り込む。墓壙を埋めながら盛土をおこない墳丘を成形する。埋葬施設は長さ四・四メートル、幅一・四四メートルの船底状の墓壙に木棺が埋設された。副葬品には鉄剣三点、用途不明の板状鉄製品一点・棒状鉄製品一点があり、墓壙北寄りに集中して出土した。鉄剣一点は棺に沿って切先を南に向ける。用途不明の板状鉄製品は上方から下方に向かって幅広で、形態的には板状・短冊形鉄斧に似るが、下端に刃部は付かない。未成品というより鉄斧の形態をした鉄素材で、断面が凹レンズ状であることから朝鮮半島製と考えられた。築造時期は古墳前期初頭（前I期古段階）に比定できる。

舞崎2号墳　長径一二・七メートル、短径一一・二メートルの長方形を呈する方墳である。盛土内に弥生土器の細片、盛土下に弥生時代の遺構面を良好に残すことから四基のなかで最初に築かれた。築造方法は1号墳と同じく斜面下方から盛土している。明確な墓壙は確認されないことから墓壙を掘削して棺を納める方法ではなく、盛土成形しながら墳丘の途中に棺を設置する方法とみられる。木棺直葬で、副葬品は出土しなかった。

舞崎3号墳　長径一四・四メートル、短径一二・四メートルの長方形を呈する方墳である。築造方法はいったん方形の低い盛土を築いたあと墓壙を地山面下まで掘り抜き、墓壙を埋め土盛りしながら盛土成形をおこなう。墳丘の北側裾および西側の北よりの部分に列石状の石の並びが断続的に確認できる。岩脈を掘り込んだ結果、大型の石を抜き取った穴などに対して裾ラインの小規模な調整が必要になり、やや断続的な配石状になったとみられる。埋葬施設は長さ六・六メートル、幅一・六メートルの船底状の墓壙に木棺が直葬され、西側には棺押さえとして石が据えられた。棺押さえの石に近接した位置からは不明板状鉄製品一点が出土した。また棺に沿うような形で切先を東側に向けて鉄剣一点、東寄りの離れた位置に単独で鉄鉇一点が出土した。不明板状鉄製品は上方から下方に向かって幅広で、刃部は付けられていない。形態的には板状・短冊形鉄斧と同様である。

舞崎4号墳　4号墳は南東部が攪乱を受ける。他の三基に比べて低い墳丘には盛土内の弥生土器細片は少量しか含まない。盛土下層には旧表土面も確認されず、3号墳の築造による削平後の地面上に築かれたとみられる。築造方法は方形の低い盛土を築いたあと墓壙を地山面下まで掘り込み、棺を安置してすぐ埋め戻した状況で、さらに盛土を高くしてはいない。埋葬施設は船底状の掘形で木棺直葬である。副葬品は確認されていない。

舞崎前山古墳　複数回の破壊により墳丘形態や埋葬施設は不明であるが、墳丘は二段築成で上段に葺石をもつ円墳に復元されている。造出の有無は不明である。下段部は直径約三三メートル、上端部は直径約二〇メートル、上段部分の盛土の最大高は約三メートルをはかる。下段部分は地山削り出しで、上段はすべて盛土成形である。下段上のテラスはやや楕円形で、木ノ芽川流域に向かって設計された。墳丘南東斜面より須恵器二〇点（有蓋高杯蓋六点・有蓋高杯身八点・無蓋高杯一点・直口壺一点・𤭯一点・器台三点）が出土した。時期はＴＫ23型式古段階にあたる。埋葬施設の痕跡は確認できない。同時期の向出山1号墳の状況から竪穴式もしくは竪穴系横口式石室と推定されている。築造時期はＴＫ23型式期の須恵器から古墳後期前葉（後Ⅰ期古段階）に比定できる。

まとめ　舞崎1〜4号墳は方墳と考えられる。時期比定可能な土器は出土していないが、古墳の盛土下に展開する遺構や遺物包含層には弥生後期中葉の遺物を含み、堆積状況などから弥生時代の遺構が完全に遺跡化するほどの時間経過が認められる。したがって墳丘築造の上限は弥生後期末で、土地条件から2号墳→1、3号墳の順と考えられる。1、3、4号墳の埋葬施設は全長四メートル以上で、3号墳は七メートルに近い。墳丘は古墳早期の墳丘墓に多い長方形を呈し、盛土をしながら木棺を埋設していく工法で、出現期としての要素が認められる。副葬品は鉄製品のみで、玉類など石製品はない。素材とされる大型の不明板状鉄製品副葬を踏まえると、築造時期は古墳前期前葉（前Ⅰ期古段階）に比定できる。舞崎前山古墳は二段築成で上段にのみ葺石を施すが、同じ二段築成である向出山1号墳は上下段ともに施す。墳丘規模は向出山1号墳の半分にあたるので、両墳は同系列に位置づけられる。ただし向出山1号墳はＴＫ47型式期（後Ⅰ期新段階）に比定できるため、本墳は共伴した須恵器からその前段階の盟主墳と考えている。

（三）金ヶ崎古墳

敦賀湾に突出する通称金ヶ崎の丘陵先端部に位置する。古くは梅原末治が金ヶ崎城址の古墳として報告した[58]。明治四十二年（一九〇九）金ヶ崎城址の本丸跡に存在した盛土中から小型の竪穴式石室と鉄刀、鉄塊、銀の小板が発見されたとある。墳丘は直径約一九メートルの円墳で、竪穴式石室は五枚の板石で覆われていた。石室長約一・五メートル、幅約〇・三六メートル、深さ〇・四二〜〇・四八メートルをはかる。蓋石の裏面には赤色顔料が付着していた。床には礫が敷かれる。礫床上に遺存した木板の上に珠文鏡一点があり、他に鉄刀一点、鉄鏃一〇点、銀製金具一点が出土した。(59)出土土器はないが、海岸部の目立つ場所に立地した歴史的な背景を考えると、築造時期は古墳中期前葉（中Ⅰ～Ⅱ期）に比定できる。

第三節　若干の考察

一　首長系譜の再検討

（一）古墳時代前期

研究史の整理と時期検討にもとづき、古墳前期の主要古墳を時系列で提示する（第4図）。古い順から舞崎1～4号墳（方墳、墳長一五メートル前後）［前Ⅰ期古段階、長泉寺1式期、庄内3式期］、小谷ヶ洞1号墳（方墳、墳長二〇メートル）［前Ⅰ期新段階、長泉寺2式期、布留0式古段階］→明神山1号墳（前方後方墳、墳長四六・七メートル）［前Ⅱ期、長泉寺3式期、布留0式新段階］→明神山3号墳（前方後円墳、墳長五〇メートル）［前Ⅲ期、長泉寺4式期、布留1式古段階］・宮山3号墳（前方後円墳、墳長三〇メートル？）［前Ⅲ期？］→宮山2号墳（前方後円墳、墳長三〇メートル？）［前Ⅳ期？、長泉寺5式期、布留1式新段階？］→宮山1号墳（前方後円墳、墳長二五メートル）［前Ⅴ期、木田1式、布留2式期］→小谷ヶ洞2号墳（円墳、直径二五メートル）［前Ⅵ期、木田2式、布留2～3式期］→立洞2号墳（造出付円墳、墳長二四メートル）［前Ⅶ期、木田3式、布留3式期］という系譜を提示した（第5・6図）。

古墳中期は不確定な要素はあるが、金ヶ崎古墳（円墳、直径一九メートル）［中Ⅰ～Ⅱ期、TG231・232型式期～TK73型式期］→向出山2号墳（円墳、直径約一六メートル）［中Ⅲ期、TK216型式期］の系譜を想定した。検討の結果、前期系譜の連続性に対し中期系譜の途絶性が浮き彫りとなった。そして空白期間をはさんで舞崎前山古墳（円墳、直径三三メートル）［後Ⅰ期古段階、TK23型式期］→向出山1号墳（造出付円墳、墳長六九・四メートル）［後Ⅰ期新段階、TK47型式期］→

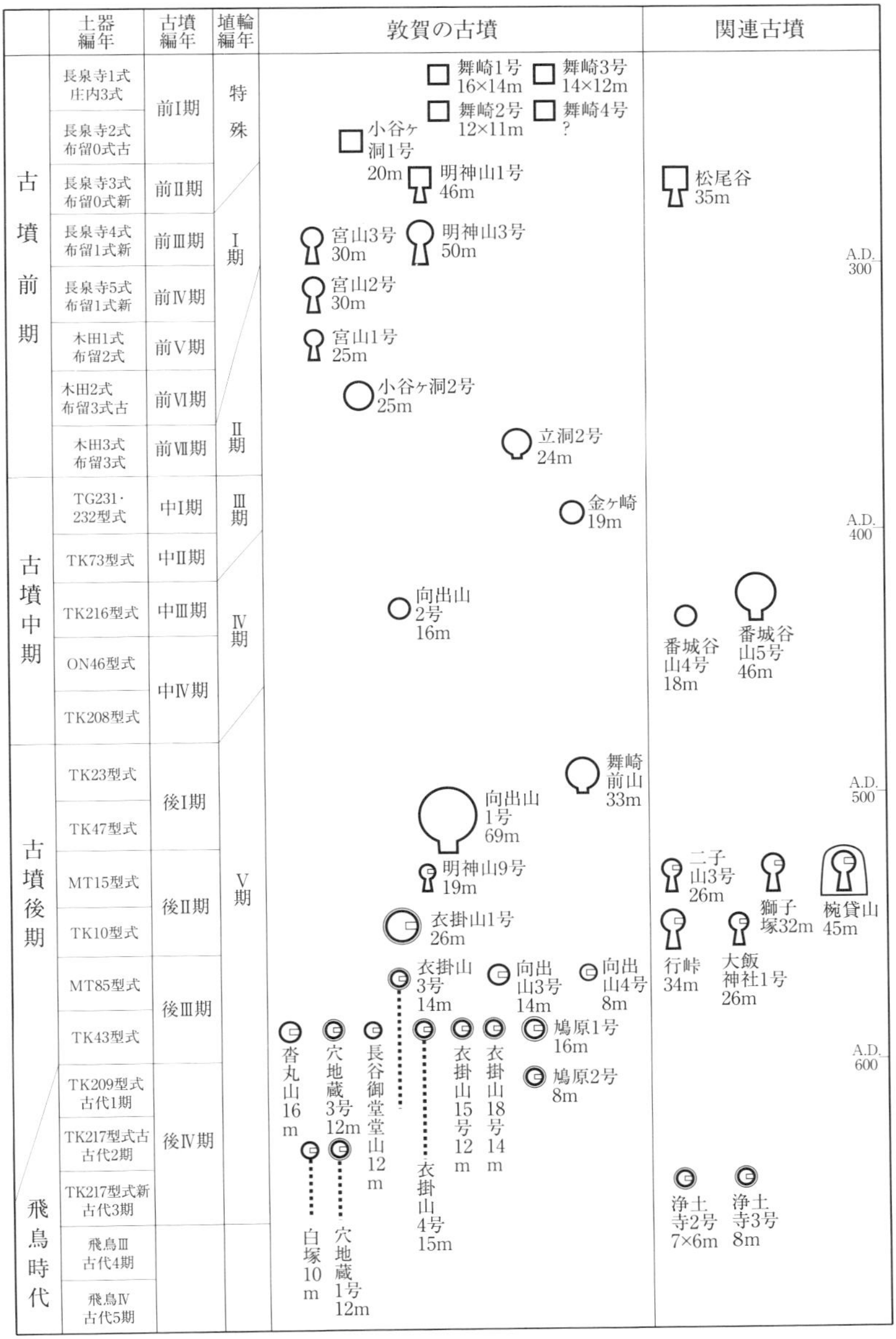
土器編年
古墳編年
埴輪編年
敦賀の古墳
関連古墳
古墳前期
古墳中期
古墳後期
飛鳥時代
長泉寺1式 庄内3式
長泉寺2式 布留0式古
長泉寺3式 布留0式新
長泉寺4式 布留1式新
長泉寺5式 布留1式新
木田1式 布留2式
木田2式 布留3式古
木田3式 布留3式
TG231・232型式
TK73型式
TK216型式
ON46型式
TK208型式
TK23型式
TK47型式
MT15型式
TK10型式
MT85型式
TK43型式
TK209型式 古代1期
TK217型式古 古代2期
TK217型式新 古代3期
飛鳥Ⅲ 古代4期
飛鳥Ⅳ 古代5期
前Ⅰ期
前Ⅱ期
前Ⅲ期
前Ⅳ期
前Ⅴ期
前Ⅵ期
前Ⅶ期
中Ⅰ期
中Ⅱ期
中Ⅲ期
中Ⅳ期
後Ⅰ期
後Ⅱ期
後Ⅲ期
後Ⅳ期
特殊
Ⅰ期
Ⅱ期
Ⅲ期
Ⅳ期
Ⅴ期
舞崎1号 16×14m
舞崎3号 14×12m
舞崎2号 12×11m
舞崎4号 ?
小谷ヶ洞1号 20m
明神山1号 46m
松尾谷 35m
宮山3号 30m
明神山3号 50m
宮山2号 30m
宮山1号 25m
小谷ヶ洞2号 25m
立洞2号 24m
金ヶ崎 19m
向出山2号 16m
番城谷山4号 18m
番城谷山5号 46m
舞崎前山 33m
向出山1号 69m
明神山9号 19m
二子山3号 26m
獅子塚32m
椀貸山 45m
衣掛山1号 26m
行峠 34m
大飯神社1号 26m
衣掛山3号 14m
向出山3号 14m
向出山4号 8m
杏丸山 16m
穴地蔵3号 12m
長谷御堂山 12m
衣掛山15号 12m
衣掛山18号 14m
鳩原1号 16m
鳩原2号 8m
白塚 10m
穴地蔵1号 12m
衣掛山4号 15m
浄土寺2号 7×6m
浄土寺3号 8m
A.D. 300
A.D. 400
A.D. 500
A.D. 600

第４図　敦賀の古墳と関連古墳

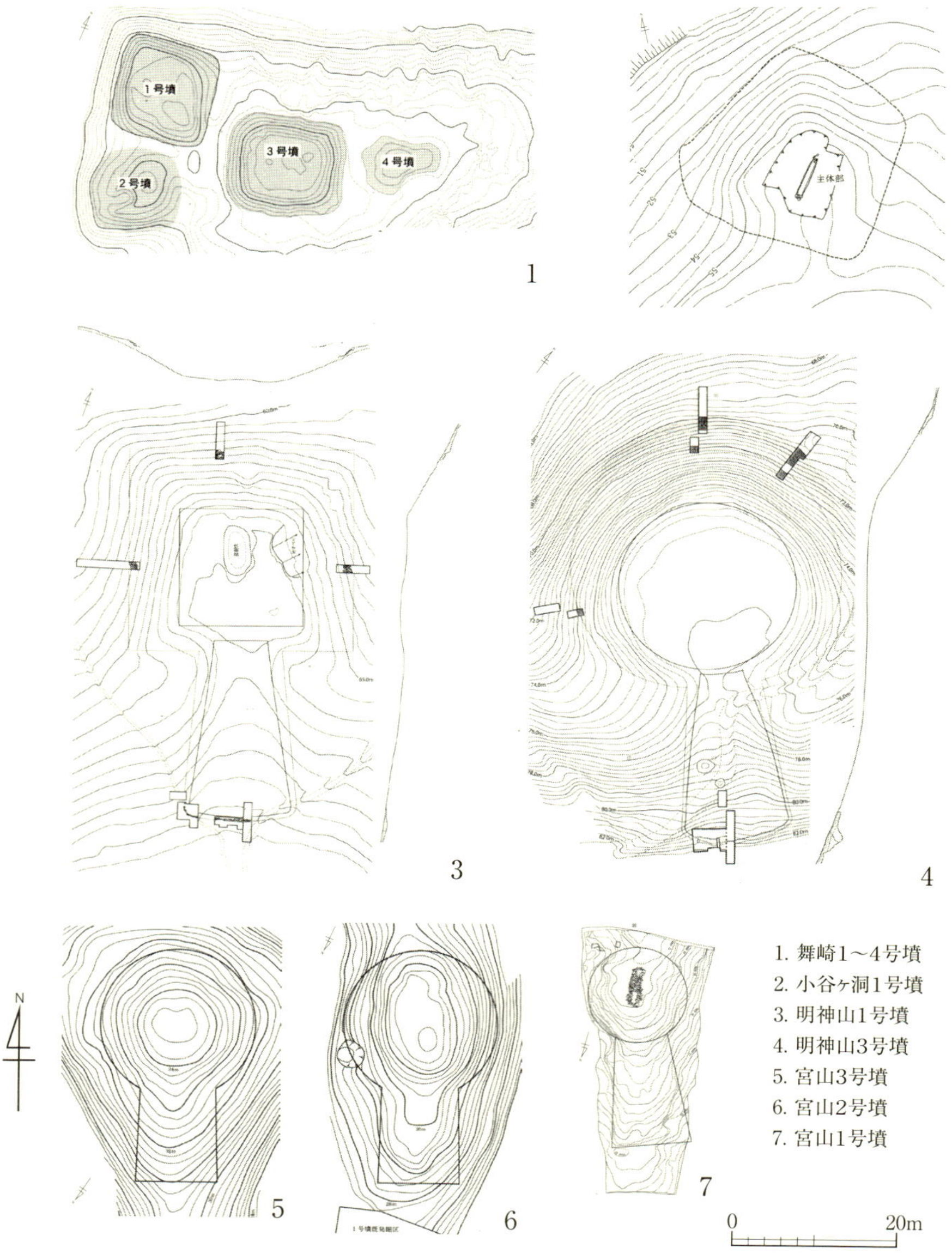

第５図　敦賀の主要古墳（1）［縮尺 1:1,000］

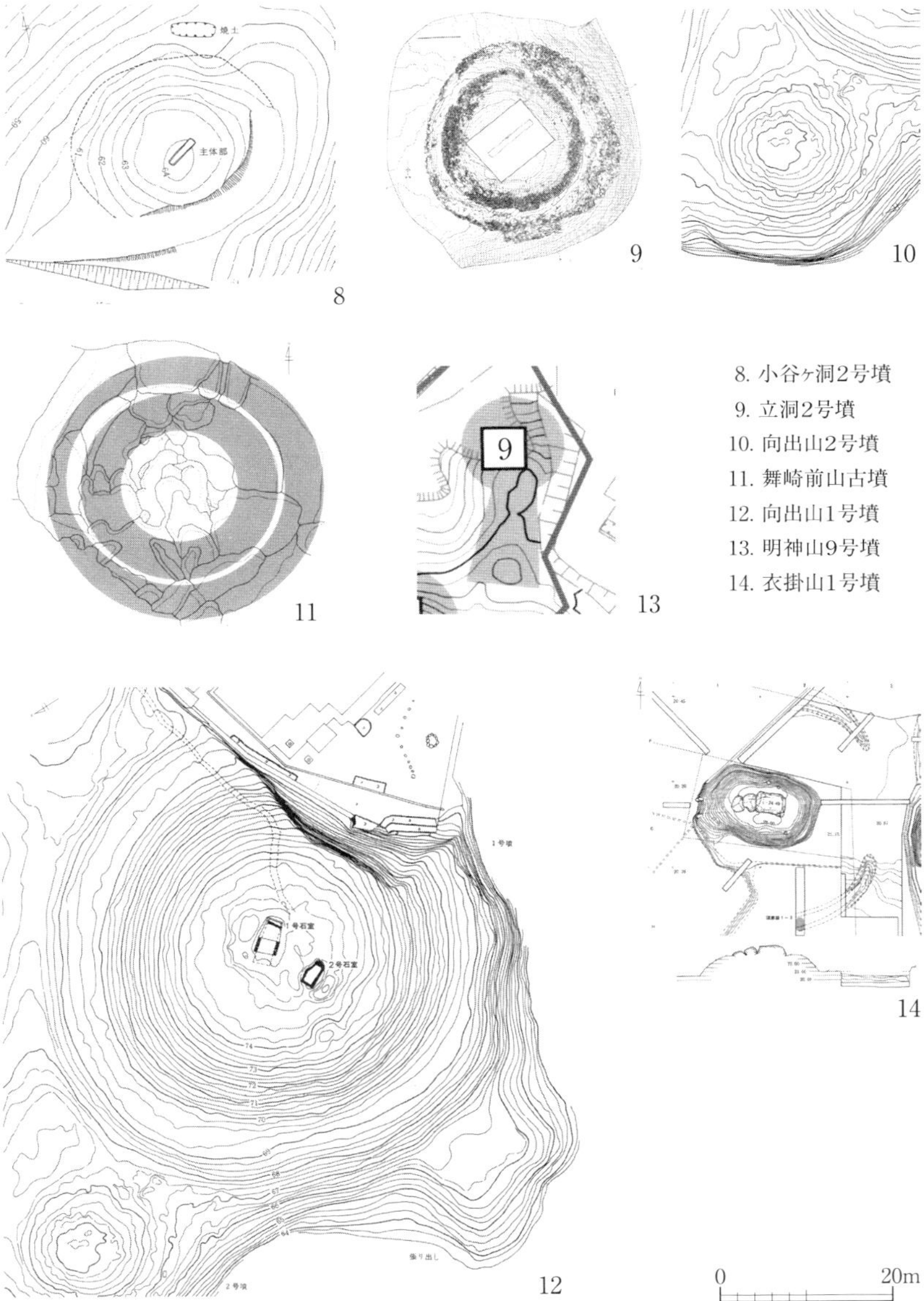

第６図　敦賀の主要古墳（2）［縮尺 1:1,000］

明神山9号墳（前方後円墳、墳長一九メートル）［後Ⅱ期古段階、ＭＴ15型式期］→衣掛山1号墳（円墳、直径二六メートル）［後Ⅱ期新段階、ＴＫ10型式期］→向出山3号墳（円墳、直径約一四メートル）［後Ⅲ期古段階、ＭＴ85型式期］という中・後期の系譜が提示できる（第6図）。この系譜を墳形で整理すると、古墳前期は方墳→前方後方墳→前方後円墳→円墳、古墳中期は円墳、古墳後期は円墳→前方後円墳→円墳となる。

古墳前期前葉（前Ⅰ期、庄内3式～布留0式期）に関しては北陸南西部の状況と同調した現象で、特に弥生時代以来の伝統な墓制である方形を意識した古墳が継続して築造されたものと理解している。(60) 特筆すべき点は東海系土器の波及・受容とともに現れる前方後方墳で、両者の関係性についてはすでに論じた。(61) 明神山1号墳の出土土器はないが、周辺の小規模古墳（明神山6号墳）では高杯・小型器台などの東海系土器を伴う。(62) 明神山1号墳は葺石をもつ点、他の福井県の前方後方墳と比べて圧倒的な規模をもつ点などから優位性が指摘できる。当該期（前Ⅱ期、布留0式新段階）における北陸最大級の前方後方墳が築造される背景には、敦賀という東海・近畿中枢部に最も近い地理的環境が関係している。また同時期の古墳として滋賀県高月市の小松古墳（墳長五九・七メートル）を考え、美浜町の松尾谷古墳（墳長三五メートル）の築造も一連の流れでとらえる。(63) 松尾谷古墳は複数の埋葬施設を前方部と後方部に有する例であり、埋葬のあり方からも古墳前期前葉に比定する根拠としたい。

古墳前期中葉の特徴は一代限りの前方後方墳（明神山1号墳）のあとに古式の前方後円墳（明神山3号墳）の出現という流れでとらえた。それは、北陸南西部の古墳前期中葉における土器の畿内化とともに前方後円墳の出現という状況を重視したうえでの位置づけである。(64) 特に当該期（前Ⅲ期、布留1式古段階）の前方後円墳としては北陸最大級となり、近畿中枢部に最も近い敦賀の地理的条件を鑑みれば、越の玄関口に墳長四〇メートル級の前方後円墳が最初に築造されたとしても不思議ではない。それ以降は小型化した前方後円墳の系譜を想定し、宮山3号墳（前Ⅲ期）→2号墳（前Ⅳ期）→1号墳（前Ⅴ期）という墳長二〇～三〇メートル級の前方後円墳の展開を考えた。古墳前・中期は基本的に木棺直葬と考えるが、宮山1号墳の事例から前期後葉以降に竪穴式石室が採用されている。

古墳前期後葉には前方後円墳の一時的消失と墳丘の円墳化が始まる。その最初が小谷ヶ洞2号墳であり、その後続として立洞2号墳を位置づけたので、現状では円墳化の上限を古墳前期後葉（前Ⅵ期）と考えている。次段階の造出付円墳である立洞2号墳は鏡を副葬し、葺石を備え二段築成をなす格式の高いもので、王権との密接な関係を思わせる石釧などの副葬品を有する。こうした状況を踏まえると、古墳前期は方墳→前方後方墳→前方後円墳→円墳の流れとなり、王権とのより強いつながりが円墳化に象徴されたと理解している。

（二）**古墳時代中期**

円墳化は古墳中期にも継続し、福井県嶺北の古墳とも連動している。[65]特に敦賀市域は近畿中部に近い地理的環境から県内でも円墳化の早い地域と考えた。古墳中期には最初（中Ⅰ〜Ⅱ期）の系譜として金ヶ崎古墳が考えられる。それは海側に墳丘を誇示するように築造された点で、古墳中期前葉の免鳥5号墳（中Ⅱ期）と同じ契機とみたからである。[66]次の系譜は向出山2号墳と考えたが、敦賀市域唯一の埴輪（Ⅳ期）と葺石の両方を備える点では、同じ条件を有する嶺北南部（丹南地区）唯一の越前町の番城谷山5号墳（墳長四六・四メートルの造出付円墳、中Ⅲ期）の影響下でとらえられる。[67]向出山2号墳の墳頂部出土の須恵器（TK216型式期）は番城谷山5号墳のそれと時期的に近い。嶺北南部において初めて埴輪・葺石を兼備した背景には嶺北内部での権力構造が一時的に崩れた証とみている。いずれにせよ敦賀市域では中期における大規模古墳は未確認であるので、系譜の途絶は若狭町・小浜市の上中古墳群内で始まる大規模古墳の築造が背景にあると考えられる。[68]

（三）**古墳時代後期**

古墳後期前葉（後Ⅰ期）には舞崎前山古墳と向出山1号墳が築造されるが、ともに二段築成の円墳を基調とする。特に向出山1号墳は二段成で葺石を備える大規模円墳（直径五七メートル）で、造出ないしは陪塚的な方形区画を含めると墳長六九・四メートルをはかる。墳丘規模と豊富な副葬品から若狭湾沿岸地域では傑出した古墳で、雄略・継体朝におけ る越を代表する政治権力者とみられる。宮川徏は、その築造規格の視点と金銅装の武具の副葬品の分析をおこない、その背後にある大王権力と支配力を表徴する標識として視覚的にその地域における着用者の政治的優位性を示す道具立ての役割について述べる[69]。そして地域における政祭を主宰する地域首長としてのシンボルともいえる定型的な前方後円墳よりも、大王権力への従属性を目に見える形で具現化した規格性を示す帆立貝形の墳丘を築造せざるを得ない立場の人物とみている。

それ以降の大規模古墳は存在せず一代限りで終わったようで、その後続に前方後円墳の明神山9号墳（墳長一九メートル、MT15型式期）を位置づけた。古墳後期中葉にはなるが、横穴式石室を敦賀市域で最初に採用した点を重視する。他に若狭湾沿岸地域の西部では二子山3号墳（墳長二六メートル、MT15型式期）、行峠古墳（墳長三四メートル、TK10型式期）、大飯神社1号墳（墳長二六メートル、TK10型式期）、東部では獅子塚古墳（墳長三二メートル、MT15型式期）、福井県嶺北では椀貸山古墳（墳長四五メートル、MT15型式期）などの前方後円墳があり、同じ政治的な事情で出現した政治権力者とみられる。これらは古墳後期中葉（後Ⅱ期）における各小地域を代表する盟主墳といえるだろう[70]。加えて六世紀初頭前後は雄略・継体朝にあたり、百済王都の滅亡など朝鮮半島南部の混乱期にある。緊迫した社会事情のもと軍事的性格の強い被葬者像が浮かび上がる。特に敦賀は大陸との交流・交渉の玄関口にあたるため王権側から重視された。その一方で、北部九州系の埋葬施設や副葬品の内容から日本海を舞台に活躍した政治権力者の姿が想定できる。いわば王権に与しながらも、それとは一線を画した独自性の強い一面がうかがえる。

明神山9号墳の次の盟主墳は衣掛山1号墳である。衣掛山古墳群は敦賀平野の内陸部に位置し、古墳後期中葉（後Ⅱ期新段階）から築造が開始された群集墳である。特に1号墳は横穴式石室をもつ群内最大にして最古の円墳である。後続する盟主墳は向出山3号墳で、小規模ではあるものの全長七メートルの横穴式石室をもつ点で優位性が認められる。築造時期はMT85型式期の須恵器から古墳後期後葉（後Ⅲ期古段階）に比定できる。敦賀では古墳後期中葉（後Ⅱ期新段階）の衣掛山1号墳の築造が画期となり、後期後葉（後Ⅲ・Ⅳ期）以降、小規模円墳が次々と築造されていく。なお、おおい町の大飯神社古墳群においても大飯神社1号墳が契機となり、古墳後期後葉から末にかけて群集墳が展開すること同じような事象として理解できる(71)。

二　埋葬施設と副葬品の検討

（一）全体の様相

古墳前期の埋葬施設が判明する古墳は数が少ない。前期前葉は舞崎1、3、4号墳、小谷ヶ洞1号墳がある。いずれも木棺直葬で、盛土成形をしながら盛土の途中で木棺を安置するタイプと考えられる。舞崎の三基は木棺一基のみであるが、小谷ヶ洞1号墳は木棺二基が並列して設置される。1号埋葬は割竹形木棺と判明している。特に舞崎3号墳と小谷ヶ洞1号墳は棺押さえとして石を据える点で共通している。副葬品としては舞崎1号墳の鉄剣三点と用途不明の板状鉄製品・棒状鉄製品、舞崎3号墳の鉄剣一点・鉄鉇一点、小谷ヶ洞1号墳1号埋葬の鉄鉇一点、2号埋葬の鉄剣一点・鉄鉇一点の事例から鉄剣＋鉄鉇をベースとした副葬品の組成が考えられる。

古墳前期中葉の好例はないが、前期後葉には宮山1号墳・小谷ヶ洞2号墳・立洞2号墳がある。宮山1号墳は竪穴式石室が採用された最初の古墳で、畿内系土器が北陸南西部に波及・受容していく時期と重なる。しかし後続の小谷ヶ洞2号墳と立洞2号墳は割竹形木棺を埋設した木棺直葬である。副装品は宮山1号墳の鉄剣＋鉄鉇のセットは前期前葉的であるが、小谷ヶ洞2号墳と立洞2号墳は鏡や管玉をもつ点で共通するものの、後者については石釧三点が加わる。前方後円墳で竪穴式石室を採用したものの副葬品は前期前葉の在地的な側面が強い段階から、墳形は円墳をベースとし木棺直葬でありながら石釧など王権との強いつながりを思わせる段階へという流れが追える。

古墳中期の系譜は追えなくなるが、金ヶ崎古墳と向出山2号墳の様相だけは判明している。金ヶ崎古墳は竪穴式石室を採用するが、向出山2号墳は割竹形木棺の直葬である。副葬品をみると前者は鏡をはじめ鉄刀・鉄鏃などの武器が中心で、後者は鉄剣・鉄刀・鉄鏃・鉄槍の武器とともに鉄鉇・鉄斧・鉄鑿などもある。中期の様相は不透明だが、武器の比率は高い。古墳後期は向出山1号墳の築造が画期である。大小二基の竪穴式石室をもち副葬品は豊富である。1号石室では銅鏡と装飾品をはじめ鉄刀・鉄剣・鉄鉾・鉄地金銅装眉庇付冑・鉄地金銅装頸甲・鉄挂甲小札一括・鉄鏃など大量の武器・武具、2号石室では銅鏡と装飾品をはじめ鉄刀・鉄剣・鉄鉾・鉄衝角付冑（横矧板鋲留）・鉄頸甲・鉄肩甲一括・鉄短甲（三角板鋲留）・鉄鏃など大量の武器・武具を保有している。本墳の被葬者の軍事的な側面がうかがえる。

古墳後期中葉には様相のわかる古墳は少ないが、明神山9号墳は横穴式石室を採用した前方後円墳で、後続の衣掛山1号墳も横穴式石室をもつが、墳形は従来通りの円墳である。ともに副葬品の様相は不明である。後期後葉には向出山3、4号墳が登場し、敦賀市域初の馬具副葬がおこなわれた。3号墳は馬具の轡二点で、4号墳は馬具の鐙金具一組である。横穴式石室をもつ直径一〇メートル前後の円墳にもかかわらず、馬具をもつのが特徴である。その後も衣掛山4、18号墳と鳩原1号墳（TK43型式期）、穴地蔵1号墳（TK217型式期古段階）があり、後期後葉・末の横穴式石室をもつ小規模古墳においても馬具が副葬されるようになる。

第７図　製塩土器・石棚をもつ古墳の分布

（二）製塩土器を副葬した古墳と石棚付設の横穴式石室

敦賀とその周辺の古墳で特徴的なのは製塩土器の副葬と石棚付設の横穴式石室である（第7、8図）。まず製塩土器の副葬は杳丸山古墳の石室内、衣掛山3号墳の追葬時と衣掛山15号墳の遺物包含層内、敦賀市以外では浄土寺2号墳の石室内、大飯神社古墳群の遺物包含層内の事例がある。[72] その多く

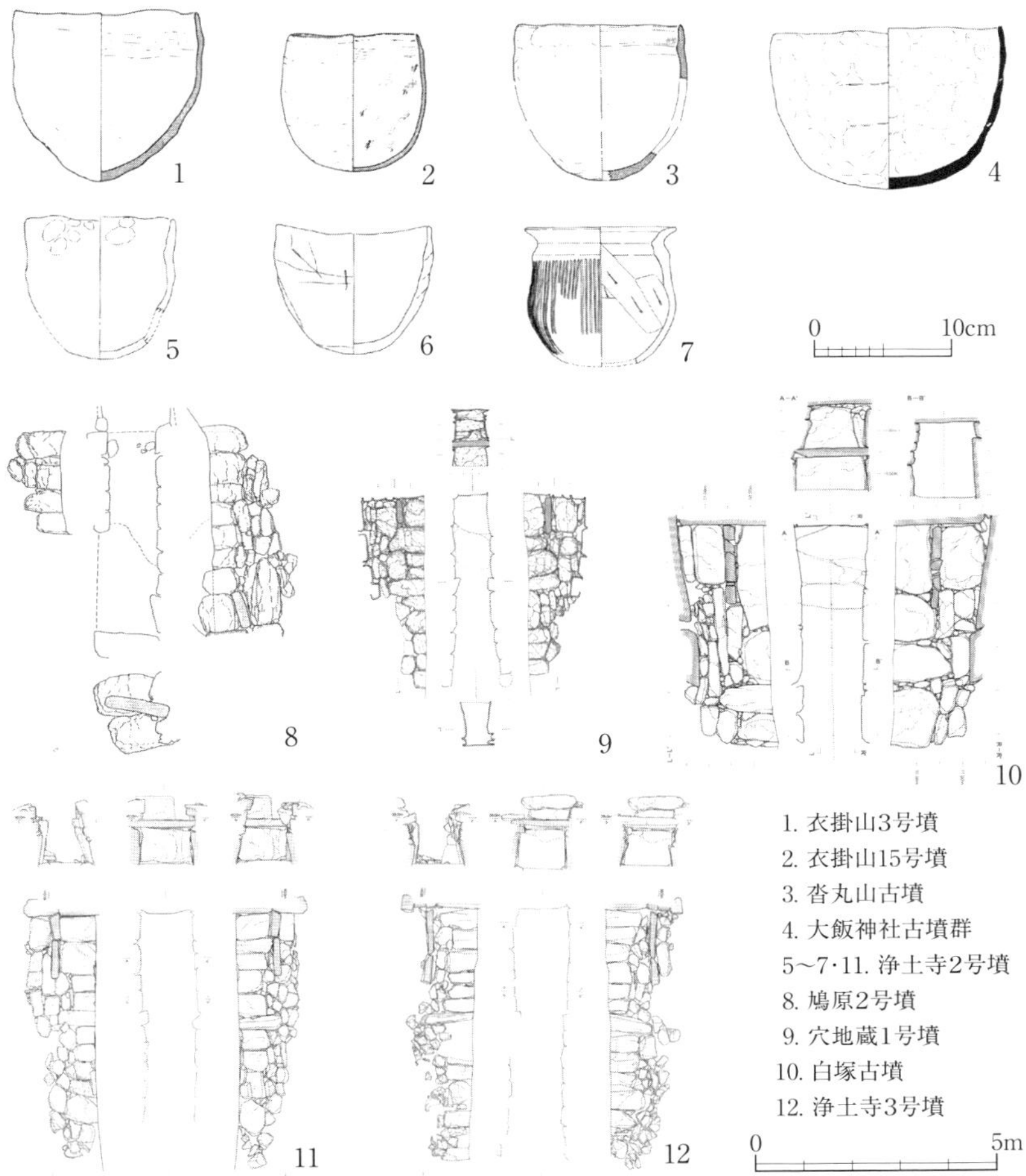

第８図　製塩土器・石棚をもつ古墳［1〜7 縮尺 1:7、8〜12 縮尺 1:200］

は浜禰ⅡB式の製塩土器であったが、衣掛山３号墳のものは浜禰ⅡA式に近く、報告書では「衣掛式」として設定された。敦賀市域における最古の製塩遺跡は浦底遺跡であり、浜禰ⅡA式期（古墳後期前葉）に比定できる。[73] そのあとは松原遺跡や松島遺跡など浜禰ⅡB式期の製塩遺跡が知られる。いずれにせよ古墳に伴う製塩土器はＴＫ43型式期に集中しており、以後の事例とその周辺地域の事例を加味すれば古墳後期後葉・末に盛行するといえる。

次に石棚付設の横穴式

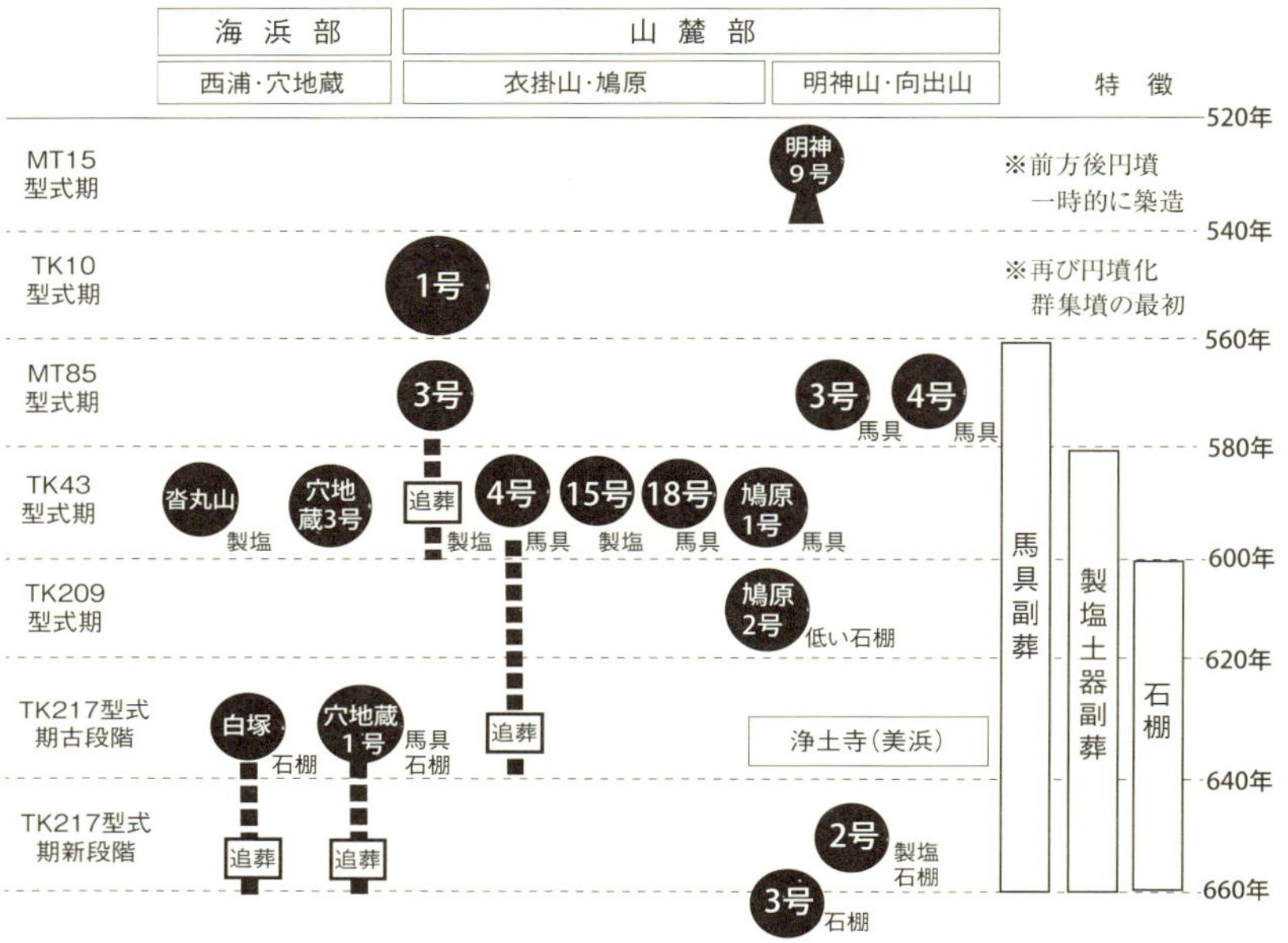

第９図　敦賀の後期古墳と副葬品

石室である。鳩原2号墳が最古の事例（TK209型式期）で敦賀平野の内陸部に展開するが、次に白塚古墳・穴地蔵1号墳（TK217型式期）の築造となるので敦賀半島の海浜部に展開していく。なお敦賀半島西部の海浜部に位置する浄土寺2、3号墳も古墳後期末（TK217型式期新段階）に下がるものである。中村修は、敦賀の石棚付設の横穴式石室について低い石棚（鳩原2号墳）と、高くも低くもない石棚（祭祀棚）に分ける(74)。前者は山麓部に立地し遺体を上に置くことが特徴である。笙の川の河川交通や琵琶湖に抜ける近江路の運搬を担った集団とし、紀伊→三里古墳（大和）→吉備と鳩原2号墳（敦賀）の技術伝播が考えられた。後者は敦賀半島の海浜部に立地し遺体を下に置くことが特徴である。製塩土器の副葬がみられる点から製塩集団とし、あわせて吉備・鳩原2号墳の両方の影響で成立したと考えられた。

　これらを整理すると、小規模古墳への馬具副葬（MT85型式期）、製塩土器の副葬（TK43型式期）、低い石棚の築造（TK209型式期）、祭祀棚としての石棚の築造（TK217型式期）という流れが追える（第9図）。小規模古墳への馬具副葬が交通路の拠点と軍事的整備とみれば、敦賀へのミヤケ設置という王権の直接的な支配のあらわれととらえられる。(75)そこに一段階遅れて製塩土器の副葬が始まることは、ミヤケを拠点として塩などの貢進がおこなわれた証ともとれる。低い石棚の系譜は吉備・大和、さらに紀伊までたどることができ、祭祀棚としての石棚は吉備と敦賀の技術の融合とみれば政治性を伴う技術交流の裏付けともなる。なお、紀氏は六世紀後葉に軍事氏族として蘇我氏の配下に名を連ね、吉備は角鹿国造の祖である建功狭日命が吉備臣の祖である若武彦命につながるので、考古資料との整合性が指摘できる。(76)この点も踏まえると、王権による支配体制の強化の一環としてミヤケが設置され、そのあと対外的な軍事集団なども編成され、結果的に塩などの貢進制につながっていったものととらえられる。

注

（1）石井左近「第一編 古代 第四節 敦賀における古墳」『敦賀市通史』敦賀市教育委員会、一九五六年。

（2）中司照世「第Ⅴ章 考察 第一節 敦賀地域の首長と畿内王権」『立洞2号墳 山の上1号墳』福井県教育委員会、一九七八年。

（3）森川昌和「第三章 古代の敦賀 第一節 敦賀の開発と発展」『敦賀市史 通史編 上巻』敦賀市、一九八五年。

（4）中司照世「Ⅳ 古墳時代 六 若狭湾岸の豪族」『図説発掘が語る日本史三 東海・北陸編』新人物往来社、一九八六年。

（5）中司照世「三 北陸」『古墳時代の研究第一一巻 地域の古墳Ⅱ 東日本』雄山閣、一九九〇年。

（6）中司照世「古代のツルガの首長と対外交流―弥生・古墳時代を中心に―」『企画展『弥生時代のツルガ』』敦賀市立博物館、二〇〇一年。

（7）古川登・御嶽貞義「越前地方における古墳時代―首長墓古墳の動向を中心に―」『小羽山古墳群 小羽山丘陵における古墳の調査』清水町教育委員会、二〇〇二年。

（8）網谷克彦「福井県敦賀市明神山1号墳の調査―前方後方墳の墳長の確定―」『敦賀短期大学紀要 敦賀論叢』第二三号、敦賀短期大学、二〇〇八年。

（9）網谷克彦・二村陽子「福井県敦賀市明神山3号墳の調査―墳長および墳丘長の確定―」『敦賀短期大学紀要 敦賀論叢』第

二六号、敦賀短期大学、二〇一二年。
(10) 石井前掲（1）文献。
(11) 川村俊彦『衣掛山古墳群』敦賀市教育委員会、一九八七年。
(12) 川村俊彦『西浦古墳群』敦賀市教育委員会、一九九二年。
(13) 網谷克彦「穴地蔵古墳横穴式石室石材試論」『気比史学 結成二五周年記念誌』気比史学会、二〇〇五年。
(14) 中村修「低い石棚の考察」『古代史の海』第三六号、「古代史の海」の会、二〇〇四年。同「一七例目の低い石棚」『古代史の海』第四三号、「古代史の海」の会、二〇〇六年。同「低い石棚の考察」『立命館大学考古学論集Ⅳ』立命館大学考古学論集刊行会、二〇〇五年。
(15) 美浜町教育委員会『美浜町歴史シンポジウム記録集二 浄土寺古墳群を考える—敦賀半島周辺の石棚と海の民—』二〇〇五年。
(16) 中司照世ほか「明神山古墳群丑寅山支群」『坂ノ下遺跡群』福井県教育庁埋蔵文化財調査センター、二〇〇八年。
(17) 中野拓郎ほか『市内遺跡発掘調査報告—明神山古墳群第一次〜第八次等—』敦賀市教育委員会、二〇一二年。
(18) 古墳時代の土器編年と暦年代は、堀大介『地域政権の考古学的研究—古墳成立期の北陸を舞台として—』雄山閣、二〇〇九年、古墳の編年は、大賀克彦「凡例 古墳時代の時代区分」『小羽山古墳群 小羽山丘陵における古墳の調査』清水町教育委員会、二〇〇二年、古墳時代の須恵器編年は、田辺昭三『須恵器大成』角川書店、一九八一年、飛鳥・奈良時代の土器編年と暦年代は、堀大介「古代越前の須恵器編年と暦年代」『あさひシンポジウム二〇〇三記録集 山の信仰を考える—越知山と泰澄を考えるために—』朝日町教育委員会、二〇〇三年、畿内の土器編年については、寺沢薫「畿内古式土師器の編年と二・三の問題」『矢部遺跡』奈良県立橿原考古学研究所、一九八六年、同「布留0式土器の新・古相と二、三の問題」『箸墓古墳周辺の調査』奈良県立橿原考古学研究所、二〇〇二年にもとづく。
(19) ここでは山泉古墳群を不明としたが、注（17）文献の明神山古墳群の報告書をよると、衣掛山・山泉両古墳群で八〇基以上にのぼるとの記載があり、今回の集計はその数字を採用した。
(20) 川村前掲（12）文献。

(21) 上田三平「松原村及中郷村附近の古跡」『福井県史跡勝地調査報告 第一冊 若狭及び越前に於ける古代遺跡』福井県内務部、一九二〇年。
(22) 梅原末治「越前敦賀の遺跡遺物」『考古学雑誌』第五巻第八号、日本考古学会、一九一五年。上田前掲（21）文献。
(23) 斎藤優「穴地蔵古墳」『文化財調査報告』第二七集、福井県教育委員会、一九七九年。
(24) 川村俊彦『穴地蔵古噴群 松原遺跡』敦賀市教育委員会、一九九〇年。
(25) 川村俊彦『穴地蔵古墳 福井県指定史跡保存修理報告書』敦賀市教育委員会、二〇〇一年。
(26) 松葉竜司「浄土寺古墳群」『美浜町内遺跡発掘調査報告書Ⅱ』美浜町教育委員会、二〇〇七年。
(27) 川村前掲（11）文献。
(28) 川村俊彦「長谷御堂山古墳」『発掘された北陸の古墳報告会資料集』まつおか古代フェスティバル実行委員会、一九九七年。
(29) 中司照世「第三章 周辺の地理的・歴史的環境 第二節 歴史的環境」『坂ノ下遺跡群』福井県教育庁埋蔵文化財調査センター、二〇〇八年。
(30) 石井前掲（1）文献。
(31) 中野拓郎「宮山1号墳」『第一六回福井県発掘調査報告会資料―平成十二年度に発掘調査された遺跡―』福井県教育庁埋蔵文化財調査センター、二〇〇一年。同「宮山古墳群」『市内遺跡発掘調査報告―宮山古墳群・公文名遺跡・木崎山南遺跡・櫛川鉢谷遺跡等―』敦賀市教育委員会、二〇〇四年。
(32) 網谷克彦・北野薫・二村陽子・佐藤優子「前期前方後円墳の測量調査―敦賀市宮山2号墳・3号墳―」『敦賀短期大学紀要 敦賀論叢』第一八号、敦賀短期大学、二〇〇三年。
(33) 網谷克彦「敦賀市宮山3号墳墳丘発掘調査―後円部の墳径と隣接平坦面の遺構―」『敦賀短期大学紀要 敦賀論叢』第一九号、敦賀短期大学、二〇〇四年。
(34) 古川・御獄前掲（7）文献。
(35) 中野前掲（17）文献。

(36) 川村前掲（11）文献。
(37) 中司照世ほか『衣掛山古墳群』福井県教育庁埋蔵文化財調査センター、二〇〇六年。
(38) 川村俊彦「第四章 まとめ」前掲（11）文献。
(39) 中司照世「第四章 まとめ」前掲（37）文献。
(40) 石井前掲（1）文献。
(41) 川村俊彦「鳩原1・2号墳」『発掘された北陸の古墳報告会資料集』まつおか古代フェスティバル実行委員会、一九九七年。
(42) 中司前掲（16）文献。
(43) 網谷前掲（8）・（9）、中野前掲（17）文献。
(44) 中司前掲（2）・（4）文献。
(45) 中司前掲（2）・（4）文献。
(46) 中司前掲（6）文献。
(47) 森川昌和『吉河小谷ヶ洞古墳群発掘調査報告』一九七五年。同「小谷ヶ洞古墳群」『敦賀市史 通史編 上巻』敦賀市、一九八五年。
(48) 中司照世「第Ⅱ章 周辺の環境 第二節 歴史的環境」『立洞2号墳 山の上1号墳』福井県教育委員会、一九七八年。
(49) 石井左近「向出山古墳出土品」『敦賀市文化財』第二集、敦賀市教育委員会、一九六〇年。
(50) 森川昌和「向出山古墳をめぐって」『別冊「気比史学」第二号 敦賀の古墳と保存問題について』気比史学会、一九八一年。
(51) 福井県教育庁埋蔵文化財調査センター『吉河遺跡調査ニュース』四、一九八三年。
(52) 中司照世「向出山古墳群出土の副葬品」『立洞2号墳 山の上1号墳』福井県教育委員会、一九七八年。
(53) 中司前掲（48）文献。
(54) 中司照世ほか『立洞2号墳 山の上1号墳』福井県教育委員会 一九七八年。
(55) 中司前掲（54）文献。

(56)石井前掲（1）文献、中司（48）文献。
(57)川村俊彦ほか『舞崎前山古墳・舞崎遺跡』敦賀市教育委員会、二〇〇一年。
(58)梅原末治「続越前敦賀郡の遺物と遺跡」『考古学雑誌』第七巻第一号、考古学会、一九一六年。
(59)中司前掲（48）文献。
(60)堀前掲（18）文献。
(61)堀前掲（18）文献。
(62)中野前掲（17）文献。
(63)黒板秀樹ほか『古保利古墳群第一次確認調査報告書』高月町教育委員会、二〇〇一年。田辺常博ほか『松尾谷古墳―前方後方墳の発掘調査―』若狭三方縄文博物館、二〇〇六年。
(64)堀前掲（18）文献。
(65)古川・御嶽前掲（7）文献。
(66)田邊朋宏『免鳥古墳群 範囲確認調査概要報告書』福井市文化財保護センター、二〇〇七年。
(67)堀大介「調査速報 番城谷山5号墳の分布調査の成果―丹南地区初の埴輪と葺石をもつ古墳の発見―」『越前町織田文化歴史館 館報』第五号、越前町教育委員会、二〇一〇年。同「海を渡った陶質土器」『平成二十五年度 越前町織田文化歴史館企画展覧会 海は語る ふくいの歴史を足元から探る』越前町教育委員会、二〇一三年。
(68)堀大介「古代ケヒ神の基礎的研究」『桜井市纒向学研究センター紀要 纒向学研究』第二号、桜井市纒向学研究センター、二〇一四年。［本書第一編第二章］。
(69)宮川徏「三、向出山1号墳の出現とその背景」『別冊「気比史学」第四号 特集 向出山古墳』気比史学会、一九八四年。
(70)中野ほか前掲（17）文献。高浜町教育委員会『二子山3号墳発掘調査現地説明会』一九八九年。網谷克彦「福井県大飯郡高浜町二子山3号墳」『日本考古学協会 年報四二』日本考古学協会、一九九一年。高浜町教育委員会『行峠古墳発掘調査現地説明会』一九九一年、赤澤徳明ほか『滝見古墳群・大飯神社古墳群・山田古墳群・山田中世墓群』福井県教育庁埋蔵文化財調査センター、二〇〇四年。入江文敏「獅子塚古墳」『福井県史 資料編一三 考古』福井県、一九八六年。斎藤優「横山古墳群」『福井県文化財調査報告』第二一集、福井県教育委員会、一九七一年。入江文敏「椀貸山古墳」『福井県史 資料編一三 考古』福井県、一九八六年。
(71) 赤澤前掲(70)文献。
(72) 松葉前掲(26)文献、赤澤前掲(70)文献。
(73) 森川昌和「第三章 古代の敦賀 第二節 藻塩焼く浜」『敦賀市史 通史編 上巻』敦賀市史編さん委員会、一九八五年。
(74) 中村前掲(14)文献。
(75) 堀前掲(68)文献。
(76) 堀前掲(68)文献。

挿図出典

第1図　筆者が本文の内容をもとに作成。
第2図　左は中野拓郎ほか『市内遺跡発掘調査報告―明神山古墳群第一次～第八次等―』敦賀市教育委員会、二〇一二年の図4、中は中司照世ほか「明神山古墳群丑寅山支群」『坂ノ下遺跡群』福井県教育庁埋蔵文化財調査センター、二〇〇八年の第11図、右は堀大介ほか『朝日山古墳群・佐々生窯跡・大谷寺遺跡 重要遺跡範囲確認調査報告書』越前町教育委員会、二〇〇六年の第9図。
第3図　国土地理院「杉津」「敦賀」二五〇〇〇分の一の地形図をトレースして作成。
第4図　筆者が本文の内容をもとに作成。
第5・6図　1・11は川村俊彦ほか『舞崎前山古墳・舞崎遺跡』敦賀市教育委員会、二〇〇一年の図18・図8、2・8は福井県『福井県史 資料編一三 考古』一九八六年の図版441、3・4・13は中野拓郎ほか『市内遺跡発掘調査報告―明神山古墳群第一次～第八次等―』敦賀市教育委員会、二〇一二年の図10・図22・図4、5・6は網谷克彦・北野薫・二村陽子・佐藤優子「前期前方後円墳の測量調査―敦賀市宮山2号墳・3号墳―」『敦賀短期大学紀要 敦賀論叢』第一八号、敦賀短期大学、二〇〇三年の図6・図5、7は中野拓郎「宮山古墳群」『市内遺跡発掘調査報告―宮山古墳群・

公文名遺跡・木崎山南遺跡・櫛川鉢谷遺跡等―』敦賀市教育委員会、二〇〇四年の図9、9は中司照世ほか「第Ⅲ章立洞2号墳」『立洞2号墳 山の上1号墳』福井県教育委員会、一九七八年の挿図20、10・12は福井県『福井県史 資料編一三 考古』一九八六年の図版447、14は川村俊彦『衣掛山古墳群』敦賀市教育委員会、一九八七年の第5図より転載。

第7図　国土地理院「杉津」「敦賀」二五〇〇〇分の一の地形図をトレースして作成。

第8図　1・2は川村俊彦『衣掛山古墳群』敦賀市教育委員会、一九八七年の第49図1・2、3・9は川村俊彦『西浦古墳群』敦賀市教育委員会、一九九二年の第10図、第5図、4は赤澤徳明ほか『滝見古墳群・大飯神社古墳群・山田古墳群・山田中世墓群』福井県教育庁埋蔵文化財調査センター、二〇〇四年の図版第120-5、5～7・11・12は松葉竜司「浄土寺古墳群」『美浜町内遺跡発掘調査報告書Ⅱ』美浜町教育委員会、二〇〇七年の第125図9～11・第122図・第130図、8は川村俊彦「鳩原1・2号墳」『発掘された北陸の古墳報告会資料集』まつおか古代フェスティバル実行委員会、一九九七年の図、10は川村俊彦『穴地蔵古墳 福井県指定史跡保存修理報告書』敦賀市教育委員会、二〇〇一年の図9より転載。

第9図　筆者が本文の内容をもとに作成。

第二章　気比神の諸性格にみる古代敦賀の様相

はじめに

氣比神宮は福井県敦賀市曙町に鎮座する越前一宮で、歴史上北陸総鎮守として重要な役割を果たしていた。『新抄格勅符抄』大同元年牒には従三位の封戸料二〇〇戸が施入されたとする記事があり、天平三年（七三一）時点での神階奉授と解すれば国内初の事例で、従三位という高さも異例である。『続日本紀』宝亀元年（七七〇）八月条には伊勢・若狭比古・八幡・気多の諸神とともに幣帛が奉られ、『延喜式』巻第一〇神名下には「気比神社七座並名神大」とあるので、北陸道を代表する著名な神として知られていた。七座は伊奢沙別命・仲哀天皇・神功皇后・日本武尊・応神天皇・玉妃命・武内宿禰命で、その由緒は記紀の説話で語られている[1]。また、笥飯（気比）は即位後の仲哀天皇の行宮の名で、神功皇后による新羅征討の出発点でもある。しかも敦賀は一連の戦いを終えた応神天皇の禊の場で、気比神と名易《なが》えがおこなわれた地でもある。気比神に対する厚遇やヤマト王権との特別な関係性は記紀の内容によるところが大きいが、その背景については御食津大神・伊奢沙和気（去来紗別）大神などの神名の意味を踏まえると複雑な歴史的経緯がうかがえる。

本章では、気比神にまつわる記紀の謎めいた説話と神名からその性格を抽出したうえで、敦賀とその周辺地域の古墳や副葬品ならびに製塩遺跡などを検討し、その諸性格がどのような過程で形成されたのか、高い神階の理由は何にもとづくものか、当地の考古学的事象を反映した説話か否かを明らかにする。叙階・叙勲・奉幣には政治的な意図が読み取れるので、王権と地域神との関わりについても併せて述べたい。

第一節　気比神の諸性格

一　記紀にみる気比神

『古事記』での記述は一か所のみで、読み下しに改め以下に引用する。

a 故、建内宿禰命、其の太子を率て、禊せむと為て、淡海及若狭国を経歴し時、高志の前の角鹿に仮宮を造りて坐さしめき。爾に其地に坐す伊奢沙和気大神の命、夜の夢に見えて云りたまひしく、「吾が名を御子の御名に易《か》へまく欲し」とのりたまひき。爾に言禱きて白ししく、「恐し、命の随に易へし奉らむ」とまをせば、亦其の神詔りたまひしく、「明日の旦、浜に幸でますべし。名を易へし幣献らむ」とのりたまひき。故、其の旦浜に幸行でましし時、鼻毀りし入鹿魚、既に一浦に依れり。是に御子、神に白さしめて云りたまひしく、「我に御食の魚給《な》へり」とのりたまひき。故、亦其の御名《な》を称へて、御食津《みけつ》大神と号けき。故、今に気比大神と謂ふ。亦其の入鹿魚の鼻の血臭かりき。故、其の浦を号けて血浦と謂ひき。今は都奴賀と謂ふ。

（仲哀天皇段）

aは対話形式による応神天皇と気比大神の名易え説話である。神功皇后は新羅の遠征を終え忍熊王の反乱を鎮めると、建内宿禰命は太子（応神）を連れて禊をするため、近江・若狭を経て越前に至り角鹿に仮宮を造る。すると伊奢沙和気大神が夢に現れ、自らの名と御子の名を易えよと告げ、皇子もそれを承知した。お告げにしたがい翌朝浜に出ると、名易えのしるしとして鼻の傷ついた入鹿魚が寄りついていた。食料の魚を賜ったと御子は述べ、神の名を御食津大神と名づけた。今に気比大神という。また入鹿の血が臭かったので、その浦を血浦といい、今は都奴賀（角鹿）という。

『日本書紀』での記述は三か所で、読み下しに改め以下に引用する。

b 一に云はく、御間城天皇の世に、額に角有ひたる人、一の船に乗りて、越国の笥飯浦と泊れり。故、其処を号けて角鹿と曰ふ。問ひて曰はく、「何の国の人ぞ」といふ。対へて曰さく、「意富加羅国の王の子、名は都怒我阿羅《つぬがあら》斯等《しと》。亦の名は于斯岐阿利叱智干岐《うしきありしちかんき》と曰ふ。伝に日本国に聖皇有すと聞りて、帰化く。

（垂仁天皇二年是歳条）

c　二月の癸未の朔戊子に、角鹿に幸す。即ち行宮を興てて居します。是を笥飯宮と謂す。
（仲哀天皇二年二月条）

d　十三年の春二月の丁巳の朔甲子に、武内宿禰に命せて、太子に従ひて角鹿の笥飯大神を拝みまつらしむ。
（神功皇后摂政十三年二月条）

e　初め天皇在孕れたまひて、天神地祇、三韓を授けたまへり。既に産れませるときに、宍、腕の上に生ひたり。其の形、鞆の如し。是、皇太后の雄しき装したまひて鞆を負きたまへるに肖えたまへり。肖、此を阿叡と云ふ。故、其の名を称えて誉田天皇と謂す。上古の時俗、鞆を号ひて褒武多と謂ふ。一に云はく、初め天皇、太子と為りて、越国に行して、角鹿の笥飯大神に拝祭みたてまつりたまふ。時に大神と太子と名を相易へたまふ。故、大神を号けて、去来紗別神と曰す。太子をば誉田別尊を名くといふ。然らば大神の本の名を誉田別神、太子の元の名を去来紗別尊と謂すべし。然れども見ゆる所無くして、未だ詳ならず。
（応神天皇即位前紀）

f　越前国司、白蛾献れり。戊午に詔して曰はく、「白蛾を角鹿郡の浦上の浜に獲たり。故、笥飯神に二十戸を増封し、前に通す」とのたまふ。
（持統天皇六年九月条）

dは笥飯（気比）神の初出で、神功皇后が三韓征討ののち太子（応神）を武内宿禰とともに遣わし、参拝せしめたとある。eでは応神の身体的特徴と名前の由来が語られる。その「一云」としてdの内容に触れ、名易えの内容が続く。太子の元の名を去来紗別、大神のそれを誉田別神とするが、両者の関係は具体的に語られず、編纂者は「未だ詳らかならず」の態度である。それ以後の笥飯（気比）神の記録は七世紀末まで下がる。fは浜で白蛾が獲れた吉祥として笥飯神に対して二〇戸を増封した内容である。増封とあるのは先立つ封戸が想定できる。封戸制の成立は七世紀後葉とされるので、六九二年を少し遡った時期とみられる。[2]つまり笥飯（気比）神は仲哀・神功・応神紀と持統紀のみで、その間は登場しない。神名以外はbの海岸名とcの行宮名だけである。崇神朝とされるbは渡来人来航の最初の史料で、角鹿の地名由来が語られる。都怒我阿羅斯等は最終的に比売語曽社と関係していく。そもそも比売語曽の女神は天日槍（天之日矛）説話で語られるもので、都怒我阿羅斯等説話の後半部は同じところに由来している。

天日槍については、その子孫の田道間守が常世国に遣わされたことが垂仁紀に記される。翌三年に新羅王子の天日槍が神宝を持って但馬国に渡来した関係から『日本書紀』では前段階の垂仁天皇二年にその渡来を語る必要があったのでbは意図的な挿入と考えられる。一方、『古事記』では応神天皇段に出てくるが、神功皇后の母方が天之日矛の系譜に属することを述べる必要があったという(3)。

次に奈良時代である。『続日本紀』では二か所で、読み下しに改め以下に引用する。

g　神祇員外少史正七位上中臣葛野連飯麻呂を遣して、越前国気比神、能登国気多神に幣帛を奉らしむ。

（宝亀元年〈七七〇〉八月条）

h　始めて越前国気比神宮司を置き、従八位官に准ず。

（宝亀七年〈七七六〉九月条）

奈良時代には「気比」と表記される。以後の史料には『日本後紀』延暦二十三年（八〇四）六月条の越前国気比神社、『日本後紀』大同四年（八〇九）閏二月条の越前国気比神、『続日本後紀』承和二年（八三五）二月条の越前国正三位勲一等気比大神、『続日本後紀』承和六年（八三九）二月条の越前国気比大神宮、『続日本後紀』承和六年（八三九）八月条の越前国気比神、『続日本後紀』承和六年（八三九）十二月条の越前国正三位勲一等気比大神とある。奈良・平安時代には気比神あるいは気比大神としか出てこないが、『古事記』は「気比」と表記し、『日本書紀』は「笥飯」と統一している。記紀での神名は多様であるが、本来の神名を誉田別神とする『日本書紀』の見解を除けばケヒ・イザサワケ・ミケツの三種になる。神の表現については仲哀・神功・応神の説話と八三五、八三九年が「大神」、六九二から八〇九年までが「神」である。平安前期に「大神」とあるのは神階昇叙と関係した可能性が高い。仲哀・神功・応神の説話が「大神」と扱われたのに比べ、六九二年では「神」一字のみである。応神天皇の神聖性を高めるうえで、それと関係の深い気比神を殊遇する必要性があったのだろう。

二　気比神の諸性格

まずは気比神の諸性格を立地の視点で考えていく。日本海沿岸のほぼ中央に位置する敦賀は、背後の琵琶湖水運と連絡して京畿に近く、交通上の恵まれた場所にある。『延喜式』巻第二六 主税上によると、北陸諸国の官物は敦賀津に回漕され、琵琶湖の水運を利用して畿内へ送られたことがわかるので歴史上、越国の集散地に位置づけられる。特に気比神の鎮座地付近には都と北陸諸国を結ぶ北陸道が通り、その入口として重要な位置を占めたことから、海陸交通の要衝を扼する神として崇敬された。また敦賀は意富加羅国王子の都怒我阿羅斯等の来着記事があり、早くから対外的な門戸として認識されていた。のちに渤海国使を迎える松原客館が置かれたことも踏まえると、大陸文化の受容の玄関口として重視されていた。敦賀津は潟湖を利用した天然の良港であるので、元は在地の海人たちによって信仰された海神および航海神とみられる。航海の守護神としての姿は未着の遣唐使船の無事帰還を祈り、摂津の住吉神とともに奉幣を受けた『続日本後紀』承和六年（八三九）八月条の記事にあらわれている。

次に笥飯（気比）の名から考える。笥とは飯または衣服などを入れる四角な箱の意味であるから、笥飯とは箱のなかの飯のことを示す。ケヒの音に対する当て字ととれるが、『万葉集』巻第三の二五六の歌にある淡路島西岸地の海を「飼飯《けひ》の海」とする見解を踏まえ、[4] 食《け》の霊《ひ》とみる本居宣長の見解を重視すると食神としての性格が浮き彫りとなる。[5] 気比神と関係の深い劔神社の『剣大明神略縁起并来由之事』「織田剣大明神記録」には笥飯（気比）神は笥に入った黒飯の荒魂とあり、『気比宮社記』には保食神と称されている。食物を神格化した側面は応神が笥飯（気比）大神に「御食の魚」を奉り、御食津大神の神名を授けられたことにもうかがえる。土地神が外来の皇子（神）に対して食物供進の形をとるので、地域首長の王権への服属儀礼の反映とみる見解はあるが、[6] 名易え自体が応神にとっての成人式を意味するとの見解もある。[7] その説話については阪下圭八が合理的に解釈している。「魚《な》」と「名《な》」というナ同士のカヘ（交換）を起源とする見解にもとづけば、ケヒには交換の意味合いも含まれる。[8]

さらに伊奢沙和気（去来紗別）については豊田亮が新羅国王子の天日槍（天之日矛）の献ずるところの神宝と関連づけて考えた[9]。神宝の内容は記紀により異なるが、『日本書紀』の一云にある胆狭浅《いささ》の大刀の音が似ることから大刀は天日槍の魂代で、祖霊である天日槍を象徴化したものだという[10]。後世の認識になるかもしれないが、『気比宮社記』には神功皇后が兵器を幣として祀ったとあり、境内には気比神の御子神である剣神や天利剣神や荒魂を祭神とする伊佐々別神社が鎮座するので、武器との関連性を重視すれば武神としての性格が読み取れる。それは敦賀が三韓征討の出発地に設定され、日本海沿岸地域の軍事拠点として重視されていたことが大きいだろう。

加えて気比神には渡来神の性格も認められる。越国の笥飯浦に着いた都怒我阿羅斯等の別名、于斯岐阿利叱智干岐は本文にある任那の蘇那曷叱智《そなかしち》と同一人物とされる。ツヌガは新羅や金官加羅の最高官位「角干」に由来し、シトはシチと同語で新羅や加耶の人名に付した貴人への尊称だという[11]。これは朝鮮半島南部の一王子が渡来した帰化説話で、天日槍と混同される。天日槍は比売語曽の女神を含め朝鮮半島からの渡来人が奉じた神との指摘があり[12]、気比神と同体とみる説もある[13]。『播磨国風土記』には天日槍命は新羅神ともある。敦賀郡の式内社である信露貴彦神社の社名も新羅系渡来人の存在を思わせる。これらは渡来神としての性格を示している。

まとめると、気比神の海神・航海神・食神・交換・武神・渡来神の性格を抽出したが、これらは古代敦賀の地域性と歴史性によるところが大きい。ヤマト王権は敦賀の重要性に注目し、その地域神と接触し始めると、ほどなくして国家と関係の深い神へと昇格し、その霊験が期待された結果、高い神階を受けるまでになる。それでは、どのような過程で神名にみる重層性が生じたのか。また、神功・応神の説話は四世紀末から五世紀前葉頃の出来事ともいうが、特に応神天皇は新王朝の創始者として敦賀の気比神との関係が語られている。はたしてその頃の敦賀には、それらが語られるだけの素地があったのか。第二節では古墳時代における敦賀と周辺地域の考古資料について検討する[14]。

第二節　古墳時代敦賀の考古学的検討

一　敦賀における首長系譜の研究史

敦賀市域の首長系譜については中司照世の研究成果によるところが大きい。まず中司は立洞2号墳、山の上1号墳の報告書で首長墓に該当する古墳を、小谷ヶ洞2号墳（円墳、四世紀後葉）→立洞2号墳（帆立貝形前方後円墳、四世紀末～五世紀初頭）→明神山1号墳（前方後方墳、五世紀前葉～中葉）→明神山3号墳（円墳、五世紀中葉～後葉）→向出山1号墳（墳丘外に方形区画をもつ円墳、五世紀末）→向出山3号墳（円墳、六世紀後葉）とし、四、五世紀代はほぼ継続して首長墓が営まれたことを想定した。(15) その後、明神山1号墳を前期に繰り上げ、歴代首長墓を順次列挙するのは不可能としながらも明神山1号墳（前方後方墳、四世紀）→立洞2号墳（帆立貝形古墳、四世紀末ないし五世紀初頭）→向出山1号墳（円墳、五世紀後葉）→明神山9号墳（前方後円墳、六世紀前半）の系譜を示し、一部判明した傑出した副葬品とともに系譜論の根拠を段築・葺石という定型化した外表施設の採用を重視した。(16) それから立洞2号墳を四世紀後半、向出山2号墳を五世紀中頃、向出山1号墳を五世紀末頃と部分修正し、明神山1号墳は丑寅山支群が四世紀初頭に発現することを理由に四世紀前半に遡らせて考えた。(17)

一方、古川登・御嶽貞義は大賀克彦の古墳編年にもとづき、福井県嶺北の古墳動向を検討するなかで敦賀地域の首長系譜を提示した。(18) 舞崎3号墳（方墳一四メートル、前Ⅱ期?）→舞崎1号墳（方墳一三メートル、前Ⅲ期?）→宮山1号墳（前方後円墳二四メートル、前Ⅳ期?）→宮山2号墳（前方後円墳二三メートル?、前Ⅴ期?）→小谷ヶ洞2号墳（円墳二五メートル、前Ⅵ期）→立洞2号墳（張出付円墳二四メートル、前Ⅶ期）→明神山1号墳（前方後方墳四六・七メートル、中Ⅰ～Ⅱ期?）→明神山3号墳（円墳三〇メートル、中Ⅲ～Ⅳ期?）→向出山1号墳（張出付円墳六九・四メートル、後Ⅰ期）→明神山9号墳（前方後円墳三〇メートル、後Ⅱ期?）と考えた。

両者は主要古墳について大筋では同じ系譜を考えているが、古川・御嶽は墳長二〇メートル前後を対象としたので前期古墳の系譜が充実した感はある。ただし明神山1号墳の位置づけが異なり、中司は四世紀前半とみるのに対し古川・御嶽は中期前葉まで下げて考えた。近年には敦賀市教育委員会や敦賀短期大学による明神山古墳群・宮山古墳群・舞崎古墳群の試掘調査が進み、古墳の様相が明らかになっている。加えて北陸南西部における土器編年や前期古墳の時期的な検討も進んでいるので、より詳細な系譜が追える段階にきている。敦賀における各古墳群の詳細は別稿で論じたので、その成果にもとづいて概要を述べる。(19)

二　前期古墳系譜の再検討

まず舞崎古墳群の編年的な位置づけである。敦賀市教育委員会により1～4号墳の調査が実施されたが、いずれも一辺一五メートル前後の長方形を意識した古墳であった。時期を決める資料は少ないなか、古墳前期前葉に比定した。(20)弥生時代の墳丘墓の流れを汲むことは福井県および北陸南西部の墓制を検討した際に明らかになっている。(21)方墳の小谷ヶ洞1号墳についても埋葬施設で木口部に礫を積んだ割竹形木棺をもち、1号埋葬で鉄剣と鉄鉇が副葬される点(22)において、舞崎3号墳の棺押さえの石を配置した埋葬施設と鉄剣・鉄鉇を副葬品でもつ点と酷似しているので、方形プランを意識した古墳は古墳前期でも前葉に位置づけるのが妥当であろう。他にも当該期の古墳として小谷ヶ洞1号墳、明神山31号墳などがあげられるが、墳丘が二〇メートル規模の点で小谷ヶ洞1号墳を前期前葉の盟主墳とみている。

次に宮山古墳群の新資料があった。かつて円墳と方墳からなる五基の古墳群であったが、発掘調査で1号墳は前方後円墳と判明し、(23)敦賀短期大学の測量調査では2、3号墳も前方後円墳である可能性が高まった。占地状況から3号墳→2号墳→1号墳の順序で築かれ、2、3号墳は合同形の可能性が高まった。(24)その後、3号墳の試掘調査がなされ、後円部が直径一九メートルと確定した。(25)1号墳の築造時期について中野拓郎は四世紀末～五世紀前半とし、推定根拠を竪穴式石室の短さに求めた。古川登・御嶽貞義は越前における首長系譜の流れを重視して大賀編年の前Ⅳ期に位置づけ、1号墳［前Ⅳ期］→2号墳［前Ⅴ期?］とした。(26)3号墳から1号墳への序列を重視し、畿内系土器の影響が強い木田式・高畠式の画期を考えると、前Ｖ期あたりに比定するのが妥当である。仮に1号墳を前Ｖ期にすれば3号墳［前Ⅲ期？］→2号墳［前Ⅳ期？］→1号墳［前Ｖ期］の系譜が想定できる。

問題となるのは明神山1、3号墳の編年的な位置づけである。敦賀市教育委員会と敦賀短期大学が実施した数度の調査により、1号墳は葺石をもつ墳長四六・七メートルの前方後方墳、3号墳は墳長五〇メートルの前方後円墳と判明した(27)。時期比定できる考古資料はないが、前方部の形態から1、3号墳は古式とみられる。前方部の発達する明神山1号墳を前Ⅱ期（布留0式期新段階）、同じく前方部の発達する明神山3号墳を前Ⅲ期（布留1式期古段階）と位置づけ、前方後方墳→前方後円墳の流れを想定した。古墳前期前葉には東海系土器の波及とともに前方後方墳の築造が始まり、土器の畿内化とともに纒向型前方後円墳の出現という流れを重視したうえでの位置づけである(28)。とすれば当該期では前方後方（円）墳として北陸最大級となるが、近畿中枢部に最も近い敦賀の地理的条件を鑑みると越の玄関口に墳長四〇メートル級が最初に築造されたとしても不思議ではない。なお、明神山1号墳の出現は滋賀県長浜市の小松古墳や福井県若狭町の松尾谷古墳が展開することと一連の動きのなかでとらえられる。

さらに円墳の成立時期である。直径二五メートルの円墳である小谷ヶ洞2号墳は木田2式期の土師器から前Ⅵ期(29)、墳長二四メートルの造出付円墳である立洞2号墳も副葬品の検討から前Ⅶ期に位置づけられる(30)。円墳の上限は古墳前期後葉とみる。前Ⅳ・Ｖ期の間は墳長約三〇メートルの前方後円墳（宮山3号墳→宮山2号墳）の系譜を想定し、竪穴式石室をもつ宮山1号墳に至ると、それから前方後円墳の系譜は途絶する。つまり円墳化の最初は小谷ヶ洞2号墳（直径二五メートル、前Ⅵ期）で、次に立洞2号墳（墳長二四メートル、前Ⅶ期）となるので、古墳前期は方墳→前方後方墳→前方後円墳→円墳あるいは造出付円墳という流れが追える（第10図）。

まとめると、舞崎1～4号墳（方墳、墳長一五メートル前後）［前Ⅰ期古段階、長泉寺1式期、庄内3式期］→小谷ヶ洞1号墳（方墳、墳長二〇メートル）［前Ⅰ期新段階、長泉寺2式期、布留0式期古段階］→明神山1号墳（前方後方墳、墳長四五・八メートル）［前Ⅱ期、長泉寺3式期、布留0式期新段階］→明神山3号墳（前方後円墳、墳長五〇メートル）［前Ⅲ期、

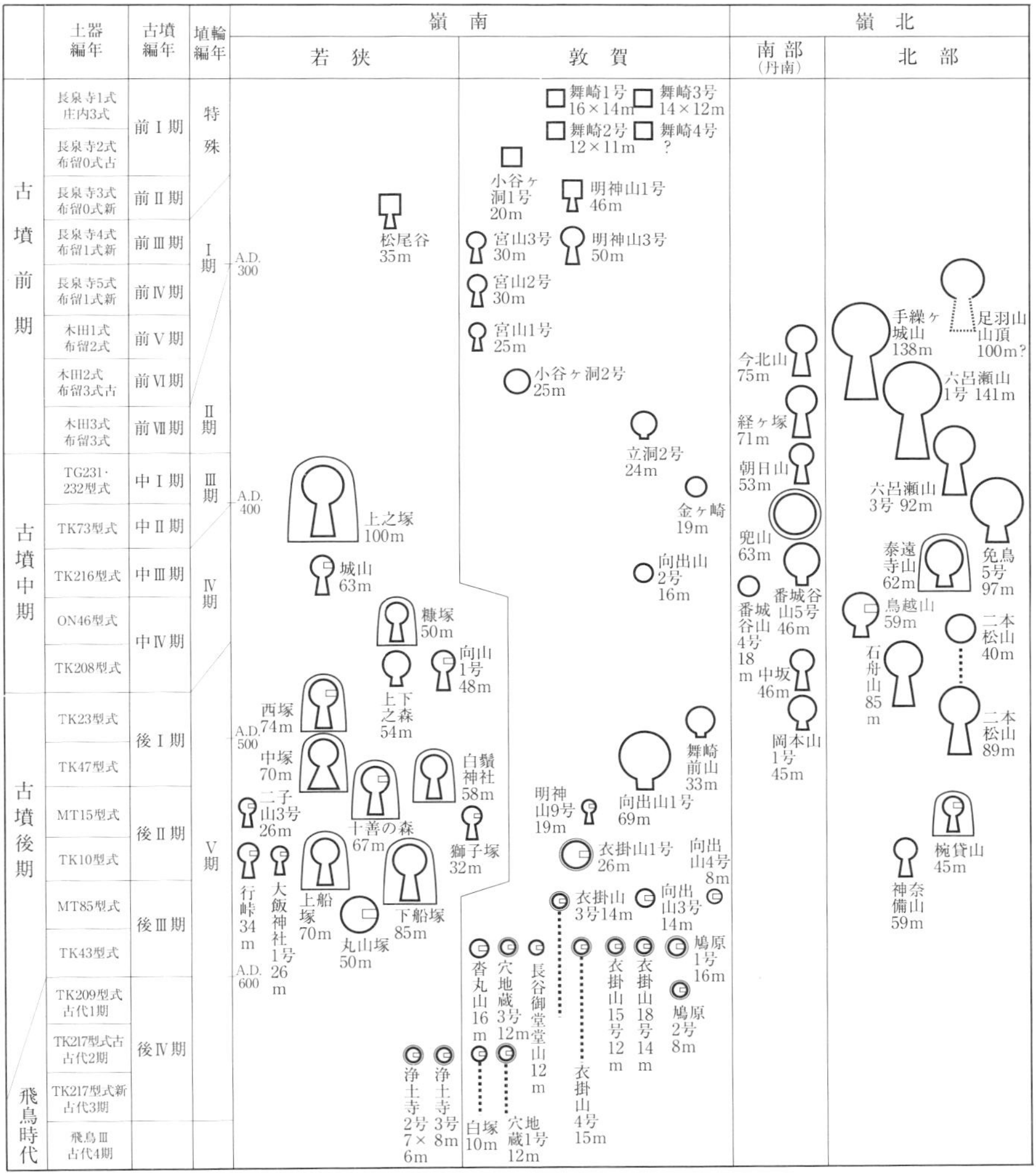

土器編年
古墳編年
埴輪編年
嶺南
若狭
敦賀
嶺北
南部（丹南）
北部
古墳前期
古墳中期
古墳後期
飛鳥時代
長泉寺1式 庄内3式
長泉寺2式 布留0式古
長泉寺3式 布留0式新
長泉寺4式 布留1式新
長泉寺5式 布留1式新
木田1式 布留2式
木田2式 布留3式古
木田3式 布留3式
TG231・232型式
TK73型式
TK216型式
ON46型式
TK208型式
TK23型式
TK47型式
MT15型式
TK10型式
MT85型式
TK43型式
TK209型式 古代1期
TK217型式古 古代2期
TK217型式新 古代3期
飛鳥Ⅲ 古代4期
前Ⅰ期
前Ⅱ期
前Ⅲ期
前Ⅳ期
前Ⅴ期
前Ⅵ期
前Ⅶ期
中Ⅰ期
中Ⅱ期
中Ⅲ期
中Ⅳ期
後Ⅰ期
後Ⅱ期
後Ⅲ期
後Ⅳ期
特殊
Ⅰ期
Ⅱ期
Ⅲ期
Ⅳ期
Ⅴ期
A.D. 300
A.D. 400
A.D. 500
A.D. 600
松尾谷 35m
上之塚 100m
城山 63m
糠塚 50m
向山1号 48m
上下之森 54m
西塚 74m
中塚 70m
二子山3号 26m
十善の森 67m
白鬚神社 58m
獅子塚 32m
行峠 34m
大飯神社1号 26m
上船塚 70m
丸山塚 50m
下船塚 85m
浄土寺2号 7×6m
浄土寺3号 8m
舞崎1号 16×14m
舞崎3号 14×12m
舞崎2号 12×11m
舞崎4号 ?
小谷ヶ洞1号 20m
明神山1号 46m
宮山3号 30m
明神山3号 50m
宮山2号 30m
宮山1号 25m
小谷ヶ洞2号 25m
立洞2号 24m
金ヶ崎 19m
向出山2号 16m
舞崎前山 33m
向出山1号 69m
明神山9号 19m
衣掛山1号 26m
向出山4号 8m
衣掛山3号 14m
向出山3号 14m
杳丸山 16m
穴地蔵3号 12m
長谷御堂山 12m
衣掛山15号 12m
衣掛山18号 14m
鳩原1号 16m
鳩原2号 8m
白塚 10m
穴地蔵1号 12m
衣掛山4号 15m
今北山 75m
経ヶ塚 71m
朝日山 53m
兜山 63m
番城谷山4号 18m
番城谷山5号 46m
中坂 46m
岡本山1号 45m
手繰ヶ城山 138m
足羽山山頂 100m?
六呂瀬山1号 141m
六呂瀬山3号 92m
免鳥5号 97m
泰遠寺山 62m
鳥越山 59m
二本松山 40m
石舟山 85m
二本松山 89m
椀貸山 45m
神奈備山 59m

第10図　敦賀の古墳と越前・若狭の関連古墳

長泉寺4式期、布留1式期古段階〕・宮山3号墳（前方後円墳、墳長三〇メートル？）〔前Ⅲ期？〕→宮山2号墳（前方後円墳、墳長三〇メートル？）〔前Ⅳ期、長泉寺5式期、布留1式期新段階？〕→宮山1号墳（前方後円墳、墳長二四メートル）〔前Ⅴ期、木田1式期、布留2式期〕→小谷ヶ洞2号墳（円墳、直径二五メートル）〔前Ⅵ期、木田2式期、布留2～3式期〕→立洞2号墳（造出付円墳、墳長二四メートル）〔前Ⅶ期、木田3式期、布留3式期〕という前期の系譜が想定できる。

三　中期古墳の検討と若狭の大規模古墳の動向

従来中期とされた古墳は前期に移動し、中期古墳の系譜はほとんどなくなり、代わりに前期の系譜が充実するという結果になった。しかも敦賀では中期古墳自体が少ない。金ヶ崎古墳（円墳、直径一九メートル）と向出山2号墳（円墳、墳長一六メートル）をあげたが、墳丘が直径二〇メートルを超えない。まず金ヶ崎古墳は海岸に突出した丘陵頂部にあり、海側に墳丘を誇示するように築造された。小型の竪穴式石室からは副葬品として珠文鏡や鉄刀・鉄鏃・銀製金具が出土した。立地の点で福井市免鳥5号墳（造出付円墳、墳長九〇・五メートル、中Ⅱ期）と同じ築造契機が考えられる。(31) 次に向出山2号墳は敦賀市域唯一の埴輪（Ⅳ期）と葺石の両方を備え、割竹形木棺から鉄剣・鉄槍・鉄鏃などの武器、鉄鉇・鉄鑿・砥石などの工具が出土した。墳頂部出土の須恵器（ＴＫ216型式期）から古墳中期前葉に比定できる。埴輪・葺石を兼備した築造の背景には嶺北南部唯一の埴輪と葺石を両方備える越前町の番城谷山5号墳（ＴＫ216型式期）の影響下でとらえられる。(32) 円墳化の傾向は福井県嶺北と連動し、(33) 敦賀も同様と理解できる。金ヶ崎古墳〔中Ⅰ～Ⅱ期〕→向出山2号墳〔中Ⅲ期〕と想定したが、それ以降の系譜は途絶えてしまう。

系譜途絶の理由は若狭湾沿岸地域中部における大規模古墳の動向と関係していた可能性が高い。そこで北川中流域に展開する上中古墳群の系譜を検討する。斎藤優の研究が嚆矢である。斎藤によると、五世紀代は脇袋古墳群と日笠古墳群で歴代の盟主墳が二系列で築造され、やがて六世紀代に二系列が一系列に統合し天徳寺古墳群の形成に至るという。(34) 脇袋古墳群では上之塚→中塚→西塚、日笠古墳群では下船塚→白髭神社→上船塚、一系列への統合後は天徳寺古墳群の十善の森→丸山塚→上高野の系譜である。その後、古川登は五世紀代における二系列形成説を支持したが、脇袋を中心とする古墳群では城山→中塚→上之塚→西塚のように推移したと斎藤説を補強している。[35]

多くの研究者は古川の見解に依拠していたが、[36] 中司照世は採集した埴輪の資料と他地域における盟主墳の変遷や系譜を参考に五、六世紀を一系列ととらえ直した。[37] 時期推定の根拠の希薄な上之塚・中塚を除外すれば城山→西塚→十善の森→上船塚→下船塚→丸山塚で、地区では大鳥羽→脇袋→天徳寺→日笠→天徳寺と逐次場所を替えながら営まれたとしている。それから中司は、試掘調査の成果にもとづいて北川中流域における一連の古墳群を上中古墳群とし、墳丘規模や外部設備など他との隔絶性から若狭全域を統括した大首長の墓と考えた。[38] その編年については上之塚→城山→西塚→中塚→十善の森→上船塚→下船塚→丸山塚と変遷し、それぞれ分断並立することなく、継起的に順次造営された点を強調している。

私見を加えると、上之塚古墳（前方後円墳、墳長一〇〇メートル、ＴＫ73型式期）［中Ⅱ期］→城山古墳（前方後円墳、墳長六三メートル、ＴＫ216型式期）［中Ⅲ期］→西塚古墳（前方後円墳、墳長七四メートル、ＴＫ23型式期）［後Ⅰ期古段階］→中塚古墳（前方後円墳、墳長七〇メートル、ＴＫ47型式期）［後Ⅰ期新段階］→十善の森古墳（前方後円墳、墳長六七メートル、ＴＫ47型式～ＭＴ15型式期）［後Ⅰ～Ⅱ期］→上船塚古墳（前方後円墳、墳長七〇メートル、ＴＫ10型式期）［後Ⅱ期新段階］→下船塚古墳（前方後円墳、墳長八五メートル、ＴＫ10型式期）［後Ⅱ期新段階］→丸山塚古墳（円墳、直径五〇メートル、ＭＴ85型式期）［後Ⅲ期古段階］という系譜になる。このことから円墳化し系譜が途絶する敦賀のあり方は、上中古墳群における継続的な大規模古墳の築造と連動していた可能性が高い。つまり敦賀の古墳系譜が途絶える時期と上之塚古墳の時期が近いことを踏まえると、古墳時代中期の敦賀が若狭の大首長とされる被葬者の支配下ないしは影響化に入ったことで、古墳中期前葉にその独自性が失われたとの結論に至る。

四　後期古墳の検討と群集墳の展開

再び系譜が明確化するのは古墳時代後期で、向出山1号墳と舞崎前山古墳の二基は円墳ベースである。向出山1号墳は造出付円墳で、直径五七メートルの円丘部に造出ないしは陪塚的方形区画を加えると墳長六九・四メートルをはかる。墳丘は二段築成で葺石を有するが、埴輪はない。平行する二つの竪穴式石室からは副葬品の鉄刀・鉄鉾などの武器や甲冑などの武具が出土し、特に鉄地金銅装眉庇付冑や鉄地金銅装頸甲や銀装鉄刀などは県内でも希有な事例といえる。[39]築造時期はＴＫ47型式期の須恵器から古墳後期前葉に比定できる。一段階前に位置づけられるのが舞崎前山古墳である。破壊が激しく埋葬施設は確認できないが、墳長三三メートルをはかる二段築成で葺石を備える円墳である。[40]向出山1号墳の約半分の規模であることから造出付円墳であった可能性が高い。築造時期はＴＫ23型式古段階の須恵器から古墳後期前葉に比定できる。その頃といえば雄略・継体朝であり、百済王都の滅亡など朝鮮半島南部の混乱期にあたるので、緊迫した社会情勢のもと王権との緊密な関係を有する軍事的性格の強い被葬者像が浮かび上がる。大陸交流の玄関口にあたる敦賀の地において、大王権力への従属性を目に見える形で具現化した規格性を示すが、前方後円墳でない墳丘を築造せざるを得ない立場の人物とみられている。

古墳後期中葉には横穴式石室をもつ前方後円墳が展開する。敦賀市域では明神山9号墳（墳長一九メートル、ＭＴ15型式期）、若狭湾沿岸地域の西部では二子山3号墳（墳長二六メートル、ＭＴ15型式期）、行峠古墳（墳長三四メートル、ＴＫ10型式期）、大飯神社1号墳（墳長二六メートル、ＴＫ10型式期）、東部では獅子塚古墳（墳長三二メートル、ＭＴ15型式期）、福井県嶺北では椀貸山古墳（墳長四五メートル、ＭＴ15型式期）である。いずれも墳長二〇～四〇メートル規模の前方後円墳で、地域を代表する盟主墳であるので、同じ政治的な背景のなかで築造された古墳とみられる。[41]敦賀平野の内陸部では県内最大級の群集墳である衣掛山古墳群の築造が開始する。群内最大の1号墳は直径二六メートルの横穴式石室をもつ円墳で、築造時期はＴＫ10型式期の須恵器から古墳後期中葉に比定できる。明神山9号墳の次の盟主墳とみられる。後期後葉になると小規模円墳が増加し、大飯神社古墳群や衣掛山古墳群でも同じように古墳後期末にかけて展開していく。(42) 特に衣掛山と大飯神社出土の製塩土器は製塩集団が地域支配者層の中枢にまで及んだ結果で、被葬者の海洋的性格を示している。当該期の盟主墳は向出山3号墳で、直径一四メートルの小規模円墳である。全長七メートルの横穴式石室をもち、築造時期はMT85型式期の須恵器から古墳後期後葉に比定できる。(43)

まとめると、金ヶ崎古墳（円墳、直径一九メートル）［中Ⅰ～Ⅱ期］→向出山2号墳（円墳、直径一六メートル）［中Ⅲ期］→（空白）→舞崎前山古墳（円墳、直径三三メートル）［後Ⅰ期古段階］→向出山1号墳（造出付円墳、墳長六九・四メートル）［後Ⅰ期新段階］→明神山9号墳（前方後円墳、墳長一九メートル）［後Ⅱ期古段階］→衣掛山1号墳（円墳、直径二六メートル）［後Ⅱ期新段階］→向出山3号墳（円墳、直径一四メートル）［後Ⅲ期古段階］の系譜が考えられる。

五　まとめ

古墳前期から後期までの古墳の系譜を中心に整理した。古墳前期に関しては北陸南西部の動向と同調した現象であり、方形墳→前方後方墳→前方後円墳→円墳の傾向が追えた。特に古墳前期後葉から中期前葉にかけての考古学的な事象をみても、大規模古墳の影響下にある敦賀に優位性はなく、気比神の説話が熟成する歴史的な素地は認められない。古墳後期前葉には墳長六九・四メートルの墳丘規模と豊富な副葬品をもつ向出山1号墳の被葬者が登場するが、若狭湾沿岸地域全体でとらえても傑出した存在である。雄略・継体朝に活躍した政治権力者とみるが、それ以降大規模古墳は継続しない。一方で、古墳後期中葉における前方後円墳の一律的な出現は越前・若狭で起きた一連の流れのなかでとらえられる。敦賀では衣掛山1号墳の築造が画期となり群集墳が展開し、それを契機として製塩遺跡が拡大していく。古墳後期後葉以降には製塩土器を副葬した古墳、古墳後期末には石棚付設の横穴式石室をもつ古墳があらわれた。これらは次に検討する角鹿の塩の説話や気比神の性格を探るうえで重要な基礎資料となるだろう。

第三節　角鹿の塩の考古学的検討

一　角鹿の塩

角鹿の塩の説話に関する記事は以下の通りである。

i 是に、大伴大連、兵を率て自ら将として大臣の宅を囲む。火を縦ちて燔く。撝く所雲のごとく靡けり。真鳥大臣、事の済らざむことを恨み、身の免れ難きことを知りぬ。計窮り望絶えぬ。広く塩を指して詛ふ。遂に殺戮されぬ。其の子弟に及る。詛ふ時に唯角鹿の海塩のみを忘れて、詛はず。是に由りて、角鹿の塩は、天皇の所食とし、余海の塩は、天皇の所忌とす。（『日本書紀』武烈天皇即位前紀）

謀反の動きを見せた平群真鳥が大伴金村の率いる兵に攻められ、殺される直前に各地の塩を呪うが、角鹿の海の塩だけ忘れたため、以後は角鹿の塩が天皇の食料となり、それ以外の海の塩は天皇が忌むようになった。これは仲哀・神功・応神の説話と並んで敦賀の近畿中枢部との密接なつながりを示すと同時に、敦賀の塩や海産物が天皇へ献上された事実を反映している(44)。なお角鹿の塩に関する考古資料は存在している(45)。長屋王邸跡出土木簡のなかには「角鹿塩」らしき記載があり、また二条大路出土木簡群のなかには松原駅や敦賀郡の江祥里・津守郷からの調塩の記載もあった(46)。つまり奈良時代には角鹿の塩は実在しており、気比神の鎮座する越前国敦賀郡から調として塩が献上されていた。舘野和己は、越前国の他郡からの調塩は確認できないことから敦賀郡の調は基本的に塩で、越前国内で特殊な位置を占め、若狭と極めて類似した様相になると述べる(47)。木簡による角鹿塩の存在と敦賀郡の調塩の事実は重要で、その貢進の上限を追えば角鹿の塩の説話と考古学的な事象が整合できる可能性が高い。

二　若狭における製塩土器と上中古墳群の関係

若狭湾沿岸地域における土器製塩と敦賀の製塩関連遺跡についてみてみる。本地域には七五か所の製塩遺跡が確認されており、土器製塩の先進地のひとつとして知られる。(48) 入江文敏の研究成果にもとづくと、古墳時代に限れば第Ⅰ型式（浜禰Ⅰ式）は四世紀末～五世紀前半、第Ⅱ型式（浜禰ⅡＡ式）は五世紀中葉～六世紀中葉、第Ⅲ型式（浜禰ⅡＢ式）は六世紀後葉～七世紀前半に位置づけられている。(49) 以下に概要を述べる。

第Ⅰ型式は倒盃形の台脚がついたカップ状の形態で、時期が下がるにしたがい台脚が小型化し、器壁が薄くなる。三遺跡のみで確認された。季節的なもののため専業度は低い。前期末に開始するが、斉一化された製塩土器が備讃瀬戸・大阪湾沿岸・紀淡海峡・知多などで採用されたことから、製塩土器製作にかかわる技術者の移動も含めて大阪湾をはじめとする土器製塩盛行地帯からの一元的な拡散が想定された。(50) 上之塚古墳の築造時期の古墳中期前葉に近接するので、製塩土器の出現は政治的な意味合いが強く、その被葬者との関係性を示唆している。ただ小規模操業の点は首長専用で、大規模な生産の必要性が生じなかったためだろう。

第Ⅱ型式は丸底の形態をとり、石敷炉が採用された。一五遺跡で確認され、若狭湾沿岸地域西部での分布密度が濃い。胎土は精緻で器壁は薄く堅固な焼成で、自然釉が付着したものもあり、窖窯を志向した窯で焼成された。その成立期は大島半島の須恵器窯導入と関係し、須恵器工人が専門性を有した手工業生産として土器製塩に関与していた。遺跡数の増加も若狭の大規模古墳の被葬者との関係性を示唆している。五世紀中葉はヤマト王権が朝鮮半島で政治的・軍事的な活動をおこなう時期にあるので、特に若狭の広域首長は塩生産の統括だけでなく、軍事面での活躍が推測されている。(51) なかでも西塚古墳は楯形の周濠や造出をもつ墳丘形態と段築・葺石・埴輪を兼備した点、帯金具Ⅱ－ｂ型式を所持する点で北陸道諸国の盟主的存在に位置づけられる。

ちなみに古墳後期前半に比定される十善の森古墳や獅子塚古墳は、前方後円墳を踏襲しながら埋葬施設は北部九州系譜の横穴式石室を採用した。朝鮮半島出自の広帯式冠や馬具・角杯などは列島の広範囲に分布しない性格の遺物であるので、被葬者個人が独自に入手したとみられる。(52) 継続的な渡航には塩の存在が必要不可欠であり、その統括的な立場にあった若狭の広域に影響力を有する政治権力者が塩を独占していた可能性が高い。本期に製塩土器の地域色は強くなるが、若狭では継続した大阪湾岸地域からの技術導入が認められるという。[53] こうした点を考慮しても製塩土器の技術導入の点で王権と関係するが、塩の貢進というより兵糧の意味合いが強い。軍事的緊張の高まりにより塩をはじめとする物資の需要が高まり、実際の軍事活動時の兵糧が必要になったのだろう。[54]

第Ⅲ型式は口径に対して器高が低い椀形のもの、平底を志向するものの二タイプがある。平底のものは大小でⅠ類・Ⅱ類に細分される。二七遺跡で確認され、若狭湾沿岸地域西部を中心に分布する。窖窯を志向した窯焼成で、土師質の他に須恵質も含む。第Ⅱ型式より二倍から数倍の容量があり、外面に輪積み痕が残存する粗雑さが目立つ。これは大型化に伴う製作時間と労力を節約した塩の量産体制とみられる。その出現と連動するのは丸山塚古墳の築造である。従来の前方後円墳から円墳に墳形を転換させた最初で、同時に埴輪祭祀の終焉でもある。[55] 築造時期はＭＴ85型式期の須恵器から古墳後期後葉で、埋葬施設は従来の北部九州系の横穴式石室を採用せず、大和に系譜をもつ大型横穴式石室を導入した。副葬品は従来の朝鮮半島から直接入手したものはほとんど含まれず、普遍的に分布する遺物が中心である。特に横矧板鋲留衝角付冑・胴丸式小札桂甲の武具や環頭大刀柄頭は大和経由の入手とされるため、王権からの強力な衝撃あるいはその影響力がより一層強まった時期として位置づけられる。[56] それは塩生産の増大に合わせて容量の大きな製塩土器のタイプへと変化し、若狭湾沿岸一円への拡大と関係している。形態を異にしながらも備讃瀬戸・東海・能登と連動するので、収奪の面で近畿中枢部から強力な政治的施策があったとみられている。

三　敦賀における製塩遺跡と古墳出土の製塩土器

まず敦賀の製塩関係遺跡については古墳時代の製塩遺跡は浦底遺跡・櫛川遺跡・松島遺跡がある。[57] 浦底遺跡の採集資料は第Ⅱ型式で、敦賀市域最古の製塩土器となる。本格的な製塩は櫛川遺跡で、古墳後期後葉に操業する。海岸線より五〇〇メートルほど内陸に入った砂丘上に立地し、敷石炉は長さ六・八メートル、幅二・四メートルの範囲で、約二〇〇個以上の平石を利用していた。松島遺跡では遺構の検出はないが、調査により古墳後期末に位置づけられた。敦賀の製塩遺跡は古墳時代後期から小規模で始まるが、奈良・平安時代にかけて徐々に拡大していく。

次に製塩土器を副葬した古墳である。衣掛山3、15号墳では土師質で手づくね成形の製塩土器二点が出土した。3号墳のものは先のすぼんだ丸底風の尖り底で、TK43型式期の須恵器から古墳後期後葉に比定できる。攪乱層出土の15号墳のものも同じタイプだが、より丸底を呈し、TK43型式期の須恵器から古墳後期後葉に比定できる。器壁の薄いことから第Ⅲ型式になるが、形態的には第Ⅱ型式に近い。第Ⅲ型式のなかでも各遺跡の地域差や変異が大きく、「衣掛式」という独自の型式も設定されている。古墳後期後葉の古墳に伴うことが重要で、副葬品として選択されたのはその被葬者が製塩と関わり、製塩集団を膝下に率いた政治権力者であった可能性を示唆している。(58)常宮湾岸を眼下に臨む沓丸山古墳でも製塩土器が副葬された。長径一六メートル、短径一四・五メートルの円墳であるが、埋葬施設は玄門立柱石を両側壁にもつ北部九州系の横穴式石室で、築造時期はTK43型式期の須恵器から古墳後期後葉に比定できる。製塩土器は第Ⅲ型式である。北側下方の斜面にはダンノ穴横穴群が所在し、築造母体には製塩集団の存在が考えられる。(59)

他に、製塩集団との関係を想起させるものに石棚付設の横穴式石室をもつ古墳がある。敦賀半島東側に所在する白塚古墳、敦賀平野部西北端に所在する穴地蔵1号墳、敦賀半島西側の海浜域に所在する美浜町の浄土寺2、3号墳は半島、平野部南東端の亜山間地に所在する鳩原2号墳の五基である。いずれも直径一〇メートル前後の円墳で、出土遺物などから古墳後期末（後Ⅳ期、TK209型式～TK217型式期）に比定できる。(60)白塚古墳の付近には沓丸山古墳があり、穴地蔵古墳群の付近には櫛川遺跡という製塩遺跡がある。浄土寺2号墳の墳丘背後でも二点の製塩土器が出土した。つまり石棚の付設は製塩集団との関係性が指摘できるが、軍事氏族との交流も指摘できる。中村修は石室内での床面から石棚までの高さを検討した結果、和歌山県から岡山県にかけての瀬戸内海沿岸に低い石棚が分布するので紀伊→大和→吉備および敦賀半島周辺への波及を考え、紀氏・平群氏が関与したことを指摘している。(61)紀氏といえば雄略天皇九年紀の紀小弓宿禰による新羅征討記事が示すように軍事的色彩が強く、崇峻天皇前紀では膳氏とともに物部守屋討伐軍として登場するため、石棚付設の背景には敦賀津という軍事拠点を介した両氏族のつながりが考えられる。

このような考古資料による状況は敦賀・若狭に設置されたミヤケと関係していた可能性が高い[62]。山尾幸久の言を借りると、ミヤケは「地方にたいする国家的支配の拠点となった王直属の国家機関、施設、経営体」と定義できる[63]。対外的契機により五三〇年代から拠点的・部分的に始まると、六世紀末には関東まで設けられて全国化し、七世紀前半には一二〇ほどを数える。六世紀代の機能は軍事基地または軍事駐屯地、国家の港湾・渉外・迎賓施設、交通通信の中継地点、国家の交易拠点、馬匹・用材の供給地、製鉄・製塩関係地、その他いろいろの複合的で、政府の必要に応じた労働力と現物との恒常的調達とともに中央集権的な交通通信システムとしても機能したという。六世紀半ばには日本海と国権中枢の地とを結ぶ国家管理の交通路にも設置され、具体的には敦賀の津、琵琶湖の志賀の津、河川による木津または難波の津、それらをつなぐ南北ルートである[64]。敦賀の津への設置は衣掛山古墳群への造墓活動の契機ととらえ、六世紀中葉の1号墳を最初として七世紀に至るまで展開する群集墳に王権の直接的な支配の姿をみておきたい。

四　若狭・敦賀と膳氏との関係

最後に若狭湾沿岸地域中部のミヤケ設置について検討する。古くはのちの若狭国遠敷・三方両郡で多く認められる木簡の「三家人」がミヤケ経営に携わり、在地において事務をつかさどる職であったという[65]。その設置は遠敷郡三家里、現在の北川流域の若狭町三宅あたりで、上中古墳群が展開した場所と重なる。とすれば、このあたりに影響力をもつ政治権力者が王権と密接なつながりをもつとともに、国家が若狭湾沿岸地域で生産された塩を確保するためにミヤケを設けた可能性が高い[66]。塩木簡を検討した岸本雅敏は、最古の木簡の一群を若狭が独占していたため、藤原京への塩貢納が始まった最初の段階から若狭がいち早く関係し大きなウエイトを占め、遅くとも六、七世紀代に律令調塩制の歴史的前提とした継続的な塩の貢納を考えている[67]。具体的なミヤケ設置の時期については狩野久の六世紀末から七世紀の見解や舘野和己の六世紀前半の見解がある[69]。上中古墳群の系譜を考えると、前方後円墳不採用の古墳後期後葉（MT85型式期、六世紀後葉）であった可能性が高い。王権による直接的な支配の観点では円墳化した丸山塚古墳の築造を契機ととらえた方が理解しやすく、製塩土器との関連では量産化に対応した第Ⅲ型式の出現と同調している。しかし敦賀のミヤケ設置の時（古墳後期中葉、ＴＫ10型式期）よりは時期的に下る。上中古墳群は墳形などの点で王権との関係が深く、その被葬者を膳氏と考える見解は根強くあるが、近畿中枢部を介しない副葬品を含む点、古墳後期前半での分布が北陸に及ぶ点を考慮すると、若狭に拠点をもつ政治権力者たちが古墳中期前葉以来、独自性を保持し続けてきたことがミヤケ設置の遅れた原因とみている。

それでは若狭の政治権力者と膳氏の関係はいつから生じたのか。狩野久は、膳臣傾子が越に漂着した高麗使を饗するため派遣された欽明紀三十一年（五七〇）条の記事に注目し、膳氏が若狭の豪族と同族関係をもつに至ったひとつの機縁と考え、そのあとミヤケ設置がなされたとの見解を示した(70)。一方、舘野和己はミヤケ設置を六世紀前半と考え、国造支配のためにミヤケを置き海産物の貢納を国造に課し、その貢進を通じてヤマト王権内で食膳のことを掌っていた膳氏と若狭国造との密接な関係が生じていたが、膳臣傾子の派遣が契機となり若狭国造は膳氏と擬制的同族関係を結んで膳氏を名乗るようになったと述べる(71)。膳氏の若狭進出後にミヤケ設置に至ったのか、ミヤケ設置の次段階として膳氏による若狭進出があったかの違いである。その所伝については記紀に認められる。古代の宮廷には供膳・調理の職掌をもって奉仕した膳部が存在し、これを統率した膳氏の活動の顕著さがうかがえ、他に軍事や外交などの役割も果たしている。その史料批判について坂本太郎は膳氏の家記が『日本書紀』に比較的よく取り入れられていると述べ(72)、日野昭は膳氏伝承の史料に編纂者の文辞上の加筆潤色があり、膳氏の家記から出たものも多いと指摘した(73)。特に安閑紀以前は最も説話的傾向が強く、欽明紀から推古紀までは若干説話的傾向も認められるものの実在性の強いもので、少なくとも純然たる説話ともいえないと述べる。

こうした見解を重視すると、膳氏を六世紀中葉以前の若狭と結び付け、その伝承をもとに若狭の大規模古墳の被葬者に比定するのは慎重を要する。膳氏の若狭進出と若狭の豪族の接点は欽明紀三十一年（五七〇）条の膳臣傾子の派遣あたりで、六世紀後葉のミヤケ設置と同時とみたい。その設置の考古学的根拠としては丸山塚古墳の円墳化と大和系の横穴式石室に転じた点をあげる。そして大型化が進む第Ⅲ型式製塩土器の出現は王権への塩の貢進の本格化と王権の直接的な支配が及ぶ契機となった。それが膳臣傾子の越派遣で、中央氏族の膳氏が若狭の政治権力者と擬制的な関係を結んだ時期と同じに理解しておく。

五　まとめ

角鹿の塩は、なぜそのように呼称されたのか。若狭産の塩が敦賀を通して塩津越えあるいは愛発越えで運ばれたことに由来するというが、[74]狩野久は敦賀（角鹿）が元来若狭と同一地域であったものが越前に所属する何らかの事情があったものと推測する。[75]理由として二点をあげる。ひとつは八世紀の敦賀は越前に属するものの地理的には嶺南の若狭に近い点、ひとつは膳氏と関係の深いにもかかわらず若狭国には食の神を祀る神社が見当たらない点である。その見解を発展させた舘野は敦賀が地勢的に若狭と密接な関係にあり、元々若狭が角鹿に含まれていたため、そこで貢進された塩は角鹿の塩と呼ばれていたが、その後若狭が塩・魚介類の貢進地域として位置づけられたので、角鹿から分離し若狭国造が置かれて膳氏の支配下に入ったと述べる。[76]その際にこれらの塩が特に天皇の食膳に供されたため、伝統的な地名から角鹿の塩と称され、武烈紀の記事のもとになったという。

これは興味深い見解である。福井県嶺南の古墳を概観すると、古墳中期（五世紀）における敦賀の優位性は認められない。上中古墳群の被葬者の影響下にあったとすれば、若狭湾沿岸地域は一体的にとらえられる。敦賀市域を含めた地域が若狭で角鹿と呼称されたのであれば、若狭産の塩はすべて角鹿の塩になる。しかも敦賀は六世紀中葉のミヤケ設置に画期があり、当初は軍事施設の意味合いが強かったが、六世紀後葉から七世紀にかけて塩の生産が本格化すると、製塩土器副葬の古墳や石棚付設の横穴式石室をもつ古墳が築造され、食を提供する地として確固たる地位を築いた。それは若狭のミヤケ設置と連動したあり方で、大型化した製塩土器は遺跡数の増加と関係している。先行して設置された敦賀津には若狭湾沿岸地域で生産された塩や海産物がいったん集約され、南北ルートの交通網を通じて近畿中枢部へと運ばれるシステムが確立した。繰り返すが、若狭湾沿岸地域が角鹿という領域名であれば、それは角鹿の塩になる。とすれば六世紀後葉に食神の性格が付加された可能性が高い。それ以前の製塩については上中古墳群の被葬者が関与した軍事的な兵糧として位置づけておく。

加えて、敦賀半島周辺の石棚付設の横穴式石室と紀伊との関係は、崇峻天皇即位前紀の蘇我馬子が物部守屋を討ったときの記事が参考になる。討伐軍には巨勢臣比良夫・紀臣麻呂・葛城臣烏那羅とともに膳臣賀拖夫が名を連ねる。賀拖夫は傾子と思われる。これは蘇我氏との親密な関係を示すが、膳氏は他の諸氏と並列的に記載された点で、家記や所伝ではない一種の客観性のある記述とみられている[77]。巨勢・紀・膳・葛城の四氏は蘇我氏の配下に服してその政治権力や軍事力の一躍を担っており、『古事記』孝元天皇段によると彼らの祖先は建内宿禰の九子に含まれていた。しかも蘇我氏はミヤケ設置と最も関係が深い氏族である[78]。その配下に膳臣賀拖夫が入る事実は、その地位と役割を考えるうえで重要であり、紀氏ともここでつながる。六世紀後葉以降には東北の蝦夷征討や高句麗使の来航があり、ヤマト王権による本格的な支配の拠点として日本海沿岸地域の玄関口を重視した社会事情がある。膳氏は蘇我氏の配下で活躍していたが、こうした後世における軍事的行動が遡り、その祖先の事績のなかに勇猛な戦歴を伝承体として結実させたのだろう。

第四節　気比神の諸性格にみる段階的考察

気比神に複数の神名があるのは記紀の応神天皇にまつわる名易え説話などに由来する。ヤマト王権との対外政策など諸事情が絡み、記紀編纂上の政治的な意図があっただろうが、その内容には意味不明な点が多く、いまだに釈然としない。そもそも気比神はいつから生まれ、諸性格がどのような過程で重ねられていったのか。ここでは第二節、三節での検討を踏まえて時系列で述べる。

まず気比神社あるいはその前身となる神地の成立時期は特定できないが、その性格を探るうえで潟湖の存在は重要である。日本海沿岸に展開する潟湖は良港な港を形成し、海上交通の発達には欠かせない。こと敦賀については旧地形の復元から三つの潟が存在し、その東側のほとりに気比神社が鎮座したという[79]。そのため元来の神格は海神とみられる。しかも敦賀津は歴史上、近畿中枢部に最も近い日本海側の有数な港である。笥飯浦に隣接する津との一体性と後世まで海上交通の守護神とされた性格を踏まえると航海神でもあり、人々が航海安全を願う形で成立した可能性が高い。それは日本海への出航に際して安全祈願する神地が設置され、潟湖のほとりに神地が形成されていくのは自然な成り行きだからである。その明確な成立は潟湖の国家的な整備の観点から三世紀前葉とみている。古墳時代初頭の東海系土器が北陸の海岸部を中心に受容され、墓制に前方後方墳を採用するあり方は東海地域との政治的つながりとともに潟湖を拠点とした海上交通の発達を意味している[80]。ただし航海安全の性格を考えれば、それ以前に神地が存在していたとしても不思議ではない。

次に気比（笥飯）や角鹿にまつわる記述は説話的要素が強いが、ヤマト王権と気比神との接点は仲哀天皇の笥飯宮の造営と神功皇后の滞在・出航である。何らかの歴史事実が踏まえられたとすれば、国家側と地域神との接触が前提となるので四世紀後葉頃と考えられる。しかし記紀の内容は政治的な意図があり、信憑性には問題がある。重要なのは、都怒我阿羅斯等の角鹿（敦賀）に至る経緯が瀬戸内海と別の日本海沿岸における交通網の発達を意味し、神功皇后の三韓征討ではその出航ルートが逆コースで描かれた点にある。都怒我阿羅斯等が渡来人来着の最初の記事であることを考えると、敦賀津が日本海沿岸地域における重要な窓口であったことは間違いなく、福井県における朝鮮半島系の遺物（四、五世紀の韓式系土器や五、六世紀の新羅・加耶系の陶質土器や副葬品の金製垂飾付耳飾）の時期は古墳中期前葉・中葉にあたるので[81]、渡来神の付加の上限を考えるならば五世紀前葉であろう。加えて天日槍の神宝である胆狭浅の大刀を渡来系文物と判断した場合、気比神の渡来神と武神たる姿も垣間見える。四世紀の敦賀にそれを裏付ける資料はなく、五世紀も同様である。軍事的な性格の強い政治権力者は古墳後期前葉（六世紀前葉）の向出山1号墳の被葬者からである。これは雄略・継体朝における朝鮮半島南部の社会的緊張のなか敦賀津が軍港として重視された結果とみる。したがって武神の性格の上限は六世紀前葉頃と考えるが、上中古墳群の被葬者を想定すれば、さらに遡るかもしれない。

さらに気比神の本来の神名は食の霊で、御食津大神の名が象徴するように食神としての性格が強い。名易え説話は「名」と「魚」、ナ同士の交換と理解したが、応神が御食津大神と命名した点が重要で、ヤマト王権の地域神に対する服属儀礼を示しており、それは敦賀を経由して食物が提供されたという理由で説明できる。問題は近畿中枢部に運ばれた時期である。角鹿の塩の説話を重視すれば五世紀末なるが、この段階における貢進の有無については判断しがたい。若狭湾沿岸地域の中部から東部において盛んになる製塩は貢進というより、若狭の政治権力者が主に兵糧として生産したもので、軍功や労働への対価としての役割が考えられる。そして六世紀中葉のミヤケ設置に至る。当初ミヤケは国家的な交通の拠点と軍事施設としての意味合いが強いが、塩の生産が本格化する六世紀後葉には古墳に製塩土器が副葬され、若狭町の三宅付近にもミヤケが設置されるようになる。大量生産可能な製塩土器（第Ⅲ型式）の展開もあわせて塩の貢進のシステムが機能し始め、若狭産の塩は敦賀にいったん集められることとなった。若狭湾沿岸地域が本来は角鹿だったとの認識に立てば六世紀後葉以降、敦賀に集められた塩が角鹿の塩の正体となる。角鹿の塩や角鹿の蟹と応神の名易え説話は六世紀後葉以降の事情を反映していたことになる。こうした社会情勢のもと気比神はヤマト王権ゆかりの国家神として認識されるに至り、食霊の意味をもつ神名についても同じような時期に加えられた可能性が高い。

以上、気比神の諸性格について考古資料の検討をもとに時系列で述べた。確証のもてない部分はあるが、六世紀後葉に至るまで海神・航海神→渡来神→武神→食神の性格が重ねられ、重層的に併せもつ存在がその特徴といえるだろう。そして最終的には天皇霊が祀られた可能性が高い。『気比宮社記』には推古天皇三年（五九二）天筒山に奇雲がたなびき仲哀天皇を祀れとの託宣があり、大宝二年（七〇二）文武天皇の勅命による社殿修造に際して仲哀天皇・神功皇后を合祀し、他の四柱も配祀したとある。加えて『延喜式神名帳頭注』には「越前気比郡　気比、風土記云、気比神宮者宇佐同体也、八幡者応神天皇之垂迹、気比明神仲哀天皇之鎮座也」とある。これは気比神と宇佐神が同体で、八幡神は応神天皇の垂迹、気比明神は仲哀天皇の鎮座地という認識を示すものだが、天平三年（七三一）勘註とされる『住吉大社神代記』に伝える八幡＝応神の見解を重視すれば、気比神社には古い段階で仲哀天皇霊が祀られていても不思議ではない。従来の説では気比神の神階の高さは東北の蝦夷制圧のための前線としての意味があり、日本海を隔てての対大陸への備えとして重視されたというが、(82)なぜ最も早い神階の事例で、かつ従三位という高い神階であったのか、国内最古級とされる神宮寺の創建譚に気比神が登場するのかも含め、奈良時代におけるカミの人神観のあらわれだけでは説明が足りない。八世紀初頭に非業の死を遂げた仲哀天皇の霊が祀られたことが早期の神宮寺創建とその後の神階の高さへとつながった可能性についても考えておきたい。(83)

おわりに

気比神の諸性格にみる重層的あり方について考古資料を中心に検討した。仲哀天皇の行宮や神功皇后の出航、応神の名易え説話の舞台は敦賀に設定されているが、なぜその必要性があったのか。一連の物語構造を分析した田村克己は、敦賀が朝鮮とともにヤマト朝廷にとって王を生み出すところ、新しい王の誕生する場であったと考えている。(84)それは継体天皇の出自と関係していた可能性が高い。まず記紀において継体は近江・越前を母体とした地方出身者して登場するので、その地内の地域神と深い関わりをもたせる必要があったのだろう。しかも継体は応神の五世孫である。その祖先である応神の成人式の舞台として敦賀の地はふさわしい。ちなみに応神天皇は『古事記』中巻の最後に位置づけられ、下巻冒頭の仁徳との間には画期が認められる。応神は葦原中国という聖国土から生の人間界への舞台の転換の境界にあり、そのあり方は上巻最後の神武天皇の状況と酷似している。(85)神武東征説話と応神・神功説話については貴種流離譚、末子成功説話として共通するが、(86)それ以上に神武と継体との類似性が強調される。

直木孝次郎は両者の深い関係性を指摘した。(87)(一)ともに畿外の地から出て、かなりの年月のあと大和に入る点、(二)后妃に大和の以外に地方の皇族・豪族出身の者もいる点、(三)天皇をめぐって大和勢力と地方勢力との対立があった点、

(四)ともに磐余という地名に関係が深い点、(五)大伴・物部の両氏またはその祖先の顕著な功績がある点などをあげる。つまり神武伝説は継体朝の史実ないし所伝をもとに潤色・形成したとみられる。しかも応神天皇の事跡についても同じような経緯が想定できる。北部九州生まれの応神が忍熊皇子との戦いのあと、わざわざ敦賀に立ち寄り大和入りを果たしたと記されたのは、継体の勢力地と何かしら絡める必要性があった可能性が高い。[88]神武と応神による西から東への都入りは、ひとつの共通点として注目されるが、そのなかに含まれる南北の方位観も重要である。永藤靖は、神武の南からの都入りと応神の北を目指し都へ帰還する方位観が対称的な世界観を意識的に構築したものだと述べる。[89]南北を意識したあり方は仲哀が都の北の笥飯（気比）におもむき、次に南の紀伊に巡幸して徳勒津宮で熊襲の反乱を聞き出航することともつながる。こうした南北を軸とした観念は『古事記』上巻の神話的方位観あるいは世界観と異なる政治的・経済的なものであり、継体天皇が越前（北）から大和（南）に向かった事情が反映していた可能性が高い。なお、敦賀の地が朝鮮半島、つまり海を越えた世界と向き合った場所で、ヤマト世界と外部世界の接する境界的な場所として認識されていたこととも関係していたのかもしれない。

加えて王統譜の点では応神天皇が占める位置は欽明天皇に対応している。[90]欽明の父（入り婿した継体）の父系と欽明の母（手白香皇女）の父系は遡れば応神に行き着く。別の視点で考えると、仲哀と大中媛との子である忍熊皇子と麛坂皇子、神功皇后との子である応神の関係は、継体と目子媛との子である安閑・宣化、のちの手白香皇女とその子である欽明との関係に似ている。また神功・応神の関係は振媛・継体のそれと図式が似ているとの森浩一の指摘がある。[91]そもそも神功・応神の説話自体が一種の聖母子伝承で、歴史的背景には北部九州一帯に分布する海の女神とその御子神の海洋的神話が根底にあったと思うが、[92]『日本書紀』では彦主人王を早く亡くした振媛が幼い男大迹王を越前国の高向に連れて帰り天皇候補に育てあげた人物として描かれているので、その姿は神功皇后と重なる。なお神功皇后伝説に関する研究は多数あるが、[93]前田晴人は、伝説の本源が住吉大神の神話で、タラシヒコ・タラシヒメという異国に赴く夫婦の組み合わせを反映した宮廷神話が瀬戸内・北部九州へと展開したものだと述べる。[94]森浩一によると、仲哀天皇にみる太平洋側の利権の代表者は瀬戸内海を通って西へ向かい、神功皇后にみる日本海側の利権の代表者は日本海を通って西へ向かい、結果として日本海側の勝利が描かれた説話だという。(95) つまり継体にまつわる設定と相通じるところがあり、瀬戸内海の象徴が住吉神で、日本海の象徴が気比神という図式にも読み替えられる。

これらを勘案すると神功・応神の説話は継体・欽明朝がモデルで、欽明を大王の血統世襲制および大王の血族系図を形成する必要性から生まれた可能性が高い。その系譜がいつ形成されたかが問題で、記紀の素材ともなった『帝紀』『旧辞』の成立とも関係するだろう。津田左右吉の研究以来、欽明天皇朝前後に位置づけられるが、(96) 遠山美都男は天武朝段階以降の『帝紀』『旧辞』と概括される書物が『天皇記』『国記』『上宮記』で、その成立を舒明・皇極朝まで下げて考えている。(97) ただ『帝紀』に関しては王統譜という原「帝紀」たるものが継体・欽明朝に成立したとの見解もあり、(98) 一系の血縁継承系譜はその頃から原型を整え始めたが、応神の皇統としての位置づけや気比神参拝説話なども継体天皇との絡みから舒明朝を経て、(99) 七世紀末に最終的な整備がなされている。(100) その史料は神功皇后の系譜である息長氏や天日槍ゆかりの氣比神宮側の所伝ともいうが、(101) その付加の時期については諸説の読み込みと史料批判により歴史的な背景も含めて今後検討していきたい。

注

(1) 上田正昭「神階昇叙の背景」『日本古代の国家と宗教 上巻』吉川弘文館、一九八〇年。
(2) 門脇禎二「気比神」『福井県史 通史編一 原始・古代』福井県、一九九三年。
(3) 吉井巖「「応神天皇の誕生」について—半島征討伝承を中心に—」『天皇の系譜と神話 三』塙書房、一九九二年。吉井は、アメノヒボコ説話と系譜のもつ意味には、息長帯比売命との関わり以上に応神天皇が新羅王族の血脈につながること、したがって応神が神より新羅を賜り得ることの一層の妥当性の主張が用意されたと考える。また、渡来人関係の記事が応神天皇段に初めて見られ、集中することも応神朝によって新しい政治領域が開かれるという『古事記』の見解があったとする。

（4）西郷信綱『古事記注釈 第六巻』筑摩書房、二〇〇六年。
（5）本居宣長「古事記伝 巻三十一之巻」『本居宣長全集 第一一巻』筑摩書房、一九六九年。
（6）門脇禎二『日本海域の古代史』東京大学出版会、一九八六年。
（7）三品彰英『三品彰英論文集第四巻 増補日鮮神話伝説の研究』平凡社、一九七二年。
（8）阪下圭八「魚と名を易えた話」『月刊百科』第二七五号、平凡社、一九八五年。
（9）豊田亮「気比神考」栗田寛 編・栗田勤 校訂『神祇志料附考』下巻、皇朝秘笈刊行会、一九七一年。
（10）三品前掲（7）文献。
（11）門脇前掲（6）文献。上田正昭「敦賀の地名」『神道と東アジアの世界』徳間書店、一九九六年。
（12）松前健「神功皇后伝承の形成」『山邊道』第二〇号、天理大学国語国文学研究室、一九七六年。
（13）豊田前掲（9）文献。今井啓一「気比大神は天日槍命であろう」『天日槍 帰化人第一号 神功皇后外祖母家』綜芸舎、一九六六年。塚口義信「『日本書紀』応神天皇即位前条の「一云」について」『神功皇后伝説の研究―日本古代氏族伝承研究序説―』創元社、一九八〇年。
（14）古墳時代の土器編年と暦年代は以下の文献にもとづく。a堀大介『地域政権の考古学的研究―古墳成立期の北陸を舞台として―』雄山閣、二〇〇九年。寺沢薫「畿内古式土師器の編年と二、三の問題」『矢部遺跡』奈良県立橿原考古学研究所、一九八六年。同「布留0式土器の新・古相と二、三の問題」『箸墓古墳周辺の調査』奈良県立橿原考古学研究所、二〇〇二年。古墳の編年は以下の文献にもとづく。大賀克彦「凡例 古墳時代の時代区分」『小羽山古墳群 小羽山丘陵における古墳の調査』清水町教育委員会、二〇〇二年。古墳時代の須恵器編年は以下の文献にもとづく。田辺昭三『須恵器大成』角川書店、一九八一年。飛鳥・奈良時代の土器編年と暦年代は以下の文献にもとづく。b堀大介「古代越前の須恵器編年と暦年代」『あさひシンポジウム二〇〇三記録集 山の信仰を考える―越知山と泰澄を深めるために―』朝日町教育委員会、二〇〇四年。
（15）中司照世「第Ⅴ章 考察 第一節 敦賀地域の首長と畿内王権」『立洞2号墳 山の上1号墳』福井県教育委員会、一九七八年。
（16）中司照世「Ⅳ 古墳時代 六 若狭湾岸の豪族」『図説発掘が語る日本史 三 東海・北陸編』新人物往来社、一九八六年。

(17) 中司照世「古代のツルガの首長と対外交流―弥生・古墳時代を中心に―」『企画展『弥生時代のツルガ』』敦賀市立博物館、二〇〇一年。
(18) 古川登・御嶽貞義「越前地方における古墳時代―首長墓古墳の動向を中心に―」『小羽山古墳群 小羽山丘陵における古墳の調査』清水町教育委員会、二〇〇二年。
(19) 堀大介「古墳時代敦賀の考古学的検討」『越前町織田文化歴史館 館報』第九号、越前町教育委員会、二〇一四年。［本書第一編第一章］。
(20) 川村俊彦ほか『舞崎前山古墳・舞崎遺跡』敦賀市教育委員会、二〇〇一年。
(21) 堀前掲（14）文献。
(22) 森川昌和「第三章 古代の敦賀 第一節 敦賀の開発と発展」『敦賀市史 通史編 上巻』敦賀市、一九八五年。
(23) 中野拓郎「宮山1号墳」『第一六回福井県発掘調査報告会資料―平成十二年度に発掘調査された遺跡―』福井県教育庁埋蔵文化財調査センター、二〇〇一年。同「第二章 宮山古墳群」『市内遺跡発掘調査報告―宮山古墳群・公文名遺跡・木崎山南遺跡・櫛川鉢谷遺跡等―』敦賀市教育委員会、二〇〇四年
(24) 網谷克彦・北野薫・二村陽子・佐藤優子「前期前方後円墳の測量調査―敦賀市宮山2号墳・3号墳―」『敦賀短期大学紀要 敦賀論叢』第一八号、敦賀短期大学、二〇〇三年。
(25) 網谷克彦「敦賀市宮山3号墳墳丘発掘調査―後円部の墳径と隣接平坦面の遺構―」『敦賀短期大学紀要 敦賀論叢』第一九号、敦賀短期大学、二〇〇四年。
(26) 古川・御嶽前掲（18）文献。
(27) 網谷克彦「福井県敦賀市明神山1号墳の調査Ⅱ」『敦賀短期大学紀要 敦賀論叢』第二四号、敦賀短期大学、二〇一〇年。同「福井県敦賀市明神山3号墳の調査」『敦賀短期大学紀要 敦賀論叢』第二六号、敦賀短期大学、二〇一二年。
(28) 堀前掲（14ａ）文献。
(29) 森川昌和『吉河小谷ヶ洞古墳群発掘調査報告』一九七五年。森川前掲（22）文献。
(30) 大賀前掲（14）文献。中司照世ほか『立洞2号墳 山の上1号墳』福井県教育委員会、一九七八年。

(31) 田邊朋宏『免鳥古墳群 範囲確認調査概要報告書』福井市文化財保護センター、二〇〇七年。
(32) 堀大介「調査速報 番城谷山5号墳の分布調査の成果―丹南地区初の埴輪と葺石をもつ古墳の発見―」『越前町織田文化歴史館 館報』第五号、越前町教育委員会、二〇一〇年。
(33) 古川・御嶽前掲（18）文献。
(34) 斎藤優『若狭上中町の古墳』上中町教育委員会、一九七〇年。
(35) 古川登「若狭・城山古墳の再検討」『福井考古学会会誌』第五号、福井考古学会、一九八七年。
(36) 入江文敏「若狭」『季刊考古学』第一〇号、雄山閣、一九八五年。同「若狭」『前方後円墳集成中部編』山川出版社、一九九二年。石部正志「若狭の主要古墳と膳氏」『考古学と地域文化』同志社大学考古学シリーズⅢ、一九八七年。
(37) 中司照世「北陸」『古墳時代の研究一一 地域の古墳Ⅱ 東日本』雄山閣、一九九〇年。
(38) 中司照世「第四章 まとめ」『若狭地方主要前方後円墳総合調査報告書』福井県教育委員会、一九九七年。
(39) 森川昌和「向出山古墳群」『福井県史 資料編一三 考古』福井県、一九八六年。中司照世「第Ⅵ章 付編 向出山古墳群出土の副葬品」『立洞2号墳 山の上1号墳』福井県教育委員会、一九七八年。
(40) 川村ほか前掲（20）文献。
(41) 高浜町教育委員会『二子山3号墳発掘調査現地説明会』一九八九年。網谷克彦「福井県大飯郡高浜町二子山3号墳」『日本考古学協会年報四二』日本考古学協会、一九九一年。高浜町教育委員会『行峠古墳発掘調査現地説明会』一九九一年。赤澤徳明『滝見古墳群・大飯神社古墳群・山田古墳群・山田中世墓群』福井県教育庁埋蔵文化財調査センター、二〇〇四年。入江文敏「獅子塚古墳」『福井県史 資料編一三考古』福井県、一九八六年。森川前掲（22）文献。斎藤優「横山古墳群」『福井県文化財調査報告』第二一集、福井県教育委員会、一九七一年。入江文敏「椀貸山古墳」『福井県史 資料編一三 考古』福井県、一九八六年。
(42) 川村俊彦『衣掛山古墳群』敦賀市教育委員会、一九八八年。
(43) 中司前掲（39）文献。
(44) 川村ほか前掲（20）文献。

(45) 舘野和己「若狭・越前の調と贄」『日本海域歴史大系第一巻 古代篇Ⅰ』清文堂出版、二〇〇五年。

(46) 奈良国立文化財研究所『平城京木簡一―長屋王家木簡一―』一九九五年。同『平城宮発掘調査出土木簡概報―二条大路木簡五―』三一、一九九五年。

(47) 舘野前掲(45)文献。

(48) 石部正志ほか『若狭大飯』大飯町、一九六六年。若狭考古学研究会『浜禰遺跡―若狭大島半島土器製塩遺跡調査概報―』大飯町・大飯町教育委員会、一九七一年。上野晃ほか『吉見浜遺跡―若狭における土器製塩の研究―』若狭考古学研究会、一九七四年。入江文敏・畠中清隆『大島浜禰・宮留遺跡』大飯町教育委員会、一九八五年。森川昌和「若狭地方における製塩土器編年のまとめ」『福井県史 資料編一三 考古 ―本文編―』福井県、一九八六年。

(49) 入江文敏「古墳時代における製塩土器の編年」『わかさのうみ 紀要一』福井県立若狭歴史民俗資料館、一九八六年。

(50) 入江文敏「古墳時代土器製塩の画期と首長墓の動向―若狭をケーススタディとして―」『横田健一先生古稀記念 文化史論叢(上)』創元社、一九八七年。

(51) 入江前掲(50)文献。

(52) 入江前掲(50)文献。

(53) 入江文敏「土器製塩技術の系譜―古墳時代後半期の枠組み―」『関西大学考古学研究室開設四拾周年記念 考古学論叢』関西大学、一九九三年。

(54) 岸本雅敏「古代国家と塩の流通」『古代史の論点三 都市と工業と流通』小学館、一九九八年。岸本は、『日本紀略』延暦二十一年(八〇二)正月条の「越後国米一万六百斛、佐渡国の塩百二十斛を年ごとに出羽国の雄勝城に送る。鎮兵の糧となす」の一二〇斛もの塩が雄勝城(秋田県払田柵遺跡)へ送られた点に注目し、律令国家軍の軍事物資として「鎮兵の糧」にあてるためとした。また、佐渡の塩生産の背景を律令国家にとって辺要の佐渡が東北侵略を支える兵站基地として軍事的にも財政的にも不可欠な塩の一大供給地だったと位置づけている。

(55) 入江文敏「若狭地方における広域首長墓の動態―主体部・副葬品の分析をとおして―」『福井県史 資料編一三 考古 ―本文編―』福井県、一九八六年。

(56) 入江前掲（50）文献。
(57) 中野前掲（23）文献。
(58) 川村前掲（42）文献。
(59) 川村俊彦『西浦古墳群』敦賀市教育委員会、一九九二年。
(60) 川村俊彦「鳩原1・2号墳」『発掘された北陸の古墳報告会資料集』まつおか古代フェスティバル実行委員会、一九九七年。斎藤優「穴地蔵古墳」『文化財調査報告 第二七集』福井県教育委員会、一九七九年。川村俊彦『穴地蔵古噴群・松原遺跡』敦賀市教育委員会、一九九〇年。同『穴地蔵古墳 福井県指定史跡保存修理報告書』敦賀市教育委員会、二〇〇一年。松葉竜司「浄土寺古墳群」『美浜町内遺跡発掘調査報告書Ⅱ』美浜町教育委員会、二〇〇七年。
(61) 中村修「低い石棚の考察」『古代史の海』第三六号、「古代史の海」の会、二〇〇四年。同「低い石棚の考察」『立命館大学考古学論集Ⅳ』立命館大学考古学論集刊行会、二〇〇五年。
(62) ミヤケ制については以下の論文を参考にした。舘野和己「屯倉制の成立」『日本史研究』一九〇、日本史研究会、一九七八年。同「ミヤケ制再論」『奈良古代史論集 二』真陽社、一九九一年。同「畿内のミヤケ・ミタ」『新版古代の日本第五巻 近畿Ⅰ』角川書店、一九九二年。平野邦雄「六世紀の国家組織―ミヤケ制の成立と展開―」『大化前代政治過程の研究』吉川弘文館、一九八五年。鎌田元一「部・屯倉・評」『新版古代の日本 第一巻 古代史総論』角川書店、一九九三年。山尾幸久『日本古代国家と土地所有』吉川弘文館、二〇〇三年。
舘野和己・山尾幸久は前期ミヤケを否定し、池溝・水田開拓を伴う推古朝の意義を強調する。舘野は国造や部民のもとに屯倉は設置されたとみて、制度としての屯倉、その成立の前提となる開発を否定するが、鎌田元一からは国造制・部民制のなかに消化されてしまうなどの批判がある。鎌田はその成立を六世紀に求めるが、こうした統治の原理が突如として現れたわけではなく、五世紀以前に遡る畿内の屯田・屯倉の展開の過程で準備されたとみる。一方、山尾は五世紀後半における王権の確立の一環として、のちの畿内の範囲に王の供御料地（ミタ・ミソノ）が設けられたことを起源とする。また国家制度としての国造は六七〇～六七五、六年に創設された、国家の機関（公的役職）及びそれに就任し得る個人の資格（公的身分）とし国造制の成立を遅らせて考えた。つまりミヤケ制の前提として国造制を考えず、ミヤケ制の拡充が「評」の出現と発展、孝徳朝の伴造の改革と庚午年籍の造籍事業となり、律令国家樹立の条件になったとする。基本的に山尾の見解に従う。
(63) 山尾幸久『古代王権の原像―東アジア史上の古墳時代―』学生社、二〇〇三年。
(64) 山尾前掲(63)文献。
(65) 直木孝次郎「人制の研究」『日本古代国家の構造』青木書店、一九五八年。
(66) 井上辰雄「古代製塩の生産形態」『正税帳の研究』塙書房、一九六七年。
(67) 岸本雅敏「律令制下の塩生産」『考古学研究』第三九巻第二号、考古学研究会、一九九二年。岸本前掲(54)文献。
(68) 狩野久「御食国と膳氏―志摩と若狭―」『古代の日本 第五巻 近畿』角川書店、一九七〇年。
(69) 舘野和己「若狭の調と贄」『古代王権と交流三 越と古代の北陸』名著出版、一九九六年。
(70) 狩野前掲(68)文献。
(71) 舘野前掲(69)文献。
(72) 坂本太郎「纂記と日本書紀」『史学雑誌』第五六巻第七号、史学会、一九四六年。
(73) 日野昭「膳氏の伝承の性格」『日本書紀研究』第九冊、塙書房、一九七六年。
(74) 石部ほか前掲(48)文献。
(75) 狩野前掲(68)文献。
(76) 舘野前掲(69)文献。
(77) 日野前掲(73)文献。
(78) 中渡瀬一明「敏達朝から推古朝に至る政治過程の分析」『日本書紀研究』第一〇冊、塙書房、一九七七年。
(79) 糀谷好晃編『松原客館の謎にせまる―古代敦賀と東アジア―』気比史学会、一九九四年。
(80) 堀前掲(14)a文献。
(81) 入江文敏「北陸地方出土の朝鮮半島系土器―三生野遺跡出土台付長頸壺の位置づけ―」『郷土研究部活動報告 第四集』福井県立若狭高等学校郷土研究部、二〇〇八年。同「佩砥考―日韓出土資料の検討―」『網干善教先生古稀記念考古学論

集』網干善教先生古稀記念会、一九九八年。川本紀子「越前・若狭における韓半島系土器の一様相」『北陸古代土器研究第一〇号 北陸の古代と土器』北陸古代土器研究会、二〇〇三年。古川登「福井県丹生郡における新羅系陶質土器について」『韓式系土器研究Ⅶ』韓式系土器研究会、二〇〇一年。中司照世「日本海中部の古墳文化」『新版古代の日本 第七巻 中部』角川書店、一九九三年。堀大介『平成二十五年度 越前町織田文化歴史館企画展覧会 海は語る ふくいの歴史を足元から探る』越前町教育委員会、二〇一三年では、以上の文献をもとに集成をおこない、概要を述べた。

(82) 浅香年木『古代地域史の研究』法政大学出版局、一九七八年。

(83) 堀大介「氣比神宮と織田の劔神社」『第一九回春日井シンポジウム資料集』春日井シンポジウム実行委員会、二〇一一年。

(84) 田村克己「気多・気比の神―海から来るものの神話―」『海と列島文化 第一巻 日本海と北国文化』小学館、一九九〇年。

(85) 前田晴人『神功皇后伝説の誕生』大和書房、一九九八年。

(86) 高崎正秀「古事記伝承論」『国学院雑誌』第六三巻第九号、国学院大学、一九六二年。

(87) 直木孝次郎「継体朝の動乱と神武伝説」『日本古代国家の構造』青木書店、一九五八年。

(88) 堀大介「神功皇后の軌跡」『平成二十五年度 越前町織田文化歴史館企画展覧会 海は語る ふくいの歴史を足元から探る』越前町教育委員会、二〇一三年。

(89) 永藤靖「日本神話の北と南の方位観―神話から歴史へ―」『日本古代学』第一号、明治大学日本古代学教育・研究センター、二〇〇九年。

(90) 山尾幸久『日本古代王権形成史論』岩波書店、一九八三年。山尾前掲（63）文献。

(91) 森浩一・網野善彦『馬・船・常民 東西交流の日本列島史』河合出版、一九九二年。

(92) 三品前掲（7）文献。高階成章「神功皇后紀の成立過程」『国学院雑誌』第四八号第九号、国学院大学、一九四九年。本位田菊士「応神天皇の誕生と神功皇后伝説の形成―建国説話と母子神信仰―」『ヒストリア』第四八号、大阪歴史学会、一九六七年。松前健「神功皇后伝承の形成」『山辺道』第二〇号、天理大学国語国文学会、一九七六年。

(93) 伝説の成立期について津田左右吉は継体・欽明朝とし、直木孝次郎は推古朝以降の成立と考えた。藤間生大は伝承内容を根拠なき造作とせず何らかの根拠とみる見解を示した。直木前掲（87）文献。直木孝次郎「神功皇后伝説の成立」『歴

史評論』一〇四号、校倉書房、一九五九年。藤間生大「神功紀成立の過程」『日本文学』第一二巻第八号、日本文学協会、一九五九年。

(94) 前田前掲（85）文献。前田晴人「神功皇后伝説の形成と住吉大神」『日本書紀研究』第二二冊、塙書房、一九九九年。

(95) 森・網野前掲（91）文献。

(96) 津田左右吉『日本古典の研究 上』岩波書店、一九四八年。

(97) 遠山美都男「帝紀・旧辞成立史考」『学習院大学文学部研究年報』第四三輯、学習院大学文学部、一九九七年。遠山は、津田左右吉の主張を慎重に読み込み、津田が旧辞の成立時期について述べた文が後に拡大解釈され、旧辞のみならず帝紀の成立にまで言及したものと認識されていたと指摘した。

(98) 川口勝康「在地首長制と日本古代国家」『歴史学研究別冊 特集 歴史における民俗の形成』青木書店、一九七五年。同「五世紀の大王と王統譜を探る」『巨大古墳と倭の五王』青木書店、一九八一年。

(99) 吉井巌「応神天皇の周辺」『天皇の系譜と神話』塙書房、一九六七年。吉井は、継体天皇の裔から出自したと称する天武朝真人賜姓氏族が、こぞって継体天皇の裔から応神天皇系の裔へと出自を塗り替えている傾向を指摘した。また、欽明天皇以後の皇統は敏達・彦人大兄皇子を経て舒明につながる方向と、用明・崇峻・推古と蘇我氏に親近な皇統に展開する方向とに分かれるが、真人賜姓諸氏族は舒明天皇につながる方向とより強く結ばれるという。さらに、舒明天皇は息長足日広額天皇という和風諡号や、殯宮に際しては息長山田公が日嗣を誄したことなどから、息長氏との深いつながりがある。オキナガタラシヒメが皇統系譜に定着する時期は天武朝あるいはそれ以後の時代にあるが、舒明朝から天武朝にかけて息長氏がタラシ系の系譜を積極的に展開し関与していったところにその成因を認めている。前掲（97）文献の遠山の見解もあわせると、舒明朝にひとつに画期があったことは間違いないだろう。

(100) 吉井前掲（99）文献。吉井巌「ホムツワケ王―崇神王朝の後継者像―」『天皇の系譜と神話 二』塙書房、一九七六年。吉井は、上宮記にみえる若野毛二俣王の父が凡牟都和希王となっており、少なくとも『古事記』編纂時には確たるものがなく、吉井前掲（99）文献での見解を含めると、その成立は天武朝の七世紀末と考えている。

(101) 日野昭「武内宿禰の伝承」『日本古代氏族伝承の研究』永田文昌堂、一九七一年。塚口前掲（13）文献。塚口義信「神功

皇后の出自系譜に関する一考察」『神功皇后伝説の研究—日本古代氏族伝承研究序説—』創元社、一九八〇年。

挿図出典

第10図　筆者が本文の内容をもとに作成。

附論一　海神投供再考

はじめに

福井県内の漁師が漁に出た際に、ときおり沖合で土器を引き揚げることがある。そのまま棄てられず持ち帰られることがある。その採取場所の聞き取り調査をおこなうと、福井県坂井市三国港沖合の玄達瀬付近と京都府経ヶ岬沖合の浦島礁付近に集中している。(1) 平成二十五年度の越前町織田文化歴史館開催の企画展覧会の際に海揚がり土器の調査を実施した結果、弥生土器・土師器、奈良時代の須恵器、中・近世の越前焼、近代の陶器など二一点を確認した。(2) そのうち弥生土器（五点）と土師器（三点）は八点を数える。五点のうち三点は弥生中期中葉のもので、日本海域における海揚がり土器のなかでは最古級に位置づけられる。八点の土器のなかには長期間海底に放置されていたせいか、埋没と露出の箇所が明瞭に認められるものもあった。これまで海揚がり土器は船の沈没や転覆によるものとみられてきたが、意図的に口縁部を割り、かつ煮炊きに使用された弥生土器の壺、内部にアワの痕跡をもつ弥生土器の壺と土師器の甕もあるので、意図的な投げ入れとすればそれ以外の状況も想定できる。とすれば海神に捧げ物をおこなう行為を考古学的に検討した大場磐雄の論考「海神投供考」が参考になる。(3) 本論では海揚がり土器の報告をおこない、土器の内外面の観察などから海神投供行為の可能性について検討する。

一　事例の検討

玄達瀬と浦島礁　玄達瀬は越前岬北西約三〇キロ沖合の日本海中にある約二〇〇～三〇〇メートルの海底からせり

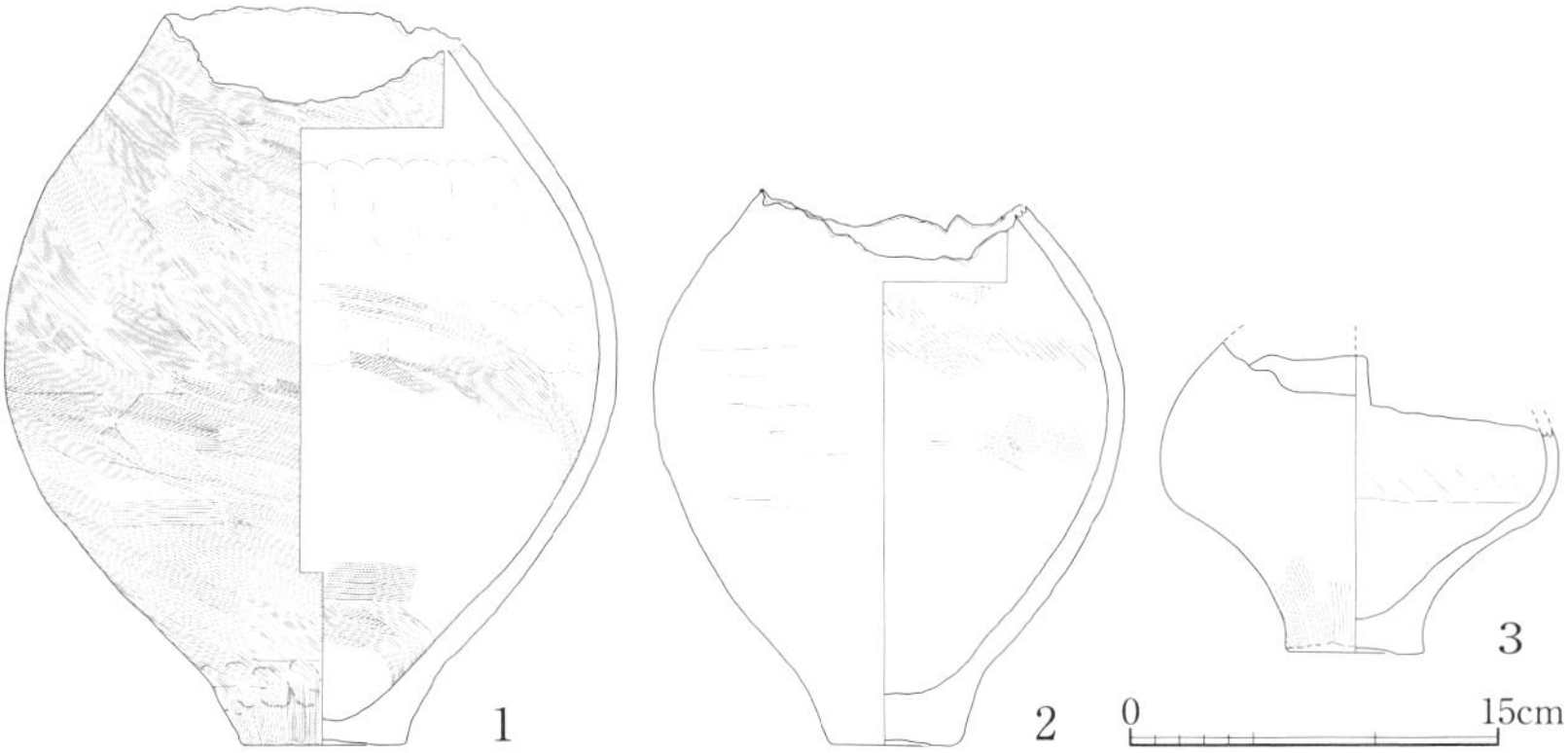

第11図　海揚がり弥生土器（1）［縮尺 1:6］

あがる起伏の激しい地形で、長さ一八キロ・幅六キロにわたる水深約一〇〜三〇メートルの浅瀬である。その頂上は水深約九メートルの地点にテニスコートほどの広さがある。こうした地形から複雑な潮流を呼び、魚の集まりやすい漁礁となっており、古くから海の米櫃と呼ぶくらい良好な漁場として知られている。また、地元の古老たちは玄達瀬に海坊主が出て、航海中の漁船に杓で海水をかけて沈めようとしたとの話を伝えているように、潮の流れの速い海難事故の頻発地点でもあった。一方、浦島礁は福井県の南端、京都府と接する内浦湾から沖合約二〇キロに位置し、海深約一〇〇〜二〇〇メートルをはかる場所である。ズワイガニの生息地で、冬期の解禁時期には最良の漁場として知られる。以上の二か所は土器が引き揚がることから古くから遺跡として位置づけられている。特に玄達瀬あたりは多くの越前焼などが引き揚がることから玄達瀬遺跡と認識されている。浦島礁あたりも水深約一〇〇メートルの地点で、底引き網のなかに弥生土器・土師器などが混入することから、浦島礁遺跡として認識されている。企画展覧会にかかる調査の結果、二か所で引き揚げられた弥生土器と土師器は八点を数える。[4] 以下に概要を述べる。[5]

弥生時代中期　1は弥生土器の広口壺［越前町教育委員会 所蔵］（第11図1）。越前町道口の宮本嘉晴氏により玄達瀬付近で引き揚げられた。口縁部は欠落するが、肩部から底部まで完存する。残存高三一・三センチ、最大幅二四・八センチ。胴部は長胴気味で、底部はあげ底気味である。外面全体が斜め方向のハケ調整、底部付近は縦ハケ調整と押捺を施す。胴部最大径付近には粘土接合痕がある。内面も斜め方向のハケ調整を施す。底部付近は螺旋状となり、肩部付近には押捺がある。外面に黒班、全体的に煤の痕跡が認められる。内面の下半部と外面の肩部には炭化物が付着する。破損箇所を観察すると、意図的に連続して打ち欠いた痕跡があり、煮炊きに使用している。内面の打ち欠いたあたりにも煤が広がり、肩部に直径一ミリ前後の炭化物が付着している。鑑定の結果、アワの可能性が高い。炭化物は口縁部から肩部にかけて集中することから、内容物を取り出した際に付着したものと考えられる。内外面を観察すると、縦半分の風化が激しいが、他半分は調整の残りが比較的良好で、海中に沈んでからそのまま放置されていたのだろう。色調は淡褐色。器壁は七ミリ前後。焼成は良好。胎土は緻密。直径一〜三ミリの褐色・黒色・白色・灰色粒子を多量に含む。外面肩部と内面胴部には石灰化した貝類がわずかに付着する。比較的流れの速いなかで放置されていたと考えられる。形態的な特徴から弥生時代中期中葉に比定できる。

2は弥生土器の広口壺［越前町教育委員会 所蔵］（第11図2）。経ケ岬沖の浦島礁付近（通称キッジマ）で引き揚げられた。口縁部は欠落するが、肩部から底部までは完存する。残存高二三・六センチ。胴部は長胴気味で、最大幅一九・一センチをはかる。底径五・二センチのあげ底気味の底部をもつ。海底にあったので外面の風化が激しく調整痕は摩滅している。内面の調整痕は残りがよく、肩部から胴部中央にかけてハケ調整、底部付近はナデ調整が残る。外面には黒班がある。内外面には煤が付着する。外面の胴部は襷掛けのような痕跡で残存する。内面は割れ口にも及び、煮炊きした有機物を取り出す際に付着したとみられる。色調は淡褐色で、海底に埋没していた部分は暗赤褐色を呈する。器壁は七ミリ前後。焼成は良好。胎土は緻密。直径一〜三ミリの褐色・黒色・白色・灰色粒子を多量に含む。石灰化した貝類が内面の肩部から胴部にかけて多く付着しているが、外面はまばらである。比較的流れの速い場所に沈んでいたと考えられる。器面の風化具合を見ると、口縁部の一部と胴部の大部分の残存状況が良好であるから底を下にして斜め方向で埋まっていたことがわかる。形態的な特徴から弥生時代中期中葉に比定できる。

3は弥生土器の壺［越前町教育委員会 所蔵］（第11図3）。経ケ岬沖の浦島礁付近で引き揚げられた。口縁部は欠落するが、肩部から底部までは完存する。残存高一三・六センチ。胴部は算盤玉形で、最大幅一五・三センチをはかる。底部は平底で底径五・六センチをはかる。長年海中に沈んでいたため、外面の風化が激しく調整痕は摩滅している。外面は底部付近が縦方向のハケ調整、胴部が縦あるいは斜め方向のハケ調整、内面は肩部から胴部中央にかけて斜め方向のハケ調整、底部付近はナデ調整を施す。内外面の底部付近に黒斑が認められる。内外面には煤が付着する。色調は外面が淡褐色、内面が褐色を呈する。器壁は五ミリ前後をはかる。胎土は緻密。直径一ミリ前後の白色・褐色・灰色・橙色粒子を含む。割れ口を見ると意図的に口縁部を打ち欠き、煮炊きに使用している。流れの緩やかな場所に沈んでいたためか、石灰化した直径一〜三ミリ前後の貝類が内外面全体に多く付着している。全体の形態的な特徴から弥生時代中期中葉に比定できる。

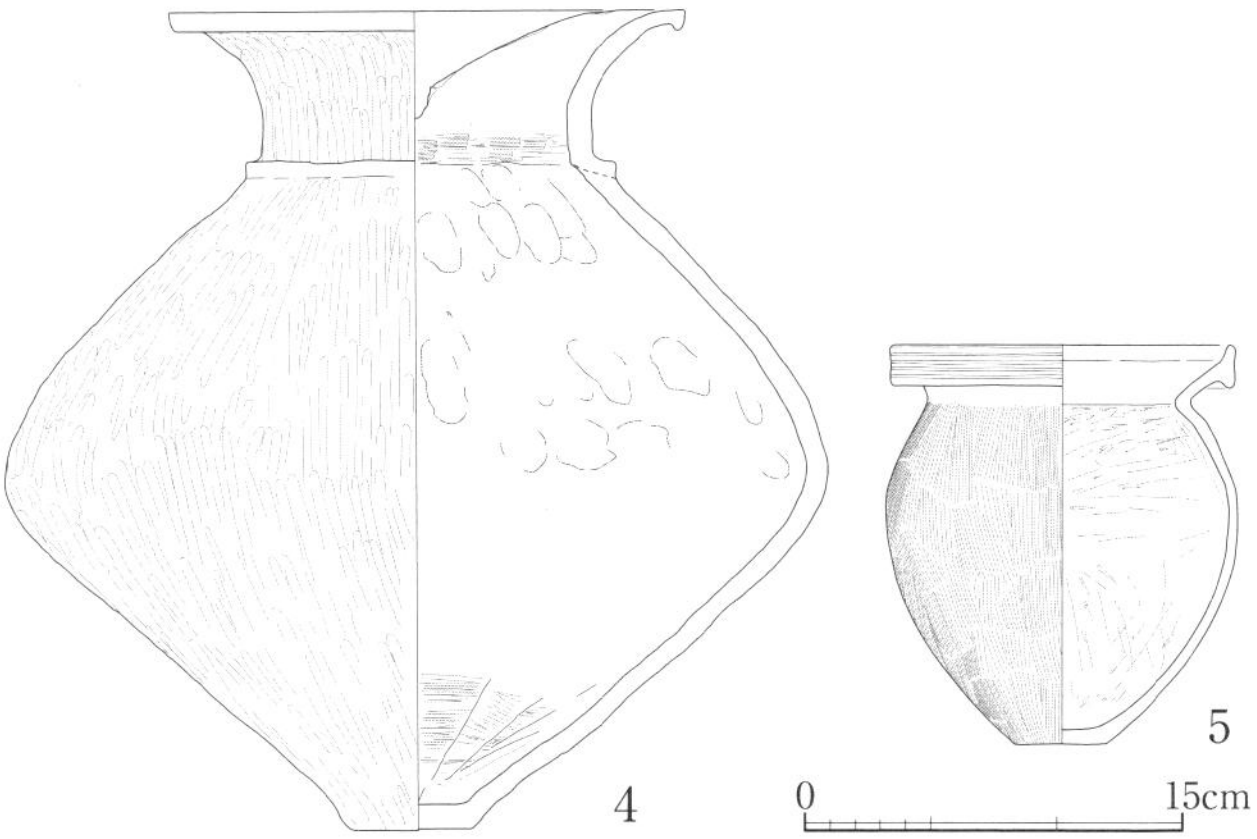

第12図　海揚がり弥生土器（2）［縮尺1:6］

弥生時代後期　4は弥生土器の広口壺［福井県陶芸館 所蔵］（第12図4）。越前岬沖六四キロ、水深六三〇メートルの地点で引き揚げられた。口縁部の三分の二は欠落するが、他は原形をとどめている。口径二三・〇センチ、残存高三三・八センチ。口縁部は直線気味に立ちあがり、しだいに外反する。端部は垂下し幅〇・八センチの面をもつ。頸部径は一一・九センチ。頸部と胴部の接続部に一条の無文の突帯がめぐる。胴部は算盤玉形を呈し、中央部付近が最大径で三二・五センチをはかる。底部は平底で、底径四・六センチ。器面の風化は激しいが、外面は全面にわたり荒い縦方向のミガキ調整を施す。内面の頸部付近は横方向のハケ調整、胴部上半部は押捺、胴部下半は斜め方向のハケ調整、底部付近は螺旋状のハケ調整を施す。色調は淡褐色。黒斑が認められる。器壁は八ミリ前後。焼成は良好。胴部から肩部にかけて外面に幅二五センチ、高さ二四センチの範囲で煤が広がる。その範囲に重なるように外面の調整の残りもよい。煤以外は風化が激しいことから、海底で露出していたことを示す。ただし煤の中央に縦一四センチ、横一四・五センチの範囲で、煤のない箇所が認められる。横位の状態で放置されていたが、底引き網漁などで一度引っかかって転がり、再び放置されたことを示している。煤の付着から煮炊きに使用したことがわかる。内外面には石灰化した小型の貝類の付着がわずかに認められる。深くて流れの速い場所にあったためか、その付着は少ない。胎土は緻密。黒色・白色・赤褐色粒子を多く含む。形態的な特徴から弥生時代後期初頭に比定でき、東海に出自をもつ壺と考えられる。

5は弥生土器の甕［個人 所蔵］（第12図5）。平成八年（一九九六）頃、蟹の底引き網漁の際に経ケ岬沖の浦島礁（通称キツジマ）付近の海底約三五〇メートルで引き揚げられた。口径一三・五センチ、器高一六・六センチ。完形。口縁部はくの字状に外反し、端部を摘まみあげるように直立した端面をつくり、わずかな有段状を形成する。胴部最大径一三・八センチ、底径三・五センチ。端面には櫛状工具による四条の擬凹線文を施す。胴部の外面には縦ハケ調整を全面に施す。内面の調整は胴部下三分の二がケズリ調整ののち丁寧なナデ消しをおこなう。肩部付近は横あるいは斜め方向のケズリ調整が残り、ナデ消しはない。外面に煤の痕跡が広範囲に認められる。特に口縁部から肩部に強く残り、胴部に部分的に残存する。外面に煮炊きの痕跡は残るが、内面に煤はない。水などの無機質のものを煮沸させたものか。色調は淡褐色を呈する。焼成は良好。器面には風化が認められる。甕の縦割り半分の残りはよいが、他の半分は風化が激しい。煤についても同様である。横位の状態で長期間放置され、引き揚げられるまで原位置を保っていただろう。流れにより継続的な堆積を妨げられたのか。胎土は緻密。灰色・白色粒・赤褐色粒子を多く含む。九頭竜川下流域の出土土器と特徴が酷似する。形態などの特徴から弥生時代後期中葉に比定できる。

古墳時代　6は土師器の甕［越前町教育委員会 所蔵］（第13図6）。京都府経ケ岬沖の浦島礁付近で引き揚げられた。口径一四・三センチ、器高一九・一センチ。口縁部から胴部上半にかけては縦半分、底部付近はほぼ完存する。段部が不明瞭な有段口縁で、一・八センチの縁帯部を有する。胴部は長胴気味で、反転復元では最大径一五・六センチをはかる。底径二・五センチの底部はわずかにあげ底気味である。海底にあったにもかかわらず、調整痕の残存は良好である。外面は口縁部から肩部にかけて横方向のハケ調整、胴部が斜め方向のハケ調整、底部付近が縦方向のハケ調整を施す。内面は口縁部が横方向のハケ調整、胴部全体はケズリ調整を施し、砂粒の動いた状況が看取できる。口縁部と胴部の接続部まで削り、底部は自立しないほど矮小である。色調は淡褐色。底部付近は被熱で赤褐色に変色する。器壁は五ミリ前後をはかる。焼成は良好。胎土は緻密。直径一～三ミリの白色・透明・灰色粒子・金雲母をまばらに含む。煤は胴部下半部全体に付着している。内面には煤が認められないため、水などの無機物を煮沸させたものか。外面の肩部から胴部上半にかけての底部付近に、直径三～五ミリ程度の石灰化した円形の貝類が、内面には肩部と底部に石灰化した棒状のものが付着している。比較的流れの緩やかな場所に沈んでいたと考えられる。形態的な特徴から丹後半島の特徴を有する土器で、古墳時代早期に比定できる。

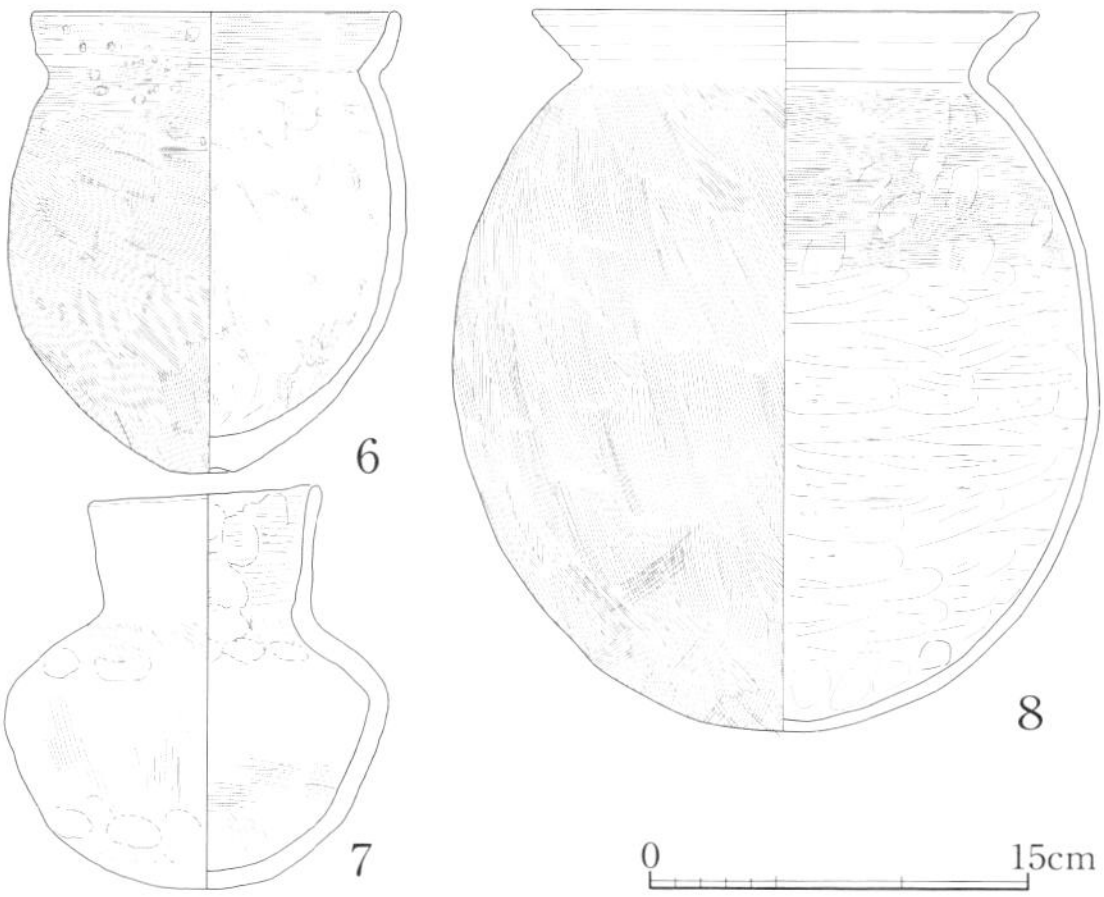

第13図　海揚がり土師器［縮尺1:6］

7は土師器の壺［越前町教育委員会 所蔵］（第13図7）。京都府経ケ岬沖の浦島礁付近で引き揚げられた。口縁部が一部欠損するが、それ以外は完存である。口径九・七センチ、器高一六・九センチ。直線的に立ちあがるが、わずかに外反する口縁部で、丸底の球形に近い胴部がつく。胴部最大径一五・二センチ。表面の風化は著しいが、縦と斜め方向の荒いハケ調整痕が残存する。内面は口縁部外面と同様の横方向のハケ調整と押捺、口縁部と胴部の接続部には絞り痕と押捺、胴部全体には横方向のハケ調整と押捺、底部付近には斜め方向のハケ調整と押捺を施す。色調は赤褐色。外面の胴部には煤の痕跡が認められる。内面は煤の痕跡が確認できないため、水などの無機物を煮沸したのか。器壁は口縁部が五ミリ前後、胴部が八ミリ前後。胎土は緻密。白色・褐色・灰色粒子をまばらに含む。内外面の口縁部付近に直径一～三ミリ程度の石灰化した円形の貝類が全体的に付着する。風化が器面全体に及ぶこと、貝類が全面に付着することから、海底に埋まることなく露出した状態であったことがわかる。使用感はない。形態的な特徴から古墳時代後期に比定できる。

8は土師器の甕［個人 所蔵］（第13図8）。福井県越前岬から北西五五キロの玄達瀬付近で、カレイの底引き網漁に出漁中、水深六四〇メートルの地点で引き揚がった。口径一九・九センチ、器高三〇・〇センチ。完形。くの字状に外反する口縁部をもち、強い横ナデ調整で波状風となる。胴部は胴長の球形で、最大径二五・四センチ。外面には斜め方向のハケ調整を全面に施す。内面は胴部下半分が横方向のケズリ調整、上半部が横方向のハケ調整を施し、一部に押捺の処理がなされる。外面には煤の痕跡が広範囲に認められる。特に胴部全体に強く残る。内面の上半部には煤が認められ、直径二ミリ前後の炭化物が付着する。炭化物はアワとみられる。口縁部から肩部にかけて集中することから、煮炊きしたものを取り出した際に付着したものか。色調は暗赤褐色を呈する。焼成は良好。海中にあったため器面の風化が認められる。縦割りした半分の残りはよいが、他の半分の風化は激しい。煤についても同様で、横位の状態で放置され、引き揚げられるまで原位置を保っていたのだろう。流れにより継続的な堆積が妨げられたのかもしれない。胎土は緻密。灰色・白色・赤褐色粒子を多く含む。含有物から福井・坂井平野でつくられた可能性は高い。形態的な特徴から古墳時代後期に比定できる。

二　若干の考察

まずは海揚がり土器を時期別に整理する。弥生中期中葉が三点、弥生後期が二点、古墳早期が一点、古墳後期が二点を数える。器種別では壺四点、甕四点である。すべてに共通するのが煤の付着である。壺は一般的に貯蔵用であるが、弥生中期のものは同時期・同形式であり、口縁部を打ち欠いて煮炊きに使用している。同じような割れ方が意図的な行為を思わせる。特に弥生土器壺（第11図1）と土師器甕（第13図8）の内面には粒状の有機物が顕著に認められた。後者の方を越前町立福井総合植物園で鑑定すると、アワという結果が得られた(6)。前者も似た状態なので、アワであった可能性が高い。二つの時期は異なるが、アワが内面の肩部に付着した点で共通している。煮炊きの際にアワはペースト状となるが、内容物を取り出すとき肩部に残り張り付いたものと思われる。しかも、アワ付着の二点は玄達瀬付近の採取である。同じ場所で採取されているので、単なる偶然の一致としては片付けられない。他の弥生土器の内面にアワの付着は認められないが、口縁部を意図的に欠損させているので、同じような行為が想定できる。

次に陸地から離れた沖合に土器が沈んでいた意味を考える。その答えを導き出すのは困難であるが、二つの推測が成り立つ。ひとつは航海や漁の途中で船が転覆し積み込んでいたモノが海中に落ちる偶発的な場合である。特に中・近世の海揚がりの擂鉢や甕は優品で、かつ未使用のものが多いからである。三国港などで船に積み込まれた越前焼は日本海沿岸の消費地へ運ばれる途中に海難事故などで沈んだもので、未使用である点がそれを証している。いまひとつは海中に食物を捧げるなど土器とともに供献する意図的な行為の場合である。古代の人々は神々の加護が得られると平穏無事に航海が進み、反対に神々の怒りに触れると雨風に見舞われて海が荒れ、漂流や難破などの危険にさらされると信じていた。航海は常に海神しだいの行為と考えられていたので、その怒りをおさめるために神々の好むものを海中に投げ入れる行為が「海神投供」であった。

後者については文献史料があり、栄原永遠男の論考にもとづいて具体的にみてみる(7)。前提として古代の人々にとって海や島、浦や津が神々の満ちるところとして認識されていた点にある。山上億良が出発直前の遣唐大使の多治比真人広成に贈った『万葉集』巻第五 八九四の「好去好来の歌一首」には以下のように記される(8)。

（前略）海原の 辺にも奥にも 神づまり 領き坐す 諸々の 大御神たち 船舳に 導き申し（下略）

（『万葉集』巻第五 八九四）

大海の岸にも沖にも神として留まり支配される諸々の大神たちとは船の先に立って先導し申しとあり、少なくとも山上憶良は海辺や沖に神々が鎮座すると考えていたと解釈できる。また、『万葉集』巻第九　一七八四の「入唐使に贈る歌一首」には以下のように記される。(9)

海若《わたつみ》のいづれの神を祈らばか行くさも来さも船は早けむ

（『万葉集』巻第九　一七八四）

左注によれば、いつの遣唐使に贈ったものか不明であるが、海のどの神を祈ったならば行きも帰りも船は早いだろうかとある。これらの事例から海には神々が至るところに存在し、航海の際には神に祈る行為があったことになる。海原そのものを神格化した海洋神、風の神、波の神、雨の神、入江にいる神、津（港・船着場）の神、航行の目印となる島や岬を神格化した神々、船の守護神など様々であるが、(10)大海原を航行する古代の人々が、これらの神々に祈りを捧げながら船を進めたことを考えると、玄達瀬付近においても同じことが想定できる。それは、海上交通の難所であるとともに地形的な条件から良好な漁場となっており、海神が宿る要素を充分にそなえているからである。

そこで具体的に三例をあげる。まず『古事記』仲哀天皇段には神功皇后が瓠に入れた真木の灰・箸・比羅伝（葉盤）などを海に浮かべると、その軍勢が無事に玄界灘を渡れたとある。(11)これは海が荒れないようあらかじめ神々に物を捧げた事例である。次に『日本書紀』神武即位前紀には、神武天皇一行の船が急に暴風に見舞われて難破しそうになったとき兄の稲飯命が剣を抜いて海に入ったとある。(12)これは荒れ狂う海のなかに物（特にヒトや金属製品）を投入して神々の怒りを鎮めた事例である。最後に紀貫之の『土佐日記』の事例である。(13)承平四年（九三四）十二月、貫之は土佐守の任期が終わり平安京への帰路についた。翌五年（九三五）二月五日に船が住吉の浜の松が見えるところまで帰り着くと急に風向きが変わり、いくら漕いでも後ろの方に戻ってしまう。危うく沈みそうになったので、揖取は「幣を奉りなさい」と告げた。住吉明神に幣を奉ったが、風波はおさまる気配はなかった。「幣では住吉神の心に添わない。神が嬉しく思う物を捧げなさい」と揖取が言った。今度は鏡を海中に投じると海は静かになった。これは風波を起こすのは海神であり、無事に航海できるか否かは神々の心しだいと考えていたことを示している。

これらを踏まえると玄達瀬付近は出航時の最初の難所にあたるので、対馬海流に飲み込まれて沈没した船を見たとき海神の怒りに触れたと思ったはずである。とすれば定期的に訪れ海神に神饌を捧げ、甕や壺を沈めることも充分に考えられる。弥生時代中期にそれを認めれば海神投供の最古の事例となるだろう。投供とは意図的な行為になるので、土器中にその要素を見出す必要がある。そこで注目したのは弥生中期土器に共通する口縁部の打ち欠き方とその使用方法である。弥生中期土器はすべて壺で、口縁部を意図的に欠損させ、そのあと火にかけている。これは壺が煮炊きとして利用され、しかも同じ打ち欠き方であるので、偶然の一致とは言い難い。そこに甕としての機能転化の要素を加えると、意図的な行為であった可能性が高くなる。加えて玄達瀬付近のものの内面にアワが付着した点も重要である。玄達瀬付近採取の土師器にも似た痕跡があり、アワの付着は偶然の産物とは考えにくい。以上の点を踏まえれば海神に対する意図的な投供行為という見解に舵を取ることになるが、最終的な結論については今後の資料増加を待ってくだしたい。

注

（1）福井県・京都府沖合の海揚がり土器については以下の論考や資料紹介がある。橋本幹雄「浦島礁遺跡」『福井県における弥生式土器集成』福井考古学研究会、一九七〇年。越前町史編纂委員会『越前町史 上巻』越前町、一九七七年。田中照久「玄達瀬から発見された越前焼」『福井考古学会会誌』第五号、福井考古学会、一九八七年。越廼村誌編集委員会『越廼村誌 本編』越廼村、一九八八年。堀大介「海から引き揚げられた土器—経ヶ岬・玄達瀬の弥生土器・土師器—」『越前町織田文化歴史館 館報』第五号、越前町教育委員会、二〇一〇年。佐々木達夫・田中照久・田崎稔也・渡邉玲「福井県の海底文化財に関する調査」『金沢考古』金沢大学、二〇一一年。

（2）堀大介「第三章 海から引き揚がったモノ」『平成二十五年度 越前町織田文化歴史館企画展覧会 海は語る ふくいの歴史を足元から探る』越前町教育委員会、二〇一三年。企画展覧会の調査時に検討した際に、佐々木達夫らがリストとしてあげた経ヶ崎浦島瀬の弥生土器の実測図［越廼村誌編集委員会前掲（1）文献］とキッジマ沖の弥生土器の写真［越前町史編纂委員会前掲（1）文献］が同一個体だと判明している。玄達瀬付近とある弥生土器は〈越廼村誌編集委員会前掲（1）

文献〉については写真のみで現物が確認できず、所在不明として位置づけた。古川登氏の御教示によると、過去に実測したことがあり、風巻式（月影式）の有段口縁壺であったという。それを含めると弥生土器・土師器は九点を数える。
（3）大場磐雄「海神投供考」『古典の新研究』第二集、国学院大学、一九五四年（『祭祀遺蹟—神道考古学の基礎的研究—』角川書店、一九七〇年 所収）。
（4）弥生土器（第12図5）と土師器（第13図8）については、堀前掲（1）文献で資料紹介をおこなった。
（5）本論での土器編年と年代観・時代表記については、堀大介『地域政権の考古学的研究—古墳成立期の北陸を舞台として—』雄山閣、二〇〇九年にもとづく。
（6）土師器（第13図8）の植物遺体については越前町立福井総合植物園の松本淳園長に鑑定していただいた。
（7）栄原永遠男「遣唐使と海の神々」『住吉と宗像の神』筑摩書房、一九八八年。
（8）『万葉集』巻第五 八九四（高木市之助・五味智英・大野晋 校注『日本古典文学大系五 万葉集 二』岩波書店、一九五九年所収）。
（9）『万葉集』巻第九 一七八四。
（10）栄原前掲（7）文献。
（11）『古事記』仲哀天皇段（倉野憲司・武田祐吉 校注『日本古典文学大系六八 古事記 祝詞』岩波書店、一九五八年 所収）。
（12）『日本書紀』神武天皇即位前紀（坂本太郎・家永三郎・井上光貞・大野晋 校注『日本古典文学大系六七 日本書紀 上』岩波書店、一九六七年 所収）。
（13）『土佐日記』（長谷川政春・今西祐一郎・伊藤博・吉岡曠 校注『新日本古典文学大系二四 土佐日記 蜻蛉日記 紫式部日記 更級日記』岩波書店、一九八九年 所収）。

挿図出典
第11〜13図　筆者による図化・トレース。

第二編　越前国剣神登場の歴史的意義

第三章　越前国剣神考―『続日本紀』宝亀二年十月戊辰条の検討―

はじめに

越前国剣神について『続日本紀』に以下のような記録がある。(1)

詔、充二越前国従四位下勲六等剣神食封廿戸、田二町一

（『続日本紀』宝亀二年十月戊辰条）

宝亀二年（七七一）十月十六日、越前国に鎮座する従四位下勲六等の剣神に食封二〇戸の封戸と田二町の位田を充てるとの詔で、一地域神に俸禄が与えられた記録である。国史における越前国剣神の初出であり、剣神の上に位階が付されるので、それ以前に「従四位下　勲六等」を受けていたことがわかる。しかし奉授の理由は一切記されず、時期も七七一年以前としかいえない。神階は従四位下と高いもので、その早さの点で注目でき、勲位については神として初の事例となる。(2) 何に対する勲功で、奉授時期など『新抄格勅符抄』所引の大同元年牒にある剣御子神の記載を含めて考えると、(3) 神名などいくつかの疑問点が生じる。加えて政治的な背景を踏まえると、国史のわずかな記述とはいえ異例なことといえる。また、剣神は奈良後期の記録には登場しないので、無名の一地域神が突如として国史にあらわれたことになる。しかも越前国剣神としか記されないことから鎮座地の特定をおこなう必要がある。『延喜式』巻第一〇神名下収載の敦賀郡の剣神社と考えられるが、(4) 江戸時代から論社となっている。福井県丹生郡越前町織田に鎮座する越前国二宮の劔神社が奈良時代の梵鐘［国宝］や『劔神社文書』［福井県指定文化財］など貴重な文化財を有する関係上、その有力候補とみられる一方で、(5) 敦賀市莇生野の劔神社に比定する説もある。(6)

本章では、従来あまり注目されなかった越前国剣神に焦点をあて、劔神社の縁起や文化財などの検討からその諸相に

ついて明らかにしていく。第一節では論社となる越前国剣神の鎮座地の比定と敦賀郡の範囲の検討、第二節では奈良時代の神階奉授の個別的検討とその理由、第三節では剣神の高い神階奉授と叙勲にみられる特異性、第四節では剣神社の成立と混作する祭神の検討、第五節では剣御子神の御子が削除された理由とその背景について検討する。

第一節　越前国剣神の比定と敦賀郡の範囲

一　越前国剣神の鎮座地

剣神の鎮座地の検討の前に、奈良時代後期における越前国の範囲を特定しておく。『日本書紀』での越前国の初出は、持統天皇六年（六九二）九月癸丑条の「越前国司献二白蛾一」の記事である。(7) 同月戊午条に「獲二白蛾於角鹿郡浦上之浜一、故増二封笥飯神一廿戸、通レ前」との詔があり、(8) 浦上の海岸で白蛾を獲たことで笥飯神（気比神）に封戸二〇戸をこれまでの分に加えるという内容である。越のみの記事を追うと、天武天皇十一年（六八二）四月甲申条に「越蝦夷伊高岐那等、請三俘人七十戸為二一郡一」とある。(9) 他国の初出は越中国が大宝二年（七〇二）三月、越後国が文武天皇元年（六九七）十二月となるため、(10) 天武天皇十一年から持統天皇六年にかけて越前国が成立したものとみられる。それから養老二年（七一八）に四郡の分割による能登国、弘仁十四年（八二三）に二郡の分割による加賀国の立国があり、(11) 越前国の縮小化は進む。宝亀二年（七七一）の時点では敦賀・丹生・足羽・坂井・大野・江沼・加賀の七郡の範囲で、現在の行政区分でいえば南限が福井県敦賀市、北限が石川県かほく市までを包括している。

記紀において越前国剣神の関連記事はなく、以後の国史でも明確な所在地は記されていない。そこで年代は下るが、延長五年（九二七）に完成し撰進された『延喜式』巻第一〇神名下を参考にすると、(12) 先の範囲で「剣」と名のつくのは敦賀郡「天利剣神社」「剣神社」の二座しかない。敦賀郡は越前国の南西部で、現在の敦賀市一帯にあたる。現在の敦賀市は北が敦賀湾を取り囲む立石岬を頂点に、南が三国山で滋賀県北部、東が鉢伏山・木ノ芽峠で接し、西が雨峠までを包括する東西一九・二キロ、南北二六・五キロの範囲である。現在の市域を想定すれば、けっして郡域は広くない。越前国の式内社一二六座（大八座、小一一八座）のうち敦賀郡が四三座で、全体の約三四パーセントを占めることから範囲の割に式内社の多い地域といえる。

まずは天利剣神社である。『続日本後紀』承和七年（八四〇）九月条には以下のように記されている。(13)

奉レ授二越前国従二位勲一等気比大神之御子無位天利剣神、天比女若御子神、天伊佐奈彦神並従五位下一

（『続日本後紀』承和七年九月乙酉条）

承和七年の記事であるので、天利剣神は九世紀中頃に越前国従二位勲一等の気比大神の御子神として存在したことがわかる。また気比の御子神については『気比宮社記』に詳しく記されている。(14)

天利剣神社 祭神一座是謂二第五之王子ノ宮一

一説云秘伝曰、往昔仲哀天皇臨二幸角鹿国一之節奉レ納宝剣於笥飯ノ神一也、有二霊験一最奇シ後建レ祠崇祀奉二称天利剣ノ宮一 於自余記也録未見

（『気比宮社記』巻一「七社之御子神」）

平松周家が元文五年（一七四〇）に編纂を開始し宝暦十一年（一七六一）に完成した社記である。天利剣神社は仲哀天皇が角鹿（敦賀）に来たとき宝剣を奉納したことに由来し、現在は氣比神宮境内に鎮座する摂社となっている。他の摂社には剣神社（第一之王子宮、祭神姫大神尊）、金神社（第二之王子宮）、林神社（第三之王子宮）、鏡神社（第四之王子宮）、天利剣神社（第五之王子宮）、天比女若御子神社（第六之王子宮）、天伊佐奈彦神社（第七之王子宮）があり、七社之御子神として祀られている。(15)しかし天利剣神が越前国剣神である可能性は低く、剣とだけつく神名の方が適当である。

次に剣神社については論社で二説が知られる。ひとつが福井県敦賀市莇生野の劔神社で、敦賀市の市街地西南に位置する。金山・関を経て若狭に向かう交通の要衝にあり、氣比神宮の西方鎮護の社となる。『気比宮社記』に以下のように記されている。(16)

一ノ御子剣ノ神社一説曰往昔有二神明ノ奇瑞一因レ玆自二莇生野村一奉レ勧二請于此処一云云
姫太神ノ尊一座是謂二第一宮之王子一
日本紀曰、天照太神乃索二取素戔嗚尊（ママ）十握剣一打折為二三段一濯二於天真名井一齬然咀嚼而吹棄気噴之狭霧所レ生神号曰二田心姫一、次湍津姫、次市杵嶋姫凡三神矣是日神之心化二三神而一神也以二心全体動静一而崇二祀之一
（『気比宮社記』巻一「七社之御子神」）

とある。気比神の七社之御子神のひとつで、素戔嗚尊の誓約で生まれた姫太神尊を祭神として莇生野の剣神社から勧請された

第14図　劔神社

もうひとつが福井県丹生郡越前町織田の劔神社である（第14図）。福井県嶺北西部の丹生山地中部に位置し、織田盆地のほぼ中心に鎮座している。旧社格は国幣小社で、国宝の梵鐘や福井県指定文化財の古文書などを所有し、織田氏の発祥地としても知られる。氣比神宮を基点に両社の位置関係をみると、織田の方は北に三三キロ離れるが、敦賀の方は南西四・三キロと近い。鎮座地をめぐる論議は江戸時代以降に盛んになる。敦賀説は『大日本史』（明暦三年編纂開始、明治三十九年に完成）、石井左近の『敦賀郡神社志』（昭和八年刊行）、志賀剛の『式内社の研究』（昭和六十年刊行）などで、織田説は鈴鹿連胤の『神社覈録』（天保七年起稿、明治三年脱稿・成稿）、栗田寛の『神祇志料』（明治四年脱稿）、『神道大辞典』（昭和十二年発行）などがある。なかには『越前国官社考』（安政四年刊行）や『特選神名牒』（明治九年完成、大正十四年刊行）のように敦賀から織田への遷座説もある。[17]

杉本壽は敦賀説に対して『気比宮社記』では祭神が気比比咩大神で、氣比神宮西方鎮護の社として宗像三女神を祀ることを引用し、武神である

剣神としてふさわしくないと説く。(18)加えて寛政十三年（一八〇一）に板野二蔵が『越前古名考』を編纂時の踏査したおりに「経津主命」であったものが、いつの間にか女神に変わり、往昔には織田神社も剣御子神も存在したという伝説だが寺址の跡もなく、これだけの大社と神宮寺を擁するには寒村に過ぎて境内寺域に欠けるものがあると述べる。織田の劔神社は国宝の梵鐘や多数の文化財を所蔵することを考えれば後者の説が妥当である。一方で遷座説に対しては『古今類聚越前国誌』に疑義が示されている。(19)

剣神社　織田神社　今丹生郡に織田明神あり、一名剣大明神と云、蓋古両社にして後に併せて一社に祭り、其名遂に混するが然れども式に本郡に載て今丹生郡に在、豈後世移し祭るが疑ふべし（『古今類聚越前国誌』）

有馬誉純が文化元年（一八〇四）に国史・格式・歌集・地誌など各種の文献から資料を抜粋して類別記述したものである。『延喜式』巻第一〇神名下には剣神社と織田神社は敦賀郡に載るが、今は丹生郡にあるとし、後世に遷座し祀ったとするのは疑うべきだという。

こうしてみると、敦賀説は敦賀市中心地から三〇キロ以上離れた織田が丹生郡に属するという認識から織田説では考えにくい点を根拠とした。しかし、実際は平安時代末期の分郡時に丹生郡が丹生北郡と南仲条郡に分かれ、敦賀郡の一部が南仲条郡と丹生北郡に編入された。そのときに織田盆地一帯も丹生北郡に編成されたものととらえられる。(20)つまり敦賀説は一〇世紀以前も丹生郡に所属したとの誤認から生まれた見解といえる。となれば古代敦賀郡の領域が鍵となるので、改めて他の史料などで検討する。

二　古代敦賀郡の範囲

古代の敦賀郡の領域に関する史料を検討する。『和名類聚抄』によると、越前国は敦賀（都留賀）［六郷］、丹生（尓不）［九郷］、今立（伊万太千）［九郷］、足羽（安須波）［一五郷］、大野（於保乃）［六郷］、坂井（佐加乃井）［一二郷］の六郡・五七郷からなる。(21)なかでも敦賀郡は高山寺本では「伊部、鹿蒜（加比留）、与祥、津守、従者（之度無倍、下同）」の五つ、大東急記念文庫本では「神戸、与祥、津守《都毛利》、伊部、従省、鹿蒜《加倍留》」とあり、神戸を加えた六つの郷からなる。(22) 承平年間（九三一～八）という成立年代から一〇世紀前葉の状況を示している。注目するのは敦賀郡が六つと他の郡と比べて半分ほどの郷数で大野郡と同数の点である。奥越（福井県勝山市・大野市）を包括する広大な大野郡に対して、ひとつの郡としては現在の敦賀市域だけでは小規模であり、その西側も若狭国が迫っている。敦賀市域だけで六郷を設定することは難しく、敦賀湾を囲む北東側の拡張した郡域を形成するものととらえられる。つまり古代においては現在の敦賀市域より広大であった可能性が高い。

正確な郡域の特定は難しいが、吉田東伍の『大日本地名辞書』「伊部郷」の項に「白山村織田村及び城崎、四箇浦、常磐の数村是なり、北は越前岬越知山に限り、山谷頗広く、沿海亦三里許」、「丹生岳」の項に「和名抄、敦賀郡伊部郷と云ふは此山より越智岳の間、西は梅浦までを指したるごとし」と記される。(23) また北境の特定には『福井県史』の見解として、中世における気比神社の社領が丹生郡西部域に沿って展開し、敦賀中枢部の影響力が海岸部に浸透しているとあり、郡域を考えるうえで参考になる。(24) これらの見解にもとづくと、敦賀市と北に接する南条郡南越前町、その北に位置する丹生郡越前町の西半分を含み、最北限は福井市と越前町との境、越知山から織田盆地北部付近だと推測できる。

こうした郡域は奈良時代に遡る可能性が高いが、敦賀郡が織田に及んだ根拠として『延喜式』巻第一〇 神名下収載の敦賀郡「伊部磐座神社」の存在がある。(25) その社名から伊部郷の地にある磐座をもとにした神社で、伊部氏の奉斎した神社の鎮座地とみられる。(26) 磐座といえば織田盆地北部に越前町岩倉の地名がある。集落の裏山は石切山と呼ばれ、中世には良好な石の産出地で、軽石の切石が越前窯体の強度・耐久性を高める口石に用いられる。(27) 岩倉の北境は越前町の糸生地区（旧 朝日町）と接し古代の丹生郡との境界にも相当するので、伊部にある磐座神社は磐境祭祀ととらえられる。しかも敦賀郡には伊部氏の存在が明らかになっている。(28)

越前国敦賀郡ノ人右大史正六位上伊部ノ造豊持賜フ二姓飯高朝臣一、即改テ二本居貫ヘツク二左京五条三坊一、其先出レ自二孝昭天皇ノ皇子天足彦国押人命一也

（『日本三代実録』貞観十五年十二月癸巳条）

越前国敦賀郡出身で、右大史正六位上の伊部造豊持が飯高朝臣の姓を賜うとの内容である。貞観十五年（八七三）の記事であるので、九世紀における足取りが知り得る。『新撰姓氏録』山城国諸蕃によれば「伊部造　出レ自二百済国人乃里使主一也」とあり、百済国人の乃里使主が祖で、伊部氏は渡来系氏族の子孫とみられる。[29] 実際に織田には渡来系遺物が確認される。ちなみに剣神社の歴代の神官は忌部氏である。別系統ととらえられるが、仮に伊部氏が斎戒を意味する忌部に由来すれば、中臣氏とともに朝廷の祭祀を担当した中央氏族との関係が指摘できる。[30] ちなみに伊部郷は天平神護二年（七六六）「越前国司解」に記載があり、その存在が明らかになっている。[31]

さて、郡の北端は特定できたが、北東端を推測するうえでの参考となる考古資料を取り上げる。丹生郡越前町佐々生の佐々生藪田遺跡出土とされる[32]「敦賀」墨書土器である。佐々生は越前町の南東部に位置する三キロ四方の小盆地の集落で、東端は三床山の頂上を境に鯖江市と接し、その北側に展開する尾根先端には佐佐牟志神社が鎮座している。盆地北側に八王子山古墳群、西側に佐々生窯跡が展開し、[33] 佐々生藪田遺跡は小盆地の中心部に位置する。発掘調査の報文には「敦賀」墨書土器が出土したとあり、『福井県史　資料編一』「県内出土墨書土器一覧表」に収録される。[34] 遺物は行方不明だが、白黒写真は残る[35]（第15図）。その観察から無台杯で、底面の真ん中付近に「敦賀」と細字で記される。底部の調整はヘラ切りのままで、奈良時代のものに比べて小ぶりな感じから九世紀前半に比定できる。『続日本紀』によれば敦賀の地名は和銅六年（七一三）五月甲子条に「畿内七道諸国郡郷名、着二好字一」という行政地名の改正により「角鹿」から「敦賀」に改められたと考えるので、[36] 遺物が九世紀であれば年代的な齟齬はない。

墨書土器は一般的に土師器・須恵器の杯・椀・皿・盤といった食器に多く書かれ、文字は漢字・仮名の他に則天文字もあり、隷書体の影響を受けて作字した特殊な文字や合字なども多い。[37] 主な銘には土器の帰属場所や占有・専用・給食対象者などを示す官司・官職・寺院名や人名・地名など、用途を示す食品名・器名、習書や落書、祭祀・信仰関係の吉祥句・呪語・供献対象名などがある。大半は一字ないし数文字で、単体では意味不明なものが多いが、文章のものも存在する。墨書土器は移動するものなので推測の域は出ないが、人名ならば氏族名を指し、地名ならば佐々生の地が敦賀郡の一部であったことになる。

次に佐佐牟志神社の鎮座地をもとに検討する。『延喜式』巻第一〇神名下の丹生郡に収載されるので、[38]佐々生は丹生郡との意識が強くあった。集落の一部が敦賀郡に含まれると越前町の佐々生付近は郡境にあたる。三床山西側の山中には巨岩が二〇基ほど存在し、磐座・磐境祭祀を執りおこなった可能性も指摘できる。[39]社伝によれば元は三床山の山頂に鎮座したとあるので、南北の尾根筋が郡境に想定できれば、その西麓から小盆地にあたる佐々生の集落自体が敦賀郡に属したととらえられる。[40]加えて『上坂津右衛門家文書』「氏子村々廻状」、『北野七左衛門家文書』「剣大明神氏子村手鉾寄進帳」に記された剣神社氏子五三か村の広がりも参考となる。[41]その分布は越知山西方の越前海岸から越前町織田地区北端、朝日地区の南西部にかけての範囲で、佐々生村と隣接する青野・頭谷・朝日の三区は東端にあたる。敦賀郡の西限とみれば丹生郡との郡境が佐々生付近に想定可能である。

第15図　「敦賀」墨書土器

まとめると、平安時代末期における分郡の関係で、織田盆地一帯は丹生北郡に所属することになったが、『延喜式』の完成する一〇世紀前葉は敦賀郡であるので、奈良時代でも同じ状況とみられる。つまり敦賀郡域は越前国の西部に及び、敦賀湾を取り囲む両翼のように展開する。北端については丹生山地西部の越前岬から越知山までを結ぶ織田盆地の北境で、平成の合併前の織田・朝日の町境でもある。古代の伊部郷は越前町織田地区を包括し、北境に伊部磐座神社の鎮座が想定できるので、織田盆地が古代の丹生郡であった可能性は低い。とすれば剣神社の鎮座地を織田盆地に求めたとしても不自然ではない。

それでは越前国剣神の従四位下勲六等について考えるが、まずは奈良時代の神階事例について検討する。

第二節　奈良時代における神階奉授の検討

一　研究史と具体事例

神階奉授については神祇制度や官社化の問題など様々に論じられているが、こと奈良時代に関しては林陸朗が一般化していなかったと述べるように、その研究自体は少ない(42)。三宅和朗は神階奉授を官社内の序列化の手段ととらえるが(43)、巳波利江子は神階奉授の背景や制度について検討し、官社との相関関係はないとしながらも官社制度の副次的産物と考えた(44)。また、上田正昭は前提として仏教が優位となった律令国家のありようが照射され、神も仏法を擁護する護法善神の神とされて人神観が具体化してきた様相があったと述べる(45)。小倉慈司も同様に神階奉授の思想背景に人格神の観念を想定している(46)。その一方で、小林宣彦は従来の説に対する疑問点をあげる(47)。㈠官社内の序列化が目的ならば畿内を中心として全国的におこなわれなかったのか、㈡人神や人格神の観念と深い繋がりがあったのか、㈢北陸道に多く見られるのか、である。研究史を踏まえたうえで、越前国剣神の従四位下勲六等をはじめ奈良時代の事例について神階の理由を中心に検討する。

最古の記録は『日本書紀』天武天皇元年（六七二）七月条の「登二進三神之品一以祠焉」の記事とみられている(48)。三神とは大和国高市郡の高市社に鎮座する事代主神、身狭社に鎮座する生霊神、村屋神のことで、壬申の乱に霊験を現したことによる功労的なものとみられる。具体的に記さないので等級扱い程度の意味で単に官社化を意味し、神階にあたらないとの見解が示された(49)。奈良時代になると諸神への神階奉授が史料上でみられ、貞観年間（八五九〜七七）を中心に事例が増えていく。最初の事例が越前国気比神であり、『新抄格勅符抄』所引の大同元年牒の「天平三年十二月十日符」

に従三位料を充てたとの記録がある。(50) 続いて国史では『続日本紀』天平勝宝元年（七四九）十二月丁亥条にある八幡大神・比咩神への品位奉授が早い事例となる。(51)

位階とは官吏における個人の地位を表す序列・等級のことで、国史が示すように律令制下では人臣への授与が中心であったが、特に神へ奉授した位階のことを神階ともいい、位階と武位（勲位）の区別がある。(52) 人に対する位階はそれによって就ける官職が異なり、位田の支給などの特典を伴うように、神階の初期には位階に相当する封戸・位田の給付を伴うこともあった。

そこで越前国剣神の神階を位置づけるため、全国の諸神に対する神階の位階と神戸・神封・田地の奉充に関する記事を含めて、『続日本紀』から時系列で以下に列記する。(53)

天平勝宝元年十二月	豊前	八幡大神	→一品	
	豊前	比咩神	→二品	
天平勝宝二年二月	豊前	八幡大神		封八〇〇戸・位田八〇町 （天平勝宝七歳返却）
	豊前	比咩神		封六〇〇戸・位田六〇町 （天平勝宝七歳返却、天平神護二年再奉充）
天平宝字八年九月	豊前	八幡大神		神戸二五烟
天平神護二年四月	伊予	伊曽乃神	→従四位下	神戸五烟
	伊予	大山積神	→従四位下	神戸五烟
	伊予	伊予神	→従五位下	神戸二烟
	伊予	野間神	→従五位下	神戸二烟
神護景雲二年十月	大和	石上神		封五〇戸

	能登	気多神		封二〇戸・田二町
宝亀二年十月	越前	剣神	従四位下勲六等	封二〇戸・田二町
宝亀四年五月	大和	丹生川上神		神戸四烟
宝亀五年三月	越前	雨夜神	→従五位下	
宝亀八年七月	常陸	鹿島神	→正三位	
	下総	香取神	→正四位上	
宝亀十一年五月	伊勢	伊勢大神宮		封一〇二三戸
宝亀十一年十二月	越前	大虫神	→従五位下	
	越中	二上神	→従五位下	
	越中	高瀬神	→従五位下	
延暦元年五月	陸奥	鹿島神	→勲五等	封二戸
延暦元年十月	伊勢	多度神	→従五位下	
延暦元年十一月	京	今木大神	→従四位上	
延暦二年十二月	大和	久度神	→従五位下	
延暦三年三月	能登	気太神	従三位→正三位	
延暦三年六月	摂津	住吉神	正三位→正三位勲三等	
延暦三年八月	近江	三尾神	→従五位下	
延暦三年十一月	山背	賀茂上下社	→従二位	
	山背	松尾神	→従五位下	
	山背	乙訓神	→従五位下	

延暦三年十二月　摂津　住吉神　↓従二位
延暦四年十一月　山背　賀茂上下社　封各一〇戸
延暦五年十二月　山背　松尾神　従五位下↓従四位下
延暦十年四月　越前　雨夜神　↓従五位下
　越前　大虫神　↓従五位下
　越前　大虫神　従五位下↓従四位下
　越前　足羽神　↓従五位下
延暦十年九月　佐渡　物部天神　↓従五位下

天平勝宝元年（七四九）から延暦十年（七九一）九月までの期間で、一五国・二八神の事例がある。内訳は豊前国・二神、伊予国・四神、京・一神、摂津国・一神、大和国・三神、山背国・三神、近江国・一神、伊勢国・二神、越前国・四神、能登国・一神、越中国・二神、佐渡国・一神、常陸国・一神、下総国・一神、陸奥国・一神となる。なかでも神階の奉授については一五国・二五神を数える。内訳は豊前国・二神、伊予国・四神、京・一神、摂津国・一神、大和国・一神、山背国・三神、近江国・一神、伊勢国・一神、越前国・四神、能登国・一神、越中国・二神、佐渡国・一神、常陸国・一神、下総国・一神、陸奥国・一神となる。

伊勢国の伊勢神宮を除けば豊前国の八幡大神・比咩神、伊予国の伊曽乃神・大山積神・伊予神・野間神、摂津国の住吉神、山背国の賀茂上下社・乙訓神・松尾神、伊勢国の多度神、近江国の三尾神、越前国の大虫神、能登国の気太（多）神、常陸国の鹿島神、下総国の香取神などは『延喜式』神名上・下の名神大社に列される一方で、越前国の剣神・雨夜神・足羽神、越中国の二上神・高瀬神、佐渡国の物部天神はけっして著名とはいえず、選定の理由も不確かなことから八世紀の神階奉授は個別的な性格が強い。また、北陸道に鎮座する諸神の多さも指摘できる。越前・越中・能登・佐渡の四国八神、気比神を含めると九神（気比・剣・雨夜・大虫・足羽・気多・二上・高瀬・物部天）で全体の約三分の一を占め、北陸道の多さが浮き彫りとなる。なかでも注目すべきは越前国が五神で、一国で奉授される神階では群を抜く数である。

二　気比神と八幡神の神階奉授

諸神への神階奉授の理由について主要なものを検討する。まずは『続日本紀』以外の史料になるが、従三位に叙されたとみられる気比神の事例を取り上げる。『新抄格勅符抄』所引の神事諸家封戸 大同元年牒には、以下のように記されている。(54)

神事諸家封戸　大同元年牒
　神封部
　　合四千八百七十六戸
　（中略）
気比神　二百卌四戸　越前国（天平三年十二月十日符従三位料二百戸／神護元年九月七日符廿二戸 十戸 廿二戸）
（『新抄格勅符抄』第一〇巻抄 神事諸家封戸 大同元年牒）

大同元年（八〇六）時点での封戸を有する諸神が収録されているが、封戸数や時期が遡り記されたものもある。慶雲三年（七〇六）十一月の格により従三位・二〇〇戸という食封の修正にならい、気比神に封戸料が施入されたとすれば天平三年（七三一）かそれ以前に神階奉授がなされたことになる。(55) また『日本書紀』には持統天皇六年（六九二）に角鹿の浦上の浜で白蛾を獲たとの祥瑞により、気比神に対して封戸二〇戸が増納された記事がある。(56) 封戸制は七世紀末頃に制度化しており、持統天皇六年以前に封戸が充てられたことを示している。(57)

気比（笥飯）については『日本書紀』によると、垂仁天皇二年是歳条の分注に意富加羅国王子の都怒我阿羅斯等の笥飯浦への渡来、仲哀天皇二年条に仲哀と神功による笥飯宮の造営という記事がある。(58) 気比神については『古事記』仲哀天皇段に所載する品陀和気命と気比大神との名易え説話、『日本書紀』神功皇后摂政十三年二月条にある角鹿の笥飯大神の礼拝がある。[59] 敦賀自体は六世紀中頃からミヤケ設置による軍事拠点として機能し、越国からの物資の集散地としても重視されるなど国家的な側面が強い。[60] 加えて近畿中枢部から最も近い日本海側の玄関口という地理的条件から朝鮮半島との関係のなかで重視される。神功皇后の新羅征討の出発点であり、応神天皇の禊の場でもあった。対新羅事情のなかで、朝鮮半島経路に関係の深かった気比神は新羅征討の宮廷伝承に取り上げられ、その加護を祈るために天平三年（七三一）の神階奉授に至ったと解釈されている。[61]

そこで奈良時代前期の対新羅関係史を整理する。新羅と唐は基本的に対立した状況にあり、形式的には新羅の日本に対する朝貢という形がとられていた。[62] 表面的には静穏であったが、天平年間に唐と渤海の間で対立が起きると、唐と新羅は連携を深める。結果的に渤海は日本と接近し、新羅はそれに警戒心を高め防衛の強化をうながす。新羅と日本との緊張関係のなか養老五年（七二一）十二月には新羅使を放還し、『三国史記』新羅本紀 聖徳王二十一年十月条に「築毛伐郡城、以遮日本賊路」とあり、翌年に新羅は日本の襲来に備えて築城をおこなう。[63] その頃、北部九州では養老七年（七二三）に香椎の地に神廟の造営をうながす聖母大菩薩の託宣があり、神亀元年（七二四）に香椎廟は創建された。[64] 聖母大菩薩を神功皇后とみれば、新羅征討ゆかりの人物を祀ることで海外事情に対処したものとみられる。

天平三年（七三一）に注目すると、前年八月に遣渤海使の引田虫麻呂が帰国し、そのもたらされた情報により渤海と唐・新羅の険悪な情勢が判明する。『三国史記』新羅本紀 聖徳王三十年四月条に「日本国兵船三百艘越海襲我東辺、王命将出兵大破之」とあり、[65] 新羅の東辺を襲い、天平三年のとき新羅軍に撃退された。同年九月には大納言藤原武智麻呂が大宰帥を兼任し、[66] 実質的には西海道鎮撫使の地位につく。同年十一月には畿内の惣管、諸道に鎮撫使を置くと、天平四年（七三二）八月に帰還した遣新羅使の報告にもとづき、藤原房前を東海・東山二道の節度使、多治比県守を山陰道節度使、藤原宇合を西海道節度使などに任命している。[67] 節度使は唐・新羅・渤海の動きを含めた国際関係の緊張に備え、西辺の武備を固めることを目的として置かれたもので、山陰・西海道は直接西辺の防衛強化にあたり、東海・東山両道の節度使は西海に赴くべき東国の兵士の動員、船舶の準備などにあたったとみられる。[68]

七二〇年代に起こる東北アジアの緊張状態のなかで、日本と渤海との間の往来が新羅の警戒心を生み緊張を高めると、新羅対策につとめた政府は節度使を任命して海辺の防衛強化をはかる。こうした情勢のなかで朝鮮半島経路に関係の深い気比神は新羅征討ゆかりの神功皇后説話の宮廷内で取り上げられ、従三位という高い神階奉授に至ったとみられているが、対外関係の緊張状態が主要因ならば北部九州の神々に授けられなかったのか疑問は残る。これについては改めて取り上げる。

次に『続日本紀』天平勝宝元年十二月丁亥条の八幡大神・比咩神への品位奉授の理由について検討する。(69) まずは『続日本紀』の天平九年（七三七）四月乙巳条の記事を取り上げる。(70)

遣二使於伊勢神宮、大神社、筑紫住吉・八幡二社及香椎宮一、奉レ幣、以告二新羅無レ礼之状一

（『続日本紀』天平九年四月乙巳条）

八幡神の国史での初見の記事で、伊勢神宮・大神社、筑紫の住吉社・八幡の二社、香椎宮の六社に対して奉幣をおこない新羅国の無礼を告げたとの内容である。「新羅無レ礼之状」とは天平七年（七三五）に新羅使が入京し、勝手に国号の変更をおこなった報告のことを示している。(71) 伊勢神宮は別格としても大神社・住吉社・香椎宮は新羅征討の伝承をもつ神社である。(72) 朝廷は新羅の調伏とその無礼を許さない態度から諸神に神威を期待し、神功皇后の新羅征討説話と関連づけて対新羅関係を有利に展開しようとした意図が見受けられる。天平九年（七三七）三月丁丑条の国分寺創建の発令についても、(73) 飢疫や新羅と蝦夷に対する問題が重なるなど内外の危機に当面し、特に新羅撃攘の願望が動機であったと指摘されている。(74)

さて国史初見の八幡社は一般的に宇佐とみられる。筑紫の住吉・八幡の二社及び香椎宮の記述について八幡が宇佐であると筑前・豊前・筑前の順になるので、宇佐にあたらないとの見解がある。(75) 宇佐の八幡神は隼人征討ゆかりの神であり、元々新羅征討との関係性は薄い。征討と結びつけるならば神功皇后ゆかりの筑紫に鎮座する神を選ぶのが自然である。となれば八幡社は筑紫と解するのが素直な読み方であり、品位奉授のなされた八幡大神・比咩神とは区別して考え

られる。そのあと八幡神は『続日本紀』天平十二年（七四〇）十月壬戌条に出てくる。(76) 大宰少弐の藤原広嗣が謀反を起こすと、征討軍の大将軍である大野東人は乱を鎮定するために北部九州におもむき、「令レ祈二請八幡神一焉」とあるように戦勝祈願をおこなう。広嗣軍は筑前国遠珂郡に軍営を造り大隅・筑前・豊後の五〇〇〇人を、弟の綱手は筑後・肥前の五〇〇〇人を動員していることから、この八幡神は筑前以外で宇佐とみられる。(77) その一方で、天平勝宝元年（七四九）十一月己酉条に「八幡大神託宣向レ京」の記事があるが、(78) 同年十二月丁亥条の詔に「豊前国宇佐郡尓坐、広幡乃八幡大神」と記されるので、(79) 宇佐八幡神だと判断できる。

八幡神が京に向かった理由は大仏造立に関係することから仏教的な側面で考える必要がある。『続日本紀』天平十三年（七四一）閏三月甲戌条には以下のように記されている。(80)

奉二八幡神宮秘錦冠一頭、金字最勝王経・法華経各一部、度者十人、封戸、馬五疋一、又令レ造二三重塔一区一、賽二宿禱一也
（『続日本紀』天平十三年閏三月甲戌条）

八幡大神への奉賽が収められた記事で、具体的には仏具の秘錦冠一頭、経典の最勝王経・法華経の奉納、得度者を指す度者一〇人、封戸、馬五疋などで、これらは『大日本古文書』巻七の天平十三年閏三月廿四日の日付をもつ「一切経納櫃帳」により空文でないことが確かめられている。(81) なかでも三重塔は神宮寺の造立を示し、八幡神における実際的な神仏習合の状況を示している。『宇佐八幡宮弥勒寺建立縁起』には神亀二年（七二五）に弥勒禅院が造営されたあと天平十年（七三八）には小倉山の地に移されている。(82) 神宮寺の創建は豊国における渡来系の信仰や渡来集団とのまじわりのなかで神仏習合がすでに進行しており、七四〇年代に具体化したとみられる。(83)

次に国史ではないが、神階奉授の記録が知られる。『東大寺要録』巻第四収載の「弘仁十二年（八二一）八月十五日官符」所引の「弘仁六年（八一五）十二月十日解」には以下のように記されている。(84)

天平三年陳二顕神験一奉レ預二宮幣一（中略）天平十八年天皇不予禱祈有レ験即叙二三位一封四百戸度僧五十口水田廿町
（『東大寺要録』巻第四）

八幡神は天平三年（七三一）に神験を陳顕して官幣に預かり、天平十八年（七四六）に天皇の不予に対して神験を有し三位に叙され、封戸四〇〇戸・度僧五〇口・水田二〇町とある。神階奉授の初見とされるが、異論もある。『続日本紀』では天皇の不予が天平十七年（七四五）のことで、三位は正・従を明記しないので三品の誤記ともとれる。二宮正彦は、八幡大神は天平勝宝元年以前の神階奉授を認め、旧位の記載を省略しただけで、三位とあるのは単に不分明な表現に過ぎないと述べる(85)。三品であれば天平勝宝元年の品位の前提となり、三位であれば気比神の従三位に匹敵する。所伝が正しければ一品以前の奉授となるが、その契機については天平十七年（七四五）七月か八月前後の作成とされる『正倉院文書』「種々収納銭注文」に「三百七十文八幡太神奉納米運功残」とあり、八幡神と東大寺の大仏との関係が天平十七年頃まで遡ることから(86)、その造立時に神験を期待しての奉授と考えられる。なお八幡神の神験陳顕の記事が気比神の従三位の記録と同年であることも示唆的である。

品位奉授に至る経緯を追うと、天平勝宝元年（七四九）十一月一日に八幡大神の禰宜大神社女と大神田麻呂に朝臣の姓を賜い、同月十九日に託宣して京に向かうと、十二月十八日には京に入る(87)。同日二十七日に社女は東大寺を拝み、礼仏読経のあと八幡大神に一品、比咩神に二品の奉授がなされると、杜女に従四位下、田麻呂に外従五位が授けられる(88)。大仏造立の背景には杜女ら宇佐八幡の神職団が中央との関係を深めた動きが読み取れる。そして翌二年二月には品位相当の封戸と位田が充てられる(89)。八幡神は大菩薩とあるように仏を守護する立場として地域神の代表格で、鎮護国家の神として位置づけられたことから、神階奉授は大仏造立という特殊な事例としてとらえられる(90)。

三　他の神階奉授の事例

他の諸神に対する神階について八つの事例を取り上げ、その理由を中心に検討する。

㈠伊予国の四神についてである。『続日本紀』天平神護二年（七六六）四月甲辰条に、「伊予国神野郡伊曽乃神・越智郡大山積神並授㆓従四位下㆒、充㆓神戸各五烟㆒、久米郡伊予神・野間郡野間神並授㆓従五位下㆒、神戸各二烟」とある。[91]孝謙天皇が天平宝字二年（七五八）八月一日に皇位を淳仁天皇に譲り、称徳天皇として重祚したのが天平神護元年（七六五）正月で、十月には道鏡が太政大臣禅師となり重用され始めた時期でもある。[92]同年十一月五日に使を遣わし諸国の神社を修造させるのは、称徳天皇が大嘗祭を執りおこなうためだとされる。[93]『新抄格勅符抄』所引の大同元年牒に天平神護元、二年（七六五、六）に諸社に対する封戸を充てた記録があるが、伊曽乃神に対して天平神護元年に一〇戸、同二年に五戸、大山積神に対しては天平神護元年に五戸とあるので、同じ経緯ととらえられる。[94]天平神護元年十一月庚辰条の大嘗祭の詔に、尼として出家した天皇が再び神式によって即位礼をあげることについて弁明し、神は三宝にふれぬものと人は思っているが、神は仏法を護り尊ぶものだと述べる。[95]これは称徳・道鏡政権下に顕著となる護法善神の思想と関係するもので、従来の神祇信仰が変化し人格神的な観念が広まってきた事情と関係するとの指摘もある。[96]特に四神は瀬戸内海沿岸の交通要所に鎮座することが特徴である。[97]『長寛勘文』天慶三年（九四〇）二月丁酉条に「正二位伊曽野神、野間神」とあり、海賊平定の報賽としての奉授で、伊予国の海上交通を司る神々を重視した結果とみられる。[98]淳仁天皇のとき天平宝字六年（七六二）には新羅遠征に対する外敵鎮圧の祈願があり、その後も南海道の海賊平定祈願などで奉幣がなされた可能性が高いので、四神への神階は海上交通や国際関係における緊張状態での奉授という理由が考えられる。[99]

㈡常陸国の鹿島神、下総国の香取神の二神については『続日本紀』宝亀八年（七七七）七月乙丑条に「叙二其氏神鹿島社正三位、香取神正四位上一」とある。[100]鹿島神は茨城県南東部で北浦と鹿島灘に挟まれた鹿島台地上、香取神は千葉県北東部で利根川下流右岸の丘陵上に鎮座する。[101]利根川とその沼沢を隔てて相対するので河口に祀られた海神・航海神とみられる。祭神は鹿島神が武甕槌神である。香取神は『日本書紀』神代下 第九段 一書第二に「是時、斎主神、号二斎之大人一、此神今在二于東国檝取之地一也」とあり、葦原中国の平定時に斎の大人をつとめた神で、檝取の地にいた。[102]神名は明らかでないが、『古語拾遺』では「経津主神是、磐筒女神之子、今、下総国香取神是也」、『続日本後紀』承和三年（八三六）五月丁未条では「奉レ授二下総国香取郡従三位伊波比主命正二位一」と伊波比主命としている。[103]檝取の表記から元来は軍船などの出入する港湾の守護神で、宮廷神話のなかで武神に位置づけられた。加えて両神の鎮座地が海上交通の拠点に位置するため、蝦夷平定の神として東国経営で重要な役割を果たし、『延喜式』巻第九 神名上には鹿島の苗裔神八社、香取神の苗裔神二社が収載される[104]。となれば『続日本紀』延暦元年（七八二）五月壬寅条の鹿島神に対して「陸奥国言、祈二禱鹿島神一、討二撥兇賊一、神験非レ虚、望賽二位封一、勅、奉レ授二勲五等封二戸一」[105]とあるのは御子神が陸奥国内に展開し、蝦夷征討に対する軍功としての勲位と封戸とみられる。陸奥国所在とあるのは『新抄格勅符抄』所引の大同元年牒の「鹿島神 二戸 陸奥国 延暦元年五月廿四日符」の記事と符合する[106]。両神は律令国家の勢力が太平洋海岸沿いに北進する際に、国土平定の武神・航海の守護神として神威を仰いだもので、北上の過程のなか各地で祀られ、最終的に宮城県石巻市付近まで影響力を及ぼしたものとみられる。

さて、宝亀八年（七七七）七月の神階奉授の理由は、藤原氏が奈良県の御蓋山に鎮座する春日神社の第一殿に鹿島神（武甕槌神）、第二殿に香取神（経津主命）を勧請し氏神としたことと関係している[107]。なかでも鹿島神は主神で、元々の祭祀が鹿島社の遥拝に発したとみられる。『新抄格勅符抄』所引の大同元年牒に、春日神二〇戸中に天平神護元年（七六五）「常陸国鹿島社奉レ寄」とあり、両社の密接な関係がうかがえる[108]。こうした藤原氏とのつながりから神階奉授に至り、その理由は「内大臣従二位藤原朝臣良継病」とあるように、良継が病に臥して氏神の霊験に期待し祈願したものとみられる[109]。

㈢越前国の剣・雨夜・大虫の三神は福井県嶺北の西部、日本海に面する丹生山地内に鎮座している[110]。論社の問題はあるが、丹生山地のなかで剣神は中部域、雨夜神は北部域、大虫神が南部域に配される。宝亀二年（七七一）十月の剣神の従四位下を最初として、宝亀五年（七七四）三月の雨夜神の従五位下、宝亀十一年（七八〇）十二月の大虫神の従五位下と続くが、越中国の高瀬神・二上神の事例を含めても、いずれも光仁朝の宝亀年間の奉授で、北陸道の諸神に対する集中的なあり方といえる[111]。その理由までは記されていないが、浅香年木は北陸道の諸神が律令国家から疫神として特別に強く意識され、しかも北から渡来するとの観念があったとし、越前在地の政治的緊張を象徴する韓神・疫神信仰の昂揚現象に対する国家側の宥和工作であったと推測される。(112) 続けて浅香は、延暦二十年（八〇一）四月己亥条にある越前のみを対象とした「屠牛祭神」の禁令は韓神信仰の顕著な展開を示すものとして注目している。(113) つまり疫神として国家権力から畏怖されたことに対する神階奉授とみられる。なお、諸神は丹生山地を中心に南北線上に配された状況であるので、越前国府の守護を意識したあり方である。(114) 光仁天皇は天智天皇を祖父にもち継体天皇からの直系であること、また父である志貴皇子の母は越道君伊羅都売で越国の出自であり、のちの足羽神の事例も含めて考えると、越前国の諸神が多いことは光仁朝にとって個別的で、かつ特別な理由があったとも推察される。疫病をもたらす疫神（韓神）に対する純粋な畏れによるものなのか、神仏混淆の進んだ地に鎮座する諸神であったので、霊験を期待しそれに預かろうした意図からなのかはわからないが、(115) 越前国の諸神に対して頻出する神階奉授の理由については深めて考える必要があるだろう。

(四) 能登国の気多神については『続日本紀』延暦三年（七八四）三月丁亥条に正三位に叙したとあり、それ以前に従三位の神階奉授がなされていた。(116)『万葉集』巻第一七に「赴二参気太神宮一、行二海辺一之時、作歌一首」（四〇二五番）とあり、「右件歌詞者、依二春出挙一、巡二行諸郡一、当時当所属目作之、大伴宿禰家持」の記載から、奈良時代にはその存在が確認できる。(117)『新抄格勅符抄』所引の大同元年牒によると天平神護元年（七六五）頃に封三〇戸を奉り、『続日本紀』では神護景雲二年（七六八）十月に封二〇戸・田二町が充てられる。(118) 神階奉授に伴う封戸・位田の給付をはかったとすれば、従三位の神階は七六〇年代に奉授された可能性が高い。その理由はわからないが、宝亀元年（七七〇）八月一日には中臣葛野飯麻呂が遣わされ幣帛を奉じさせた記事があり、称徳天皇の不予によるものとみられる。(119) 気多神社は気多神宮寺の創建も指摘できる。『日本文徳天皇実録』斉衡二年（八五五）五月辛亥条の「詔、能登国気多大神宮寺、置二常住僧一、聴二度三人一、永々不レ絶」の詔が初見で、翌日の壬子条にある気比神宮寺と御子神宮寺と同じような内容である。(120) 浅香年木は気比神宮寺の創建が八世紀前半に遡ると説かれたことを考え、気多の場合も宝亀元年（七七〇）の時点で神願寺を形成していた可能性が高いと述べる。(121) なお神社南東に展開する石川羽咋市の柳田シャコデ廃寺は神宮寺的な性格の寺院とみられ、その成立が八世紀前半に遡る可能性も指摘されている。(122) 気比神を含めた神仏習合の進んだ神に神階奉授がなされた事例ともいえる。

(五)越中国の高瀬・二上の二神については『続日本紀』宝亀十一年（七八〇）十二月甲辰条に「越中国射水郡二上神、砺波郡高瀬神、叙二従五位下一」とある。(123) 両神は宝亀年間に越中国の射水・砺波両郡を代表する祭神であったことは確かである。(124) 奉授の理由について米沢康は古代越中において両神の神威の発現が最も早く、神徳もまた高く尊崇されていたことがうかがえるとし、特に高瀬神については利波臣志留志や東大寺墾田地、中央官人層による土地支配といった在地の動向を背景に発展したと述べる。(125) 一方で、両神を含めた北陸道の諸神への奉授が多いことは、蝦夷征討に関連することを想定した上田正昭の見解が知られる。(126) しかし二神である必然性の点で根拠に乏しく、政治・社会的な背景を踏まえたうえで、越中国にかかわる人物なども加味した詳細な検討が必要といえる。

(六)今木大神と久度神についてである。今木大神については『続日本紀』延暦元年（七八二）十一月丁酉条に「叙二田村後宮今木大神従四位上一」、久度神については同二年十二月丁巳条に「大和国平群郡久度神、叙二従五位下一為二官社一」とある。(127) 今木大神は和氏が朝鮮半島からの渡来以来奉じてきた神であり、桓武天皇の生母の高野新笠が百済の王族の流れを汲む和乙継を父としていた関係で、高野新笠の居所とみられる田村後宮に祀られていた。(128) 久度神も百済系の竈神で、和乙継の居住地である王寺町久度付近の鎮座と推察されている。(129) 元々両神は大和国に鎮座していたが、『延喜式』巻第一　四時祭式上に「平野神四座祭今木神、久度神、古開神、相殿比売神、」、『一代要記』桓武天皇の項に「十三年―（中略）今年、始造二平野社一、見レ式」とあり、延暦十三年（七九四）の平安京遷都の際に平野神社に遷し祀られたことがわかる。(130) 両神への神階奉授は天応元年（七八一）四月の山部親王の即位後に、生母である高野新笠の父和乙継ゆかりの地であり、山部立太子以前に田村後宮に住んでいた縁により、関連する諸神への奉賽と顕彰をおこなったものとみられる。

(七)伊勢国の多度神については『続日本紀』延暦元年（七八二）十月庚戌条に「叙二伊勢国桑名郡多度神従五位下一」とある。(131) 奉授の時期は山部親王即位の翌年で、延暦元年八月の延暦改元の二か月後にあたる。(132) 桓武天皇ゆかりの神に対する奉授とみられるが、伊勢国の神であるので関連性は認められない。祭神は天津彦根命で、素戔嗚尊との誓約の際に誕生した天照大神の第三御子神であることから伊勢神宮との関係でとらえられる。ひとつの可能性として神宮寺創建との関連が指摘できる。延暦二十年（八〇一）成立とされる『神宮寺伽藍縁起并資財帳』によると、[133]天平宝字七年（七六三）多度神社東の井於道場に満願禅師が居住し、丈六の阿弥陀如来を謹んで造った。多度神は長い間にわたり重い罪をつくり神道の報いを受けながら神として存在しているので、神身を離れて仏道に帰依したいという託宣を発した。これを聞いた満願は神坐山の南辺を伐り掃うと、小堂を建て神像を安置し多度大菩薩と称した。神身離脱の言説にもとづく多度神宮寺の創建である。宝亀十一年（七八〇）十一月十三日には四人を得度させ、その後大僧都の賢璟大徳が三重塔を造り、天応元年（七八一）十二月には沙弥の法教が伊勢・美濃・尾張・志摩ならびに四国道俗知識などを引導し、法堂・僧堂・大衆湯屋を造立したとある。神階奉授は多度神宮寺の整備や法教の活動時期に近いことから、神仏習合の進んだ神に対しておこなわれた可能性も指摘できる。

(八)山背国の賀茂上下、松尾・乙訓の三神と摂津国の住吉神についてである。延暦三年（七八四）十一月の賀茂上下、松尾・乙訓二神、同年十二月の住吉神への神階奉授については、延暦三年（七八四）十一月におこなわれた長岡京遷都との関係でとらえられる。[134]まずは延暦三年六月十三日に「遣二参議近衛中将正四位上紀朝臣船守於賀茂大神社一奉レ幣、以レ告二遷都之由一焉」とあり、山背国への遷都を長岡京の近くに位置する有力神の賀茂神に告げると、桓武天皇が同年十一月十一日に長岡宮に移幸する。[135]そして同月二十日に紀船守を遣わし賀茂の上下二社に従二位、大中臣諸魚を遣わし松尾・乙訓の二神を従五位下に叙するが、「以二遷都一也」の理由から遷都にかかわる神階奉授とみられる。[136]同月二十八日には使者を派遣して賀茂上下社及び松尾・乙訓二社を修理させ、十二月二日に長岡宮造営の功労者に爵を賜い、役夫を進上した国の今年の田祖を免除している。[137]同月十八日には長岡宮造営の功労者である山背国葛野郡の秦足長らに位階をすすめると、同月二十九日に住吉神を従二位に叙している。[138]住吉神に対する神階奉授は山背国の三神と同様に長岡京造営に関連したものとみられる。

以上の事例を整理すると、㈠奉授の前後に理由が示された事例、㈡奉授の前後関係で推測できる事例、㈢理由の不明な事例である。㈠については八幡大神・比咩神が大仏造立の際に神助を期待したもの、鹿島・香取神が氏神に対して病の治癒を願ったもの、賀茂上下・松尾・乙訓の三神が長岡京遷都に際して神助を期待したもので、いずれも地域特有の神験を期待した奉授とみられる。㈡については気比神が新羅などの対外交関係が想定され、今木大神と久度神が山部親王の即位にかかわる事例が推測できる。㈢については伊予国の三神、越前国の三神、越中国の二神、能登国の気多神、伊勢国の多度神などがある。㈡、㈢の事例は選定理由が不明確で個別的な性格が強く、その歴史性・地域性特有の霊験を期待されたか、ある特定の人物に由来したことが想定できる。なかでも北陸道の諸神や宇佐の八幡神、伊勢国の多度神の場合は初期神宮寺の創建とも関係するので、仏教側に位置づけられた護法善神の論理というより、神仏二つのより強力な霊験を期待したものととらえられる。なお初期の神階奉授においては気比神が従三位に対する従三位料、八幡大神と比咩神が一品と二品の位階相当の封戸・位田を充てられたが、それ以降になると位階に相当する封戸・位田は充てられず、神階奉授のみの乖離した状況がうかがえる。

第三節　剣神の神階とその特異性

一　剣神に対する従四位下勲六等の検討

『令義解』官位令によれば、以下のように記されている。[139]

親王

一品　太政大臣

二品　左右大臣

三品　四品　大納言　大宰帥　八省卿

諸王　諸臣
正一位　従一位　太政大臣
正二位　従二位　左右大臣
正三位　大納言　勲一等
従三位　大宰帥　勲二等
正四位　皇太子伝　中務卿　以前上階　七省卿　勲三等
従四位　弾正尹　左右大弁　以前上階　神祇伯　中宮大夫　春宮大夫　勲四等
（『令義解』官位令）

『大宝令』『養老令』における官人に付与する官職と位階の相当関係を示したものである。神階を考えるために主要な官位をあげると、一品が太政大臣、二品が左大臣・右大臣、正三位が大納言、従三位が大宰府の帥、従四位上が弾正台の尹、太政官の左右大弁、従四位下が神祇伯、中宮職・春宮坊の大夫となる。先の検討を踏まえたうえで、不確かな部分はあるものの、気比神の従三位と八幡神の三位の史料を反映させた神階の高さに注目し、剣神の従四位下以上の事例を以下に列記する。

天平三年（七三一）か以前	越前	気比神	従三位	『新抄格勅符抄』
天平十七年（七四五）？	豊前	八幡神	三位？	『東大寺要録』
天平勝宝元年（七四九）	豊前	八幡大神	↓一品	『続日本紀』
	豊前	比咩神	↓二品	『続日本紀』
天平神護二年（七六六）	伊予	伊曽乃神	↓従四位下	『続日本紀』
	伊予	大山積神	↓従四位下	『続日本紀』
宝亀二年（七七一）以前	越前	剣神	従四位下勲六等	『続日本紀』

宝亀八年（七七七）	常陸	鹿島神	→正三位	『続日本紀』
	下総	香取神	→正四位上	『続日本紀』
延暦元年（七八二）	京	今木大神	→従四位上	『続日本紀』
延暦三年（七八四）	能登	気太神	従三位→正三位	『続日本紀』
	摂津	住吉神	正三位→正三位勲三等	『続日本紀』
	山背	賀茂上下社	→従二位	『続日本紀』
	摂津	住吉神	→従二位	『続日本紀』
延暦五年（七八六）	山背	松尾神	従五位下→従四位下	『続日本紀』
延暦十年（七九一）	越前	大虫神	従五位下→従四位下	『続日本紀』

八幡大神の一品と比咩神の二品を最高位として気比神の従三位、八幡神の三位?、鹿島神の正三位、気太（多）神の従三位・正三位、住吉神の正三位・従二位、賀茂上下社の従二位などが高い神階といえる。次に香取神の正四位上、今木大神の従四位上、伊曽乃神・大山積神・剣神・松尾神・大虫神の従四位下と続く。時系列で列記すると、気比神の七三一年かそれ以前の事例が圧倒的に早く、気比・八幡の二神については従三位・三位?という高さの点でも異例といえる。次ぐのが伊曽乃神・大山積神（七六六年）と剣神（七七一年以前）の事例で、従四位下という高さの点でも注目される。特に親子神を形成する気比神と剣神を取り上げると、前者の従三位は大宰府の帥クラス、後者の従四位下が神祇伯、中宮職・春宮坊の大夫クラスに相当するので、全国の諸神のなかでも破格の位階で、その数の少なさからも異例な奉授に位置づけられる。両神の神階の評価については改めて検討する。

　さて、以上検討してきた諸神のなかで、越前国の剣神だけが従四位下の位階とともに六等の勲位を伴い、宝亀二年（七七一）以前という早い段階での奉授が特筆すべき点といえる。加えて神として初の叙勲でもあるので、その点について深める。日本における勲位制は唐の勲官制をモデルに大宝令位階制の傍系系列のひとつとして創設された[140]。唐制では征鎮勲と余汎勲に区別するが、前者の方を重視している。それを継受した日本は『令義解』軍防令叙勲条によればその対象を「勲人」の二字で一本化しているが、その主体については征行・在鎮など「征鎮勲」での勲功におく(141)。

勲位の初見は『続日本紀』大宝元年（七〇一）三月甲午条に、以下のように規定されている(142)。

勲位始二正冠正三位一終二追冠従八位下階一、合十二等

（『続日本紀』大宝元年三月甲午条）

勲位には勲一等から勲一二等までの一二等級がある。秋山侃は叙勲の理由を㈠武功、㈡開墾の功、㈢政治的功、㈣祥事に関して、㈤外五位制、㈥上正六位上授位、㈦軍制にからむものと整理したが、実例を史料上で確認できるのは㈠と㈢だけで、叙勲の理由は軍功を含めた武功が中心であったと言及する(143)。また野村忠夫は蝦夷や隼人の征討などに対する征鎮の功が主体であるが、余汎勲的なものも排除されておらず神亀元年（七二四）二月の聖武天皇即位の詔での汎勲的な事例などをあげる(144)。つまり唐制の汎勲的性格を潜在させながら「征鎮之勲」つまりは軍功を処遇するものとして授けられている。一方で、藤原仲麻呂の乱以降、外部に対する征鎮勲であった勲位が内乱的な変や乱での軍功が対象となり、特に天平神護元年（七六五）正月の授勲では初めて女官を含む、内乱での勲功に対して拡大しておこなわれる(145)。その対象も直接の軍事行動への参加者ばかりではなく、背後にあって軍略の立案にあたった者、内裏を守護した官人・女官をも含んでおり、軍功が広義に解されている。

こうした流れのなか『続日本紀』宝亀二年（七七一）十月戊辰条の越前国剣神に対する勲六等の記事に至る(146)。神に対する叙勲の最初であるが、その後一〇世紀半ばまで初見のみを数えると、計七三神に対しておこなわれたという(147)。しかし奈良時代では事例が少なく、剣神以後としては二例しかない。ひとつが常陸国の鹿島神で、『続日本紀』延暦元年（七八二）五月壬寅条に以下のように記されている(148)。

陸奥国言、祈二禱鹿島神一、討二撥兇賊一、神験非レ虚、望賽二位封一、勅、奉レ授二勲五等封二戸一

（『続日本紀』延暦元年五月壬寅条）

常陸国が言上して「鹿島神に祈禱して凶賊を討ち払った。鹿島神の霊験は偽りではない。その御礼として位階を授け

られるようお願い致す」と言い、天皇は勅して勲五等と封二戸を授けたとの内容である。鹿島神に戦勝を祈禱して蝦夷を討ったことによるもので、霊験の御礼に対しての神階奉授である。もうひとつが摂津国の住吉神で、『続日本紀』延暦三年六月辛丑条に以下のように記されている。[149]

叙㆓正三位住吉神勲三等㆒

（『続日本紀』延暦三年六月辛丑条）

延暦三年（七八四）六月二日に、正三位の住吉神に対する勲三等の叙勲の記事である。勲三等は官位相当では正四位に相当する。『続日本紀』では一年前の延暦二年（七八三）三月十二日に和気清麻呂は摂津大夫につき、[150]同三年十一月十一日に桓武天皇による長岡京移幸があり、その前後に賀茂社や松尾・乙訓神に神階奉授がなされる。[151]摂津大夫の清麻呂が長岡京遷都の必要性を強く主張したとすれば、[152]住吉神の授勲は難波宮を解体し長岡京へ移建したことと関連が認められる。[153]その後、延暦三年十二月二十九日には「叙㆓住吉神従二位㆒」とあるので、従二位の神階が奉授されたことがわかる。[154]

以上の事例から前者は蝦夷征討、後者は長岡京遷都に対する霊験がうかがえる。となれば剣神については気比・気太の両雄に挟まれるように一定の地位を確保し、国史での神として初の勲位という特殊事例であるので、宝亀二年（七七一）以前に剣神が何らかの国家的な事件に対して霊験を発現させた可能性が指摘できる。また、剣神をはじめとした気多神・大虫神と続く北陸道の諸神への奉授も宝亀・延暦年間（七七〇〜八〇六）に頻出するので、光仁・桓武朝が北陸道の諸神の神助・霊験を重視したことのあらわれといえる。

さて、奈良時代に散見する神階奉授の意味は何か。岡田精司によると、班幣制度の「班」の文字の使用は神が天皇朝廷に支配統制されるべき存在であり、国家に対して奉仕する義務を有する神々の序列化を図ったと評価している。[155]一方で、小林宣彦は官社の数に対する神階奉授がなされた神の絶対数が少なく、全国の諸神への官社化や神階奉授が必ずしも全国的規模での序列化を生みだしたのではないとし、一国内における複数の神を背景とする序列ではあっても、複数の国にまたがる完全な序列化を呈したものではなく、霊験を期待して神階奉授がおこなわれたことを述べる。[156]つまり神階奉授のあり方は政治的・社会的な背景をもとに歴史的・地域的な個別性の強さにあり、しかも一国内における様々な情勢を投影したとする。官社化との関係についても神階奉授との間に顕著な相関が認められず、㈠神階と官社化が同時の場合、㈡官社となり後に神階を奉授される場合、㈢神階を奉授されてのちに官社となる場合があり、その時代の中央や地方における動向が奉授に深く投影しているという[157]。

一方で、律令国家は本来地域性・独立性の強い在地の神々の編成を試み、仏教と同様に神にも国家鎮護の役割を帯びさせ、神の存在意義を設定する必要があったとの見解は根強くある[158]。八世紀中葉に国家の大規模な仏教政策が展開される過程で注目されたのが護法善神の思想であった。神々が仏を護り、仏を厚く信仰する人々や社会を護ることは、護国経典の代表的存在である『金光明最勝王経』四天王護国品の四天王と同様に在地の神々も国家を擁護する存在との認識が生み出されていく。北陸が早い段階から仏教の影響を受けた地域で、神仏習合の素地を有していたことを前提にすれば北陸道の諸神への神階授与の多さも説明できる。

しかし小林宣彦は神階の人格神の観念との関係性について疑問を呈し、神階を奉物の一種に過ぎず、人神観の具体化する特別な根拠とはできないと述べる[159]。また「神祇令」の全二〇条は宮廷祭祀としての四時祭や即位儀礼の規定など祭祀についての規定ばかりで、神社を統制する規定はほとんど定められていないが、「僧尼令」の全二七条はその大部分が僧尼の行動を規制するものばかりだとしている。このことは仏寺が統制されるべき対象なのに対し、神々は祀るべき対象であり、統制されるべき対象ではなく、奈良時代の神階奉授が国家による統制の目的でおこなわれたのではないことを意味している。

実際に奈良時代の神階事例の理由を考えると、『日本紀略』延暦二十一年（八〇二）正月甲子条に「陸奥国三神加ㇾ階、縁㆔征夷将軍奏㆓霊験㆒也」とあるように[160]、その奉授は神の霊験を期待しそれに対する感謝でもあった[161]。小林が述べるように位階が重要なものだとすれば、その「優れたもの」として国が神に奉ったのであり、そこには序列化の手段という意識はなく、他の様々な献物と同様に「奉る物」との認識がうかがえる。また初期神宮寺の創建がおこなわれた諸神に対して神階奉授が散見できるという点も、神の本来もつ祟り性を慰撫するひとつの手段として仏教が誇る教義の力を借りた普遍化主義が重宝されたことが重要で、(162)そこには支配イデオロギーの観念より当時の国家が持っていた神に対する純粋な神助・霊験への期待、祟る存在に対して仏教の誇る教義の力を借りて供養・調伏することへの期待が根底にあったように思われる。

二　剣神と剣御子神の記載

『続日本紀』の越前国剣神は『延喜式』巻第一〇神名下に収載された剣神社のことで、現在の越前二宮劔神社のことを指し、その神階は圧倒的に高く叙勲も異例であったことを明らかにした。国史では「剣神」としか記されていないが、劔神社所蔵の梵鐘に記された銘文には「剣御子寺」と御子が付される。これまで剣御子寺は剣神社の神宮寺として解釈されてきたが、寺名を示すならば神社自体は剣御子神社で、剣神社ならば神宮寺は剣寺のはずである。そのことに関して平成十八年（二〇〇六）発行の『越前町織田史』では、剣御子神と剣神の実態は同一あるいは極めて近いとしながら本来は別に存在したものととらえており、併存する二つの神名に対して史料が少ないとして両者の関係は明らかにされていない。(163)こうした疑問への合理的な説明はないので、梵鐘の紀年銘に近い時期の史料を取り上げ、異なる神名について考える。

『新抄格勅符抄』所引の大同元年牒には、以下のように記されている。(164)

気比神　二百卌四戸　越前国 天平三年十二月十日符従三位料二百戸 神護元年九月七日符廿二戸 十戸 廿二戸

剣御子神　卅戸　越前 宝亀三年奉レ充二廿戸一 天平神護元—九月七符十戸

（中略）

気多神　卅戸能登国

（中略）

若狭比古神　十戸若狭

（『新抄格勅符抄』第一〇巻抄 神事諸家封戸 大同元年牒）

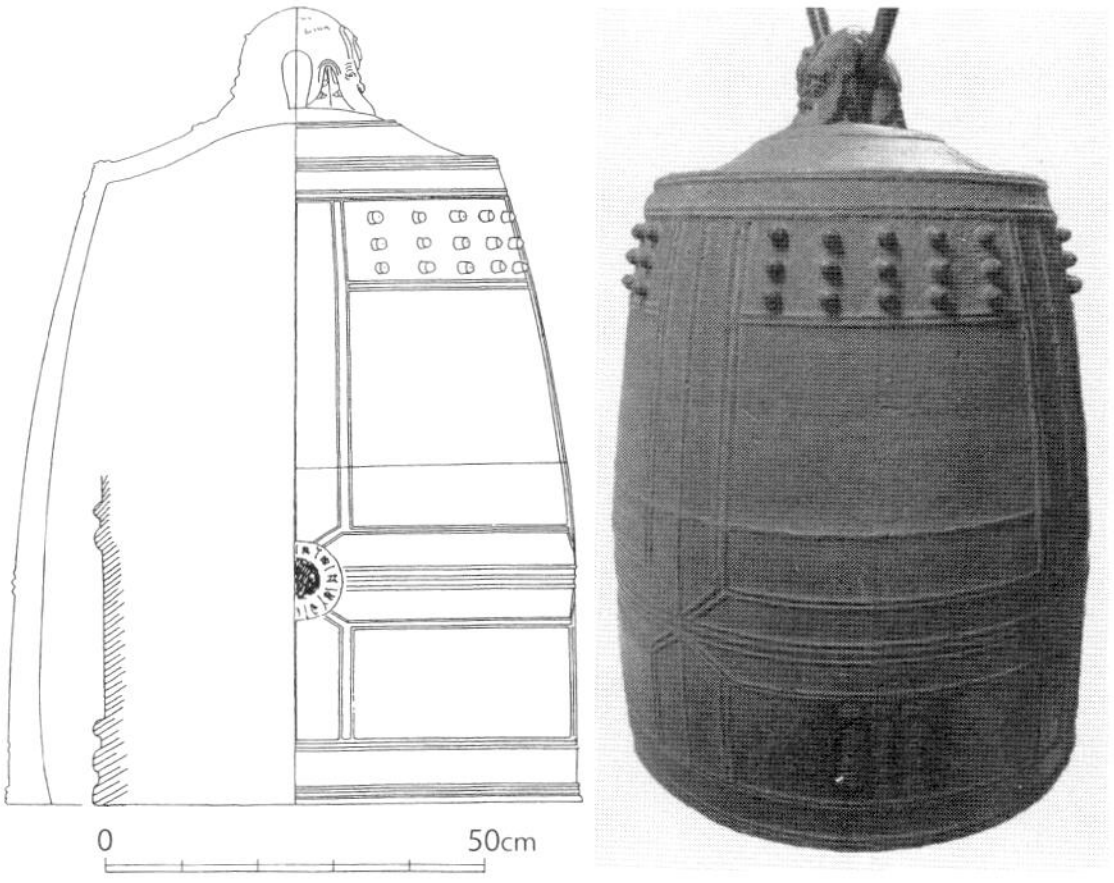

第16図　劔神社梵鐘［縮尺 1:20］

気比神の次に剣御子神とあり、三〇戸の封戸を充てる。剣御子神に関する最古の記録で、宝亀三年（七七二）に二〇戸を充て、天平神護元年（七六五）九月七符に一〇戸とある。その内訳については天平神護元年の一〇戸、宝亀三年の二〇戸との合計にあたるからか、それとも『続日本紀』の宝亀二年（七七一）の二〇戸と天平神護元年の一〇戸があるので、その後の宝亀二、三年（七七一、二）の二〇戸が同じと解すればその合計ともとらえられる。

また剣御子神は気比神・気多神・若狭比古神など名神大社の神々とともに列記される。気比神は二四四戸と圧倒的な規模を有するが、能登の気多神は同じ三〇戸で、若狭比古神の一〇戸より多いことから剣御子神は気比につぎ気多神に匹敵する北陸道の神で、しかも気比神の次に出てくることからその御子神としての関係性も指摘できる。特に剣御子神を含めた天平神護年間の封戸については、先に検討した伊予国の四神で述べたように称徳・道鏡政権下で個別的性格の強いもので、朝廷と何らかのゆかりのある諸神に対する優遇措置ととらえられる。

次に剣御子と記されたのが劔神社所蔵の梵鐘の銘文である。梵鐘は寺院の鐘楼に吊るし撞くことで音を出す梵音具で、清浄・神聖の意味をもつ梵語を音訳したものである。斎会・仏事など寺院内の行事のとき合図として使用し、打ち鳴らすことで衆生の迷夢をさまし、種々の悪行を離れて仏道への帰依を期待する意味合いがあった[165]。一般的には青銅製の鋳造品で、形状から中国鐘・朝鮮鐘（韓国鐘）・和鐘に大別され、大きさにより呼称が異なる。梵鐘とは鐘高五五センチ以上、口径七六センチ以上、重量三七五キログラム以上を指し、それ以下を半鐘と呼ぶ。口径約三〇センチ以下を喚鐘とした。坪井良平によれば飛

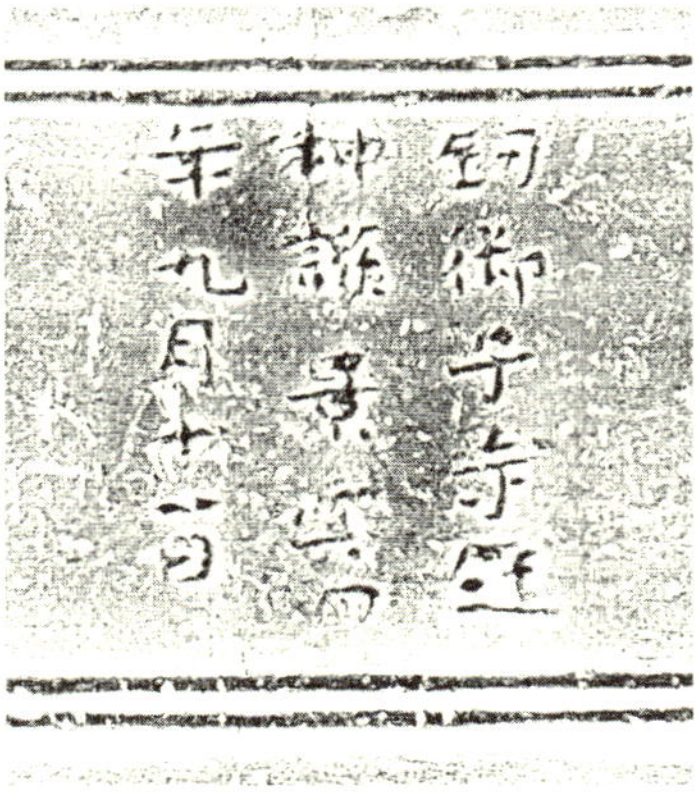

第17図　梵鐘の銘文［縮尺1:4］

鳥・奈良時代の梵鐘は一六口で、紀年銘をもつものは四例を数える(166)。京都府京都市の妙心寺の梵鐘［文武天皇二年（六九八）］、奈良県奈良市の興福寺の梵鐘［神亀四年（七二七）］、福井県越前町の劔神社の梵鐘［神護景雲四年（七七〇）］、千葉県成田市出土の梵鐘［宝亀五年（七七四）］であり、劔神社のものは三番目に古い。

劔神社の梵鐘は口径七三・九センチ、総高一〇九・九センチ、重さ五二九キロをはかる（第16図）。奈良時代のものとしては小型で、鐘身の高さに比べて口径は大きい(167)。口径に対して身丈の低い堂々とした風趣がある。鋳造は荒く作技は放胆で、形姿・作行に奈良時代の特色があらわれる。笠形の圏線や未発達の駒の爪などに古式の様式をそなえる。火焔宝珠はない。竜頭は笠形を噛み、簡単ながらも力強い。笠形は中央に向かってしだいに高くなり、二条の鈕を同心円状に廻らして内外二区に分ける。湯口は長方形で笠形圏線の外側にあり、二個の撞座を結ぶ直線に交わる位置に二つを据える。上帯・下帯はともに素朴である。上帯の下端と池の間の下方に鋳張りが認められるので、鋳型は鐘身を機械的に二分割し、その上に笠形部を重ねて全体を三分割している。奈良・平安前・中期に通有のものといえる。乳の間は四面あり、各区に三段五列の乳が並ぶ。撞座は蓮華形で、一方が一〇弁、もう一方が一一弁を数える。撞座の高さは四・一割の位置にある。駒の爪は単に三条の鈕を廻らすが、口撞縁の一条はやや太くつくられている。

銘文は草の間の第一区にあり、横一一センチ×縦一四センチの枠内に三行一六文字が陽刻で鋳出される。銘文は以下である（第17図）。

釼御子寺鍾

神護景雲四

年九月十一日

一行目の「釼」は「剣」、「鍾」は「鐘」の異体字で、剣御子寺の鐘とある。劔神社に所蔵されてきた関係上、剣御子寺とは神社境内に建てられた神宮寺とみられ、実際に境内とその周辺にある奈良時代初期の考古資料から初期神宮寺の事例と考えられている(168)。ただし剣神社の神宮寺とするには寺名に違和感がある。剣神社に伴う神宮寺ならば剣寺（剣神宮寺）とあるべきで、剣御子寺が神宮寺ならば社名は剣御子神社が本来である。銘文の寺名を重視すれば本来は剣神社が剣御子神社で、正式には剣御子神宮寺であった可能性が高い。二、三行目の神護景雲四年については『続日本紀』宝亀元年（七七〇）十月己丑条によると、一日が宝亀の改元にあたるので(169)、九月十一日を神護景雲四年としている点は矛盾がない。九月十一日は梵鐘の製造日か寄進日なのかは特定できないが、何かの記念日であったと考えられる。仮にのちに梵鐘を制作し年月日を遡上させたとしても、重要な月日を刻んだことに変わりはない。

銘文に寺名が刻まれることは所属を示す点で重要であるが、加えて奈良後期から現在に至るまで境内を出ておらず、劔神社が大事に保管し続けてきたことがわかるので、他の梵鐘と比べてその重要性は強調できる。何より銘文から神社境内に剣御子寺という神宮寺が存在し、奈良後期における神仏習合の様子を知ることができる。しかも『続日本紀』の越前国剣神の記事と年代的に近接しているので、梵鐘の製作と深い関係があったことは間違いないだろう。

三　他の剣神の事例

『続日本紀』の「剣神」、『新抄格勅符抄』の「剣御子神」、梵鐘の「剣御子寺」という異なる神名を見てきた。その後も剣神は平安時代の国史に記される。『日本文徳天皇実録』には以下のように出てくる(170)。

詔、越前国気比大神宮寺、御子神宮寺、置二常住僧一、聴二度五人一、心願住者亦五人、凡一十僧、永々不レ絶

（『日本文徳天皇実録』斉衡二年五月壬子条）

斉衡二年（八五五）五月五日に気比神社の神宮寺である気比神宮寺と、その御子神の御子神宮寺に僧を置くとの詔で

ある。御子神宮寺は何神か示されておらず、剣御子神の可能性はあるが、他に気比の御子神は知られるので、別の御子神宮寺とも考えられる。また『日本三代実録』には以下のように記されている(171)。

越前国正二位勲一等気比神従一位、従四位上勲六等推前神、勲六等剣神並正四位下

（『日本三代実録』貞観元年正月甲申条）

貞観元年（八五九）の諸神に対する神階奉授の事例であるが、剣神も従四位下勲六等から正四位下へ昇授したことを示す記録である。この剣神は『延喜式』巻第一〇神名下では以下のように記されている(172)。

北陸道神三百五十二座

大十四座 就中一座月次新嘗

小三百卅八座

（中略）

越前国一百廿六座 大八座小百十八座

敦賀郡卌三座 大七座小卅六座

気比《ケヒノ》神社七座 並名神大　　加比留《カヒルノ》神社

剣《ツルキノ》神社　　丹生《ニフノ》神社

（『延喜式』巻第一〇神名下）

名神大社の気比神社と並び剣神社が記載されるので、気比の御子神としての性格を示している。その表記は剣神とあり剣御子神社ではない。一〇世紀前葉での認識といえる。その後の記録としては藤原行成の日記『権記』がある(173)。

廿一日　早朝自内相府差行則有召、即詣、被示云、兵部大輔使事所忽《申カ》不合・《期カ》之由、申置雑事退出、又被給神祇官中依恩詔并諸社例請坐越前国正一位勲一等剣大神宮神主伊部守忠被関栄爵文、先申左府可奏者

（『権記』長徳四年三月廿一日）

一〇世紀末に最高位の正一位勲一等に達し、「剣大神宮」の記載から神名が「剣神」だとわかる。それ以降の史料で

は剣御子神とは記されない。『延喜式』巻第一〇神名下には「剣神社」とあるので、一〇世紀前葉以降に剣神が一般化したようである。時系列で並べると『新抄格勅符抄』の剣御子神（七六五年）、梵鐘銘文の「剣御子寺」（七七〇年）、『続日本紀』の「剣神」（七七一年）、『新抄格勅符抄』の「剣御子神」（七七二年）、『日本文徳天皇実録』の「御子神宮寺」（八五五年）、『日本三代実録』の「剣神」（八五九年）、『延喜式』巻第一〇神名下の「剣神社」（九二七年）、『権記』の「剣大神宮」（九九八年）となる。年代的な法則はないが、『続日本紀』『日本三代実録』の六国史と『延喜式』が「剣神」、他は「剣御子」「剣御子神」とある。ただし『日本文徳天皇実録』の御子神宮寺は剣神のことを指すかは判断できず、『権記』の剣大神宮は『延喜式』以後で社名が浸透していたことが想定できる。これらを除いて考えると、国史関係書は剣神、それ以外は剣御子神にまとめられる。

二つの神名については、のちほど検討するが、国史収載時に「御子」を意図的に削除したことが想定されるので、本来は同じ神を指していた可能性が高い。とすれば剣神は梵鐘の銘文を重視すれば元々剣御子神社で、そこに合祀された祭神と関係があったとみている。いずれにせよ、天平神護元年から宝亀三年までの八年間に記事が集中し、梵鐘の存在と高い神階と異例の勲位を踏まえると、剣御子神社は親神の気多神とともに律令国家に重視されたことがうかがえる。

おわりに

本章では『続日本紀』宝亀二年（七七一）十月戊辰条の記事を足がかりに越前国剣神について検討した。まず鎮座地は論社で見解は分かれるところであるが、古代の敦賀郡が越前町の越知山付近を北限としており、また座ヶ岳を軸とした劔神社・氣比神宮の二社の関係性を重視し、劔神社所蔵の梵鐘などの歴史性を考えると、現在の劔神社の神とみるべきである。神階の高さも注目される。従来は国家による神々の統制・序列化の目的が指摘されていたが、神々は祀るべき対象で、その奉授は神の霊験を期待しそれに対する感謝である。また、位階が重要なものだとすれば、その「優れたもの」として国が神に奉ったので、そこには序列化の手段という意識はなく、他の様々な献物と同様に「奉る物」との認識がうかがえる。しかも剣神への叙勲は神として初の事例であり、軍功あるいはそれに匹敵する何かがあったことは確かである。そこで劔神社所蔵の梵鐘は神護景雲四年（七七〇）の紀年銘をもつ。『続日本紀』宝亀二年十月戊辰条から剣神は宝亀二年以前には従四位下勲六等を授けられており、七七〇年前後の天平神護元年から宝亀三年までの八年間に記事が集中する。梵鐘の鋳造との関連性が指摘できるので、その間に神階奉授がなされた可能性が高い。梵鐘の存在と高い神階と異例の勲位も踏まえると、劔神社は律令国家に重視されことは確かである。加えて史料では剣神と剣御子神が併存するなど別々の神とみる見解はあったが、書物の性格別では『続日本紀』『日本三代実録』の六国史と『延喜式』が「剣神」、他の史料が「剣御子」「剣御子神」であった。剣神と剣御子神は本来同じ神で、梵鐘に記された剣御子寺（剣御子神宮寺）の関係から元々は剣御子神社であった可能性が高い。具体的には国史収録時に剣御子神では都合の悪かったため、森浩一が指摘したように「御子」を意図的に削除したとみているが、それは劔神社に祀られた祭神とも関係し、剣御子神の正体を解明する必要が出てきた。

注

（1）『続日本紀』宝亀二年十月戊辰（十六日）条（青木和夫・稲岡耕二・笹山晴生・白藤禮幸 校注『新日本古典文学大系一五 続日本紀 四』岩波書店、一九九五年 所収）。

（2）下中彌三郎編『神道大辞典』平凡社、一九三七年。「勲位（クンイ）」の項に「その叙勲は、『続日本紀』光仁天皇の宝亀二年の條に越前国従四位下勲六等剣神とあるのが初見である」との解説がある。

（3）『新抄格勅符抄』第一〇巻抄 神事諸家封戸 大同元年牒（黒板勝美 編『新訂増補 国史大系第二七巻 新抄格勅符抄 法曹類林 類従符宣抄 続左丞抄 別聚符宣抄』吉川弘文館、一九三二年 所収）。

（4）『延喜式』巻第一〇 神名下（黒板勝美 編『新訂増補 国史大系第二六巻 交替式・弘仁式・延喜式』吉川弘文館、一九三七年 所収）。

（5）織田の劔神社に関する論考は以下である。杉本壽・山田秋甫『越前国織田荘剣大明神誌』安田書店、一九八八年。平泉

隆房「劔神社」『式内社調査報告 第一五巻 北陸道一』皇学館大学出版部、一九八六年。足立尚計「剣神社」『日本の神々 神社と聖地 第八巻 北陸』白水社、二〇〇〇年。国京克巳・建設設計工房『劔神社本殿・同摂社織田神社本殿調査報告書』劔神社、二〇〇六年。同『劔神社本殿・同摂社織田神社本殿修理工事報告書』劔神社、二〇〇九年。水島通夫『越前国二の宮 劔神社の歴史』劔神社、二〇一〇年。

（6）平泉前掲（5）文献。現在の祭神は比咩大神であるが、『特選神名牒』では経津主神、『官社私考』では都留支比古命、『神社明細帳』では石凝姥命である。

（7）『日本書紀』持統天皇六年九月癸丑（二十一日）条（坂本太郎・家永三郎・井上光貞・大野晋 校注『日本古典文学大系 六八 日本書紀 下』岩波書店、一九六五年 所収）。

（8）『日本書紀』持統天皇六年九月戊午（二十六日）条。

（9）『日本書紀』天武天皇十一年四月甲申（二十二日）条。

（10）『続日本紀』大宝二年三月甲申（十七日）条、文武天皇元年十二月庚辰（十八日）条（青木和夫・稲岡耕二・笹山晴生・白藤禮幸 校注『新日本古典文学大系一二 続日本紀 一』岩波書店、一九九二年 所収）。

（11）『続日本紀』養老二年五月乙未（二日）条、『類聚三代格』巻五 弘仁十四年二月二日太政官奏（黒板勝美 編『新訂増補 国史大系第二五巻 類聚三代格・弘仁格式』吉川弘文館、一九三六年 所収）。

（12）『延喜式』巻第一〇 神名下。

（13）『続日本後紀』承和七年九月乙酉（十三日）条（黒板勝美 編『新訂増補 国史大系第三巻 日本後紀 続日本後紀 日本文徳天皇実録』吉川弘文館、一九三四年 所収）。

（14）『気比宮社記』巻一（官幣大社氣比神宮『気比宮社記』三秀舎、一九四〇年 所収）。

（15）杉原永綏「天利劔神社」『式内社調査報告 第一五巻 北陸道一』皇学館大学出版部、一九八六年。

（16）『気比宮社記』巻一。

（17）『大日本史』（徳川光圀の命で一六五七年編纂開始、一九〇六年完成）。石井左近『敦賀郡神社志』福井県神職会敦賀郡支部、一九三三年。志賀剛『式内社の研究 第八集 北陸道』雄山閣、一九八五年。鈴鹿連胤『神社覈録』（初版は皇典講究所、一九〇二年。復刻版は思文閣、一九七一年）。栗田寛『神祇志料』（一八七三年完成、一八八七年刊行。皇朝秘笈刊行会、一九二七年。復刻版は思文閣、一九七一年）。下中前掲（2）文献。岡崎吉孝「剣神社」『越前国官社考』巻之二、一八五七年（『神道大系 神社編三三 若狭・越前・加賀・能登国』神道大系編纂会、一九八七年 所収）。『特選神名牒』（初版は磯部甲陽堂、一九二五年。復刻版は思文閣、一九二五年）。

(18) 杉本壽『延喜式内社剣神社と織田甕』織田町文化研究会、一九八〇年（杉本・山田前掲（5）文献 所収）。

(19) 『古今類聚越前国誌』巻之四 神社（有馬誉純 編・杉原丈夫 校訂『古今類聚越前国誌』歴史図書社、一九七三年 所収）。

(20) 小山靖憲「第六章 若越中世社会の形成 第三節 若越の中世的郡郷制」『福井県史 通史編二 中世』福井県、一九九四年。丹生郡は中世に丹生北郡と呼ばれた。嘉応元年（一一六九）十一月日付の文書に大蔵庄の四至を示し「在管丹生北郡内」とあるのが初見で、この頃までに古代の敦賀郡と丹生郡が再編成された。『東大寺文書』「一九六 権大僧顕―解」（『福井県史 資料編一 古代』福井県、一九八七年 所収）参照。

(21) 舘野和己・櫛木謙周「第四章 律令制下の若越 第一節 地方のしくみと役人 二 若越の郷（里）」『福井県史 通史編一 原始・古代』福井県、一九九三年。

(22) 『和名類聚抄』高山寺本・大東急記念文庫本（『福井県史 資料編一 古代』福井県、一九八七年 所収）。

(23) 吉田東伍『大日本地名辞書』冨山房、一九〇七年。

(24) 福井県『福井県史 第一冊 藩政時代以前』三秀舎、一九八〇年。

(25) 『延喜式』巻第一〇 神名下。

(26) 粕谷興紀「伊部磐座神社」『式内社調査報告 第一五巻 北陸道一』皇学館大学出版部、一九八六年。

(27) 斎藤嘉造「第三章 商品の生産と流通 第二節 鉱工業の進展 五 様々な特産物」『福井県史 資料編四 近世二』福井県、一九九六年。

(28) 『日本三代実録』貞観十五年十二月癸巳（二日）条（黒板勝美 編『新訂増補 国史大系第四巻 日本三代実録』国史大系刊行会、一九三四年 所収）。

(29) 『新撰姓氏録』山城国諸蕃（佐伯有清『新撰姓氏録の研究 本文篇』吉川弘文館、一九六二年 所収）。

（30）上田正昭「忌部の職能」『日本古代国家論究』塙書房、一九六八年。
（31）『東南院文書』「越前国司解」（『福井県史 資料編一 古代』「越前国東大寺領荘園関係文書四四」福井県、一九八七年 所収）。
（32）福井県教育庁埋蔵文化財調査センター『福井県遺跡地図』一九九三年。御嶽貞義「越前町八王子山古墳群分布調査結果報告」『越前町織田文化歴史館 館報』第一〇号、越前町教育委員会、二〇一五年。
（33）堀大介ほか『朝日山古墳群・佐々生窯跡・大谷寺遺跡 重要遺跡範囲確認調査報告書』越前町教育委員会、二〇〇六年。
（34）『福井県史 資料編一 古代』福井県、一九八七年。
（35）村上雅紀「第二章 位置と環境 第二節 歴史的環境」『朝日町文化財調査報告書Ⅰ』朝日町教育委員会、二〇〇一年。
（36）『続日本紀』和銅六年五月甲子（二日）条。
（37）平川南『墨書土器の研究』吉川弘文館、二〇〇〇年。同「墨書土器とその字形―古代村落における文字の実相―」『国立歴史民俗博物館研究報告』第三五集、国立歴史民俗博物館、一九九一年。
（38）『延喜式』巻第一〇 神名下。
（39）堀大介「第二章 万物生命観 第四節 磐座は神の依り代、それとも封じ込め」「第三章 神のなかに仏 第七節 神宮寺の諸類型」『平成二十七年度 越前町織田文化歴史館 国宝梵鐘展示記念企画展覧会 神と仏 祈り・祟り・祀りの精神史』越前町教育委員会、二〇一五年。
（40）西森清隆「佐佐牟志神社 四座」『式内社調査報告 第一五巻 北陸道一』皇学館大学出版部、一九八六年。
（41）『上坂津右衛門家文書』「九 氏子村々廻状」、『北野七左衛門家文書』「一三 剣大明神氏子村手鉾寄進帳」（『織田町史 史料編 上巻』織田町史編纂委員会、一九九四年 所収）
（42）林陸朗「官社制度と神階」『国学院雑誌』第五四巻第二号、国学院大学、一九五三年。
（43）三宅和朗「古代祝詞の変質とその史的背景」『古代国家の神祇と祭祀』吉川弘文館、一九九五年。
（44）巳波利江子「八・九世紀の神社行政―官社制度と神階を中心として―」『寧楽史苑』第三〇号、奈良女子大学史学会、一九八一年。
（45）上田正昭「神階昇叙の背景」『日本古代の国家と宗教 上巻』吉川弘文館、一九八〇年。

(46) 小倉慈司「八・九世紀における神社行政の展開」『史学雑誌』第一〇三巻第三号、史学会、一九九四年。
(47) 小林宣彦「神階奉授に関する一考察─奈良時代を中心にして─」『古代諸国神社神階制の研究』岩田書院、二〇〇二年。
(48) 『日本書紀』天武天皇元年七月壬子（二十三日）条。『日本三代実録』貞観元年正月甲申（二十七日）条、従二位の高市御県鴨八重事代主神は従一位、従五位下の村屋弥富都比売神と牟狭坐神は従五位上となる。
(49) 小倉前掲（46）文献。上田前掲（45）文献。古くは、伴信友「巻一 附考 神位神戸等の事」『神社私考』一八四一年（『伴信友全集 巻二』ぺりかん社、一九七七年 所収）では、「其神社の御あへしらひの品を、已前より重くし給へる由にて、位階を昇進たまへるにはあるべからず」とあり、位階説を否定している。
(50) 『新抄格勅符抄』第一〇巻抄 神事諸家封戸 大同元年牒。
(51) 『続日本紀』天平勝宝元年十二月丁亥（二十七日）条（青木和夫・稲岡耕二・笹山晴生・白藤禮幸 校注『新日本古典文学大系一四 続日本紀 三』岩波書店、一九九二年 所収）。
(52) 薗田稔・橋本政宣 編『神道大辞典』吉川弘文館、二〇〇四年。「しんかい 神階」の項。
(53) 『新日本文学大系 続日本紀 四』岩波書店、一九九五年の補注二七─一三「諸神への品階・位階の奉授」を参考とした。
(54) 『新抄格勅符抄』第一〇巻抄 神事諸家封戸 大同元年牒。
(55) 上田前掲（45）文献。
(56) 『日本書紀』持統天皇六年九月戊午（二十六日）条。
(57) 門脇禎二「第三章 コシ・ワカサと日本海文化 第三節 若越の神々と気比神 三 気比神」『福井県史 通史編一 原始・古代』福井県、一九九三年。
(58) 『日本書紀』垂仁天皇二年是歳条、仲哀天皇二年条（坂本太郎・家永三郎・井上光貞・大野晋 校注『日本古典文学大系六八 日本書紀 下』岩波書店、一九六七年 所収）。
(59) 『古事記』仲哀天皇段（倉野憲司・武田祐吉 校注『日本古典文学大系六八 古事記 祝詞』岩波書店、一九五八年 所収）。名易え説話は『日本書紀』応神即位前紀。『日本書紀』神功皇后摂政十三年二月甲子（八日）条。
(60) 堀大介「古代ケヒ神の基礎的研究」『桜井市纒向学研究センター紀要 纒向学研究』第二号、桜井市纒向学研究センター、二〇一四年。［本書第一編第二章］。
(61) 井上辰雄「「民部省」をめぐる諸問題」『日本歴史』第二六二号、日本歴史学会、一九七〇年。上田前掲(45)文献。
(62) 鈴木靖民「第一編 対外関係の展開 一 天平初期の対外新羅関係」『古代対外関係史の研究』吉川弘文館、一九八五年。
(63)『続日本紀』養老五年是月条、『三国史記』巻八 新羅本紀第八 聖徳王二十一年十月条（『三国史記』東京帝国大学蔵版、吉川弘文館、一九一三年 所収）。
(64) 広瀬正利『香椎宮史』文献出版、一九九七年。香椎宮の創建は香椎宮所蔵『香椎宮編年記』（『古事類苑 神祇部 九六』「香椎宮」一八九九年 所収）によると、神亀元年（七二四）十二月と伝えられている。『万葉集』巻第六の三首（『万葉集』巻第六、九五七・九五八・九五九）に、大宰帥の大友旅人が神亀五年（七二八）大宰府官人を率いて香椎廟に詣で和歌を詠じたことが見えるので、その頃にはその存在が確実視される。
(65)『三国史記』巻八 新羅本紀第八 聖徳王三十年四月条（『三国史記』東京帝国大学蔵版、吉川弘文館、一九一三年 所収）。
(66)『続日本紀』天平三年九月癸酉（二十七日）条（青木和夫・稲岡耕二・笹山晴生・白藤禮幸 校注『新日本古典文学大系一三 続日本紀 二』岩波書店、一九九〇年 所収）。
(67)『続日本紀』天平三年十一月丁卯（二十二日）条、天平四年八月丁亥（十七日）条。
(68)『新日本古典文学大系 続日本紀二』岩波書店、一九九〇年の補注一一―二九「節度使」。
(69)『続日本紀』天平勝宝元年十一月己酉（十九日）条。
(70)『続日本紀』天平九年四月乙巳（一日）条。
(71)『続日本紀』天平七年二月癸卯（十七日）条。上田前掲(45)文献。
(72)『日本書紀』神功皇后摂政前紀（仲哀天皇九年九月）条に、気長足姫（神功皇后）が新羅征討のとき大三輪神社をたて刀・矛を奉られると、軍衆が自然に集まったと記される。また遡ること三月には神主となった気長足姫の祭祀の場に表筒男・中筒男・底筒男の三神が顕現し、同じ九月には和魂は王の身の命を守り、荒魂は先鋒して軍船を導くだろうとの託宣があり依網吾彦男垂見が祭りの神主となったと記される。十二月条の一云にも足仲彦天皇に対して表筒雄・中筒雄・底筒雄と三神の名を託宣している。また『古事記』仲哀天皇段では、仲哀天皇没後の新羅征討前に建内宿禰が神おろしの場所で神託を求めると、神は品陀和気命（応神）がこの国を統治するとさとす。建内宿禰は大神の名前を問うと、これは天照大神の御心による。底筒男・中筒男・上筒男の三柱の大神であるぞと語っている。

(73) 『続日本紀』天平九年三月丁丑（三日）条。

(74) 井上薫「第二章 第一節 一 天平九年前後の対新羅関係」『奈良朝仏教史の研究』吉川弘文館、一九六六年。

(75) 直木孝次郎ほか訳注『続日本紀 二』平凡社、一九八八年。巻一二は磯田信義が草稿を作り、直木孝次郎が補訂して作成したとある。そこには「筑紫の住吉神社（神名帳に筑前国那珂郡住吉神社三座とあり、筑前国の一の宮。福岡市博多地区住吉にある）・八幡神社（神名帳に同国那珂郡八幡大菩薩筥崎宮一座とあり、福岡市東区筥崎にある）の二社」とある。

(76) 『続日本紀』天平十二年十月壬戌（九日）条。

(77) 金光哲「八幡神と応神天皇」『鷹陵史学』第二六号、鷹陵史学会、二〇〇〇年。

(78) 『続日本紀』天平勝宝元年十一月己酉（十九日）条。

(79) 『続日本紀』天平勝宝元年十二月丁亥（二十七日）条。

(80) 『続日本紀』天平十三年閏三月甲戌（二十四日）条。

(81) 『大日本古文書』巻七。

(82) 『宇佐八幡宮弥勒寺建立縁起』（『神道大系 神社編 四七 宇佐』神道大系編纂会、一九八九年 所収）。

(83) 上田前掲（45）文献。

(84) 『東大寺要録』巻第四「諸神社 一 八幡宮」（『続々群書類従 第一一 宗教部』国書刊行会、一九〇七年 所収）。

(85) 二宮正彦「諸神への品位奉授について」『日本上古史研究』第五巻第六号、日本上古研究会、一九六一年（『古代の神社と祭祀―その構造と展開―』創元社、一九八八年 所収）。

(86) 直木孝次郎「天平十七年における宇佐八幡と東大寺の関係」『続日本紀研究』第二巻第一〇号、続日本紀研究会、一九五五年。同「天平十七年「種々収納銭注文」について」『続日本紀研究』第三巻第四号、続日本紀研究会、一九五六年。

(87) 『続日本紀』天平勝宝元年十一月辛卯（一日）条、同年同月己酉（十九日）条、同年十二月戊寅（十八日）条。

(88) 『続日本紀』天平勝宝元年十二月丁亥（二十七日）条。

(89)『続日本紀』天平勝宝二年二月戊子（二十九日）条。
(90)本郷真紹「天平期の神仏関係と王権」『日本古代国家の展開 下巻』思文閣、一九九五年。
(91)天平神護二年四月甲辰（十九日）条。
(92)『続日本紀』天平神護元年正月己亥（七日）条、同年十月庚寅（二日）条。
(93)『続日本紀』天平神護元年十一月壬戌（五日）条、同年十一月癸酉（十六日）条。
(94)『新抄格勅符抄』第一〇巻抄 神事諸家封戸 大同元年牒。
(95)『続日本紀』天平神護元年十一月庚辰（二十三日）条。
(96)上田前掲（45）文献。本郷真紹「古代北陸の宗教文化と交流」『古代王権と交流三 越と古代の北陸』名著出版、一九九六年。
(97)田中歳雄「伊曽乃神社」、三島喜徳「大山積神社」、森正康「野間神社」、森正史「伊予神社」「伊予豆比古命神社」『式内社調査報告 第二三巻 南海道』皇学館大学出版部、一九八七年。
(98)『長寛勘文』天慶三年二月丁酉（一日）条（『群書類従 第二六輯 雑部』続群書類従完成会、一九三二年 所収）。
(99)『続日本紀』天平宝字六年十一月庚寅（十六日）条、同年十一月庚子（二十六日）条、同年十一月壬寅（二十八日）条。
(100)『続日本紀』宝亀八年七月乙丑（十六日）条（青木和夫・稲岡耕二・笹山晴生・白藤禮幸 校注『新日本古典文学大系一六 続日本紀 五』岩波書店、一九九八年 所収）。
(101)沼部春友「鹿島神宮」、梅田義彦「香取神宮」『式内社調査報告 第一一巻』皇学館大学出版部、一九七六年。『新日本古典文学大系 続日本紀 二』岩波書店、一九九〇年の補注九―四六「香取郡と香取神宮」、四七「鹿島郡と鹿島神宮」。
(102)『日本書紀』神代下 第九段 一書第二。
(103)『古語拾遺』（西宮一民 校注『古語拾遺』岩波書店、一九八五年 所収）、『続日本後紀』承和三年五月丁未（九日）条。
(104)『延喜式』巻第九 神名上。
(105)『続日本紀』延暦元年五月壬寅（二十日）条。
(106)『新抄格勅符抄』第一〇巻抄 神事諸家封戸 大同元年牒。
(107)大東延和「春日祭神 四座」『式内社調査報告第一巻 京・畿内一』皇学館大学出版部、一九八二年。

(108)『新抄格勅符抄』第一〇巻抄 神事諸家封戸 大同元年牒。
(109)『続日本紀』宝亀八年七月乙丑（十六日）条。
(110) 西森清隆「雨夜神社」「大虫神社」、平泉浤祥「足羽神社」『式内社調査報告第一五巻 北陸道一』皇学館大学出版部、一九八六年。雨夜神社は天王川水系の古墳時代以降の歴史性と「北雨夜田」「南雨夜田」「下雨夜田」の字や雨夜の屋号の存在から、丹生郡越前町天王あたりに鎮座したものと考えている。詳細は以下の文献で述べた。堀大介「第四章 仏のなかに神 第六節 顔が仏で身体は女神」『平成二十七年度 越前町織田文化歴史館 国宝梵鐘展示記念企画展覧会 神と仏 祈り・崇り・祀りの精神史』越前町教育委員会、二〇一五年。
(111)『続日本紀』宝亀二年十月戊辰（十六日）条、宝亀五年三月戊申（九日）条、宝亀十一年十二月甲辰（十四日）条。
(112) 浅香年木「古代の北陸における韓神信仰」『日本海文化』第六号、金沢大学法文学部日本海文化研究室、一九七九年。
(113)『日本紀略』延暦二十年四月己亥（八日）条。
(114) 越前国府は福井県の武生説が有力である。越前市教育委員会が市街地で三六か所に及ぶ発掘調査を実施しているが、いまだ遺構は発見されず確定ではない。野澤雅人『越前国府関連遺跡・岡本山古墳群発掘報告書』越前市教育委員会、二〇一三年。なお『倭名類聚抄』（元和古活字）五 国郡部 一二 北陸部 第六三によると、「越前国 国府在二丹生郡一、行程上七日 下四日」とあるので、一〇世紀頃に丹生郡に所在したことは確かである。
(115) 上田前掲（45）文献。
(116)『続日本紀』延暦三年三月丁亥（十六日）条。
(117)『万葉集』巻第一七、四〇二五。
(118)『新抄格勅符抄』第一〇巻抄 神事諸家封戸 大同元年牒、『続日本紀』神護景雲二年十月甲子（二十四日）条。
(119)『続日本紀』宝亀元年八月庚寅（一日）条。
(120)『日本文徳天皇実録』斉衡二年五月辛亥（四日）条、同年同月壬子（五日）条。
(121) 浅香前掲（112）文献。
(122) 小嶋芳孝「第Ⅵ章 シャコデ廃寺と気多神宮寺」『柳田シャコデ廃寺跡 詳細分布調査報告書』羽咋市教育委員会、

一九八七年。小嶋によると、柳田シャコデ廃寺は八世紀初頭に神宮寺的な性格を伴って創建された可能性があり、『日本文徳天皇実録』斉衡二年五月辛亥条にある気多神宮寺の記事がその創建を示すのは困難だという。九世紀中頃と推定される柳田シャコデ廃寺の廃絶後、塔跡の建物一棟を除いて本格的な再建がおこなわれた形跡が確認できないのは、斉衡二年（八五五）前後に現在の気多神社境内周辺に移転した可能性を示すことを指摘している。

(123)『続日本紀』宝亀十一年十二月甲辰庚（十四日）条。

(124) 木本秀樹「八・九世紀の神階奉授をめぐって―越中国在地勢力に関する再検討―」『北陸の古代寺院 その源流と古瓦』桂書房、一九八七年。

(125) 米沢康「高瀬神社の創祀と発展―越中国式内社の一考察―」『神道史研究』第一五巻第二号、神道史学会、一九六七年。

(126) 上田前掲（45）文献。

(127)『続日本紀』延暦元年十一月丁酉（十九日）条、同二年十二月丁巳（十五日）条。

(128)『新日本古典文学大系 続日本紀 五』岩波書店、一九九八年の補注三七―二〇「今木大神」。

(129)『新日本古典文学大系 続日本紀 五』岩波書店、一九九八年の補注三七―三七「久度神」。

(130)『延喜式』巻第一 四時祭上。『一代要記』（『続神道大系 朝儀祭祀編 一代要紀（一）』神道大系編纂会、二〇〇五年 所収）。

(131)『続日本紀』延暦元年十月庚戌朔（一日）条。

(132)『続日本紀』延暦元年八月己巳（十九日）条。

(133)『神宮寺伽藍縁起并資財帳』（三好筆太『神宮寺伽藍縁起并資財帳』国幣大社多度神社、一九三七年 所収）。

(134)『続日本紀』延暦三年十一月戊申（十一日）条。

(135)『続日本紀』延暦三年六月壬子（十三日）条、同年十一月戊申（十一日）条。

(136)『続日本紀』延暦三年十一月丁巳（二十日）条。

(137)『続日本紀』延暦三年十一月乙丑（二十八日）条、同年十二月己巳（二日）条。

(138)『続日本紀』延暦三年十二月乙酉（十八日）条、同年十二月丙申（二十九日）条。

(139)『令義解』官位令。

(140) 野村忠夫「序章 古代律令官僚の構成原理」『官人制論』雄山閣、一九七五年。
(141) 野村忠夫「第四章 律令勲位制の基本問題―その性格と機能とを中心に―」『律令官人制の研究』吉川弘文館、一九六七年。
(142) 『続日本紀』大宝元年三月甲午（二十一日）条。
(143) 秋山侃「奈良時代の「勲位」の実態について」『続日本紀研究』第八巻第一号、続日本紀研究会、一九六一年。
(144) 野村前掲（141）文献。
(145) 渡辺直彦「律令官人勲位制の研究」『日本古代官位制度の基礎的研究』吉川弘文館、一九七二年。
(146) 『続日本紀』宝亀二年十月戊辰（十六日）条。
(147) 野村前掲（141）文献。
(148) 『続日本紀』延暦元年五月壬寅（二十日条）。
(149) 『続日本紀』延暦三年六月辛丑（二日）条。
(150) 『続日本紀』延暦二年三月己丑（十二日）条。
(151) 『続日本紀』延暦三年六月壬子（十三日）条、同年十一月戊申（十一日）条、同年十一月丁巳（二十日）条。
(152) 平野邦雄『人物叢書 和気清麻呂』吉川弘文館、一九六四年。
(153) 『新日本古典文学大系 続日本紀 五』岩波書店、一九九八年の三一二頁―注一〇。
(154) 『続日本紀』延暦三年十二月丙申（二十九日）条。
(155) 岡田精司「古代における宗教統制と神祇官司」『古代祭祀の史的研究』塙書房、一九九二年。
(156) 小林前掲（47）文献。
(157) 巳波前掲（44）文献。
(158) 上田前掲（45）文献、本郷前掲（96）文献。
(159) 小林前掲（47）文献。
(160) 『日本紀略』延暦二十一年正月甲子（七日）条。
(161) 小林前掲（47）文献。

(162) 池上良正『死者の救済史 供養と憑依の宗教学』角川書店、二〇〇三年。
(163) 古市晃「第三章 古代の織田 第三節 信仰の展開 三 敦賀郡・丹生郡と郷」『越前町織田史（古代・中世編）』越前町、二〇〇六年。
(164)『新抄格勅符抄』第一〇巻抄 神事諸家封戸 大同元年牒。
(165) 坪井良平『日本の梵鐘』角川書店、一九七〇年。同『新訂 梵鐘と古文化 つりがねのすべて』ビジネス教育社、一九九三年。
(166) 奈良文化財研究所 編『梵鐘実測図集成 上巻』ビジネス教育出版、一九九三年。
(167) 水島前掲（5）文献。
(168) 堀大介「氣比神宮と織田の劔神社」『第一九回春日井シンポジウム資料集』春日井シンポジウム実行委員会、二〇一一年。
(169)『続日本紀』宝亀元年十月己丑（一日）条。
(170)『日本文徳天皇実録』斉衡二年五月壬子（五日）条。
(171)『日本三代実録』貞観元年正月甲申（二十七日）条。
(172)『延喜式』巻第一〇 神名下。
(173)『権記』長徳四年三月廿一日（『増補 史料大成 権記一』増補史料大成刊行会、臨川書店、一九七五年 所収）。

挿図出典
第14図　筆者撮影。
第15図　越前町教育委員会写真提供。
第16図　奈良国立文化財研究所 編『梵鐘実測図集成 上巻』一九九三年の6頁の3－3図より転載。越前町教育委員会写真提供。
第17図　劔神社拓本提供。

第四章　剣神社祭神考—『剣大明神略縁起并来由之事』を足がかりとして—

はじめに

第三章では『続日本紀』宝亀二年（七七一）十月戊辰条にある越前国の剣神は、『新抄格勅符抄』第一〇巻抄　神事諸家封戸　大同元年牒に記された剣御子神、梵鐘の銘文から推測した剣御子神と同じ神である可能性を推測した。従四位下勲六等という高い神階と、神として初の勲位を受けた点で異例のことといえるが、単に気比大神の御子神というだけでは厚遇の理由とはならない。国史収載時の「御子」の削除ないしは神階奉授の背景には、剣御子神社に祀られた祭神の影響が大きく関係したとみている。本章では剣御子神社の成立について整理するとともに、その祭神については縁起などの史料を中心に歴史的背景を踏まえたうえで検討する。

第一節　剣神社の成立と諸縁起の検討

一　剣神社の成立

剣神社の成立を考えるうえで、まずは現在の由緒を以下に引用する。(1)

創起は、伊部郷座ヶ嶽の峰に、五十瓊敷入彦命が鳥取川上宮に在りて作らしめ給ふ神剣を伊部の臣が奉斎して鎮座し給ふを、神功皇后摂政十三年二月忍熊皇子、今の地に勧請せられたるものなり。社記に曰く、忍熊皇子（押熊王）は「淡海国瀬田川に水没し給ふ」と正史に記されたるも、その実潜かに近江・丹波・若狭を経て敦賀に至り、海を航し玉川浦の楯巌窟に安居し給ふ。その頃当地方に凶賊良民を悩ましたること甚しく、皇子之を憐み、賊党を征し戦苦闘せらる。難を老樹の朽穴に避け給ふ時霊夢あり、「皇子努力せよ、吾今汝に霊剣を授くべし。之を斎き奉らば賊党直に平定すべし。吾は之れ素盞鳴尊（ママ）なり」と。翌暁賊兵を捜索するに、座ヶ嶽に於て伊部の臣に会し神剣を得たまふ。皇子畏み神剣を懐中に納め再び凶賊を討ち給ふに、賊勢漸く挫け月余にして平ぎ郷人安謐す。依て皇子は神剣を素盞鳴尊（ママ）の御霊代として社殿を織田の地に営み躬ら奉斎し給ふ。これ剣神社なり。郷人は賊難を免れその業に安んずることを得たれば、その御威徳をたたへ都留伎日子命と慕ひ奉りたり。皇子薨去せらるるに及び、郷人等その恩頼を感佩し剣の社に配し祀り、共に一社の神と拝し剣大明神と崇め奉る。（『越前二ノ宮 劔神社由緒』）

内容は三点にまとめられる。第一に、伊部臣が座《くら》ヶ岳の峯に神剣を奉斎し鎮座していたものを、神功皇后摂政十三年二月に忍熊皇子が現在の地に勧請したとある。座ヶ岳が元々の神地で、のちに盆地の中心地である現在の地に降ろされたとの認識である。第二に、社記に曰くとあり、忍熊が記紀に記されていない織田での活躍など具体的な内容が続く。記紀では戦いで死んだはずの忍熊は織田に逃れると賊党退治で活躍し神剣とともに社殿を営み、住民に都留伎日子命と慕われ、亡くなったのちに祀られる。つまり、剣神社には神功皇后摂政十三年に現在の地に忍熊が勧請して成立したとの認識と、忍熊が生き延びていて住民に配祀されるまでの経緯が記される。第三に、忍熊が賊党退治の折りに素盞鳴尊の霊夢があり、座ヶ岳に祀られた神剣を伊部氏が献上することで、その偉業を成し遂げたことにある。記紀と異なる織田独自の伝が語られたのは忍熊が祀られたという古い認識を示しているだろう。

由緒によると、座ヶ岳に神剣を奉斎したのは伊部氏であったが、素盞鳴尊と忍熊皇子をつなげたのも伊部氏であった。その鍵となる地が神剣の祀られていた座ヶ岳（標高三九〇メートル）である（第1図）。その山容はどの方向からでも円錐形に見え、織田盆地北側にそびえる目立つ存在で、奈良県桜井市の三輪山に象徴される神体山としての位置づけである。[2]つまり剣神社の成立を考えるにあたり、座ヶ岳の存在は重要で、元の特徴的な山容に神の存在を見出し、祀る対象とする神体山信仰に端を発するものといえる。現在、座ヶ岳山頂に鎮座する元宮（奥宮）は山宮で、盆地の中央に鎮座する

第18図　座ヶ岳と劔神社元宮（奥宮）

劔神社は田宮の位置づけとなる。[3] 山宮（元宮）にいる神を、平地に降ろしたと由緒は記すが、現在も毎年十月十一日には秋の例大祭終了後に一年の収穫の御礼を兼ねた報告祭が元宮でおこなわれる。[4] これは元宮と里宮の二か所の関係性を示している。つまり劔神社は元々神体山に対する信仰が原初であったが、いつしか現在の地にしめ縄などで神地が設定され、最終的に社殿の創建へ到ったものと推察できる。

山宮と田宮との位置関係を見るため、その二か所を地図上で結ぶと、劔神社本殿から三度ほど西に振れた位置に座ヶ岳が位置し、ちょうど社殿の真後ろにあたる。そのため、現在の本殿・拝殿自体がわずかに西に振れ、座ヶ岳の方角を意識した建物配置となっている。現在の参道はほぼ南北軸を通るので、南の鳥居から見ると拝殿に到るまでの石畳が左側に振れ、違和感を覚えるつくりとなっている。厳密には南北軸のわずかな振れが歴史の古さを示すのかはわからないが、なぜ現在の南北軸でないのか疑問は残る。これには二つの可能性が考えられる。ひとつは座ヶ岳と劔神社の配置が磁北を意識していた点、[5] ひとつは敦賀市の氣比神宮との位置関係でとらえられる点である。座ヶ岳と劔神社は直線で結ぶと二・九キロほどの距離であるが、両者を結んだ三三・五キロ先に氣比神宮が鎮座している[6]（第19図）。氣比神宮から拝すれば奥に劔神社が鎮座し、座ヶ岳が基点となり一直線に並ぶ。それは氣比神宮が本宮、劔神社が奥宮とも言い換えられる。氣比神宮北部は山岳地帯にもかかわらず、古代の敦賀郡の南北を縦断する線上に形成され、座ヶ岳が神体山として位置づけられた可能性が高い。

なお、元宮と田宮を結んだ中間地点の丘陵上に織田地区唯一の二五基からなる中古墳群が展開するが、[7] その後の分布調査により三〇基に増加している。[8] なかでも3号墳は墳長二八・七メートルの織田盆地最大の前方後円墳で、墳形などから古墳前期後葉の築造とみられている。他の古墳も立地や墳形から築造時期が推定できる。丘陵中腹の比較的高い位置に造営された墳丘墓は弥生中期、丘陵先端部の方形墓・方形墳は弥生後期から古墳早期・前期、前方後円墳は古墳前期後葉、円墳は古墳中期に比定できる。弥生中期から古墳中期にかけての造墓で、織田盆地を中心に影響力を及ぼした政治権力者の実態がうかがえる。こうした墓域が南北線上に位置するので、中古墳群に埋葬された歴代の政治権力者は織田盆地に拠点をもち、座ヶ岳を意識した造墓をおこなった可能性が高い。

さて、劔神社の神地はいつから形成されたのだろうか。境内西側には現在も神林が展開し、二〇〇〇〇平方メートルの規模を有する神域を形成しているが、かつてはさらに広大であったことは字図などからうかがえる。越前町教育委員会は平成二十二年（二〇一〇）から二十六年（二〇一四）にかけて境内の発掘調査を実施した(9)。特に神林については二年間で一八か所を調査し、本殿寄りの調査区からは平安時代の土師器皿や杯・椀などが出土した。遺物が出土した

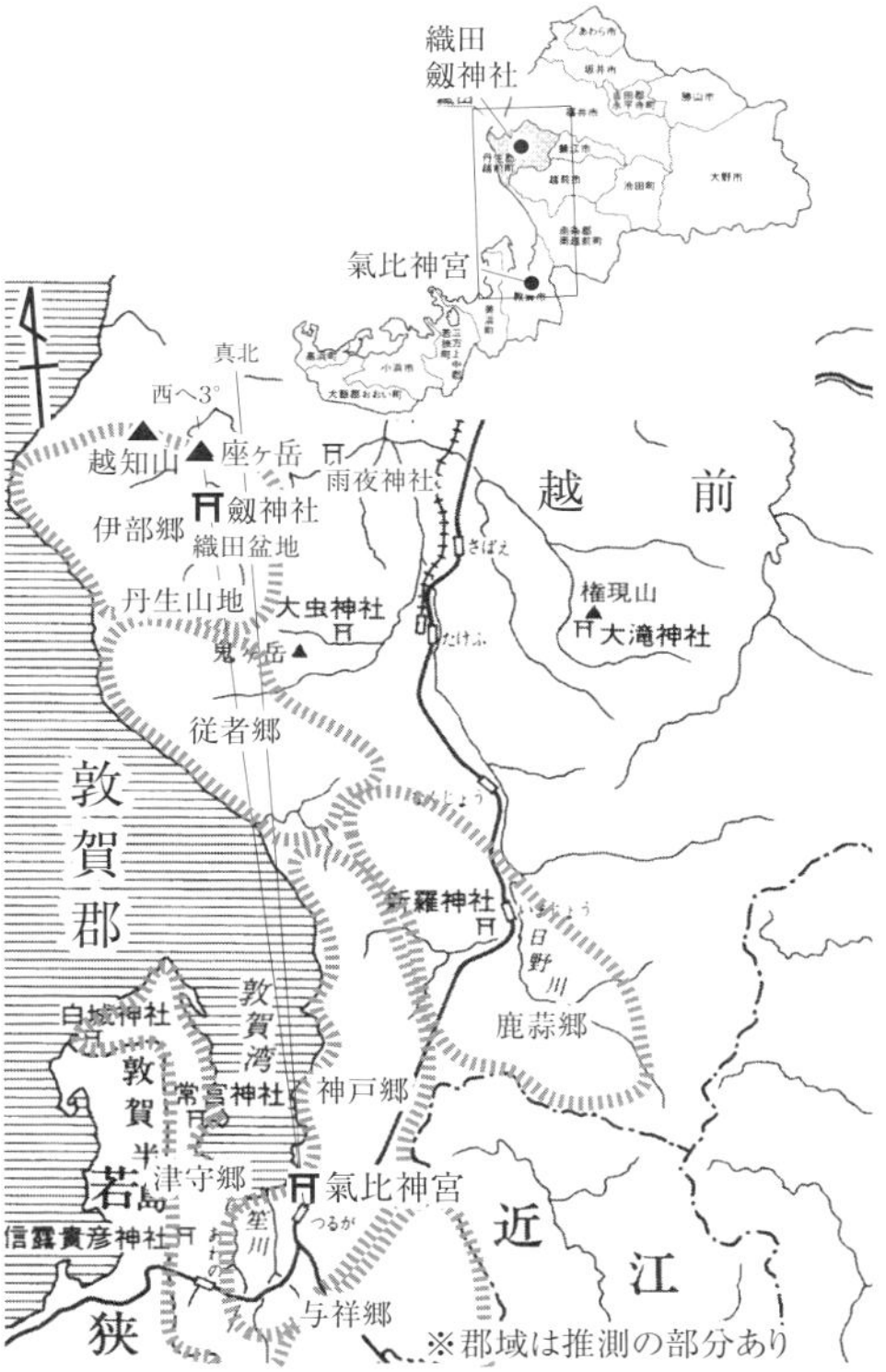

第19図　古代の敦賀郡の範囲と氣比神宮・劔神社

調査区は、いずれも低い場所に位置することから祭器を廃棄した場所とみられる。それ以外の奥に展開する安定した平坦地の調査区では、表土から地山に到るまで黒色系土が約五〇から八〇センチの厚みで堆積していた。しかも堆積の途中に造成や遺構の痕跡はなく、出土遺物も皆無であった。地山を掘り込んだ遺構は第五次調査第2トレンチと第六次調査第1トレンチの土坑のみで、弥生時代中期の土器を有していた。土坑の埋没後から現在に到るまで自然

堆積であったので、杜が長期間にわたり形成されていた可能性が高い。[10]

他に劔神社境内東側の隣接地では過去の井戸掘削中に陶質土器の高杯二点が採集された。ともに五世紀後葉から六世紀前葉にかけての時期で、朝鮮半島東南部の新羅ないし新羅の影響下のある地域で焼かれたとみられている。[11]日本海沿岸地域に接する丹生山地では渡来系とみられる考古資料が点在し、奈良時代の敦賀郡伊部郷には「間人石勝」「秦曰佐山」など渡来系氏族の存在を思わせる史料も存在している。[12]陶質土器の発見は短絡的に渡来系氏族の居住へと結び付けてしまうが、劔神社周辺に古くからの神地が存在したとすれば、最新の外来遺物を駆使することで神の慰撫につとめた祭祀の痕跡ともとらえられる。[13]

古代剣神社の成立を考えると、最初に現在の地に古くから神地が形成されていたが、三輪山などの神体山信仰が四世紀後葉にヤマト王権の中心地でおこなわれ始めると、[14]織田盆地北部の座ヶ岳も信仰の対象として再認識された可能性が高い。のちの伊部磐座神社は座ヶ岳麓の越前町岩倉付近に比定できるので、神体山たる座ヶ岳の麓に存在した磐座あるいは磐境に由来し、[15]その時期は磐座信仰が全国展開する五世紀頃と考えられる。[16]なお、縁起中にある座ヶ岳の別名、荒暗嶽も磐座信仰の存在をうかがわせる。祭祀の中心となった氏族は秦氏あるいは伊部氏など渡来系の氏族とみられる。境内隣接地から出土した陶質土器（五世紀後葉～六世紀前葉）は、その当時の祭器として使用された可能性が高い。

二　『剣大明神略縁起并来由之事』の検討

剣神社の成立と展開について縁起を中心にみていく。最も古い縁起は劔神社所蔵の『剣大明神略縁起并来由之事』で、三つの縁起がある時期にまとめて書写された巻子である。[17]以下に主要な部分を引用する。

剣大明神略縁起

抑越前州織田庄剣大明神者、人皇十四代仲哀天皇第二之皇子奉勧請、天利剣尊北陸第二之守護神奈里奉尋其由来者、往古人皇十六代応神天皇之御宇、異国兵船西海襲来在勇士号武煬、于時皇子中仁勇武力抜萃先立

剣命率八百万神等向武煬舘与軍兵戦給、其時剣命御手鋒飛行虚空中敵煬心忽死、其時帝在叡感号剣大明神給已上

（中略）

神主忌部正統敬記

嘉暦三戊辰年十一月日

一奉崇織田神社者、往昔人皇十二代景行天皇第一皇子日本武尊奉勧請、左者宗像三女神、右者奉合祭応神天皇　今八幡宮是也

仁明記垂仁記等委悉可往見已上大縁記出故略之也

（中略）

織田景図書悉出仍而略之敬白

永禄六季春三月日

足利将軍義将公依御問訊

神主忌部正長書上

織田剣大明神記録

大日本国越前州丹生郡織田庄正一位剣大明神、抑奉号剣宮日本尊鎮座給也、笥飯大明神御子御座剣命奉号神代昔天照太神御附属之宝剣、凡有三種神財内仁剣仁三枚、其一名曰宝剣至于今奉崇于帝城也、其一名曰草薙剣到于今奉崇于尾張国熱田神社也、其一名曰三寸剣是法喜章乃坐須土江雨降留即皇孫仁伝附給天人皇相続之御剣也、到于今草薙剣於奉崇斉祭越前之国丹生郡織田剣神官也

（中略）

嘉暦三戊辰年十一月日

神主忌部正統在判

（『剣大明神略縁起并来由之事』）

前半が書写年代の異なる「剣大明神略縁起」（縁起a・bとする）、後半が「織田剣大明神記録」（縁起cとする）である。祭神が関係する部分について説明を加える。

縁起aは四九五文字（奥書を除く）を数え三段で構成される。神主の忌部正統によって嘉暦三年（一三二八）十一月に記述された奥書がある。第一段には、剣大明神は仲哀天皇第二皇子を勧請し、天利剣尊は北陸第一の守護神だとある。仲哀天皇の第二皇子とは忍熊皇子のことを指す。次に応神天皇の御代、異国の兵船が西海に襲来し、敵は武煬といった。剣尊は八百万神を率いて武煬と戦うが、手にした鉾が飛行し武煬の心にあたり、たちまち征伐してしまう。その時帝は感心して剣大明神と号したという。

縁起bは一八二文字（奥書を除く）を数え二段で構成される最短のものである。永禄六年（一五六三）三月、斯波義将公御問訊に対して神主の忌部正長が書き上げたとの奥書がある。第一段落を抜き出した。織田神社は景行天皇第一皇子の日本武尊を勧請し、左は宗像三女神、右は応神天皇を合祀し、今の八幡宮だとする。つまり祭神は日本武尊だとの認識である。縁起bはaよりのちの書写となるが、ここで注目するのは剣神社ではなく、織田神社の祭神について述べられた点である。

縁起cは縁起中で最も長く、二三〇六文字（奥書を除く）を数え五段で構成される。縁起aと同じ神主の忌部正統による嘉暦三年（一三二八）十一月の奥書がある。第一、二段を抜き出した。もと剣宮と号する剣大明神は日本武尊が鎮座し、笥飯大明神の御子として剣命とも呼ばれた。天照大神に付属する宝剣が三種あり、その一振が草薙剣とある。今に至り尾張国の熱田神社に崇め奉られるが、日本武尊が草薙剣の神徳を得たことで剣命と呼ばれ、こうした関係性から剣神社も草薙剣を崇め奉ったとある。『古事記』神代では草薙剣は「草奴芸之大刀」とあり、高志の八俣遠呂智の尾から取り出された(18)。高志を越と想定すれば東部日本海沿岸地域を中心に細長く展開する越国は、蛇体を呈する八俣遠呂智の象徴とみなすことも可能である。現在も八俣遠呂智の伝承は劔神社周辺にある。『福井県の伝説』「織田村　剣神社」の項には以下のように記されている(19)。

大昔素戔鳴《(ママ)》尊は高天原にあらせられた。天資英邁であられたが天照大神の御旨にそむかせられた廉に依つて、大祖神伊弉諾尊より汝は海原の神たるべしとて天上の神座を失格せられた。尊はこれより海を渡つて今の四ケ浦の地に上陸せられ、山を越えて織田村の地に入らせられたが、当時この地には、八頭八尾の大蛇が背中に松其の他の大木を自生させて、如何にも雄大な姿を山野に横たへてゐたので、尊はこの大蛇を退治せられた（今もこの地に八尾、八俣、笈松の地名がある）。尊は大蛇退治の功績によつて許されて常世の神となられた。常世とは常夜で暗い国即ち裏日本一帯の越の国であるといふ。後伊部臣が素戔鳴《(ママ)》尊の神霊を座ヶ嶽山上の伊部盤座に祀つたといふ。

（『福井県の伝説』）

『古事記』をもとにつくられたとも考えられるが、豪雪の影響で水量の豊富な越国は蛇・龍の伝説・伝承が数多くみられるので、八俣遠呂智伝承は元々越に伝わっていたもので出雲との抗争・交流を描いた神話に発展した可能性が高い。この前提に立てば越から生まれた草薙剣は越国の象徴で、それを祀った神社があったとすれば別の展開も考えられる。たとえば越前町梅浦の劔神社は織田の劔神社とは別系統であり、社伝によれば日本武尊が祭神なので、古い伝承を残していたとも考えられる。また織田神社や剣神社が草薙剣ゆかりとあらば、それを使用し神徳を得た日本武尊が剣命と呼ばれ、その子神として剣御子が祭神として奉祀されたことも想定できる。

そこで三つの縁起の祭神を見ると、縁起aでは忍熊皇子、縁起bでは日本武尊、縁起cでは日本武尊と忍熊皇子の両方があらわれる。aが剣神社で、bが織田神社を指すことは明白である。『延喜式』巻第一〇神名下によると両社は越前国敦賀郡の神社であるので、aとbは別々の内容を記述し、別々の祭神を奉祀していたとみられる。一方で、aと同じ奥書の年代をもつ縁起cの書き出しでは剣大明神について触れるが、その内容は織田の剣宮が草薙剣を崇めていた関係からか、その神徳を得た日本武尊との関係性が語られる。そして、ここには取り上げなかったが、筥のなかの黒飯の奇魂である気比大明神は、のちに仲哀天皇を祀ったことを示し、気比神の御子神である剣大明神には仲哀天皇皇子の忍熊皇子が同じように祀られたとある。つまり縁起cは剣大明神のことを説明しているように思えるが、忍熊色の濃い剣大明神の縁起aと、日本武尊のことが記された織田神社の縁起bが合わさった内容となっている。

三　剣神社・織田神社の縁起内容の混在

両社の混在は他の史料にも認められる。文化元年（一八〇四）に完稿の『古今類聚越前国誌』には「剣神社　織田神社　今丹生郡に織田明神あり、一名剣大明神と云、蓋古両社にして後に併せて一社に祭り」とある。[20] 織田明神の一名を剣大明神といい、のちに両社を併せて一社に祀ったとあるので、織田と剣の両神は一体としてとらえられていた。ときには別々あるいは同じように扱われた結果が祭神にまつわる諸説を生んだものとみられる。なかでも文化十二年（一八一五）に成立した井上翼章の『越前国名蹟考』は精査された内容であるので、以下に示しておく。[21]
◎織田大明神　◯延喜式神名帳ニ云。越前国敦賀郡織田神社。
◯祭神　日本武尊　祭神考
（中略）
◯織田大明神は剣明神共申。織田信長卿氏神なれはとて崇敬し給ひしとかや。帰雁記
◯織田大明神ハ大明神村ニアリ。私曰、信長公ノ先祖ハ此社ノ社家ナリ。名勝志
・西本社
正一位勲一等剣大明神
◯神功皇后摂政十三年皇太子応神天皇当国行啓之時、武内大臣ニ命シテ祭ラシム。織田社記
（中略）
◯一説に織田明神は大御食津姫神にて蚕神と崇む。剣明神と申は剣彦命と忍熊王を祭るといへり。大御食津姫は旧事紀に見えて衣食の御神なり。剣彦命は素盞烏尊の御子のよしなれとも未慥成証をしらす。忍熊王は応神天皇異母の御兄なり。

・東本社　気比大明神
祭神　仲哀天皇
（中略）
・鏡宮　丑方　御旅所　本社ヨリ十五丁丑方、五丁四方平林、神輿行啓之所。
祭神　倭姫命　両道入比咩命　日本武尊妃

（『越前国名蹟考』）

織田大明神・剣大明神・気比大明神の順に記述され、特に西本社の剣大明神には忍熊皇子、東本社の気比大明神には仲哀天皇が祀られたことがわかる。織田大明神は『延喜式』巻第一〇 神名下の「織田神社」のことで剣明神とも申すとあるので、両神の混在がうかがえる。また織田大明神の祭神は日本武尊とあるが、『越前二ノ宮 劔神社由緒』にある草薙剣の逸話については語られない。ただし一説として織田明神は衣食の神である大御食津姫のことで、蚕神を崇むとの注書きがなされる。これについては『越前二ノ宮 劔神社由緒』の織田神社の箇所に似た記述がある。[22]

織田神社の縁起は、往昔奇女あり、常に織機を営みしがついに身を隠くす。その織機の功を以て後に大曼陀羅となし有、之によりその奇女、機織の地なるが故に保食神を斎祀し以て織田神社と称し、又鏡を残し置きし地を以て鏡の宮社と称す。応神天皇深く剣神社を崇敬し給ひその隆盛をはからしめたまひしを以て、御父仲哀天皇（足仲彦尊）御弟応神天皇（誉田別尊）の徳を慕ひ、郷人織田神社に合祀し八幡神社とも称へ奉る。（『越前二ノ宮 劔神社由緒』）常に機織をおこなう奇女にちなみ、衣食ゆかりの保食神を祀り織田神社と称するとともに、鏡が残し置かれた地として鏡の宮社とする。応神天皇が剣神社を崇敬したことから、仲哀天皇と応神天皇の徳を慕い、織田神社に合祀し八幡神社と称したとある。

二つの事例は江戸時代以降の成立であるが、織田神社は『延喜式』巻第一〇 神名下の敦賀郡内に収載されており、「オリタ」との古傍訓がある。[23]「織り処」と解すれば機織ゆかりの神名は一〇世紀前葉まで遡る。加えて蚕神を祀る奇女の機織伝承も古い可能性が高い。それは越前国敦賀郡には秦氏が存在し、劔神社境内隣接地を含めた丹生山地には陶質土器が点在するなど渡来系氏族の痕跡がうかがえるからである。また『延喜式』巻第二四 主計上では越前国の出すべき調物として両面・九点・羅・糸・絹などの繊維製品の名しか見えないので、絹織物の一大生産地であったことを示している。(24) 特に織田盆地は標高四、五〇〇メートル程度の山岳地帯からなる丹生山地のなかで一定の広さを占めるので、織物産業の拠点としての地理的な条件が整っている。(25) さらに盆地北部には糸生という地域があり、織田の地名由来と関連づければ盆地中心に鎮座する織田神社は蚕神を祀る織物ゆかりの地主神であった可能性が高い。現在は劔神社本殿東に鎮座しているが、室町時代の境内図である「劔神社古絵図」には御本社の東は気比社とあり、織田神社の所在地については不明な点が多い。(26)

参考までに明治初期の『丹生郡神社明細帳』をみると、「織田神社」には以下のように記されている。(27)

織田神社

祭神　保食命　足仲彦命　誉田別命

由緒　奇女有リ常々織機ヲ営ミシカ遂ニ身ヲカクス其織機ノ功ヲ以テ後ニ大曼陀羅トナシ有之ヨリ其奇女ノ地ナルカ故ニ保食命ヲ斎テ以テ織田神社ト称シ候也又鏡ヲ残シ置キシ地ヲ以テ鏡ノ宮社ト称ス

（『丹生郡神社明細帳』）

奇女がいて常々織機を営んでいたが、遂に身を隠しその織機の功をもってのちに大曼陀羅となしたとあり、『越前二ノ宮 劔神社由緒』と同様の記述が認められる。これによりその奇女の地を織田神社、鏡の残し置かれた地を鏡宮社と称している。なお足仲彦命と誉田別命の「命」は「尊」の訂正がある。また「鏡宮神社」には以下のように記されている。(28)

鏡宮神社

一　祭神　宇賀魂命

一　由緒　勧請年月等不詳ト雖モ往古奇女有テ蓮糸ヲ捕リテ織物トナシ遂ニ身ヲカクス後鏡一面残シケリ依テ祀テ一社ヲ設立シテ鏡宮社ト称シタルト云

（『丹生郡神社明細帳』）

ここでも鏡を一面残したことに由来している。これらの記述にもとづくと織田神社は鏡宮の地に鎮座していた可能性が高い。それがあるとき織田神社を剣神社境内に遷座したため、鏡だけを残す鏡宮になった。現在の鏡宮は越前町織田（鎌坂）に所在し、劔神社北東一キロの地に鎮座している。劔神社の伝統神事である御幸大祭では、祭礼時に触獅子がまず鏡宮のある鎌坂の旧家に寄る点、氏子五三か村を神輿が練り歩いたあと最後に神主・社役・垣内の代表者達が参り祭典（十一日祭）をおこなうのが鏡宮であった点からもその重要性はうかがえる。[29]加えて鏡宮からの白山の眺めは絶景であり、旧暦七月七日にその山頂から朝日が昇る線上に位置している。そういう意味では、奇女たる織姫ゆかりの日と蚕神や保食神を祀る織田神社との関連性も指摘できる。

第二節　祭神にまつわる諸説

一　忍熊皇子の生存説

剣大明神の検討に戻ると、最古の縁起である『剣大明神略縁起并来由之事』には忍熊皇子とシンプルに記されていた。それ以降の史料では剣と織田が混在する記述であったが、織田神社は養蚕・織物に関する地主神で、日本武尊や草薙剣と関係したことがわかる。それに対して剣神は気比の御子神で、国家神としての役割を有し一貫して忍熊皇子の存在が語られている。このあと剣御子神の正体を考える必要があるので、まずは縁起を中心に忍熊皇子の来歴を追う。先に紹介した『剣大明神略縁起并来由之事』「剣大明神略縁起」（縁起a・b）、「織田剣大明神記録」（縁起c）には以下のような忍熊皇子にまつわる記述がある。[30]

剣大明神略縁起

（中略）

一　其砌越前梅浦山上妖媿出捕殺往還旅人、国中凡民煌怖、幸剣命下向北地願対治、于時剣命諾之、忽対治妖朦頭頓刎見之歴数千万歳劫突角牛也、則其所名牛箇谷、其朦牛悪血出如流懸河山谷山窪血埋山上山下血湛々平、其所名血箇平、其血漲為玉、其流麓川言玉川、従之荒暗嶽在鎮座、雖然此地不叶神慮頓織田森移給、其時香椎氏某森中火焼観念居剣大明神仰言、従今後此所鎮居間奉事在香椎某答云、何人左被仰哉、亦云吾是剣神某云、然者奇瑞見給在俄火中榊出生枝葉栄某驚、而退渇仰社檀造立奉崇敬、其時被任正一位薫陸給香椎某成社職者是時也已上

（中略）

神主忌部正統敬記

（中略）

織田剣大明神記録

（中略）

民舎口碑云、忍熊王従角鹿乗御船浮高志海上坐、是時凶賊襲寄宛似雲霧矣、王子遥看遁入于巌窟給、爾時自海底突然涌出二石高数丈則奉隠於王子矣、其岩名謂前楯後楯也、巌穴言楯巌也、窟之奥天照太神魂八十柱津日神祭也、王子於是巌中奉祭天照太神荒魂矣

或従梅浦沿谿水行王子事跡三区其一赤石若有産婦行触之于今有大患云云

（中略）

一日王子攀上後嶽雲霧閉暉矣、阿良久良志宣也、俗呼謂阿良久良嶽也、従是又攀峯府谷渉岩壁、而下于細野谷矣粤又有伊部木椎掃部香椎掃部云者常業於焼炭也、于時空中有声告言汝知否吾是剣大神也、雖聴於其音不覩於其貌也、伊部等心神恍惚而屏息以伏焉、又擡道屡観者于紅爐之中忽生榊緑枝蒼幹葉蓁矣、以宝剣光明耿勢倚天闔境観者難未曽有実知神之来格無不感眼焉、即此谷立神籬永奉斎矣

（中略）

嘉暦三戊辰年十一月日　神主忌部正統在判

（『剣大明神略縁起并来由之事』）

縁起aは第二段で、内容は前半と後半で異なる。前半は剣命（剣尊）の織田での活動についてである。剣命が北地へ下向するさい越前梅浦に寄ると、山上にいる妖魄に困った民が剣命に頼んだ。剣命は妖魄の頭を刎ねた。その妖魄が角牛であったのでその所を牛箇谷、山谷山窪が血で埋まり平となったので血箇平、その妖魄の血漲りが玉のように流れたので玉川となった。後半は剣大明神の鎮座にまつわる内容である。荒暗嶽（座ヶ岳のこと）に鎮座していたが、ここでは神慮が叶わないので、織田の森（現在の鎮座地）に移すことになる。剣大明神は香椎某に対して仕えよと告げる。剣命某はその正体を問うと剣神だと答える。某は奇瑞を見せるように言う。奇瑞を見た某は社檀を造立し崇敬した。剣命（剣尊）の正体はわからないが、その前段において天利剣尊が忍熊皇子と読み取れるので、剣命は忍熊皇子のことを指す。ただし剣神社の遷座について剣命は関与しておらず、剣大明神と香椎某との問答により決定したことが記されている。

一方、縁起cは全五段からなる最長の縁起である。第二段は剣大明神が気比大明神の御子神であり、忍熊皇子が合祀されたとあるだけで、具体的な活動や業績、剣大明神との関わりは述べられていない。「民舎口碑云」で始まる第五段は、越前海岸から織田に入り剣大明神と関わるまでの、忍熊皇子にまつわる活躍が長文で詳細に記されている。こうしてみると縁起aの第二段は剣命の業績が記されるが、第一段からの文脈上、忍熊皇子を想起させる。縁起cの第五段は忍熊皇子の活躍が具体的に記される。「民舎口碑云」の記述から古い伝承との指摘はあるが、[31]縁起aのシンプルな書き方、縁起cの第一段にみる剣大明神が忍熊皇子だとの記述が原型の伝承で、それがのちに織田生存説へ変化したとみられる。となれば奈良時代の史料にあらわれる剣御子神とは、気比大神の御子である剣大明神をベースに、のちに忍熊皇子が祀られたことが想起できる。

二　祭神としての素盞嗚尊の確立

剣神社における忍熊皇子の地位は確固たるもので、縁起の成立前から何らかの経緯で祀られていた可能性が高い。しかし剣尊については『越前国名蹟考』に「一説に織田明神は大御食津姫神にて蚕神を崇む。剣明神と申は剣彦命と忍熊王を祭るといへり。大御食津姫は旧事紀に見えて衣食の御神なり。剣彦命は素盞烏尊の御子のよしなれとも未慥成証をしらす。忍熊王は応神天皇異母の御兄なり」とある。(32) 剣大明神は剣彦命と忍熊皇子を祀り、特に剣彦命は素盞嗚尊の御子のことと思われ、確かなことはわからないとしている。同じような見解は栗田寛の『神祇志料』にもあり、以下のように記されている。(33)

本社の古鐘に、剣御子寺鐘、神護景雲四年九月十一日と銘したり、江州日吉大社の末社にも剣宮ありて、伝説に素盞嗚尊を祭ると云ひ、出雲風土記に素盞嗚尊の子を都留支日子命と申すとあるに思ひ合はすれば、本社も此都留支日子を祭れるか、祠官斎部氏なるに依らば其祖神にや。

（『神祇志料』）

剣神社には素盞嗚尊を祀るといい、『出雲国風土記』嶋根郡山口郷の項に記された「須佐能烏命御子　都留支日子命詔」(34)をもとに都留支日子命を祀ったのかとある。現在の劔神社の主祭神は素盞嗚尊で、そこに気比大神・忍熊皇子が配祀された形の三柱をとる。しかし素盞嗚尊に関する記述は縁起a・cを見ても類似した表現、それを思わせる内容は出てこない。つまり元々剣神社には忍熊が祀られ、古くから気比大神と親子神を形成していた可能性が高い。何より剣御子神が剣彦命（都留支日子命）であると、剣御子神の御子を略して国史に収載された点が理解しにくい。むしろ素盞嗚尊と剣彦命の関係から仲哀天皇との父子関係の視点でとらえたが方が理解しやすい。

そこで素盞嗚尊の記述を追う。『越前二ノ宮　劔神社由緒』には「皇子努力せよ、吾今汝に霊剣を授くべし。之を斎き奉らば賊党直に平定すべし。吾は之れ素盞《ママ》嗚尊なり」とある。(35)『日本書紀』では忍熊皇子は謀反を企てたとして討伐され、近江国瀬田川の戦いで薨じたとあるが、由緒によれば越前国に生き延びていた。近江・丹波・若狭を経由して敦賀に至り北国に向けて出航したが、玉川浦（現在の越前町玉川）に上陸すると楯巌窟に落ち着いた。そして民を困らせる賊党と戦うが、苦戦する。その難を避けたとき霊夢があり、「われがお前に霊剣を授けよう。この剣をもってすれば、賊党はたちまち平らぐであろう。われは素盞嗚尊である」と告げた。翌日、忍熊は賊兵を捜索すると、座ヶ嶽で伊部臣に会い神剣を得た。その剣により戦いに勝利をおさめると民は安堵した。忍熊は神剣を素盞嗚尊の御霊代として社殿を造り奉祀した。それが劒神社である。のちに忍熊が薨じたとき、その威徳をたたえ都留伎日子命と慕った。民などがその恩に感謝し、剣の社尊に配祀し、ともに一座とし剣大明神として崇めるようになった。

由緒では琵琶湖で死んだはずの忍熊皇子が生き延びており、織田に流れ着いたあと伊部臣に授かった素盞嗚尊の神剣を使って賊党を征伐し、その霊代と祀ったのが始まりで、素盞嗚尊はここにあらわれる。織田の民たちが忍熊皇子の死後に祀ることにより配祀されるので、現在の祭神と齟齬はない。縁起a～cでは素盞嗚尊は登場しないが、由緒では忍熊皇子との関係がうまく語られている。その一方で素盞嗚尊の記述を追うと『丹生郡神社明細帳』にたどり着く[36]。

石川県管下越前国丹生郡織田村第百十三号字金栄山一番地

県郷社　　剣神社

一　祭神　素佐男命

一　由緒　勧請人皇七代　孝霊天皇御宇ノ頃座ヶ嶽ト申処ヘ降臨ス其後　神功皇后甲子年日本武命ノ御子忍熊王子今之処ヘ再ヒ勧請シ給フ此王子タルヤ史ニハ近津淡海国瀬田ノ渡リニテ水没シ賜ト有レトモ実ハ越ノ道ノ口敦賀ノ海ヨリ丹生郡玉川浦楯ノ巖窟ヘ航海シ玉フ其頃当地ニ悪賊多ク屯集シ民家ヲ悩乱セシヲ見テ之ヲ哀ミ玉ヒ退譲セラルヽキニ剣神ノ加護ニ依リテ易ク退ケ玉フナリ其由縁タルヤ

（『丹生郡神社明細帳』）

祭神は素佐男命であるが、由緒中には忍熊王子が座ヶ嶽から現在の地に勧請したとあり、そのあとは越前での活躍が簡潔に記される。忍熊による悪賊撃退は剣神の加護とあるだけで、素佐男命ではない。なお忍熊皇子が日本武命の御子とあるのは『上坂津右衛門家文書』「剣大明神社殿、鳥居修復記録」（弘化四年）にある記述をもとにしていた可能性が高い。次に、渡辺市太郎の『若越宝鑑』（明治三十二年刊行）には、劒神社の境内を描いた「剣神社之景」があり、由緒が以下のように記されている[37]。

郷社　剣神社
　祭神　素佐男之命
　配祀　忍熊皇子
織田神社
　祭神　足仲彦天皇　誉田別天皇
末社　稲田姫神社　薬師神社　小松神社　塞神社　稲荷神社

剣神社ノ創祀ハ神功皇后甲子年　仲哀天皇第二皇子忍熊王子ノ創祀シ給フ社ニシテ本皇子ハ正史ニ近江国勢太ノ渡リニ捐シ給ヒシトアレドモ実ハ潜カニ越ノ国ニ間行シ角鹿（今敦賀）ニ来リ玉ヒキ其頃北ノ国ハ悪賊逆威ヲ逞フシ国人ヲ悩乱シ民皆ナ皇化ノ恩沢ヲ蒙ル能ハザリシカバ皇子甚タ之ヲ憐ミ給ヒテ賊ヲ征罰シ給フ時ニ賊ノ巣窟ハ丹生郡玉川浦ノ巌屈ニシテ（今猶ヲ巌屈存ス屈中甚タ広ク二千余ノ人ヲ容ルヲ得ベキ大窟ナリ）皇子且ツ戦ヒ且ツ進ンテ賊ノ巣窟ニ薄リ戦ヒ給ヒシニ賊党殊死シテ戦ヒ却テ賊ノ為メニ窮追セラレ既ニ危カリシカバ森林（今ニキラズガモリト云フ）中ニ入リテ老樹ノ朽穴ニ潜匿シ給フ時ニ皇子識ラズ知ラズ疲労ノ余リ睡リ給ヒシカバ夢ニ天ヨリ声アリテ告ゲ給ハバ皇子努力セヨ吾今汝ジニ霊剣ヲ授ケン是ヲ斎奉ラバ賊党直チニ平クル事ヲ得ン吾ハ是レ素佐男之神ナリト告ゲ給フ夢覚テ身辺ヲ視ルニ奇ナル哉最モ尊キ神剣アリ皇子斎戒沐浴シテ霊剣ヲ懐中ニ納メ再ビ賊ヲ討伐シ給ヒシガ賊勢漸次ニ挫ケ月余ニシテ尽ク平定シ給ヒ民カ塗炭ノ営ヲ救済シ給フ事ヲ得タマヒキ因リテ霊剣ヲ素佐男之命ノ御形代トシテ社ヲ造営シ自ラ奉斎シ給フ今ニ霊剣ヲ神体トス而シテ忍熊皇子薨去シ給ヒテ後チ民皆ナ皇子ノ恩頼ヲ感拝シテ剣神社ニ合祠ス

其後　応神天皇篤ク御崇敬アラセラレ剣神社ヲ隆盛ナラシメ給ヒシヲ以テ後人　応神天皇及忍熊皇子ノ父命　仲哀天皇ヲ合祠シテ織田神社ヲ創設セリ

（中略）

明治三十一年八月刻

（『若越宝鑑』「剣神社之景」）

祭神は素佐男之命で、忍熊皇子は配祀の位置づけである。日本武尊の記述は認められない。一方で、先に引用した『丹生郡神社明細帳』には追記と訂正が認められる。「県郷社」の上には「明治三十四年十月十八日昇格」と追記がなされる。祭神の「素佐男命」の箇所には取り消し線が引かれ、横に「素戔嗚尊」と記され、その下に「昭和三年六月三十日訂正聴許」、「配祀／気比神　昭和三年六月三十日祭神尚昌ラカ聴許」と加えられる。三行目の日本武命の「命」も「尊」と訂正される。明治三十一年（一八九八）の時点では「素佐男之命」で、昭和三年（一九二八）には「素戔嗚尊」と変更している。『剣大明神略縁起并来由之事』『越前国名蹟考』にはその記述はないので、明治時代以降に国家神道の展開のなかで祭神として忍熊皇子の立場が弱くなり、天津神たる素盞嗚尊が強調されたことを意味している。

その背景には明治三十四年（一九〇一）の県社、昭和三年（一九二八）の国幣小社昇格に際しての申請がきっかけであったとみられる。(38) 特に「剣神社之景」は明治後期の認識であり、祭神が素佐男之命、配祀された忍熊皇子の事績と素佐男之命との関係性も示している。忍熊に霊剣を渡したのも明治初期には剣神であったが、明治三十年代には素佐男之命、昭和三年には素盞嗚尊へと変化している。しかも伊部臣に渡された素盞嗚尊の神剣がきっかけで、忍熊皇子が再び賊党にいどみ勝利をおさめ両者は結びつく。注目するのは「剣大明神略縁起」の霊夢のシーンである。『越前二ノ宮　劔神社由緒』『若越宝鑑』では忍熊皇子に神剣を授けたのは素盞嗚尊（素佐男之神）で、両者の会話の最後に正体を明かす。これは縁起aの第二段後半にある奇瑞の場面がもとになった可能性が高い。荒暗嶽（座ヶ岳）から織田の神林（現在の鎮座地）に遷座する際、剣大明神が香椎某に対して剣神と答えた点が素盞嗚尊の告白シーンに酷似しているからである。

まとめると、最古の縁起の忍熊皇子の霊夢と剣神の告白がモデルとなり、明治初期に素盞嗚尊が神剣を授けたシーンが語られることとなった。従来の縁起では英雄として崇敬された忍熊皇子の存在が前提にあり、その活躍など業績に関する内容が重点的に語られていたが、明治時代以降に素盞嗚尊が主、忍熊皇子が従の位置づけとなり、ひとつに結び付いたとみられる。劔神社は明治七年（一九七四）に郷社に列せられると、明治二十八、三十四年（一八九五、一九〇一）の昇格願のあとに県社、昭和三年（一九二八）には国幣小社に昇格する。こうした申請運動のなかで「伊部郷座ヶ嶽の峰に、五十瓊敷入彦命が鳥取川上宮に在りて作らしめ給ふ神剣を伊部の臣が奉斎して鎮座し給ふ」との内容が加えられ、現在のような由緒の形に整ったものと考えている。

三　剣御子神と忍熊皇子の関係性

剣神社では古くから忍熊皇子が祀られ、一部に草薙剣と日本武尊の記事が看取できるのは織田神社の所伝が混作したことによるもので、その生存の異伝についても忍熊が祀られたことに由来し、しかも祭神である素盞嗚尊との関係は明治時代以降に語られた可能性を考えた。縁起内での忍熊皇子の位置づけが高いことは明瞭であるので、気比神の御子である剣御子神の実態を探るうえで、その出自や活動などに関する記録をもとに補足する。まず『上坂津右衛門家文書』には以下のような記述がある。(39)

御家中様
御寺院様
五十三ヶ村氏子中

一北陸総鎮守
正一位勲陸織田剣大明神と申奉るハ、人皇十四代之帝仲哀天皇第二之王子、日本武尊之御子天利剣尊と申奉る
一当国梅ノ浦山中に大成る岩穴阿り、鬼賊住て北陸道之万民を悩す事数々知らず、是故、北陸人日夜悲想之声山野に喧く勅命阿り、天利剣尊御手草薙宝剣を持、角鹿庄五幡村において天ヨリ受候う五色の御幡を先陣にすめ鬼賊を御征罰阿り、遂に郡賊面縛す、賊ヲ埋る所今に首塚と言、御戦場ヲ血壇と申、血流りし所玉川村と言、鬼首は御神殿之宝蔵に納り、数度ノ御戦場に自然神霊居り、故に悪魔降伏武運神社と尊敬し、北陸之国々より貢を献たり、後年神霊之加護ヨリ、神護景雲四ノ時豊後国ヨリ釣鐘ニ龍を献たり

（『上坂津右衛門家文書』「剣大明神社殿、鳥居修復記録」）

剣大明神は仲哀天皇第二皇子のことで、日本武尊の御子である天利剣尊だと記している。つまり忍熊皇子は日本武尊の皇子で、仲哀天皇の兄弟との認識である。後半は天利剣尊による鬼賊退治の活躍が語られるが、その際に忍熊は草薙宝剣を持っていた。弘化四年（一八四七）の年紀から江戸末期の認識であるが、『丹生郡神社明細帳』でも日本武命の御子の忍熊王子で仲哀天皇と兄弟とあるので、縁起などの伝が影響したとみられる。出自に混作はあるものの、剣神社の縁起ではその武人たる性格が具体的に語られた点に特徴がある。なお書写年代は不明であるが、もうひとつの縁起『剣大明神略縁起（二）』にも以下のように記されている。(40)

抑織田剣大明神と申奉るハ、人皇拾四代之帝仲哀天皇第二乃王子忍熊王と申す、時に東夷蜂の如く起りて中国に乱入し帝都を窺ふ、足仲彦尊得勅命あり忍熊王先陣として弓矢執り出張し種々乃神変顕れ、忽天狄露深く敵味方面を看わけ難く諸卒心を惑し、或は日夜火雨降りて夷賊を焼殺す、東夷大将蟻秦王遥看海中乃逆波に沈む、諸卒退治す、是軍功よりて草薙乃御剣を給ふ、同勅命ありて天利剣尊と成り給ふ

一　武煬と云い勇士有りて天下を奪と諸賊蜂起し則足仲彦尊征罰し給ふ、先陣立天利剣尊一百八十一神を率し武煬が館を囲む、煬は亦才横得て出て相戦時に、天利剣尊御手鋒自飛て忽武煬が心を串く、煬立処に死す云

一　蒙古より日域を襲わんと欲し数万船来る、時に北陸海に足仲彦尊同天利剣尊を前陣として、大小御合戦あり、不審義哉、天利剣尊御剣飛去り宇宙を回り忽飛忽に下り郡《（ママ）》賊を払ふ、大将嚕伯懯伮が頭を貫く諸卒退治す首を以北陸乃地理しむと云う

一　天利剣尊越前国角鹿庄に御帰陣有り、天より五色乃幡五つ流下る、則是処今に五幡邑と云

（『剣大明神略縁起（二）』）

剣大明神は忍熊皇子とあるので、従来の縁起や由緒と同様に剣神社に祀られていたことを示している。東夷・夷賊・蒙古など国内外の外敵に対して足仲彦尊（仲哀天皇）からの勅命を受け、忍熊皇子は先陣を切り戦い、その軍功により

草薙乃剣を賜り天利剣尊となったとある。つまり忍熊皇子＝天利剣尊との認識である。こうした仲哀と忍熊の関係は『剣大明神略縁起并来由之事』「織田剣大明神記録」には以下のように記されている。(41)

一　人皇第二綏靖天皇治世到于御宇、笥飯大明神者現黒飯之形入于広国三尺笥中鎮座黒飯之形者是曰奇魂也、于高志国　角鹿按後世並祭於仲哀天皇則奉崇気比大明神、同太子剣大明神者鎮座于同織田庄也、按後世合祠於忍熊皇子、則奉名剣大明神也、或以剣大神言大神之太子別有深秘伝受云云

笥飯大神所謂保食神也、豊受神同体之更問焉、神代於豊葦原国有神名保食神即五穀初生神也、自口出飯内自身生五穀蚕糸及万物種子牛馬云云

按気比大明神伝習父母剣大明神亦習太子矣、必笥飯出陣為先鋒神退治蝦夷、而衛護皇基矣云云

人皇第七孝霊天皇治世当于御宇、於備前国有勇士名武煬乖王命欲奪於天下即勅于笥剣大神令征罰焉、先駈剣大神率於八百万神圍於煬舘亦横戈出戦焉、其時剣大神手鋒自飛出串煬心煬之所死矣、其時帝勅以剣大神被奉崇北陸道守護神宣旨給云云

一　人皇第九開化天皇御宇十九年、従蒙古国欲襲於日域諸神浮于北海退焉、殊南越笥飯大神与前陣剣大神同挙丘以屯矣

即時剣命手鋒飛于虚空忽貫首於大将嚕伯帝慇仭首伴神抜刀取於首其首令埋于日本地矣

此時剣命被奉崇授宣旨正一位剣大明神云云

（『剣大明神略縁起并来由之事』「織田剣大明神記録」）

第一段では日本武尊の鎮座地とされた剣宮であったが、第二段では気比大明神との関係性が語られる。綏靖天皇のとき笥飯（気比）大明神は黒飯の形を現し三尺の笥中に鎮座していたとある。黒飯の形は奇魂で敦賀に鎮座していたが、のちに仲哀天皇を並祭し気比大明神として崇めると、同じく織田に鎮座した太子の剣大明神には忍熊皇子を合祀し剣大明神と名付けた。つまり気比と剣は親子神を形成し、気比大明神には仲哀天皇、剣大明神には忍熊皇子が祀られている。加えて孝霊天皇のとき気比神の出陣に際して剣神が先頭に立って蝦夷などを退治し、開化天皇のとき挙兵時に笥飯

大神の前陣として剣大神が配されるなど、ともに武神としての性格が示されている。

二つの縁起から気比神の先鋒を行き敵を殲滅する剣神の姿が忍熊皇子に重ね合わせられ、父仲哀天皇とともに武の象徴として語られる。それは敦賀が宮都から最短距離に位置する日本海沿岸地域の軍港で、対外交流や蝦夷征討の拠点として機能していたことと関係し、氣比神宮の北陸総鎮守などの呼称にもつながる。両神の深い関係はその鎮座地にあらわれる。座ヶ岳を介して南北一直線に並ぶという位置関係を重視すると、気比神が本宮で御子神の剣神は奥宮となり、劔神社の御幸大祭などで練り歩く二基の神輿（白雉を乗せる気比神と青雉を乗せる剣神）にも象徴される。(42) 気比神とその御子神という以上に仲哀天皇と忍熊皇子の合祀でも親子関係が成立するので、剣御子のなかに忍熊皇子の姿が重ねられて剣御子神社にその霊が祀られたことにもつながった可能性が高い。

第三節　御子の削除とその経緯

一　仲哀天皇と忍熊皇子の不遇な死

仲哀天皇と忍熊皇子の人物像と経歴について記紀にもとづき整理する。『日本書紀』仲哀天皇紀では以下のように記される。(43) 足仲彦（仲哀）天皇は日本武尊の第二子、容姿端正で身丈は一〇尺をはかり、三一歳で皇太子になると即位後の二年一月に気長足姫尊（神功皇后）を皇后とする。同年二月には敦賀に訪れ行宮を建てて住んだ。笥飯宮である。八年には熊襲征討のため皇后とともに筑紫の橿日宮に赴いた。宮にて神があり皇后に神がかりし、熊襲ではなく宝の豊富な新羅があるので、自分を祀ると服従するだろうと告げる。海を眺め確認した足仲彦はそのような国はなかったとし、自分を欺く神に対して疑いの心をもつ。神は再び皇后に託して国がないという言い訳で実行しないならば、皇后の身ごもっている御子がその国を得るだろうと告げる。九年二月五日に天皇は急病となり、翌日五二歳で崩じたが、皇后と武内宿禰は喪を隠し国中に知らせず葬儀をおこなわなかった。さらに神の言葉を採用しなかったので、亡くなったとある。そして神功皇后摂政前紀（仲哀天皇九年二月）には足仲彦の死後に皇后は群臣と百寮に命じ、罪を払い過ちを改めて斎宮を小山田邑に造らせている。[44]

『古事記』仲哀天皇段で補足する。[45] 帯中日子（仲哀）天皇は琴を弾き建内宿禰が神おろしの場所にいると、神との会話で西の国の話になる。天皇は大海だけだと答え、いぶかしげに思い琴をやめると、神は怒り黄泉国への一道に向かうよう告げる。建内宿禰は続けるよう勧めると天皇は再び弾き始めたが、間もなく音が聞こえなくなる。すぐに火を点すと天皇は亡くなっていた。驚き恐れて遺体を殯宮に移し、国家的な大祓をおこなうが、その際に全国から幣帛を集めて生剝・逆剝・阿離・溝埋・屎戸・上通下通婚・馬婚・牛婚・鶏婚の罪の類を求めた。建内宿禰は再び神託を求めると、皇后の腹中の子が統治されるべき国と諭している。続けてその名前を問うと天照大御神の御心により、また底筒男・中筒男・上筒男の三柱いわゆる住吉三神だと正体を明かす。

仲哀天皇の死に注目すると、『日本書紀』では原因不明の急病による死で、死後は群臣と百寮が罪を払って過ちを改めたが、『古事記』では神おろしの場所での突然死で、死後は国家的な大祓をおこなったとある。その原因については『日本書紀』では神の意見を採用しなかったからで、『古事記』では神の怒りをかい突如亡くなっている。つまり神の助言を無視しての病死か、神の怒りによる不自然な突然死かの違いである。しかし後者は背後に別の何かが読み取れる。神判は「挙レ火見者」の記述から暗闇で執りおこなわれ、「未二幾久一而、不レ聞二御琴之音一」「既崩訖」の記述から神おろしの場で殺害された状況ともとらえられる。

大祓の成立は天武朝に服属儀礼として創始され、道教的要素が加えられたあと最終的に神祇の儀礼として律令制にも組み込まれ定着したが、元々の祓（解除）は罪を犯した者に財物を提供させて償いをさせる行事であったという。[46] これらの罪に匹敵するものが天皇の死だとすれば、その要因は異常事態ともいえる天皇の殺害であり、社会秩序を乱す重大な出来事であったとみられる。こうした罪と仲哀天皇の死を同列に扱ったことになるので、その死にまつわる出来事がいかに常軌を逸していたかがわかる。殺人にかかる禊は『古事記』履中天皇段にある。[47] 履中天皇は墨江中王の反乱から逃げたあと弟の水歯別命（反正天皇）にその暗殺を命じた。水歯別命は隼人の曽婆訶理を大臣にするとそそのかし、墨江中王を殺させた。今度は水歯別命が酒宴の席で、油断していた曽婆訶理を不意打ちで殺害してしまう。翌日に水歯別命は大和に戻り、「今日はここに泊まって禊をして、明日参上して天皇のいらっしゃる石上神宮を拝礼しよう」と言う。これは個人的な殺人による禊であるが、天皇の死後におこなわれた大祓は国家規模であるので、その異常性が読み取れる。

次に忍熊皇子について『日本書紀』をもとにみてみる。[48]足仲彦（仲哀）天皇と大中媛との皇子が麛坂と忍熊である。忍熊は熊のつく勇ましい英傑の名で、父仲哀が身丈一〇尺とあるのでともに武人のイメージが強い。気長足姫（神功皇后）の新羅征討後に誉田別尊（応神天皇）の誕生を聞き、麛坂・忍熊は幼王に皇位が決まることを恐れて挙兵、異母兄弟同士の皇位継承をめぐる争いが起きる。『古事記』仲哀天皇段には御子を喪船に載せ、皇后が亡くなったと油断させる策略を用いたことが記される。[49]『日本書紀』でも皇后側の偽りの和睦の言葉を信じた忍熊は、全軍に命令して武器を解いて河に投げ入れ、弦を切らせるが、武内宿禰は控えの弦を用意していた。騙された忍熊は敗走し逢坂まで追い詰められ、瀬田の渡りで亡くなると屍は何日か経ってから宇治河で発見される。

以上が顛末である。忍熊兄弟は神功・応神の一派と争い、結果として敗北したが、本来は正式な皇位継承者であった。神功らの策略は強引に皇位を簒奪した行為で、その戦いも卑怯な策略で満ちていた。『古事記』仲哀天皇段によると、神功らは仲哀死後の大祓のあと「この国は皇后の腹中の御子が統治されるべきだ」との託宣が唯一の正当性であった。[50]先に王権の要人であった忍熊兄弟だけに、まだ生まれていない応神が皇位につくこと自体が不自然といえる。その出生についても謎が多い。記紀では父が仲哀天皇、母が神功皇后であるが、『日本書紀』では足仲彦の急病が九年二月五日、崩御が翌日の六日。気長足姫が新羅帰還後の同年十二月十四日に筑紫の宇瀰で応神が生まれた。[51]『日本書紀』神功皇后摂政前紀（仲哀天皇九年十二月条）の「一云」[52]に、足仲彦が亡くなる前の香椎宮で皇后のはらんだ皇子について説明はするものの出生にまつわる違和感は隠せない。仲哀と神功の皇子とするには異説もある。天平三年（七三一）勘註と伝える『住吉大社神代記』に以下のように記されている(53)。

是夜天皇忽病発以崩、於レ是皇后与二大神一有二密事一（俗曰二夫婦之密事通一）、時皇后傷下天皇不レ従二神教一早崩上

（『住吉大社神代記』）

仲哀天皇の没後、神功皇后と住吉大神との間に密事ありとする。その間の御子が応神とは明記されないが、父は住吉大神を思わせる。記紀でも神がかりの時にあらわれ、神託をおこなう住吉三神の存在が見え隠れしている。その出生にまつわる神秘性は応神天皇が新王朝の始祖であったことを意味し、神功皇后とその一派により皇位を奪われたことを物語る。記紀を額面通りにとらえれば仲哀天皇と忍熊皇子はともに非業の死を遂げた存在である。仲哀はその地位にもかかわらず神功皇后一派に殺された疑いがもたれ、忍熊は正統な皇位継承者にもかかわらず反逆者の汚名をきせられる。彼らを打倒して登場したのが応神天皇、その五世孫が継体天皇であり、『日本書紀』では越前国の三国から迎えられた展開となっている(54)。その因縁めいた越前国において気比神社に仲哀天皇、剣神社に忍熊皇子が祀られ、両社は敦賀の地に二者の霊を封じたようにも思える。しかも、太子の応神と名易えをおこなったのは気比神で、仲哀天皇の笥飯宮ゆかりの地であったこととも関係していたのか。気比神とその御子神である剣神という親子神が、そのまま仲哀天皇と忍熊皇の父子関係に当てられたようにも感じ取れる。

二　祭神としての忍熊皇子

剣神社は現在の地に移ったあと忍熊皇子が祀られ、祭神としての地位を確立させるが、その契機と時期については定かではない。「剣大明神略縁起」（縁起a）のなかでは勧請とだけ記されるが、詳しい時期は言及されない(55)。明確なものは明治時代以降の由緒『越前二ノ宮　劒神社由緒』に「神功皇后摂政十三年二月忍熊皇子、今の地に勧請せられたるものなり」、『丹生郡神社明細帳』に「勧請人皇七代　孝霊天皇御宇ノ頃座ヶ嶽ト申処ヘ降臨ス其後　神功皇后甲子年日本武命ノ御子忍熊王子今之処ヘ再ヒ勧請シ給フ」、『若越宝鑑』に「剣神社ノ創祀ハ神功皇后甲子年　仲哀天皇第二皇子忍

熊王子ノ創祀シ給フ社ニシテ」とあり、神功皇后摂政十三年二月の創祀が謳われている。[56] 一方で『越前国名蹟考』所引の「織田社記」には「神功皇后摂政十三年皇太子応神天皇当国行啓之時、武内大臣ニ命シテ祭ラシム」とあり、勧請の年が江戸後期には一般化したものとみられる。[57] なお「織田剣大明神記録」（縁起c）の「神功皇十三年応神太子時令拝筒(ママ)比神」の部分は、『日本書紀』神功皇后摂政十三年二月甲子条の「命二武内宿禰一、従二太子一令レ拝二角鹿笥飯大神一」の記事と関連している。[58] したがって剣神社における武内宿禰大臣に命じて忍熊皇子を祀ったとの所伝は縁起cや『日本書紀』の応神参拝の記述によるものととらえられる。

応神天皇に関する記述は記紀編纂の段階で新しく造作・架上されたとの吉井巖の論証があり、[59] 応神天皇の頃に忍熊皇子が祀られたことは考えにくい。天皇霊・皇族霊が祀られたとすれば、のちほど検討するが天武・持統朝であった可能性が高い。先に国史が剣神、他の史料が剣御子神とあるのは書物の性格で、特に『続日本紀』と『新抄格勅符抄』が近い年代にもかかわらず別表記された点を検討したが、梵鐘の銘文が示すように本来の神名が剣御子神であれば、森浩一の指摘のように御子の略された理由はそこに祀られた祭神のもつ性格が反映し、国家反逆罪に相当する忍熊皇子であればその充分な理由になり得る。[60] 加えて記紀から読み取れるのは忍熊皇子が正統な皇位継承者にもかかわらず非業の死を遂げたことで、それ以前に忍熊皇子が剣御子神社に祀られ、その祟り性も認識されていた可能性が高い。[61]

ただし剣御子神社に忍熊皇子が祀られることで、のちに剣御子神＝忍熊皇子に至るまでに展開したのか、忍熊皇子を織田神社に祀ることで剣御子神社が成立したのかはわからない。ひとついえるのは忍熊皇子の実在性や記紀の真偽はともあれ、国史や『延喜式』編纂時に剣御子神では都合の悪いことから御子が意図的に省かれた点にある。そこで、天皇霊や皇族霊がある特定の神社に合祀されることがあったのか。気比神社に祀られた仲哀天皇について、その天皇霊の合祀と併せて検討する。

まず『延喜式』神名帳に関する注釈を集めた『延喜式神名帳頭註』に以下のように記される。[62]

越前気比郡
気比、風土記云、気比神宮者宇佐同体也、八幡者応神天皇之垂跡、気比明神仲哀天皇之鎮座也
（『延喜式神名帳頭註』）

気比神宮は宇佐と同体なり、八幡は応神天皇の垂跡で、気比明神は仲哀天皇の鎮座地とある。気比神宮と気比明神は越前国の気比神社とその神のことで、宇佐と八幡は豊前国の宇佐八幡神社のことを指す。気比明神には仲哀天皇が鎮座し、宇佐の八幡神は応神天皇の垂跡、すなわち応神が神として鎮座されたとの意味で、両神が同体との認識を示している。(63)『延喜式神名帳頭註』は『延喜式』神名帳の頭註を文亀元年（一五〇三）に吉田兼倶が集めたものとみられるが、現在の祭神とも照応している。「風土記云」とあるのは『続日本紀』和銅六年（七一三）五月に各国で編纂された官選の地誌である「風土記」の逸文とみられる。伴信友は『古本風土記逸文』のなかで「古風土記ノ文トハキコエカタシ」と記すが、明確な根拠は示されていない。(64)応神と仲哀の両天皇の表記はともに漢風諡号で、一部に文武・聖武などの例外はあるものの、淡海三船が天平宝字六～八年（七六二～四）に一斉撰進したとみられるため、奈良時代中期に下るものである。(65)

ちなみに垂跡とは遷座・勧請・鎮座の意で、神を本地とし垂迹もまた神であると説く神本神迹説の影響を考えると一二世紀頃の記述とみられる。(66)垂跡の表記から年代を下げるべきだが、風土記の内容を頭註に記す際、当時の表記に改めたことも考えられるので、『風土記』の記述ではないとして排除はできない。何より気比神や八幡神の神階の高さや、皇族への奉授とされる品位のあり方から、気比神社と八幡神社に天皇霊が祀られ、気比と宇佐の神が同体として認識されていた可能性は充分にある。

次に気比神と仲哀天皇、剣御子神と忍熊皇子、八幡神と応神天皇、三つの関係性について検討する。諸神への神階奉授については奈良時代より史上にみられ、本来王臣に授与するべき位階制度が神社行政面にも採用されるに至ったのは、諸神の社格に即応してその序列を整備したというより地域的・個別的な性格が強く、神のもつ霊験に期待したところが大きい。神階奉授の事例は文位が大半で、勲位もその一部に過ぎず、しかも文位中の品位となると三神と事例が

少ない。天平勝宝元年（七四九）十二月丁亥条に「因奉二大神一品、比咩神二品一」の記事が最古で、(67)八幡大神に一品、比咩神に二品を奉授し、その理由が東大寺大仏造立の神助によることは第三章で指摘した。(68)

品については『令義解』官位令では以下のように規定されている。

（『令義解』官位令第一）

一品 謂、品位也、親王称レ品者、別二於諸王一、公式令云、応レ叙者、親王四品、諸王五位、諸臣初位以上、是也

品とは位といい、親王は品を称する者は諸王と区別される。また『令義解』公式令 品位応叙条では、以下のように規定されている。(69)

（『令義解』公式令第廿一 品位応叙条）

凡応《クハ》レ叙《ス》、親王ニ四品、諸王ニ五位、諸臣ニ初位以上

親王への叙品は一品から四品までの四階からなる。『続日本紀』大宝元年（七〇一）三月甲午条に位階制度の大綱が示され、同年七月壬辰条の「三品刑部親王」の事例から『大宝令』における品位制の施行がうかがえる。(70)一方で諸神への初見は天平勝宝元年十二月丁亥条の八幡大神・比咩神の事例で、他に二例しかない。仁寿二年（八五二）二月に備中国の吉備津彦神（四品、貞観元年正月に二品）、貞観元年（八五九）正月に淡路国の無品勲八等伊佐奈岐命（一品）に対してである。(71)品位は皇族に与える位で、神々では孝霊天皇の皇子である吉備津彦と皇祖たる伊佐奈岐命である。そのため八幡大神・比咩神に対する一品・二品の奉授は、皇族ないし皇祖の祖として認識されていたとみられる。(72)国史では両神の旧位が記載されないことから、それ以前に無位・無品であったかは分からない。第三章で天平十七年（七四五）時点での三位・三品の可能性について触れたが、異例の高さは祭神と関係した可能性が高く、有力視されたのは応神天皇である。初見は「弘仁六年十二月十日解状」で、他の史料への引用として確認できる。ひとつが『宇佐八幡宮弥勒寺建立縁起』で以下のように記される。(73)

右大御神《菩薩》者、是品太天皇御霊也、磯城嶋金刺宮御宇天国排開広庭天皇欽明天皇也、御世、於二豊前国宇佐郡御許山馬城嶺一、（中略）始顕坐、爾時大神比義、歳次戊子、（中略）始建二鷹居社一而奉レ祝之、即供二其祝一、孫多乎若此三字誤歟、義理不レ通、経二多年一歟、更改移二建菱形少椋山社一矣、以上弘仁六年十二月十日神主正八位下大神清麻呂解状也、

（『宇佐八幡宮弥勒寺建立縁起』）

八幡神は品太天皇の御霊だとあり、『日本書紀』「誉田天皇」、『古事記』「品陀和気命」の記載から応神天皇を示している。割注には「以上弘仁六年十二月十日神主正八位下大神清麻呂解状也」とあるので、その記述が正しければ八幡神＝応神天皇との認識が弘仁六年（八一五）頃に存在したことになる。『宇佐八幡宮弥勒寺建立縁起』が承和年間（八三四～四八）に成立したことを考えると、平安前期には流布していたとみられる。もうひとつが『東大寺要録』巻第四で、以下のように記される。[74]

太《政官カ》符　太宰府

応令大神宇佐二氏　八幡大菩薩宮　事

右得二太宰府解一偁、撿二案内一府去弘仁六年十二月十日解偁、得二神主正八位下大神朝臣清麿等解状一偁、件大井是亦太上天皇御霊也即磯城嶋《欽明天皇》金刺宮御宇天国排開広庭天皇御世、於二豊前国宇佐郡馬城嶺一始現坐也、爾時大神朝臣比義以二歳次戊子一始建二鷹居瀬社一而即奉レ祝二孫多宇一更改移二建菱形小椋山社一、即供二其祝一

（『東大寺要録』巻第四）

太上天皇の御霊とあり、具体的な名は記されない。太上天皇とは譲位した天皇の呼称であるが、譲位の初見は『日本書紀』皇極天皇四年六月庚戌条の「譲二位於軽皇子一」で、太上天皇の初見は『続日本紀』大宝元年（七〇一）六月庚午条の記事である。[75]『大宝令』『養老令』では太上天皇は退位した天皇のことで、退位とともに付与される称号・地位として定められている。[76]しかも他から与えられるものではなく、持統・元明・元正・聖武・孝謙・光仁が退位した際に太上天皇になったとの記事はみられない。飯沼賢司は『日本霊異記』にある「聖武太上天皇」「勝宝応真聖武太上天皇」の事例や、八幡神の出家日の宝亀八年（七七七）五月十九日と聖武天皇の葬られた日付との共通点を見出し、聖武太上天皇の霊だと述べる。[77]九世紀中頃に八幡大菩薩＝太上天皇霊という認識が改められ、八幡大菩薩＝応神天皇霊説が広く一般化し、縁起での官符内容の書き換えが起こったとみている。となれば八幡神＝応神天皇は確定的ではないが、後世の記述と日付の一致などでは根拠が乏しい。『大宝令』『養老令』で定める太上天皇は天皇と同じ、あるいは天皇に並ぶ地

位にあるものとして位置づけられているので、太上天皇とはそれに類する地位の人物との認識があったかもしれない。

一方で『東大寺要録』巻第四収載の諸神社「八幡宮」の項には以下のように記されている。(78)

　我是日本人皇第十六代誉田天皇広幡八幡麿也　（『東大寺要録』巻第四）

託宣では我は誉田天皇、広幡八幡麿だとあり、応神天皇は八幡神と同体とみられている。この記述は『扶桑略記』欽明天皇三十二年正月甲子条にも引用される。(79)

　又同比、八幡大明神顕二於筑紫一矣、豊前国宇佐郡厩峯菱潟池之間、有二鍛冶翁一、甚奇異也、因レ之大神、比義絶レ穀、三年籠居、即捧二御幣一祈言、若汝神者、我前可レ顕、即現二三歳小児一「云」、以レ葉託宣云、我是日本人皇第十六代誉田天皇広幡八幡麿也、我名曰二護国霊験威身神大自在王井一、国々所々垂二跡於神明一、初顕坐耳、一云、八幡大井初顕二豊前国宇佐郡馬城岑一、其後移二於菱形少倉山一、今宇佐宮是也、（已上出二彼縁起文一、）　（『扶桑略記』第三）

「已上出二彼縁起文一」の補記から、この縁起文は『扶桑略記』編纂以前の成立で、八幡神＝応神天皇の認識が平安時代に流布していたことを示す。こうした認識を奈良時代に遡らせる見解がある一方で、(80)金光哲は「日本人皇第十六代誉田天皇」の表記が寛弘六年（一〇〇九）に近い頃から寛治八年（一〇九四）までの現象とし、その他「大明神」の表記など厳密な史料批判から院政期まで下げて考える。(81)しかし金の見解では神階の高さや品位奉授の理由が説明できない。二宮正彦は応神天皇を祀ることについて奈良時代の品位制が原則として親王を対象とするので、天皇に対する品位奉授は不相応だと指摘し、(82)天平三年（七三一）に勘註したと伝える『住吉大社神代記』の記事を取り上げる。(83)

　一云、田裳見足尼取レ石、搓二御裳一挿二御裳腰一祈白、産吾広国美土賜、爰脱レ石落、因耶波多佐波奈良波佐志止白、強挟挿支、仍八幡止皇子白、随レ祈賜止、誉田天皇止号申、故改レ名手搓宿禰止詔賜　（『住吉大社神代記』）

二宮はこの記事から誉田天皇＝八幡皇子＝八幡大神という神格が認められ、品位奉授は八幡神が誉田皇子と信じられていたからで、先の縁起文に八幡大神が三歳の小児として顕形するという伝承の存在によっても納得されると述べる。(84)八幡神は戦勝旗に由来する武神であるが、応神天皇の実績からは武の印象を感じない。ただ『古事記』仲哀天皇段には誉田皇子は生まれたときに鞆のような肉が腕に付き、腹中にいたときから征韓にたずさわり国を治めていたとあり、『日本書紀』応神天皇即位前紀でも同様に記され、神功が男装して鞆をつけたのに似せられたとある。(85) 記紀の新羅征討説話にもとづいて八幡神社に誉田皇子が祀られ、その認識のもとで品位奉授がなされた可能性が高い。なお『越前国風土記』の逸文には八幡神社に応神天皇が祀られたとあるので古い認識を示す事例と考えたが、同体であれば気比神社に仲哀天皇が祀られた点と矛盾している。気比大神と応神天皇が名易えの関係で、気比＝応神、気比＝仲哀、応神＝仲哀ともとらえられるが、ここでは気比と宇佐の同体説は気比神社と八幡神社に同じ仲哀天皇が祀られていたと考えたい。宇佐は隼人征討の軍事基地で、八幡神は征討ゆかりの神である。つまり飛鳥時代末期から奈良時代初期にかけては隼人征討の関係で、荒ぶる天皇霊でもある仲哀天皇が元々祀られていて、七二〇年代になり東アジアの緊張関係から新羅征討ゆかりの神功皇后・応神天皇を祀るようになり、その最初は筑前に鎮座する八幡神社であった可能性が高い。

三　天皇霊・皇族霊の付与

八幡神は一品の前に三位の神階を受け、その背景として最初に仲哀天皇、次に誉田皇子が祀られた可能性を検討した。気比神についても『新抄格勅符抄』所引の大同元年牒の従三位の記載から天平三年（七三一）か、それ以前に従三位が授けられ、その理由は諸説あるものの、そこに祀られた天皇霊との関係性が指摘できるので、まずは『気比宮社記』を検討する。(86)

又曰、推古天皇吉貴二年《（ママ）》乙卯八月四日、瑞雲靉ヒキ都奴賀ノ地加比留ノ山嶺光彩耀々タリ乎、浦人仰瞻怪之其夕託角鹿ノ小海ノ直之小児宣ハク朕ハ是坐于穴門豊浦宮御メス天下足仲彦天皇也、恒ニ護皇基衛国家垂ス跡於笥飯ノ浦宣以祭朕於笥飯ノ神ノ宮焉、重日奇雲靉ヒキ于幸臨山（今謂天筒）光輝燿々タリ焉、因茲奏達天廳猶其後奇瑞数也、至文武天皇御宇勅メ令造営笥飯神宮任神託足仲彦天皇気長足媛尊於笥飯宮為相殿大宝二年壬寅（一日八月四日寅尅）奉勧請于同殿也、中央ハ仲哀天皇西方ハ神功皇后東隅ハ保食ノ太神也、是謂本宮三座矣、日本武尊於東

殿宮ニ誉田天皇於総社宮ニ武内宿禰於西殿宮ニ玉妃命於平殿ノ宮ニ奉ニ崇祀一、而奉レ称ニ気比太神宮一者也、蓋延喜式ニ
所謂気比ノ神社大七座是也　（『気比宮社記』巻一「本宮祭神三座」）

推古天皇三年（五九五）加比留の山嶺に瑞雲がたなびき光彩耀々としたとき角鹿の小児に神がかり、自分は仲哀天皇で笥飯神宮に祀るべしとの託宣をおこない、大宝二年（七〇二）文武天皇の勅令により社殿の造営に際して仲哀天皇と神功皇后を合祀し、のちに東殿宮に日本武尊、総社宮に誉田天皇、西殿宮に武内宿禰、平殿宮に玉妃命が奉斎されたと記される。現在は本殿に主祭神として気比大神・御食津大神・保食神とも称する伊奢沙別命、合祀された仲哀天皇・神功皇后の三座が祀られ、四社の宮を含めると『延喜式』巻第一〇 神名下の「気比神社七座」に照応する。社記では六世紀末頃に瑞雲が契機となり仲哀天皇が祀られると、八世紀初頭の社殿造営に伴い仲哀天皇と神功皇后が合祀されたことになる。

そもそも天皇霊とは何か。注目するのは『日本書紀』敏達天皇十年二月条の「臣等若違レ盟者、天地諸神及天皇霊、絶ニ滅臣種一矣」の記事で、[87]この性格や評価をめぐっては議論がある。岡田精司は天皇霊とその聖地である三輪山との密接な関係を示すある種の服属儀礼を背景にした説話で、天皇の威力・権威の根源ともいうべき霊魂が存在し、それを身につけたものが大王の聖なる資格を得るというものだと考えた。[88]熊谷公男は、折口信夫のいう浮遊性・付着性を具有する「まなあ」を意味するのではなく、[89]天皇霊皇祖の諸霊を意味し王権の守護霊とする信仰の存在を示し、それを前提とした王権への服属儀礼と解されている。[90]これに対して小林敏男は『日本書紀』の九つの言いまわしを取り上げ、㈠当代天皇の霊（五例）、㈡神祇の霊（二例）、㈢皇祖の霊（二例）の三つに分類し、天皇霊と皇祖の霊とは区別されていることから、天皇霊＝大王霊をめぐる儀礼は敏達紀の記事からは証明されないとした。[91]

三つの性格について小林は、そのほとんどが異族の征服・服属の場面で発せられる言葉のなかにあり、天皇は自身に内在している強力な生命霊（力）そのもので、聖性をもつあるいは聖的存在であるがゆえに敵を圧倒し味方を守護するとの観念ないし信仰が形成されたと述べる。赤坂憲雄も『日本書紀』の八例はミコトノリ・上表文・誓約の祝詞中にあ

らわれ、一例を除いた七例は異族との戦争・征服や内乱といった状況下で、皇子・外国の使者・異族の首長らが天皇に、あるいは天皇・皇后が海神や外国の使者にむけて発した言葉のなかに見出されると指摘する[92]。そして天皇・皇祖の霊が絶大な威力をもって異族や敵対者を圧倒し、味方を守護してくれるとの観念が共通の状況下で発せられた呪的な文言をささえていたと述べる。

となれば宇佐の八幡神社には隼人征討、越前の気比神社には蝦夷征討の天皇霊がそれぞれ祀られて、蛮族の平定に際して絶大な威力をもつに至ったことは論理的にあり得る。しかも、ともに気比と宇佐の同体説から仲哀の天皇霊が祀られたとすれば、祟り性を帯びた存在として認識されたがゆえに、その生命力に期待したものととらえられる。横田健一によると八幡神の祭神は多少動揺があり、あるときは熊襲すなわち隼人征討の英雄、景行天皇（オオタラシヒコノミコト）や日本武尊なども祭神と考えられたこともあったかもしれないと指摘する。これらの見解を踏まえると八幡神社に同じタラシヒコとつく足仲彦天皇、すなわち隼人征討ゆかりの天皇霊が祀られ、実際七〇〇年代初めにその征討で功をあげた可能性も考えられる[93]。

では、天皇霊が気比神社や八幡神社に祀られることがあったのか。佐藤弘夫の見解にもとづけば、社殿に祀られることは神の定住性・常駐性との関係から説明でき[94]、具体的に以下のように述べる。七世紀末に列島に律令制度にもとづく新たな国家の建設が進むなかで、古墳に常住するカミという社会通念が定着し、カミにまで上昇した天皇霊が恒常的に子孫の天皇を守護する役割をもたせた。天皇陵と天皇霊を結び付ける天皇顕彰システムで、前提として一か所に定着しているとの観念の形成が必要であった。こうした背景には天皇を中心とする集権国家の形成とともに天皇家の祖先神である天照大神を頂点に据えた、神々の世界の再編成が開始されたことが大きい。そのような政治的・社会的契機をきっかけとして、七世紀末の天武・持統朝に王権と関わりの深い神を中心に、特定の社殿に定住して縁の深い人物を守護する観念が定着したという。

こうした見解を踏まえると、気比神社では八世紀初頭の社殿修造とともに仲哀天皇が祀られ、国家の守護神としての役割を担ったと考えられないだろうか。加えて佐藤弘夫は大仏造営にあたり「品太天皇の御霊」である八幡神の上京とその社殿の建立も神々の定住―天皇霊の守護神化という動向の一環ととらえている[95]。劔神社についても中世の縁起ではあるが、神功皇后は武内宿禰を織田へ使わし、亡兄の忍熊を敬慕して剣大神に合祀したと記す。そもそも神は祟りが本質的属性であった[96]。したがって祟り性を帯びた天皇・皇族霊も異族や敵対者を圧倒する存在として天皇陵に留めるだけではなく、特別に社殿に祀ることで国家守護神の対象としたものと考えられる。奈良時代には気比神＝仲哀天皇と認識された可能性もあり、剣御子神が気比神の御子神という性格を踏まえると、飛鳥時代末期から奈良時代初期にかけて気比神社には仲哀天皇、剣神社には忍熊皇子が同じような経緯で祀られた可能性を指摘しておきたい。

四　王誕生の地、敦賀とその異境性

仲哀天皇と忍熊皇子は非業の死をとげた祟り性を帯びた存在で、越国の入口に位置する敦賀の地に祀られた可能性を指摘した。気比・剣の両社に祀られた理由を敦賀という地と皇統の視点から検討する。

まず記紀では忍熊兄弟から皇位を簒奪したのが応神天皇で、その五世孫が継体天皇である。たとえば神功・応神の一連の説話について、敦賀の行幸からはじまり最後の祝宴に至るまでの、神功と応神母子の移動の経路は当時の大陸への二通りの交通路を示している[97]（第20図）。なかでも敦賀は朝鮮と等しい位置関係にあり、他にも内部には興味深い対応関係がひそむ。大和帰還にあたり喪船に乗せられたことは応神の死をあらわし、反乱の試練を経て禊を受けて新しい名を獲得することで再生するのである。死と再生の間に反乱や服属がみられることは、単なる成人式だけではなく新王者誕生の即位式を示している。そして敦賀から帰り皇后の酒宴を受けるのは通過儀礼を経てきた者への祝宴で

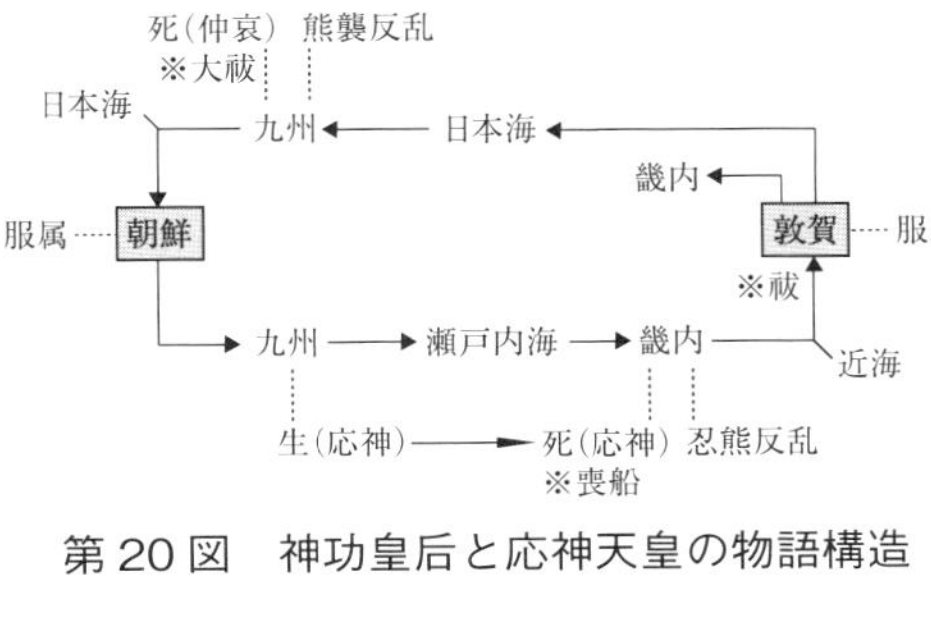

第20図　神功皇后と応神天皇の物語構造

ある。すなわち気比神の鎮座する敦賀は朝鮮とともに王権にとって王を生み出すところ、新しい王の出現する場として位置づけられている。朝鮮と九州の間に海の存在することを考えれば、敦賀と畿内の間に近海（琵琶湖）をはさむことで王は海を越えてくる存在になる。

ところで、神功・応神の一連の説話は物語性が強いにしても、なぜ舞台が敦賀だったのか。それは越国を母体とした継体天皇の影響で、応神の五世孫として位置づけられた関係上、敦賀が王者の出現の場として設定された可能性が高い[98]。足仲彦は結果的に紀伊国から出発して筑紫で命を失うが、敦賀から出兵した神功は幼い応神とともに近畿入りを果たして勝者となるので、敦賀はその行動の出発の地とともに終結の地として位置づけられる[99]。とすれば一連の舞台がいずれも敦賀であったのは、継体即位以前の越国と結び付ける意図があったとみている。

しかも継体と応神とのつながりは神武天皇にも及ぶ。直木孝次郎は継体と神武の共通点について以下の五点をあげる[100]。㈠ともに畿外の地から出て、かなりの年月のあとに大和に入る点、㈡后妃に大和以外に地方の皇族・豪族出身の者もある点、㈢天皇をめぐって大和勢力と地方勢力との対立があった点、㈣ともに磐余という地名に関係が深い点、㈤大伴・物部両氏または祖先の顕著な功績がある点などをあげる。つまり神武伝説は継体朝の史実ないし所伝をもとに潤色・形成したとみられる。しかも応神天皇の事跡についても同じような経緯が想定できる。北部九州生まれの応神が敦賀に立ち寄り大和入りを果たしたと記されたのは、継体が越前から迎えられたので近畿中枢部外より入って即位する前例が必要であった可能性が高い。

神武と応神による西から東への都入りは、ひとつの共通点として注目されるが、そのなかに含まれる南北の方位観も重要である。永藤靖は、神武の南からの都入りと応神の北を目指し都へ帰還する方位観が対称的な世界観を意識的に構築したものだと述べる[101]。南北を意識したあり方は仲哀が都の北の笥飯（気比）におもむき、次に南の紀伊に巡幸して徳勒津宮で熊襲の反乱を聞き出航することともつながる。こうした南北を軸とした観念は『古事記』上巻の神話的方位観あるいは世界観と異なる政治的・経済的なものであり、継体天皇が越前（北）から大和（南）に向かった事情が反映したとみている。記紀によると応神は北部九州生まれで畿外から入った天皇である。神武の実在性はともあれヤマト王権の強力な基盤を築いた継体天皇がそのモデルとなり、しかも神功・応神が敦賀と結びつけられたことも越国とのつながりを重視した結果であった可能性が高い。

加えて森浩一は継体天皇と仲哀天皇の類似点を指摘する。[102]仲哀は神功皇后と結婚する前に大中姫を妃にして麛坂と忍熊の二皇子をもうけ、その後神功との間の子が応神天皇である。一方、継体は即位前の越前にいた頃、尾張連草香の娘の目子媛を妻として安閑・宣化天皇をもうけ、即位後結婚するのが手白香皇后で、その子が欽明天皇となる。つまり主人公としての仲哀と継体、その夫に対してあとに妻ながら皇后の座をしめた神功と手白香、さらに政権の掌握者としての応神と欽明が対比できる。森は、継体天皇が俗に越の大王と呼ばれるように勢力基盤が越前であり、その敦賀は越前の西端にあたるので、『日本書紀』の編者が仲哀と継体との類似性について着目したのであれば、越の地にこだわったのではないかと述べる。

さらにいえば少し複雑になるが、神功・応神の母子説話は振媛と継体との関係性にも及ぶ。『日本書紀』継体天皇即位前紀によると男大迹王は母が振媛、父が彦主人王である。彦主人王を若くに亡くした振媛は「私は今遠く故郷を離れてしまった。ここには親類縁者もなく、私ひとりでは養育することができない。越前国の高向に帰って親の面倒を見ながらお育てしたい」と言い、幼い男大迹王を連れて帰った。[103]つまり振媛は男大迹王を天皇候補に育てあげた人物として描かれ、容姿端正でたいそう美人だと記すのもひとつの顕彰とみられる。振媛と継体の図式が神功・応神のそれと似ているとの森浩一の指摘は重要である。[104]仲哀にみる大和や太平洋側の利権の代表者は瀬戸内海を通って西へ向かい、また神功にみる近江や日本海側の利権の代表者は日本海を通って西へ向かい、結果日本海側の勝利として描かれている。つまり継体即位に関する設定と相通じるところがある。神功皇后の実在性の議論はさておき振媛と幼い継体、神功皇后と幼い応神、時代を超えた二組の母子が重なって見え、さらには持統・文武の関係も思わせる。神功皇后にまつわる一連の伝承の形成に振媛と継体の母子関係が強い影響を与えたとも考えられる。

継体以後の系譜を追うと、欽明・敏達・（押坂彦人大兄皇子）・舒明・天智と直系で続き、継体からの五世孫が天智・天武兄弟となる。特に天武天皇は継体を自らの始祖として認識しており、天武天皇十三年（六八四）十月己卯朔条で規定された八色の姓で裏付けられる。[105] 最高位の姓である真人は、守山公・路公・高橋公・三国公・当麻公・茨城公・丹比公・猪名公・坂田公・羽田公・息長公・酒人公・山道公の一三氏があるが、守山・路真人は壬申の乱関係として除くと、『古事記』応神天皇段では三国君・波多君・息長坂君・酒人君・山道君・筑紫米多君・布勢君らは継体天皇の曽祖父である意富富杼王を祖とし、真人では三国・坂田・羽田・息長・酒人・山道が該当する。[106] 高橋真人は三国真人と同族とみられる。丹比・猪名真人は宣化天皇（継体天皇の皇子）の皇子である上殖皇子の後裔、茨城真人は継体陵とされる大阪府高槻市の今城塚古墳あたりを本拠地とする氏族など、いずれも継体天皇ゆかりの人物と関係している。[107] つまり真人は継体天皇の近親とそれ以降の天皇・皇子の子孫に与えられるので、天武天皇にとって自らの出自も含めて継体が始祖との観念が強くあったことを示している。

記紀での認識になるが、その神功・応神にまつわる宮廷説話がその編纂の過程で整備されていくなか、仲哀天皇と忍熊皇子を倒して成立した応神天皇の新王朝という認識が七世紀末までに定まると、そのうち非業の死を遂げた祟り性の帯びた存在を、そのゆかりの地に祀ることがおこなわれたと推察する。人あるいは死霊を神に祀る風習は、御霊信仰という形で奈良時代末から平安時代にかけて始まるとの見解が一般的であるが、上田正昭は奈良時代にその萌芽を認めている。[108] 人を神として祀る事例は『続日本紀』養老二年（七一八）四月乙亥条に、「筑後守正五位下道君首名卒、（中略）及㆑卒百姓祠㆑之」とあり、[109] 死霊・死魂を畏怖して祀る怨霊信仰についても『続日本紀』天平二年（七三〇）九月己卯条の「又安芸・周防国人等妄説㆓禍福㆒、多集㆓人衆㆒、妖㆓祠死魂㆒、云㆑有㆑所㆑祈」、天平十八年（七四六）六月己亥条の「僧玄昉死、（中略）為㆓藤原広嗣霊㆒所㆑害」に認められる。[110]

さて、敦賀の異境性の視点から仲哀天皇が気比神社に祀られた理由について検討する。仲哀が即位後に熊襲征討をおこなううえでの最初の拠点が敦賀で、仮宮である笥飯宮の造営地であったことと関係している。また応神が一連の皇位継承問題に終止符を打ち、皇后の指示のもとでおこなった禊の地であり、しかも気比大神と応神天皇との名易え説話の舞台でもあった。名の交換は両者が元々同体との認識につながるもので、応神が仲哀の武たる要素をその皇子として受け継いだことを意味している。なお『日本書紀』垂仁天皇是歳条の「一云」によると、崇神天皇のとき越国の笥飯浦に上陸した都怒我阿羅斯等は、最初の渡来人として記されている。[111] 記紀編纂時の近畿中枢部からみると、敦賀の地は異国との境界として認識されていたことも大きい。つまり敦賀の地は朝鮮半島など海を越えた世界と向き合った場所で、ヤマト世界と外部世界の接する境界的な場所と考えられていた。[112]

しかも神功皇后の一連の説話は敦賀に始まり終わる応神天皇の物語構造となっている。応神天皇が戦いのあとの禊の地で、名易え説話ゆかりの地でもあった。祟り性を帯びた霊を祀るには最適の地であったのかもしれない。危険性の高い仲哀天皇と忍熊皇子を敦賀に祀ることはある意味で厄介な存在を追いやり、越国の出入口で異国との境界地に封じ込めておき、恐ろしいがゆえにときにはその戦争の守護神として利用したと考えられる。忍熊皇子を祀る経緯としては武神たる剣御子神が気比の御子神で、仲哀・忍熊の父子関係と照応したとも考えられる。特に忍熊皇子が剣御子神社に祀られたとすれば国家としては都合が悪いので、その御子を意図的に削除して国史に収録するという展開につながってくる。

加えて気比神社と剣神社は初期神宮寺の創建が指摘できる。[113] 気比神宮寺については『家伝』下 武智麻呂伝には以下のように記されている。[114]

此年、左京人、得㆓瑞亀㆒、改㆓和銅八年㆒、為㆓霊亀元年㆒、公嘗夢遇㆓一奇人㆒、容貌非㆑常、語曰、公愛㆓慕仏法㆒、人神共知、幸為㆑吾造㆑寺、助㆓-済吾願㆒、吾因㆓宿業㆒、為㆑神固久、今欲㆘帰㆓-依仏道㆒、修㆗-行福業㆖、不㆒㆑得因縁㆒、故来告㆑之、公疑㆓是気比神㆒、欲㆑答不㆑能而覚也、仍祈曰、人神道別、隠顕不㆑同、未㆒㆑知昨夜夢中奇人、是誰者㆒、神若示㆑験、必為㆓樹寺㆒、於㆑是、神取㆓優婆塞久米勝足㆒、置㆓高木末㆒、因称㆓其験㆒、公乃知㆑実、遂樹㆓一寺㆒、今、在㆓越前国神宮寺㆒是也

（『家伝』下 武智麻呂伝）

藤原武智麻呂が霊亀元年（七一五）に夢で奇人に会い、神の身を脱するために寺院造立を請われたが、この奇人が気比神でその意に添って神宮寺を建立したとある。その成立については上限が『家伝』上　鎌足伝の冒頭にある「家伝巻上　太師」から藤原仲麻呂が大師に任ぜられた天平宝字四年（七六〇）正月四日以降のことで、下限は武智麻呂に対する太政大臣追贈の記事がないことから同年八月七日までと推測されている[115]。また、下巻の武智麻呂伝にある「家伝下延慶」の記述から、その編纂は藤原仲麻呂の家僧の延慶の編纂で[116]、仲麻呂の意向のもとで『家伝』に収められる諸伝が撰修されたとみられている[117]。

気比神宮寺については伝の成立年代から考えて託宣の内容を直に霊亀元年（七一五）の思想とみなすことに疑義を呈す見解はあるが[118]、本郷真紹のように武智麻呂と結び付けて伝えられた点を考慮して、少なくとも気比神の仏教との融合が早い時期から生じており、神宮寺も他と比較して早期に建立されたとみる見解もある[119]。なお、上田正昭は剣神社に伴う神宮寺を初期の事例として取り上げたが[120]、実際に劔神社境内に残る礎石や奈良時代初期の瓦の存在から七一〇年代に創建された可能性は高い[121]。気比神宮寺・若狭比古神願（宮）寺・多度神宮寺などの創建は神身離脱の言説にもとづくが、神が本来もつ祟り性の慰撫に注目した方が理解しやすい。

池上良正の見解にもとづけば[122]、従来は地縁・血縁を基本的紐帯とする共同体的な社会において高い機動性を発揮する〈祟り―祀り／穢れ―祓い〉システムであったが、仏教伝来以降は苦しみ・ねたみ・祟る死者たちの怨念への対処という課題に〈供養―調伏〉システムが見事に応え接合したもので、苦悩し祟る諸神をも慰撫することが期待された結果として神宮寺が成立した可能性が高い。また、般若波羅密多の修行をすれば一切空となって貪欲・忿恚・散乱などの悪い心が消え去ると説かれるなど般若経典は破邪を説くものであるので、人間の生活に災いをする悪霊を滅ぼすために大般若経が利用されたことなどもひとつの要因とみられる[123]。加えて記紀を読み取ると仲哀天皇と忍熊皇子には祟り性が具有しているので、仮にその霊が社殿に祀られたとすれば、その荒ぶる側面を慰撫することが必要で、必然的に神社境内に寺院を創建するとの発想に至ったものととらえている[124]。

おわりに

祭神について縁起・由緒を足がかりに検討すると、忍熊王（皇子）の生存伝承は古くから剣神社に祀られたことを示唆するものと考えた。剣御子神社とは気比の御子神に由来する社名であるが、仲哀と忍熊が親子関係であった点を踏まえると、剣御子自体が忍熊を指した可能性も指摘できる。実際に劔神社に関する奈良・平安時代の史料には剣御子神と剣神の記述が併存し、書物の性格から国史関係については意図的に「御子」の削除がおこなわれていた。削除に至った理由としては忍熊のもつイメージの悪さからくるもので、奇しくも明治時代以降に劔神社が県社ないしは国幣小社への申請に際して忍熊自体が主祭神から外されたことと同じような経緯が想定できる。森浩一が指摘したように忍熊が国家反逆罪という国家にとって都合の悪い人物であったことのあらわれである。

注目したのは氣比神宮に祀られた仲哀天皇、劔神社に祀られた忍熊王、二人のもつ祟り性にある。彼らの王朝を倒して登場したのが記紀のうえでは応神・神功であり、継体以前の新王朝ととらえられる。そして敦賀は神功による新羅征討の出発地で、応神と気比神の名易え説話の舞台でもあった。敦賀と関わるように語られたことは越前国が継体天皇の母体となる地で、越国の入口にあたることが大きく、記紀の記述から王の誕生地として強く意識されていた可能性が高い。古代敦賀に鎮座する両社に二人が祀られた背景には、越国の出入口で異国との境界地に押し込めた意味合いがあり、時には神のもつ祟り性を戦争などに利用していたことも推測した。二人の天皇霊・皇族霊が祀られた時期は佐藤弘夫の見解を援用し、『気比宮社記』の記述を重視すれば記紀編纂時の八世紀初頭と考えた。そこから発展させると、気比と剣の社殿に祟り性を帯びた存在が祀られたとすれば荒ぶる側面を慰撫することが必要で、必然的に神社境内に寺院を創建するとの発想に至ったものととらえている。

注

（1）『越前二ノ宮 劔神社由緒』（杉本壽・山田秋甫『越前国織田荘剣大明神誌』安田書店、一九八八年 所収）。
（2）景山春樹『神体山』学生社、一九七一年。
（3）柳田国男『新国学談 第二冊 山宮考』小山書店、一九四七年。折口信夫『古代研究 民俗篇』大岡山書店、一九二九、一九三〇年。
（4）劔神社による御教示。
（5）堀大介「古代学の視点から泰澄を読み解く二」『越知山泰澄の道 三』越知山泰澄塾、二〇一二年。
（6）堀大介「氣比神宮と織田の劔神社」『第一九回春日井シンポジウム資料集』春日井シンポジウム実行委員会、二〇一一年。
（7）古川登・御嶽貞義「越前地方における古墳時代―首長墓古墳の動向を中心に―」『小羽山古墳群 小羽山丘陵における古墳の調査』清水町教育委員会、二〇〇二年。ここでは織田古墳（墳長三〇メートル、前Ⅵ期?）とある。
（8）古川登「越前町中古墳群分布調査報告」『越前町織田文化歴史館 館報』第一〇号、越前町教育委員会、二〇一五年。
（9）堀大介「平成二十二年度劔神社境内地遺跡発掘調査報告」『越前町織田文化歴史館 館報』第六号、越前町教育委員会、二〇一一年。同「劔神社境内遺跡第二・三・四次発掘調査報告」『越前町織田文化歴史館 館報』第八号、越前町教育委員会、二〇一三年。同「劔神社境内遺跡第五・六次発掘調査報告」『越前町織田文化歴史館 館報』第一〇号、越前町教育委員会、二〇一五年。
（10）堀大介「越前・剣御子神宮寺の検討」『森浩一先生に学ぶ 森浩一先生追悼論集』同志社大学考古学シリーズ刊行会、二〇一五年。［本書第三編第五章］。
（11）古川登「越前町織田劔神社隣接地出土の陶質土器について」『越前町文化財調査報告書Ⅰ』越前町教育委員会、二〇〇六年。
（12）『東南院文書』「越前国司解」（『福井県史 資料編一 古代』「越前国東大寺領荘園関係文書四四」福井県、一九八七年 所収）。
（13）堀大介「第四章 海と信仰 第四節 神地における陶質土器の意味」『平成二十五年度 越前町織田文化歴史館企画展覧会 海は語る ふくいの歴史を足元から探る』越前町教育委員会、二〇一三年。
（14）和田萃「三輪山祭祀の再検討」『国立歴史民俗博物館研究報告第七集 本篇』国立歴史民俗博物館、一九八五年。寺沢薫

「三輪山の祭祀遺跡とそのマツリ」『大神と石上』筑摩書房、一九八八年。
(15) 大場磐雄「磐座磐境等の考古学的考察」『神道考古学論攷』葦牙書房、一九四三年。
(16) 穂積裕昌「古墳被葬者とカミ」『信濃』第六〇巻第四号、信濃史学会、二〇〇八年。同「神まつり」『古墳時代の考古学 六 人々の暮らしと社会』同成社、二〇一三年。
(17) 『剣大明神略縁起并来由之事』（織田町史編纂委員会『織田町史 史料編 上巻』織田町、一九九四年 所収）。
(18) 『古事記』神代巻（倉野憲司・武田祐吉 校注『日本古典文学大系六八 古事記 祝詞』岩波書店、一九五八年 所収）。
(19) 河合千秋 編『福井県の伝説』福井県鯖江女子師範学校郷土研究部、一九三六年。
(20) 『古今類聚越前国誌』巻之四 神社（有馬誉純編纂・杉原丈夫 校訂『古今類聚越前国誌』歴史図書社、一九七三年 所収）。
(21) 『越前国名蹟考』（杉原丈夫 編『新訂越前国名蹟考』松見文庫、一九八〇年 所収）。
(22) 『越前二ノ宮 劔神社由緒』。
(23) 『延喜式』巻第一〇 神名下（黒板勝美 編『新訂増補 国史大系第二六巻 交替式・弘仁式・延喜式』吉川弘文館、一九三七年 所収）。
(24) 『延喜式』巻第二四 主計上。
(25) 丹生郡誌編集委員会『福井県丹生郡誌』丹生郡町村会、一九六〇年。
(26) 「劔神社古絵図」（水島通夫『越前国二の宮 劔神社の歴史』劔神社、二〇一〇年 所収）。
(27) 『丹生郡神社明細帳』「織田神社」。
(28) 『丹生郡神社明細帳』「鏡宮神社」。
(29) 杉本壽「剣大明神の御幸 正／続」『越前国織田荘剣大明神誌』安田書店、一九八八年。
(30) 『剣大明神略縁起并来由之事』。
(31) 杉本壽『延喜式内社剣神社と織田甕』織田町文化研究会、一九八〇年（杉本壽・山田秋甫『越前国織田荘剣大明神誌』安田書店、一九八八年 所収）。
(32) 『越前国名蹟考』。

(33)『神祇志料』（栗田寛『神祇志料』皇朝秘笈刊行会、一九二七年 所収）。
(34)『出雲国風土記』「嶋根郡山口郷」（秋本吉郎 校注『日本古典文学大系二 風土記』岩波書店、一九五八年 所収）。
(35)『越前二ノ宮 劔神社由緒』。
(36)『丹生郡神社明細帳』「剣神社」。
(37)『若越宝鑑』「剣神社之景」（歴史図書社『若越宝鑑』別巻・図録、一九七三年 所収）。
(38)水島通夫「一七 国幣小社昇格」『越前国二の宮 劔神社の歴史』劔神社、二〇一〇年。
(39)『上坂津右衛門家文書』「七六 剣大明神社殿、鳥居修復記録」（『織田町史 史料編 上巻』織田町、一九九四年 所収）。
(40)『剣大明神略縁起（二）』（織田町史編纂委員会『織田町史 史料編 上巻』織田町、一九九四年 所収）。
(41)『剣大明神略縁起并来由之事』
(42)堀前掲（5）文献。
(43)『日本書紀』仲哀天皇紀（坂本太郎・家永三郎・井上光貞・大野晋 校注『日本古典文学大系六七 日本書紀 上』岩波書店、一九六七年 所収）。
(44)『日本書紀』神功皇后前紀（仲哀天皇九年二月条）。
(45)『古事記』仲哀天皇段。
(46)三橋正「第一章 大祓」『日本古代神祇制度の形成と展開』法蔵館、二〇一〇年。『日本書紀』天武天皇五年八月辛亥（十六日）条に四方に大解除をさせ、国ごとに国造は祓柱馬一匹・布一常、郡司は刀一口・鹿皮一張などを出させられた記事があり、同十年七月丁酉（三十日）条にも諸国大解除の記事がある。
(47)『古事記』履中天皇段。現代語訳は、次田真幸『古事記（前・中・後）全訳注』講談社、一九八〇〜八四年を参考とした。
(48)『日本書紀』仲哀天皇紀。現代語訳は、宇治谷孟『日本書紀（上・下）全現代語訳』講談社、一九八八年を参考とした。
(49)『古事記』仲哀天皇段。
(50)『古事記』仲哀天皇段。
(51)『日本書紀』仲哀天皇九年二月条、神功摂政前紀。

(52)『日本書紀』神功摂政前紀（仲哀天皇九年十二月条）「一云」。
(53)『住吉大社神代記』（田中卓『住吉大社神代記の研究』国書刊行会、一九八五年 所収）。
(54)『日本書紀』継体天皇紀（坂本太郎・家永三郎・井上光貞・大野晋 校注『日本古典文学大系六八 日本書紀 下』岩波書店、一九六五年 所収）。
(55)『剣大明神略縁起并来由之事』。
(56)『越前二ノ宮 劔神社由緒』、『丹生郡神社明細帳』、『若越宝鑑』「剣神社之景」。
(57)『越前国名蹟考』。
(58)『日本書紀』神功皇后摂政十三年二月甲子（八日）条。
(59)吉井巖「応神天皇の周辺」『天皇の系譜と神話』塙書房、一九六七年。
(60)森浩一「敗者の古代史 第六回 剣御子としての忍熊王」『歴史読本』二〇一二年四月号、新人物往来社、二〇一二年。
(61)堀前掲（5）文献。
(62)『延喜式神名帳頭註』（『新校 群書類従 第一巻 神祇部』内外書籍、一九三一年 所収）。
(63)『日本古典文学大系 風土記』岩波書店、一九五八年。
(64)『続日本紀』和銅六年五月甲子（二日）条（青木和夫・稲岡耕二・笹山晴生・白藤禮幸 校注『新日本古典文学大系一二 続日本紀 一』岩波書店、一九九二年 所収）。伴信友『古本風土記逸文』（『稿本 伴信友著作集 第四輯』温故学会、二〇〇一年 所収）。
(65)坂本太郎「列聖漢風諡号の撰進に就いて」『史学雑誌』第四三編第七号、史学会、一九七二年。
(66)高藤晴俊「本地垂迹説の展開をめぐって—神本神迹説から神本仏迹説へ—」『神道学』第一一三号、神道学会、一九八二年。
(67)『続日本紀』天平勝宝元年十二月丁亥（二十七日）条（青木和夫・稲岡耕二・笹山晴生・白藤禮幸 校注『新日本古典文学大系一四 続日本紀 三』岩波書店、一九九二年 所収）。
(68)『令義解』官位令第一（黒板勝美 編『新訂増補 国史大系第二二巻 律・令義解』吉川弘文館、一九三一年 所収）。
(69)『令義解』公式令第廿一 品位応叙条。

(70)『続日本紀』大宝元年三月甲午（二十一日）条、大宝元年七月壬辰（二十一日）条。
(71)『日本文徳天皇実録』仁寿二年二月丁巳（二十日）条（黒板勝美 編『新訂増補 国史大系第三巻 日本後紀 続日本後紀 日本文徳天皇実録』吉川弘文館、一九三四年 所収）、『日本三代実録』貞観元年正月甲申条（二十七日）条（黒板勝美 編『新訂増補 国史大系第四巻 日本三代実録』吉川弘文館、一九三四年 所収）。
(72)横田健一『人物叢書 道鏡』吉川弘文館、一九五九年。
(73)『宇佐八幡宮弥勒寺建立縁起』（『神道大系 神社編 四七 宇佐』神道大系編纂会、一九八九年 所収）。
(74)『東大寺要録』巻第四（『続々群書類従 第一一 宗教部』国書刊行会、一九〇七年 所収）。
(75)『日本書紀』皇極天皇四年六月庚戌（十四日）条、『続日本紀』大宝元年六月庚午（二十九日）条。
(76)『新日本古典文学大系 続日本紀 一』岩波書店、一九八九年の補注二―六三「太上天皇」。
(77)飯沼賢司『八幡神とはなにか』角川学芸出版、二〇〇四年。
(78)『東大寺要録』巻第四。
(79)『扶桑略記』欽明天皇三十二年正月甲子（一日）条（黒板勝美 編『新訂増補 国史大系第一二巻 扶桑略記 帝王編年記』吉川弘文館、一九三二年 所収）。
(80)津田勉「応神八幡神の成立年代及びその発生過程」『神道宗教』第一七五号、神道宗教学会、一九九九年。高寛敏「八幡神の成立と展開」『東アジア研究』第二五号、大阪経済法科大学アジア研究所、一九九九年。
(81)金光哲「八幡神と応神天皇」『鷹陵史学』第二六号、鷹陵史学会、二〇〇〇年。
(82)二宮正彦「諸神への品位奉授について」『日本上古史研究』第五巻第六号、日本上古研究会、一九六一年（『古代の神社と祭祀―その構造と展開―』創元社、一九八八年 所収）。
(83)『住吉大社神代記』。
(84)二宮前掲（82）文献。
(85)『古事記』仲哀天皇段、『日本書紀』応神天皇即位前紀。
(86)『気比宮社記』巻一。

(87)『日本書紀』敏達天皇十年二月条。
(88) 岡田精司「河内大王家の成立」『古代王権の祭祀と神話』塙書房、一九七〇年。
(89) 折口信夫「大嘗祭の本義」『古代研究 民俗学篇第二冊』大岡山書店、一九三〇年（『折口信夫全集 第三巻』中央公論社、一九七五年 所収）。
(90) 熊谷公男「古代王権とタマ（霊）―「天皇霊」を中心に―」『日本史研究』三〇八、日本史研究会、一九八八年。
(91) 小林敏男「天皇霊と即位儀礼」『古代天皇制の基礎的研究』校倉書房、一九九四年。
(92) 赤坂憲雄『象徴天皇という物語』筑摩書房、一九九〇年。
(93) 横田前掲（72）文献。
(94) 佐藤弘夫「アラヒトガミの系譜」『季刊 日本思想史』第七三号、ぺりかん社、二〇〇八年。
(95) 佐藤前掲（94）文献。
(96) 折口信夫「「ほ」・「うら」から「ほがひ」へ」（『折口信夫全集 第四巻』中央公論社、一九五五年 所収）。
(97) 田村克己「気多・気比の神―海から来るものの神話―」『海と列島文化 第一巻 日本海と北国文化』小学館、一九九〇年。
(98) 堀大介「第六章 海と船 第四節 神功皇后の軌跡」『平成二十五年度 越前町織田文化歴史館企画展覧会 海は語る ふくいの歴史を足元から探る』越前町教育委員会、二〇一三年。
(99) 森浩一「第一〇章 タラシナカツ彦の死をめぐって」『記紀の考古学』朝日新聞社、二〇〇〇年。
(100) 直木孝次郎「継体朝の動乱と神武伝説」『日本古代国家の構造』青木書店、一九五八年。
(101) 永藤靖「日本神話の北と南の方位観―神話から歴史へ―」『日本古代学』第一号、明治大学日本古代学教育・研究センター、二〇〇九年。
(102) 森前掲（99）文献。
(103)『日本書紀』継体天皇即位前紀。
(104) 森浩一・網野善彦『馬・船・常民 東西交流の日本列島史』河合出版、一九九二年。
(105)『日本書紀』天武天皇十三年十月己卯朔（一日）条。

(106)『古事記』応神天皇段。
(107)大和岩雄『日本書紀成立考―天武・天智異父兄考―』大和書房、二〇一〇年。
(108)上田正昭「神々の世界の形成」『日本の古代　一三　心のなかの宇宙』中央公論社、一九八七年。同「人神の思想」『古代学とその周辺』人文書院、一九九一年。
(109)『続日本紀』養老二年（七一八）四月乙亥（十一日）条（青木和夫・稲岡耕二・笹山晴生・白藤禮幸 校注『新日本古典文学大系一三 続日本紀 二』岩波書店、一九九〇年 所収）。
(110)『続日本紀』天平二年九月己卯（二十八日）条。天平十八年六月己亥（十八日）条。
(111)『日本書紀』垂仁天皇是歳条「一云」。
(112)永藤前掲（101）文献。
(113)堀大介「劔神社と神仏習合を考える」『越前町織田文化歴史館 平成二十二年度 企画展覧会図録 神仏習合の源流をさぐる―氣比神宮と劔神社―』越前町教育委員会、二〇一〇年。
(114)『家伝』下「武智麻呂伝」（沖森卓也・佐藤信・大嶋泉『藤氏家伝 鎌足・貞慧・武智麻呂伝 注釈と研究』吉川弘文館、一九九九年 所収）。
(115)横田健一「家伝、武智麻呂伝研究序説」『高橋先生還暦記念 東洋学論集』関西大学東西学術研究所、一九六七年（『白鳳天平の世界』創元社、一九七三年 所収）。
(116)竹内理三「解説 人々伝」『寧楽遺文 下巻』東京堂出版、一九六二年。
(117)横田健一「藤原鎌足伝研究序説―家伝の成立―」『創立七十周年記念特輯号 関西大学文学論集』関西大学、一九五五年（『白鳳天平の世界』創元社、一九七三年 所収）。
(118)家永三郎「飛鳥寧楽時代の神仏関係」『神道史研究』第三巻第四号、神道史学会、一九四二年（『日本思想史に於ける宗教的自然観の展開』斎藤書店、一九四七年 所収）。
(119)本郷真紹「天平期の神仏関係と王権」『日本古代国家の展開 下巻』思文閣、一九九五年。
(120)上田正昭『神と仏の古代史』吉川弘文館、二〇〇九年。同「神仏習合史の再検討」『京都府埋蔵文化財論集 第六集』京都

府埋蔵文化財調査研究センター、二〇一〇年。
(121) 堀前掲（6）・（10）文献。
(122) 池上良正『死者の救済史 供養と憑依の宗教学』角川書店、二〇〇三年。
(123) 鶴岡静夫「第一章 古代における大般若経への依拠」『古代仏教史研究』文雅堂銀行研究社、一九六五年。
(124) 堀前掲（5）文献。

挿図出典

第18図　筆者撮影。
第19図　谷川健一 編『日本の神々 神社と聖地 第八巻 北陸』白水社、二〇〇〇年の一一八頁の図をもとに作成。
第20図　田村克己「気多・気比の神―海から来るものの神話―」『海と列島文化 第一巻 日本海と北国文化』小学館、一九九〇年の115「神功・応神神話における移動の経路」をもとに作成。

附論二　なぜ劔神社の梵鐘は鋳造されたのか

はじめに

第三、四章では劔神社所蔵の梵鐘［国宝］の紀年銘は神護景雲四年の年号をもち、『続日本紀』宝亀二年（七七一）十月戊辰条の記事の一年前にあたることもあり、九月十一日がひとつの記念日に位置づけられること、何らかの軍功にも似た功績により従四位下勲六等という神階奉授に至ったことを明らかにした。神として初の勲位の意義を考えるうえで梵鐘と関係性があるとすれば、その理由について明らかにする必要があるだろう。本論では劔神社に伝わる伝承や『続日本紀』に記された政治史を踏まえ、梵鐘が鋳造された歴史的背景について明らかにしたい。

一　梵鐘の伝承と『続日本紀』での経緯

梵鐘にまつわる伝承を以下に取り上げる。(1)

劔神社の梵鐘は、別名を「火伏せの鐘」と称し、日本最古の部類に属する古鐘であり、天下の名鐘であり、国宝に指定されております。第四十九代光仁天皇の御奉納と伝えるこの梵鐘は、大願成就の鐘とも称され、奈良時代末期、第四十八代称徳天皇（第四十六代孝謙天皇の重祚　女帝）の頃、道鏡と云う天下に並ぶ者なき権力を持った僧がおり、既に法王の位につき、天皇の位につく野望を抱いておりました。この道鏡の野望に対し、藤原百川や、和気清麻呂を始めとする心ある人々は、心をいため、いかにしたらこの野望を砕くことが出来るか、いろいろな方策が講じられました。その中で、当時越前の国に鎮座する劔の大神の名が奈良の京に聞こえており、この劔の大神に道鏡の野望を砕く為の大願がかけられたのであります。神護景雲四年八月第四十八代の称徳天皇が崩御になりますと、権勢をほしいまゝにしていた道鏡も、大きな後盾を失い、権勢はみるみる衰え、ついには下野国（栃木県）の薬師寺に流されます。ここに道鏡の野望は砕かれ大願は成就しました。天智天皇の皇孫に当る白壁王が即位され、第四十九代の光仁天皇となられたのであります。大願成就の御礼に、神鐘と神馬が奉納され、天皇の勅使として、藤原百川（別名藤原雄田麿）が参拝したと伝えられております。其の時に御奉納になったのが、国宝の梵鐘です。

（劔神社発行「国宝梵鐘のこと」）

奈良時代後期の称徳天皇の頃、天下に並ぶ者なき権力をもった僧侶の道鏡がいて、法王の位につき天皇の位につく野望を抱いていたが、藤原百川や和気清麻呂を始めとする心ある人々がその野望を打ち砕くため剣大神に大願をかけた。それが現実化したため白壁王の即位後、藤原百川が御礼参りの際に梵鐘を奉納したという内容である。真偽はともあれ歴史事実として称徳天皇の崩御後まもなく道鏡は失脚する。光仁天皇による奉納であればその成果品となるので、一応話の筋は通ることになる。こうした一連の梵鐘にまつわる伝承は織田町発行の『織田町史』、水島通夫の『越前国二の宮　劔神社の歴史』にも収録されているが[2]、江戸時代以前の縁起などには関連史料は出てこない。最も古い記述は山田秋甫が刊行した『劔神社文書』「国宝の銅鐘」の項に簡潔な記述がある程度である[3]。

剣御子寺　神護景雲四年九月十一日

とあり是れ白壁王（光仁天皇）か御即位の年（改元宝亀）越前守藤原雄田麿をして剣大明神宮寺に寄附せられしものにして実に我国最古の物なりと云ふ

（『劔神社文書』「剣神社由緒略記」）

これは大正三年（一九一四）に劔神社所蔵の文書などを翻刻したものだが、その際に山田自らの見解も踏まえ「剣神社由緒略記」をまとめている。その由緒によると梵鐘は白壁王が即位の年に越前守藤原雄田麻呂（麿）を派遣して寄付させたというもので、その後の梵鐘にまつわる由緒のもとになったとみられる。その一方で明治初期には梵鐘にまつわる別の伝承もあった[4]。

剣神社記亢地字旧跡□ニ存在セリ且亦王子ノ渡ラセ玉フ叓ノ由ハ　称徳天皇御寄附シ玉フ鐘ノ銘ニ確乎ト有之鐘ノ銘ニ曰ク神護景雲四年九月十三《ママ》日剣御子寺鐘ト有之　御院宣モ有之然ル処兵燹ニカカリ数度ノ焼失ニテ今ハ無之ト雖斯波義政ノ黒印ノ社禄寄附状ニモ織田剣大神宮ノ事亢ニ門前課役ノ叓泰モ　御院宣ノ旨ニ任セ社領坊門前課役等除セラルゝ者也ト有之明治七年十一月郷社ニ列セラル

（『丹生郡神社明細帳』）

梵鐘は称徳天皇の寄付とされる。同じ内容は『若越宝鑑』にも以下のように記されている[5]。

御代々朝廷ノ御尊崇甚タ篤ク殊ニ　称徳天皇ハ神護景雲四年梵鐘一口ヲ寄附アラセラル是ハ仏教東来以後別当及社家ヲ以テ神ノ祭祀ヲナセルヲ以テナリ銘ニ曰ク（剣御子寺鐘神護景雲四年九月十一日）トアリ今ニ存シテ当社宝物中一ナリ

（『若越宝鑑』「剣神社之景」）

剣神社は朝廷の尊崇が篤く、称徳天皇が梵鐘を寄付したとある。これらを整理すると、江戸時代以前にはない内容が明治初期の『丹生郡神社明細帳』と明治後半期の『若越宝鑑』にあり、称徳天皇寄付との記述があらわれる。その一方で、大正初期の『劔神社文書』「劔神社由緒略記」には白壁王寄附の記述とあり、それが現在の由緒にもつながっている。銘文をもとに称徳天皇と結びつけたのか、元々織田にあった白壁王の伝承を収録したのか判断できない。学者である山田秋甫は紀年銘の前後関係を調べ、地元の伝承をもとに訂正したとも考えられる。奈良時代の紀年銘を有する寺宝であるので、『続日本紀』にもとづく作文ともみられる。しかし剣神に対する高い神階の奉授や神として初の勲位を考え、特に勲位は軍功が想定できるため道鏡失脚の大願成就とあらば相応の叙勲といえる。

そこで、これらの解明には当時の政治の動向を併せて見ていく必要があるので、『続日本紀』をもとに宇佐八幡神託事件から宝亀二年（七七一）に至るまでの出来事を時系列で整理し、梵鐘の年月日を加えたうえでその因果関係について検討する。

神護景雲三年（七六九）

九月二十五日　第四四詔。宇佐八幡神託事件の経緯文。（九月己丑条）

十月　一日　第四五詔。諸臣に忠誠を求める。（十月乙未条）

神護景雲四年（七七〇）

八月　一日　伊勢大神宮に幣帛と馬二疋を奉納。若狭比古神と宇佐八幡の神宮に馬一疋ずつ奉納。（八月庚寅条）

八月　二日　越前国の気比神と能登国の気多神に幣帛を奉納。（八月辛卯条）

八月　四日　称徳天皇の崩御。群臣は称徳天皇の遺言を受け、白壁王を皇太子とした。（八月癸巳条）

八月二十一日　道鏡を造下野国薬師寺別当に任じ派遣する。中臣習宜阿曾麻呂を多褹嶋に任じた。弓削浄人・広方・広田・広津を土佐国に流した。（八月庚戌条）

八月二十二日　藤原雄田麻呂（百川）が越前守を兼任する。（八月辛亥条）

八月二十三日　坂上刈田麻呂が道鏡の陰謀の告発により正四位下を授かる。（八月壬子条）

九月　六日　和気清麻呂と広虫を備後国と大隅国より召し出て京に入らせた。（九月乙丑条）

九月　十一日　剣御子寺鐘の奉納。（劒神社の梵鐘）

宝亀元年（七七〇）

十月　一日　白壁王が即位し元号を宝亀に改める。（十月己丑条）

宝亀二年（七七一）

十月　十六日　越前国従四位下勲六等剣神に二〇戸田二町を充てる。（十月戊辰条）

八月四日に称徳天皇の崩御のあと白壁王の立太子がなされると、二十一日には坂上刈田麻呂の告発により道鏡が造下野国薬師寺別当に任じ派遣され、一族も土佐国に流されてしまう。道鏡政権の終焉である。二十二日には藤原雄田麻呂（百川）の越前守の兼任となり、二十三日に坂上刈田麻呂は陰謀の告発が評価されて正四位下を授かる。九月六日に和気清麻呂と広虫が京に戻ったあと梵鐘紀年銘の九月十一日になる。十月一日が改元で宝亀となるので、銘文の神護景雲四年に年号的な齟齬はない。特に雄田麻呂（百川）の越前守兼任の記事に注目し、その前後の越前国司就任の状況を以下に追う(6)。

宝亀元年　八月　一日　藤原継縄・従四位下（『続日本紀』『類聚国史』『日本紀略』）
　　　　　八月　十七日　藤原継縄・従四位下（『続日本紀』『類聚国史』『日本紀略』）
　　　　　八月二十二日　藤原雄田麻呂・従四位上（『続日本紀』『弁官補任』『公卿補任』）
　　　　　八月二十八日　藤原雄田麻呂・従四位上（『続日本紀』『弁官補任』『公卿補任』）
　　　　　十月　一日　藤原雄田麻呂・正四位下（『続日本紀』『弁官補任』）
　　　　　十一月　一日　藤原雄田麿・正四位下（『公卿補任』）
宝亀二年　三月　十三日　藤原百川・正四位下（『続日本紀』『弁官補任』『公卿補任』）
　　　　　十一月　八日　藤原百川・正四位下（『公卿補任』）

（中略）

宝亀五年　五月　五日　藤原百川・従三位（『続日本紀』）
宝亀七年　三月　六日　藤原宅美・従五位上（『続日本紀』）

道鏡の失脚後に藤原雄田麻呂（百川）が越前守を兼任し、途中で変名するものの宝亀二年十月十六日まで継続する。宝亀七年（七七六）三月六日に従五位の藤原宅美の就任が見えるので、その後も従三位となった百川はその期間までつとめたことがわかる。手続き上問題で平安時代の事例にはなるが、勲位は国司などの関与が指摘できる。渡辺直彦によると神社への勲位は国司・将軍・氏人などの申請にもとづき、神社の場合は軍防令 応加転条に准拠して厳密に勲級を算定するのは困難だとしている(7)。おそらく申請の霊験示顕の内容をもとに、中央への著聞性・在地の信仰状態・文位など彼此校勘して決定され、文位と同様に陣定→内記（清書）→奏聞→請印を経て五畿内七道諸国は官符、京中は神祇官を通して諸社に頒給されたので、剣神社の意向や申し出だけでおこなわれるものではなく、国司の関与があったと考えられる。

また、白壁王即位に至る背景には永手を中心とした藤原氏挙動体制があったとみられる。[8] その中心人物として雄田麻呂（百川）がいて手続き上も越前国司の関与が想定でき、坂上刈田麻呂への授位からその実際的な関与の可能性も含めて考えると、翌月の十一日は絶妙なタイミングであり、剣神への神階奉授と一連の流れでとらえられる。なお、雄田麻呂（百川）の従四位上と比べると、剣神の従四位下はその高さが強調される。併せて由緒などに天皇の寄附とあった梵鐘は、白壁王の皇太子就任から道鏡の失脚を経由して宝亀改元に至るまでの間であり、七七一年以前としかいえない剣神への叙勲も宝亀二年（七七一）の封戸・位田と関連づけてとらえられる。

となれば梵鐘銘文の九月十一日は何かの記念日で、その背後の叙勲を思わせる霊験として国家的な事件への関与（祈願）が想定できる。その実現化により神階奉授と梵鐘鋳造もおこなわれた蓋然性が高い。こうした異例の梵鐘鋳造と神階奉授を勘案すると、由緒で強調されたように北陸道を代表する武神の剣御子神が藤原氏の計により道鏡の失脚を現実のものとし、その一翼を担ったのではないかとの憶測も生じてくる。藤原氏の新体制下で越前国司の百川がいて、その背後に白壁王の直接的な指示があったか定かではなく、今後の課題としたい。

二　宇佐八幡神託事件の真相と道鏡失脚の大願

ひとつずつ内容を整理して検討する。まずは道鏡が皇位を狙ったとする宇佐八幡神託事件の真相についてである。この事件に関する史料は神護景雲三年（七六九）九月己丑条にある称徳天皇の宣命（第四四詔）と、同じ条中の事件経緯を説明した地の文「事件経緯文」が最も古い記事で、[9] 次に『続日本紀』宝亀三年（七七二）四月七日条の「道鏡伝」がある。[10] 宣命以外は道鏡失脚後に編纂者が延暦年間に作文した説明記事としての性格が指摘されている。[11] 他に『日本後紀』逸文の天長元年九月壬申条の和気真綱・仲世などの言上記事、『日本後紀』延暦十八年二月乙未条の「和気清麻呂薨伝」がある[12]が、和気氏の所伝で、道鏡失脚後に語られた内容をもとにしている。「事件経緯文」と「和気清麻呂薨伝」

は類似表現が多く、同じ史料をもとにした兄弟関係とされる。

これらの史料をもとにした事件の真相については諸説ある。『続日本紀』の記述内容をそのまま採用し、道鏡が皇位への野心を抱き画策したとする道鏡皇位覬覦説（道鏡主体説[13]）、称徳天皇が道鏡擁立を推進し道鏡はそれに従っただけとする称徳天皇主体説がある[14]。他にも宇佐八幡神職団が道鏡に阿諛して起こしたものとする説[15]、称徳天皇と道鏡が一心同体となりその即位を進めたとする説[16]、藤原氏策謀説[17]、神託事件非存在説[18]などがある。諸説の根拠とする関連史料の多くは事件後に編纂者や関係氏族が語った内容であり、脚色や潤色が否めず真相を正確に伝えているとは限らない。あとは史料批判の厳密さをどれだけ徹底するか、あるいは記述内容の信憑性をどの程度認めるか次第といえるだろう。

その視点でいえば中西康裕の神託事件非存在説には説得力がある[19]。中西は称徳天皇主体説が前半の宣命部分、道鏡主体が後半の編纂文を重視した見解とし、宣命については信憑性が高く説明文や伝記は低いとの指摘から、脚色の入る要素の少ない宣命を一次史料と判断したうえで解釈するのが妥当だと述べる。たしかに第四四詔の宣命はそのまま清麻呂と広虫の起こした事件に対する称徳天皇の素直な反応が読み取れるが、後続する「事件経緯文」は桓武朝における編纂者の創作が加えられている。それから六日後に出されたのが神護景雲三年（七六九）十月乙未条の宣命で、称徳天皇による臣下の心構えを示した第四五詔である[20]。

そこで第四四詔の概要を五段に分けて整理する。㈠臣下として君主に仕えるべき心構えを説いたあと、輔治能真人清麻呂（和気清麻呂）が姉の法均と悪くよこしまな偽りの話を作り、法均は称徳にむかってその偽りを奏上した。その表情や言葉などの様子から、大神の言葉を偽ったものだと気づいたので、問い詰めると、やはり思った通り大神の言葉でないと断定できた。そのため二人を国法の通りに退けることを宣告した。㈡その偽りの言葉が他人の進言ではなく、道理に合っておらず矛盾していたからで、法均の面持ちも無礼で、自分の言うことを天皇が聞き入れて用いるようにと思っていたのだとする。これは諸聖や天神地祇が現され悟らされたからだとし、再び臣下に謹んで仕えるように説く。㈢二人のことを知っており清麻呂らと共謀した人物がいることはわかるが、君主は慈しみをもって天下の政治をおこなうものだから今回は免罪とした。しかし、このような行為が重なった人には国法にしたがい処分する。このような事情を悟って、先に清麻呂らと心を合わせて共謀した人々は、心を改めて明らかに貞しい心をもって仕えよと申し告げる。㈣清麻呂らは忠実に仕える臣下と思えばこそ姓を授け、相応に取り計らいをしてきた。今は穢い臣下として退けるのであるから、前に与えた姓は取り上げて代わりに別部とし、その名も穢麻呂と変える。法均も元の名に戻すと申し告げる。㈤共謀した明基も名を取り上げ還俗させ退けると申し告げる。

ここまでが宣命で、それから編纂者による説明文の「事件経緯文」が続く。概要は以下である。大宰主神の中臣習宜阿曽麻呂が道鏡に媚び入ろうとして、道鏡を皇位に就ければ天下太平になるという宇佐八幡神の神託を報じた。道鏡はこれを大いに喜び、称徳は和気清麻呂に命じ宇佐に赴かせた。清麻呂の聞いた神託は「天之日嗣」は「皇緒」(皇族)を必ず立て、「元道之人」(道鏡)を早く除けという内容であった。この復命を聞いた道鏡は怒り、清麻呂を因幡員外介に左遷し、赴任するまでにこの宣命が下されて除名、清麻呂は大隅に、姉法均は還俗して備後に配流された。

そのあと出された第四五詔は一二八四文字からなる長文の宣命で、前半と後半に分かれる。前半は称徳が聞いた元正天皇の遺言と聖武天皇の言葉を伝える形態を採り、元正の遺言は臣下に聖武への忠誠を求め、その次には皇太子阿倍内親王に対する忠誠を求めたもので、諸王には皇位を求める謀りごとを諫め、臣下にも同様の動きを自制せよというものである。後半は『千字文』『金光明最勝王経』などを引用し皇位を求める動きを非難し忠誠を求める元正の遺言と変わらないもので、その証として帯を賜与する旨が述べられている。全体としては皇位にある称徳自身の正当性を述べて忠誠を求め、あわせて臣下による皇位を求める謀りごとの動きを非難したものといえる。

この宣命については年月日を疑問視する説があるが、[21] 中西康裕は『続日本紀』における短時日の間に発せられた二つの宣命の事例をあげ、宣命中に同一表現が採用される場合の位置は極めて近い時期と判断でき、また第四四・四五詔の末尾に「衆諸」という特異な語句を用いる共通性から、近接して発せられたことに言及している。[22] つまり宇佐八幡神託事件の真相に迫る一次資料とみるので、事実関係としては第四四詔が清麻呂や法均がよこしまな話を作り、大神からの言葉として偽って称徳に奏上したが、称徳はそれを見破ったとあり、それに怒った称徳は二人を処罰した点にある。しかし、地の文によると道鏡を皇位につけるとの神託は習宜阿曽麻呂が持ち込んだもので、その件は道鏡が対応したことになっている。宣命の神託は称徳天皇の夢告から発したもので、称徳が法均の派遣をうながし実際は清麻呂が宇佐宮へ行き、皇統の人を立てよとの託宣を直接奏上しており、法均が奏上したことにはなっていない。つまり二つの史料の内容には明らかな齟齬が認められる。

また、第四五詔が皇位に関する謀り事を提言する者があり、称徳はそうした行動を抑制しようとしているとの趣旨であること、さらに宣命の信憑性を重視し地の文がのちの編集者の記述という性格を考えると、元々大神からの神託の経緯自体も記されておらず、法均が単なる大神の言葉と装っただけで、宣命にある清麻呂らの共謀した偽りの話が、本当に大神から習宜阿曽麻呂を経由したものかも確定的ではない。清麻呂らが皇位継承にかかわる作り話を単に大神の言葉ということで語ったに過ぎないだけで、最初から神託事件自体が存在したのかさえ疑わしくなる。実際に道鏡が皇位を狙い失敗に終わったとすれば、果たしてその処罰は造下野国薬師寺別当という配流だけで済むだろうか。習宜阿曽麻呂の処遇をみても、道鏡が都を追われた同日に、官位令で正七位下相当の大宰主神から従六位下相当の多褹嶋守に、宝亀三年（七七二）には正六位相当の大隅守に任じられるので、処罰としては軽すぎる。[23]なお、道鏡が派遣された翌日の二十二日には、弟の弓削浄人とその息子の広方・広田・広津も土佐国に流されているので、神託事件の関与が想定できる。

加えて和気清麻呂の不遇さが不自然である。道鏡皇位の阻止が事実ならば光仁天皇即位後に重用されるはずだが、清麻呂と法均は道鏡失脚後の宝亀元年九月六日に京に戻されても従五位下に復位する程度であった。[24]対照的なのが坂上刈田麻呂である。宝亀元年八月四日の称徳の没後、刈田麻呂は道鏡の生き残りをかけた計も告発という形で妨げ、直接的な失脚の立役者となり、八月二十三日に従四位上から正四位に叙される。[25]清麻呂とは対照的な処遇といえる。そのあと法均は着実に昇進していくが、清麻呂は宝亀二年（七七一）の播磨員外介の任官後の昇進は認められない。[26]桓武天皇の即位する天応元年（七八一）十一月に従四位下に叙せられると、延暦十八年（七九九）二月には従三位民部卿兼造営大夫美作備前国造で薨じ、正三位を贈られた。[27]つまり第四四詔にみる清麻呂と法均が共謀し大神の言葉として称徳を怒らせた、偽りのよこしまな話が皇位にまつわる内容であったので、清麻呂の光仁朝での不遇と桓武朝での重用につながったとみている。そして清麻呂と法均らの偽りの話とは、清麻呂が桓武天皇の即位後に重用されたことを考えると、山部王（桓武天皇）を皇太子にするといった内容であったのだろうか。となれば光仁朝における清麻呂の不遇が納得でき、かつ宇佐八幡神託事件の非存在説が有力視される。

道鏡が皇位を狙ったとの記述は関係者の処遇をみると、延暦年間の『続日本紀』編纂のなかで光仁・桓武朝の正当化のために潤色・付加されたものと推測した。道鏡の意志の有無はわからないが、称徳政権下ではその寵愛を受け天皇に准ずる法王で、法王宮職をおき職印を用いるなど特別な権力を有し、寺院の優遇措置など仏教に傾倒した宗教政策をおこない、相当の不満が噴出していたことは予想できる。称徳の崩御後は宝亀元年（七七〇）八月二十一日の白壁王からの令旨にあるように、道鏡は密かに皇位をうかがう心を抱いていて久しく日を経ていたが、山陵の土が乾かないうちに悪賢い陰謀は発覚したとあるのは、そのまま道鏡政権を維持させせないように考えた者たちによる画策の結果ととらえられる。[28]

『続日本紀』によると、道鏡失脚のきっかけは翌二十三日に正四位に昇進した坂上刈田麻呂の告発だと記される。[29]昇進のありようから記事の信憑性は高く、結果的に道鏡一族は一掃されてしまう。直接のきっかけは告発であったかもしれないが、その背後には次期政権で復活を望む永手を中核とした藤原氏の野望が浮き彫りとなる。以前から水面下で仕組まれた計画であれば称徳天皇の病が進行するなか、道鏡失脚の大願がおこなわれても不自然ではない。宮廷内では中央貴族たちが没後の皇位をめぐり暗躍し、なかでも白壁王の皇太子就任の背景には藤原氏が関与していたとすれば、仲麻呂以来縁の深い越前国に鎮座する武神への祈願があったのかもしれない。

道鏡失脚の大願が剣神社でおこなわれたことを前提に話を進めると、なぜ全国の名だたる有力神ではなかったのか。

『続日本紀』をもとに称徳の崩御直前の記事に注目すると、宝亀元年八月一日に伊勢大神宮に藤原継縄と大中臣宿麻呂を派遣し幣帛・赤毛の馬二疋、伊勢諸人と佐伯老を若狭彦神と八幡神に派遣し鹿毛の馬一疋ずつを献ずる。[30]翌二日には越前の気比神、能登の気多神に中臣葛野飯麻呂を派遣して幣帛を献じ、摂津の住吉神の教えを伊刀王浅に受けさせるために派遣している。[31]こうした気比神・住吉神などは水運神であるので朝鮮半島の事情とする説はあるが、[32]浅香年木はこれらの奉幣を称徳天皇の不予のための祈願とし、これに半月先行する「疫病損生、変異驚物」を理由に京内諸大小寺に大般若経を転読させたのと同様に解釈している。[33]加えて幣帛の対象となったのは伊勢神宮・若狭比古神・八幡神・気比神・気多神の五社で、伊勢神宮寺・若狭比古神願寺・弥勒寺・気比神宮寺・気多神宮寺と早期に神宮寺を形成していた神社でもあった。[34]称徳朝では天平神護二年（七六六）に伊勢大神宮寺に丈六仏を造らせ、神護景雲元年（七六七）に八幡比売神宮寺を創建させるなど神仏習合政策があらわれている。[35]八月一日の称徳天皇の不予という国家緊急の重大事に対する臨時の奉幣と祈願とみられるので、体制側はいっそうの霊験を期待でき、早期に神宮寺を創建していた諸神を選定した可能性が高い。しかも北陸道の三社は神宮寺を有する、のちの名神大社を名乗る有力な地域神で、特に気比・気多神は他に類のないほど高い神階を有していた。

しかし剣御子神は五社以外の神社で、当時の体制側の息のかかっていない神であったことがその選定理由とみておきたい。横田健一によると、道鏡の仏教の性格は現世的・呪術的な性格が濃く、依拠する経典は仏典中最も呪術的な密部のもので、最新舶来の学問の表皮の下には仏教的な禅行の仮面をかぶり、山林修行での原始的・古代の巫者のごとき苦行によって得られた呪験力がその宗教の本質であったという。[36]そのため、それを凌駕する仏の加護と、それに対抗できる神威を期待したのかもしれない。道鏡のような存在は奈良時代の高僧に少なからず認められる性格で、葛城山の役小角、宇佐の法蓮、箱根山の満願、二荒山の勝道などと共通している。推測の域は出ないが、気比の御子神である剣御子神社にも七一〇年代の神宮寺の創建が指摘でき、武神を思わせる剣と名の付いたことも、その選ばれた理由と考えたい。その背景には越知山・白山を開き神仏習合の祖とも目される泰澄和尚か、それに類する人物の存在が見え隠れして

いる。(37)

それでは誰が大願をおこない、神階奉授や梵鐘鋳造に至ったのか。想像をたくましくすると、五社に比べれば無名の剣神社であるので、神社側が勝手におこない、国司を通じて朝廷が承認したとは考えにくい。異例の叙勲ならば白壁王自身であったかもしれない。いずれにせよ称徳・道鏡体制のなかで次期政権奪取を密かに考えた人物で、称徳の崩御後に道鏡が失脚して間もなく剣神の勲功を思わせる梵鐘鋳造がおこなわれ、宝亀二年（七七一）の剣神の記事のタイミングなどから越前守を兼任した藤原雄田麻呂（百川）が想定できる。藤原氏は仲麻呂による越前国への国務掌握策が進むことで多大な影響力を及ぼすようになり、仲麻呂の乱後には継縄・雄田麻呂（百川）など光仁・桓武朝の重臣になる人物が相次いで任じられる。(38)特に百川は光仁天皇擁立の画策の中心人物で、腹心の部下ともいうべき存在である。奈良時代後期には藤原氏の影響力の強い越前国であるので、そこに鎮座する武神が選ばれた可能性が指摘できるが、剣神の必然性を掘り下げて考える。

三　光仁・桓武朝の皇統と北陸道の諸神

宝亀年間を中心に剣神をはじめ雨夜・大虫・足羽の越前国の諸神に神階奉授が盛んにおこなわれたことは様々な要因が考えられるが、なぜ北陸道の事例の多くが光仁・桓武朝なのかを光仁天皇の即位の経緯とその政治体制について取り上げ、天智天皇からの皇統の視点で検討する。

『続日本紀』宝亀元年（七七〇）八月癸巳条によると、称徳崩御のあと左大臣の藤原永手、右大臣の吉備真備、参議は兵部卿の藤原宿奈麻呂・民部卿の藤原縄麻呂・式部卿の石上宅嗣、近衛大将の藤原蔵下麻呂らが禁中で策を練り白壁王を立てて皇太子とし、その際に永手は称徳天皇の遺宣を受けて以下のように述べる。(39)

今詔久、事卒然尓有依天、諸臣等議天、白壁王波諸王能中仁年歯毛長奈利、又先帝能功毛在故仁、太子止定テ、奏流麻仁麻尓宣給布止勅久止宣

（『続日本紀』宝亀元年八月癸巳条）

今仰せになるには事は突然であったので、諸臣らが合議して白壁王は諸王のなかでも年齢も高く、また先帝の功績もあるので、太子と定めて奏上すると、奏上の通りに定めると仰せになると申し述べる。先帝とは天智天皇のことである。このあたりの事情は『日本紀略』宝亀元年八月癸巳条引用の「百川伝」によると、天武系の長親王の子である文室浄三、その弟である大市を押す吉備真備と、白壁王を押す藤原永手・宿奈麻呂の対立があったが、藤原百川は永手・良継と策を定め、偽って宣命の語をつくり白壁王の皇太子に冊立したとされる。[40]永手らがその擁立に進んだ理由は、白壁王の正室が聖武天皇皇女の井上内親王であったので、天武の皇統と無縁ではないこともあった。宝亀三年（七七二）三月に皇后と他戸王が廃され、翌年正月に光仁の皇子で高野新笠を母とする山部親王（桓武天皇）の立太子により、天武系の皇統とは完全に断絶することになった。[41]

白壁王は志貴親王の子、天智天皇の孫であった。立太子の実現により藤原氏は政権復活の足がかりを得て、永手を中核とした藤原氏挙族体制が動き出す。[42]良継が弓削浄人の兼ねた大宰帥を兼任、楓麻呂が伊勢、百川が越前と二つの関国の国守、次いで家依が丹波、魚名が但馬という山陰道入口の国守となるなど、[43]道鏡失脚後の藤原一族の補任が活発化する。単なる経済的優遇ではなく京畿の周囲、交通の要衝を押える意図も兼ねていた。九月には式部卿の職掌が良継に移り、兵部卿は良継から蔵下麻呂に変わる。[44]つまり文武両官の人事権は藤原氏により完全に掌握された。しかし間もなく左大臣の永手は宝亀二年（七七一）二月に亡くなると挙族体制は終わり、[45]良継・百川らが実権を握る式家体制に移行する。なかでも百川は天皇の信任厚く「天皇甚信任之、委以㆓腹心㆒、内機務、莫㆑不㆓関知㆒」という枢要の地位にあった。[46]

光仁が取り組んだことは藤原仲麻呂・称徳天皇の専制により混乱した律令政治の再建にあった。[47]『続日本紀』宝亀十一年（七八〇）三月辛巳条の太政官奏に「省㆑官息㆑役」をスローガンに剰官を廃して出費を押さえ、称徳天皇の浮華な政策によってもたらされた放漫な財政状態を改善していく。[48]宝亀元年（七七〇）の要司以外の令外官の廃止、宝亀三年の内豎省・外衛府の廃止、宝亀五年（七七四）の員外国司の歴任五年以上の者を解任せしめる旨の勅、農民の負担を緩和や荒廃した諸国の用水施設の修理などをおこなう。[49]また、宗教政策としては宝亀元年十月に称徳・道鏡政権下で規制されていた山林修行の解禁をおこない、神祇信仰の復活があった。[50]光仁朝の政策は律令制度本来の姿への復帰を意図したものではなく、天平年間以降の社会の変化に即応した形での国家体制の再建であった。こうした社会状況下で宝亀二年（七七一）に剣神へ封戸・位田が充てられることとなった。

あとを受け継いだ山部王は天武系皇后の井上内親王と皇太子の他戸親王を死に追いやり、皇太子の地位を手に入れる。卑母腹の所生であったので皇位資格者として劣るところがあり、即位に際して次元の異なる権威の具有が必要とされた。そのための方策が王朝交替を前提とする天命思想という独自の皇統観で、自らを絶大な権威をもつ中国の皇帝像に想依することであった。[51]その即位年が辛酉の年で、天応元年（七八一）の年号にもみられるなど、早い段階から新王朝の正当性を裏づける儒教による理論武装をおこなった。理論的なものは宝亀九年（七七八）十、十一月に遣唐使により日本に移植された『春秋』などの実践的学問にもとづき、新政の開始が儒家の選定に敏感に反映したとみられる。[52]それは桓武天皇の即位にかかる宣命にもあらわれている。[53]

掛畏現神坐倭根子天皇我皇、此天日嗣高座之業乎掛畏近江大津乃宮尓御宇子之天皇乃勅賜比定賜部流法随尓被賜弖仕奉止仰賜比授賜閇婆、頂尓受賜利恐美受賜利懼進母不知尓退母不知尓恐美坐久止宣天皇勅、衆聞食宣　（『続日本紀』天応元年四月癸卯条）

畏れ多い現人神であられる倭根子天皇のわが大君（光仁）が、この天つ日嗣の高御座の業を、畏れ多い近江の大津宮で天下を統治された天皇（天智）が初めて定めた法にしたがってうけたまわり、天下の政にあたるようにと仰せになって授けられたので、桓武は頭上にささげお受けして恐縮し、進むことも退くこともわからずに、ただおそれ多く思っているとある。つまり天智天皇の定めた法により光仁天皇が桓武天皇に皇位を継ぐことを命じた旨の宣命である。

桓武は自らが傍系天皇の庶子と認識しており、天智・光仁の直系を強調する皇位継承の正統性を示す必要があった。この傾向は光仁にもみられ、宝亀元年（七七〇）十一月甲子条の宣命では、光仁の父である施貴皇子を追尊して天皇と称し奉り、施貴皇子の孫とみられる三女王に従四位下の位階を授与し、宝亀二年（七七一）五月甲寅条では田原天皇

（施貴皇子）の八月九日の忌日の斎会を川原寺で催すなど、やはり天智系統を意識していた(54)。

他にも桓武天皇は『続日本紀』延暦十年（七九一）三月癸未条の太政官奏で、前代の天皇の忌日に弔意を表す国忌について『礼記』を根拠に聖武天皇を残して天武系を除き、天智―光仁―桓武の天智系皇統を意図的に作り出すことに成功する(55)。国家の大事に遣わす告陵使についても国忌と同一の直系優遇に変わっていく(56)。『続日本紀』延暦四年（七八五）十月庚午条によると、早良廃太子の状を告げる使者は天智の山科山陵・光仁の田原山陵・聖武の佐保山陵に遣わされるが(57)、『日本後紀』延暦十二年（七九三）三月癸卯条によると、佐保山陵は桓武天皇の祖父である施貴皇子の先田原山陵が加わることで除かれる(58)。こうして桓武治世前半の過渡期を経て、延暦十年頃を境に天武系の天皇は国家的祭儀の場からあからさまに追放されていく(59)。

また、新王朝成立の観念を示すものに長岡京遷都がある。その理由は瀧川政次郎の研究に詳しく、中国の革命（天命）思想に求めたことが大きい(60)。桓武天皇は、光仁の即位により天智系の皇統へと代わることで新王朝が創始したと自覚し、中国歴代の慣例にならい天武系皇統の都・平城京を棄て新都造営をおこなう。遷都にかかる神階奉授についてはすでに検討した。加えて桓武の皇統の意識を示すものに、遷都後初めての冬至を迎えた延暦四年（七八五）と同六年（七八七）に京南郊の交野で執りおこなわれた天神祭祀がある(61)。瀧川によると、桓武天皇は父光仁が天智天皇より出て大統を継がれた革命と観ぜられ、身分の卑しい側室の子の腹に生まれながら天位に即いたことを昊天上帝の睠命によるものと信じており、交野による二回の祭祀が唐礼に準拠して昊天上帝を祀り、高祖として光仁天皇を配したことにあらわれている(62)。何よりも光仁配天の事実により天命を受けて新王朝を創始したと公然と宣言した点が重要である。

注目するのは交野と桓武の長岡京の地である。天神祭祀のおこなわれた交野の地については交野天神社境内説（大阪府枚方市楠葉丘）などがあるが、瀧川は漢唐以来の古制から天壇が巳位（東南南）にあたるとして山田村片鉾説（大阪府枚方市片鉾本町付近）を示した(63)。諸説あるものの、交野といえば継体天皇が即位した樟葉宮の比定地である。しかも長岡京は継体天皇の第三宮である弟国宮の比定地に近い(64)。桓武天皇は光仁―志貴―天智とつながり、さらに直系で遡れば継体天皇に行き着く。この系譜を光仁・桓武が強く意識していたとすれば、始祖たる継体にかかわる地を重視した可能性は高い。となれば光仁・桓武朝に北陸道の諸神に対する神階事例が多いことも、以上のような理由があったのかもしれない。

四　梵鐘の湯口が示すもの

最後に劔神社所蔵の梵鐘の鋳造技術、特に湯口の配置の分析から光仁・桓武の新王朝との関わりを述べたい。

まず湯口とは青銅を流し込む長方形の穴のことで、竜頭と鐸身をつなぐ笠形に属している。その痕跡は鋳上がったあとも残り、相対して二か所に認められる。五十川伸矢は湯口の形態をA～D類に分類した（第21図）[65]。論の展開上、A類とB類のみを以下に取り上げる。A類は笠形上の鐸身近くに長方形の湯口が二か所あり、竜頭の長軸線と湯口の長方形の長辺がほぼ平行するもので、圏線の外側に位置するのが特徴である。B類は笠形上に長方形の湯口が二か所あり、竜頭の長軸線と湯口の長方形の長辺が直交するもので、圏線の外側にあるもの（B1類）と圏線の内側にあるもの（B2類）に分けられる。一般的にA類は笠形下部の位置、B類・C類・D類は笠形上部でも竜頭に近い位置にある。平安時代には完全に上昇して竜頭に近づき、改良型として製作上の技術革新ととらえられている。

その配置の違いは梵鐘を製作した鋳造工人、つまり鋳物師の流派や時代の違いに起因していた可能性が高い。杉山洋は梵鐘の形態や文様意匠を検討し、北九州・奈良・京都および奈良から発展した河内などの流派の存在を明らかにした[66]。特に湯口の形態はその流派にうまく対応するという。A類は七世紀末に位置づけられる最古の梵鐘から八世紀にわたるもので、北部九州に本拠を置いた工人と奈良の工人の流派である。B類は九、一〇世紀に多く認められ京都を中心に分布することから、A類に遅れて新しく成立する京都周辺に本拠を置く工人と、その系譜を引くいくつかの流派である。つまりA類は北部九州と奈良の流派、B類は京都の流派とその系譜の流派に比定できる。

これらの見解を踏まえたうえで劔神社の梵鐘を詳細にみてみる。竜頭の長軸に直交する点ではB類の湯口であるが、笠形下部に位置する点ではA類である。つまりA類とB類の折衷型（B1類）といえる。紀年銘から奈良後期の製作になるので、B類の最古型式になる。この時期は北九州・奈良の流派から京都の流派への過渡期に位置づけられるので、鋳造技術においても従前と一線を画した梵鐘といえる。このように折衷型でありながら最古型式の劔神社の梵鐘は、天智天皇の皇統に返り咲いた光仁・桓武による新王朝の成立という枠組みのなかでとらえると理解しやすいだろう。

おわりに

劔神社の梵鐘には道鏡失脚の大願が実現し、その成果品として光仁天皇が奉納したとの伝承があった。推測の域は出ないが、『続日本紀』をもとに宇佐八幡神託事件から宝亀二年（七七一）に至るまでの出来事を時系列で整理し梵鐘の銘文にある年月日を加え、光仁天皇の即位事情を踏まえると、何かしらの関係性は指摘できるだろう。越前国剣神が一連の事件に関与したか否かはわからないが、その時期に神として初の叙勲があり、同時に高い神階が与えられたので、梵鐘の奉納は一連の流れのなかでとらえた方が自然である。また、気比・剣神を含めた北陸道の諸神への神階奉授の背景についても、光仁・桓武天皇の即位により天智の皇

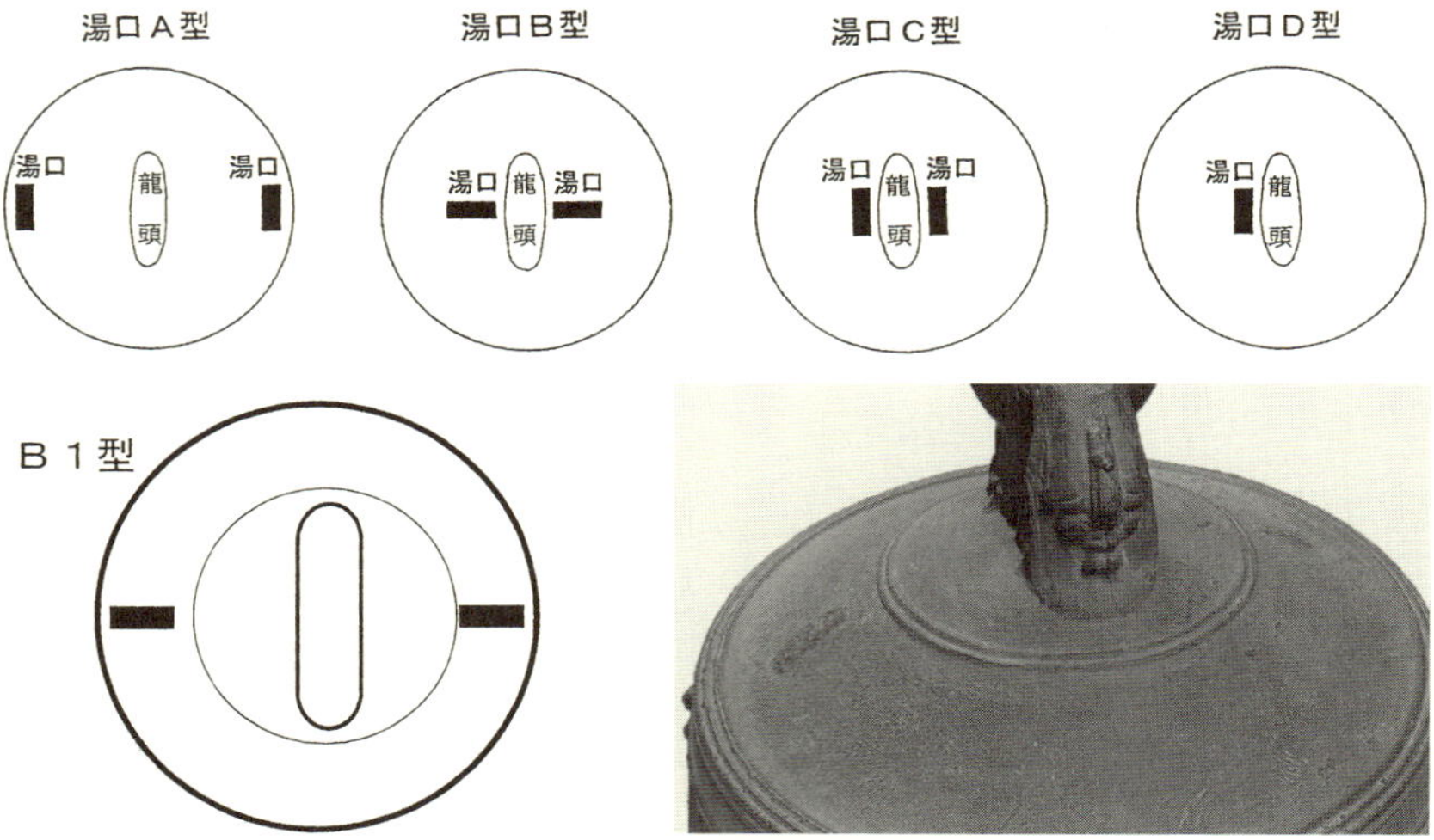

第21図　湯口の分類と劔神社梵鐘の湯口（笠形を上から見た状況）

統を意識したことも要因のひとつとみられる。加えて聖武系統から脱した新王朝とすれば、梵鐘にみる折衷型は新たに組織化された京都系の技術者集団が関与したとの見解ともうまくつながる。技術の萌芽的なあり方は奈良から平安という時代の過渡期に相応しいもので、のちの桓武天皇の長岡京・平安京遷都の動向とも大いに関係している。以上を勘案すると、梵鐘に刻まれた九月十一日は道鏡失脚の大願を果たしたある種の記念日であり、称徳天皇没後に成立した新王朝の樹立に際して、越前国剣神がその背後で何らかの形で関与したと考えたいところだが、今のところは状況証拠の段階であるので、今後はさらに論証を重ねていきたい。

注

（1）劔神社「国宝梵鐘のこと」。
（2）織田町史編集委員会『織田町史』一九七一年。水島通夫『越前国二の宮 劔神社の歴史』劔神社、二〇一〇年。
（3）『劔神社文書』「劔神社由緒略記」（杉本壽・山田秋甫『越前国織田荘剣大明神誌』安田書店、一九八八年 所収）。
（4）『丹生郡神社明細帳』。
（5）『若越宝鑑』「剣神社之景」（歴史図書社『若越宝鑑』別巻・図録、一九七三年 所収）。
（6）「一 若狭・越前国国司 越前国国司表」『福井県史 資料編一 古代』福井県、一九八七年。
（7）渡辺直彦「律令官人勲位制の研究」『日本古代官位制度の基礎的研究』吉川弘文館、一九七二年。
（8）中川収「光仁朝政治の構造と志向」『日本古代の政治と制度』続群書類従完成会、一九八五年。
（9）『続日本紀』神護景雲三年九月己丑（二十五日）条（青木和夫・稲岡耕二・笹山晴生・白藤禮幸 校注『新日本古典文学大系一五 続日本紀 四』岩波書店、一九九五年 所収）。
（10）『続日本紀』宝亀三年四月丁巳（七日）条（青木和夫・稲岡耕二・笹山晴生・白藤禮幸 校注『新日本古典文学大系一六 続日本紀 五』岩波書店、一九九八年 所収）。
（11）中西康裕「道鏡事件」『続日本紀と奈良朝の政変』吉川弘文館、二〇〇二年。

（12）『類聚国史』天長元年九月壬申（二十七日）条（黒板勝美 編『新訂増補 国史大系第六巻 類聚国史 後篇』吉川弘文館、一九三四年 所収）、『日本後紀』延暦十八年二月乙未（二十一日）条（黒板勝美 編『新訂増補 国史大系第三巻 日本後紀 続日本後紀 日本文徳天皇実録』吉川弘文館、一九三四年 所収）。
（13）中川収「称徳・道鏡政権の構造とその展開」『奈良朝政治史の研究』高科書店、一九九一年。
（14）瀧川政次郎「弓削道鏡」『人物新日本史』明治書院、一九五三年。北山茂夫「道鏡をめぐる諸問題」『日本古代政治史の研究』岩波書店、一九五九年。
（15）横田健一『人物叢書 道鏡』吉川弘文館、一九五九年。坂本太郎『日本全史二 古代Ⅰ』東京大学出版会、一九六〇年。
（16）平野邦雄『人物叢書 和気清麻呂』吉川弘文館、一九六四年。
（17）喜田貞吉「道鏡皇胤論」『史林』第六巻第四号、史学研究会、一九二一年。
（18）中西前掲（11）文献。
（19）中西前掲（11）文献。
（20）『続日本紀』神護景雲三年十月乙未（一日）条。倉野憲司編『続日本紀宣命』岩波書店、一九三六年。
（21）否定説は本居宣長『続紀歴朝詔詞解』一八〇三年（『本居宣長全集 第七巻』筑摩書房、一九七一年 所収）。金子武雄『続日本紀宣命講』東京図書出版、一九四一年。横田前掲（15）文献。馬場治「続紀宣命と『千字文』」『金沢経済大学論集』第二四巻第二号、金沢経済大学経済学会、一九九〇年。肯定説は坂本前掲（15）文献。
（22）中西前掲（11）文献。
（23）『続日本紀』宝亀元年八月庚戌（二十一日）条、同三年六月乙卯（六日）条。
（24）『続日本紀』宝亀元年九月乙丑（六日）条。
（25）『続日本紀』宝亀元年八月壬子（二十三日）条。
（26）『続日本紀』宝亀二年九月己亥（十六日）条。
（27）『続日本紀』天応元年十一月壬申（十八日）条、『日本後紀』延暦十八年二月乙未（二十一日）条。
（28）『続日本紀』宝亀元年八月庚戌（二十一日）条。

(29)『続日本紀』宝亀元年八月壬子(二十三日)条。
(30)『続日本紀』宝亀元年八月庚寅(一日)条。
(31)『続日本紀』宝亀元年八月辛卯(二日)条。
(32)小林宣彦「神階奉授に関する一考察—奈良時代を中心にして—」『古代諸国神社神階制の研究』岩田書院、二〇〇二年。
(33)『続日本紀』宝亀元年七月乙亥(十五日)条。
(34)浅香年木「古代の北陸における韓神信仰」『日本海文化』第六号、金沢大学法文学部日本海文化研究室、一九七九年。
(35)『続日本紀』天平神護二年四月丙申(十一日)条、神護景雲元年九月乙丑(十八日)条。
(36)横田前掲(15)文献。
(37)堀大介「氣比神宮と織田の劔神社」『第一九回春日井シンポジウム資料集』春日井シンポジウム実行委員会、二〇一一年。
同「古代学の視点から泰澄を読み解く二」『越知山泰澄の道 三』越知山泰澄塾、二〇一二年。
(38)櫛木謙周「第四章 律令制下の若越 第一節 地方のしくみと役人 三 地方政治のしくみ」『福井県史 通史編一 原始・古代』福井県、一九九三年。
(39)『続日本紀』宝亀元年八月癸巳(四日)条。
(40)『日本紀略』宝亀元年八月癸巳(四日)条「百川伝」(黒板勝美 編『新訂増補国史大系第一〇巻 日本紀略 前篇』吉川弘文館、一九二九年 所収)。
(41)『続日本紀』宝亀三年三月癸未(二日)条、宝亀四年正月戊寅(二日)条。
(42)中川前掲(8)文献。
(43)『続日本紀』宝亀元年八月辛亥(二十二日)条。
(44)『続日本紀』宝亀元年九月乙亥(十六日)条。
(45)『続日本紀』宝亀二年二月己酉(二十二日)条。
(46)『続日本紀』宝亀十年七月丙子(九日)条。
(47)中川前掲(8)文献。

(48)『続日本紀』宝亀十一年三月辛巳（十六日）条。
(49)『続日本紀』宝亀元年九月壬戌（三日）条、同三年二月丁卯（十六日）条、同三年十一月丁亥（十一日）条、同五年三月丁巳（十八日）条、同五年九月壬寅（六日）条。
(50)『続日本紀』宝亀元年十月丙辰（二十八日）条。
(51)清水みき「桓武朝における遷都の論理」『日本古代国家の展開 上巻』思文閣、一九九五年。
(52)東野治之『朝日百科 日本の歴史別冊 歴史を読みなおす四 遣唐使船―東アジアのなかで』朝日新聞社、一九九四年。
(53)『続日本紀』天応元年四月癸卯（十五日）条。
(54)『続日本紀』宝亀元年十一月甲子（六日）条、宝亀二年五月甲寅（二十九日）条。
(55)『続日本紀』延暦十年三月癸未（二十三日）条。
(56)清水前掲（51）文献。
(57)『続日本紀』延暦四年十月庚午（八日）条。
(58)『日本後紀』延暦十二年三月癸卯（二十五日）条（黒板勝美 編『新訂増補 国史大系第一〇巻 日本紀略 前篇』吉川弘文館、一九二九年 所収）。
(59)清水前掲（51）文献。
(60)瀧川政次郎「革命思想と長岡遷都」『法制史論叢第二冊 京制並に都城制の研究』角川書店、一九六七年。
(61)『続日本紀』延暦四年十一月壬寅（十日）条、同六年十一月甲寅（五日）条。他に郊祀は斉衡三年十一月冬至の日に河内国交野郡柏原野でおこなったとある。『日本文徳天皇実録』斉衡三年十一月辛酉（二十二日）条、同月壬戌（二十三日）条、同月甲子（二十五日）条。
(62)瀧川前掲（60）文献。
(63)瀧川前掲（60）文献。
(64)『日本書紀』継体天皇元年正月甲申（十二日）条、同十二年三月甲子（九日）条（坂本太郎・家永三郎・井上光貞・大野晋 校注『日本古典文学大系六八 日本書紀 下』岩波書店、一九六五年 所収）。

(65) 五十川伸矢「劔神社蔵の剣御子寺鐘」『いもの研究』二四、鋳造遺跡研究会、二〇一五年。同「日本古代の梵鐘と中世の梵鐘」『鋳造遺跡研究資料二〇〇六 小論集 日本古代の鋳物生産』鋳造遺跡研究会、二〇〇六年。

(66) 杉山洋『日本の美術三五五 梵鐘』至文堂、一九九五年。

挿図出典

第21図 五十川伸矢「日本古代の梵鐘と中世の梵鐘」『鋳造遺跡研究資料二〇〇六 小論集 日本古代の鋳物生産』鋳造遺跡研究会、二〇〇六年の図1、五十川伸矢 編『中国鐘の様式と技術 日本鐘の成立展開定型化過程における東アジア文化交流の研究』京都橘大学現代ビジネス学部、二〇一三年の図1より転載。越前町教育委員会写真提供。

第三編　北陸南西部における神仏習合の成立

第五章　越前・剣御子神宮寺の検討

はじめに

福井県丹生郡越前町織田に鎮座する越前二の宮、劔神社には奈良時代後期の梵鐘［国宝］が所蔵されている（第22図）。その銘文の内容と文献史料から神宮寺が境内に創建されたことが判明している。これまで初期神宮寺の事例といえば福井県では敦賀市の気比神宮寺と小浜市の若狭比古神願（宮）寺が知られていた。ともに成立契機となる神身離脱譚の事例として研究史上では必ず取り上げられ、文献上における国内最古級の神宮寺としても注目されてきた。剣神社に伴う神宮寺については水島基が『織田町史』（一九七一年刊行）[1]、杉本壽が『延喜式内社剣神社と織田甕』（一九八〇年刊行）[2]のなかで梵鐘［国宝］の銘文をもとにその存在について言及していたが、平成三年（一九九一）の小粕窯跡の発掘調査以降、的矢俊昭が劔神社の神宮寺に伴う瓦であったことを示唆し[3]、それから発展的にとらえた青木豊昭は日本最古級と強調してきたものの[4]、神仏習合の研究史のなかで扱われることはなかった。しかし、平成十九年（二〇〇七）には奈良国立博物館開催の「特別展　神仏習合」で梵鐘が展示され[5]、上田正昭の論考にも国内最古級の事例

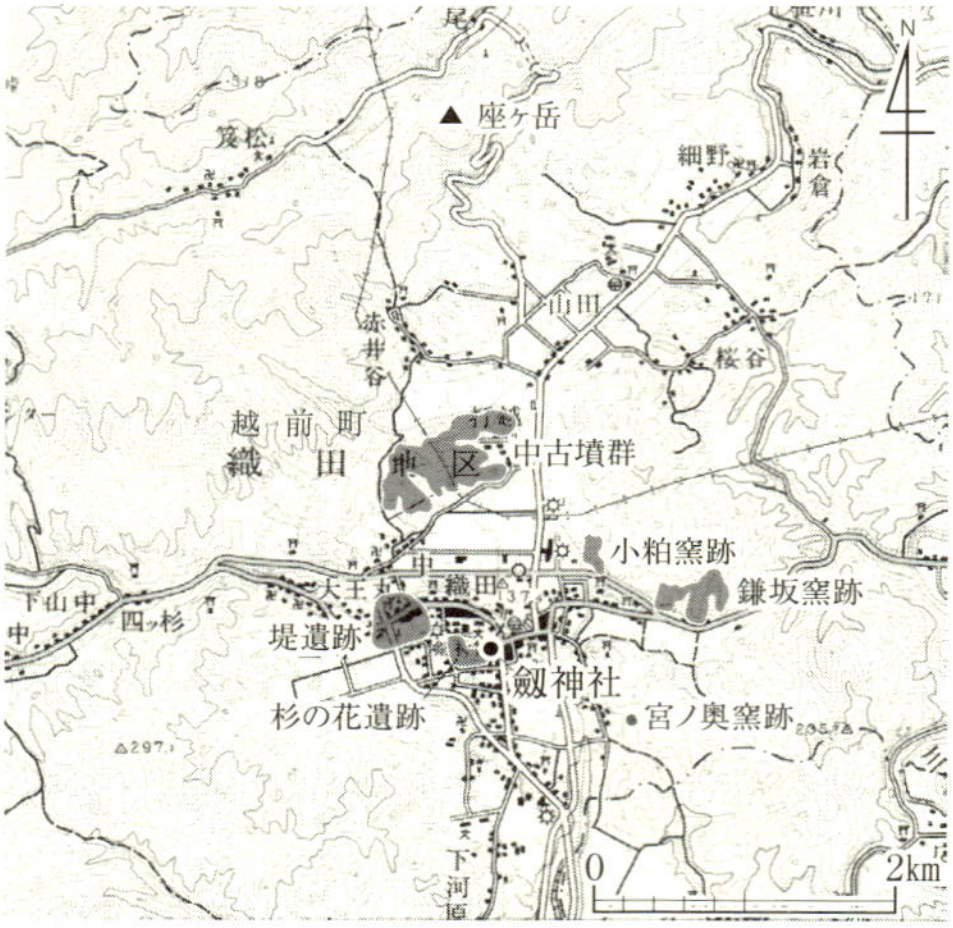

第22図　劔神社の位置［縮尺1:100,000］

として取り上げられるようになった。[6]こうした流れを受け、越前町教育委員会は平成の合併後に文化財悉皆調査の一環で平成二十二年（二〇一〇）から劔神社境内の発掘調査に着手し、平成二十六年（二〇一四）の夏に第六次調査を終え、古代剣神社とその神宮寺の様相が次第に明らかになってきた。本章では梵鐘の銘文と文献史料および既知の考古資料の検討、境内の発掘調査の成果を通じて古代の剣御子神宮寺について明らかにしたい。[7]

第一節　劔神社の梵鐘と文献史料

一　梵鐘

梵鐘には「剣御子寺鐘／神護景雲四／年九月十一日」の銘文が草の間に刻まれる。飛鳥・奈良時代の梵鐘のうち紀年銘をもつものは四例のみで、貴重な工芸品といえる。[8]銘文は西暦七七〇年時点での剣御子寺という寺院の存在を示している。特に湯口の配置が特徴的である。笠形の鐸身に近い地点にある点は奈良時代的、龍頭の長軸線と湯口の長方形の長辺が直交する点は平安時代的であるので、時代の移行期を示している。[9]厳密にいえば剣御子寺は剣御子神宮寺のことであり、神宮寺とすれば剣神社は元々剣御子神社であった可能性が高い。[10]神宮寺は神社と寺院が神仏習合の形で併存したものであるが、銘文から遅くとも奈良後期には存在していた。のちほど触れるように境内に残る礎石と周辺で生産された瓦の存在から奈良初期に遡り、それが神宮寺であったかは断言できないが、神地ないしは神社境内の一角に建てられた点では神宮寺的性格を有する寺院と考えられる。

二　文献史料

剣神に関しては『続日本紀』宝亀二年（七七一）十月十六日条に「越前国従四位下勲六等剣神に食封廿戸田二町を充てる」との記事がある。越前国の剣神が封戸二〇戸と田二町の俸禄を与えられたと同時に、七七一年以前に従四位下の位階と勲六等の勲位を受けていたことを示す。銘文の年号を踏まえると越前国の剣神とは剣神社のことを指し、剣神への神階奉授が七七〇年に近い時期であった可能性が高い。高い神階と神として初の勲位であったことは剣神が何らかの功績があったとみられ、気比神も含めて地域神として異例の厚遇であったことを示している。[11]他の史料として『新抄格勅符抄』「大同元年（八〇六）牒」に、剣御子神に対する宝亀三年（七七二）と天平神護元年（七六五）の封戸の記録がある。『日本三代実録』には「剣神」（八五九年）、『延喜式』巻第一〇神名下には「剣神社」（九二七年）とある。剣神と剣御子（神）の表記については史料の性格別に分類できるため、本来は同じ神とみなす方が妥当である。[12]

劔神社には『劔神社文書』〔福井県指定文化財〕など中・近世の史料が伝えられている。[13]なかでも「劔神社古絵図」（一五世紀）は境内周辺の様子が描かれたもので、特に神社と神宮寺の敷地は東西に流れる御手洗川を介して明瞭に分かれる。神社域には御本社・気比社・神楽堂、神輿堂など、神宮寺域には講堂・護摩堂・鐘つき堂・三重塔・仁王門などの建物が並び、中世における神仏習合の様子がうかがえる。[14]剣御子寺は室町時代中期（一五世紀）には山門本院東檀那院の末寺として織田寺と称し、永禄二年（一五五九）の「織田寺役者中控書」によると院が三、坊が一九あった。神前院など神宮寺関連の施設では釈迦八相涅槃図〔国重要文化財〕を掲げて涅槃会を厳修し、『劔神社文書』の年中行事の記録などを踏まえると、（七夕）施餓鬼・法華講・天神講・常楽会・獅子舞・地蔵講・大師講・最勝講・千返陀羅尼・阿弥陀供・愛染供・神前大般若・御影供、四月・九月神祭などがおこなわれていた。[15]こうした神仏習合的な行事は人々の素朴な願いをかなえるべき、現世利益的な信仰として受け入れられていた。

第二節　既知の考古資料

本節では既知の考古資料として㈠劔神社境内に現存する礎石二点、㈡礎石との関連が指摘できる小粕窯跡の検出、㈢梵鐘の製作年代に近い時期に操業した須恵器窯とその須恵器、㈣平成二十一年（二〇〇九）に発見された土師器、

(五) 境内周辺で採集された陶質土器二点を取り上げて概要を述べる（第23図）。

一　境内に残る礎石

拝殿前の池のほとりには護岸石に転用された礎石（礎石A）がある（第24図1）。長径九四センチ、短径七九センチをはかり、平面形態は不整方形を呈する。池の造成時に本来あるべき角度から六〇度ほどの傾斜をもって埋設された。側面は四〇センチほどの幅で面を有している。そこから底面にむかって尖り気味となり、最大高は六四センチをはかる。上面には平坦部をつくり、深さ一〇センチほど円形状に浅く掘りくぼめる。被熱のせいか表面は赤色化し、柱穴の

第23図　既存考古資料の位置［縮尺 1:1,500］

規模と被熱の範囲が一致しているように見える。そこから推察すると柱の規模は直径六〇～七〇センチをはかる。柱穴の中央には直径二〇センチの円形で、深さ一二センチの孔が穿たれる。底面は直径一六センチの円形であり、掘形は逆台形を呈する。舎利孔とみられる。小ぶりなのが気になるが、全体的に表面の剥離や部分的な欠損が激しいので、元々もう少し大きかったものが後世に破損したか、あるいは人為的に加工された可能性も指摘できる。心礎であれば西井龍儀の分類の柱穴式で、柱穴＋舎利孔をもつＩＢに近い(16)。舎利孔とみられることから心礎の蓋然性は高く、小ぶりな点を評価すれば三重塔に伴う可能性が高い。

猿田彦神社へ向かう参道脇にもうひとつの礎石（礎石

B）がある（第24図2）。平らな表面の中央には柱座の中心を示す窪みをつくり、直径約五〇センチの範囲で柱座の外線に浅い溝をめぐらす。外線は長径六〇センチ×短径五六センチをはかり、平面形態は楕円形を呈する。基底部は参道の一部としてコンクリートで固められたため、座面からの高さは一八センチ以上をはかる。上面の中央部には柱が設置されたとみられる。礎石の中心部には柱座があり、直径五〇センチの楕円形の溝がめぐるが、被熱による剝離のせいか一部は明瞭でない。その圏線に直交して浅い直線溝が放射状に配される。これらの直線溝は円形溝にかかるように幅一〜一・八センチ、長さ一〇〜一七センチ程度の長さで、五か所にわたり排水のために外側に向けて施している。これらの礎石の時期比定は難しいが、礎石Aと同様の時期ととらえられる。次に触れる小粕窯跡出土の瓦と須恵器の時期（古代六、七期、八世紀前葉）と劔神社境内に創建された寺院に伴う可能性が高い。

二　小粕窯跡とその出土遺物

礎石の時期比定をおこなううえで重要なのが越前町織田（鎌坂）の小粕窯跡である。(17)本窯跡は鎌坂窯跡群の一支群で、劔神社から北東方向に約一キロの地点に位置する。なかでも併設された1、2号窯は織田町教育委員会が平成三年（一九九一）に発掘調査を実施した。1号窯は全長八・二メートルをはかる半地下式の窖窯、2号窯は全長六・一メートルをはかる窯体内部が有段となる半地下式の瓦専用の窖窯である（第25図）。窯体内を含め灰原からは大量の有台杯・無台杯・甕などの須恵器、軒丸瓦・丸瓦・軒平瓦・平瓦・鴟尾・熨斗瓦などの瓦類、須恵器の円面硯・水瓶などの仏具が出土して

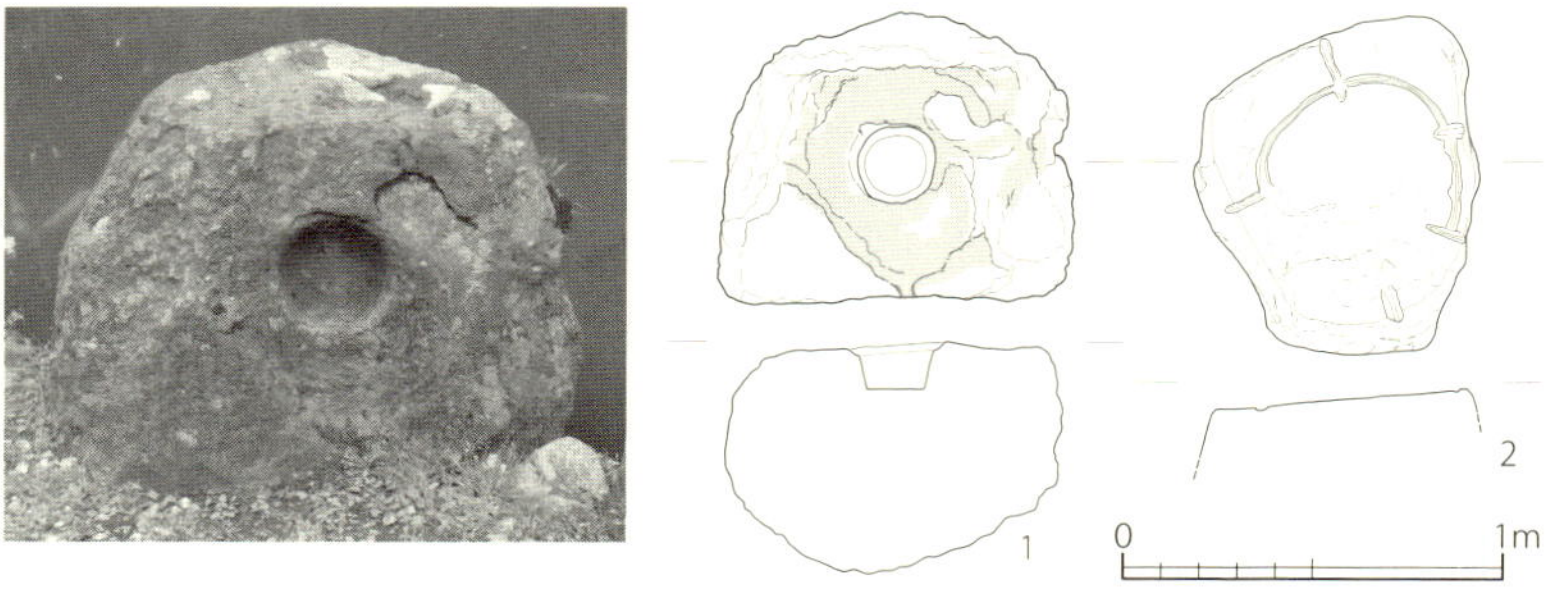

第24図　劔神社境内の礎石［縮尺1:40］

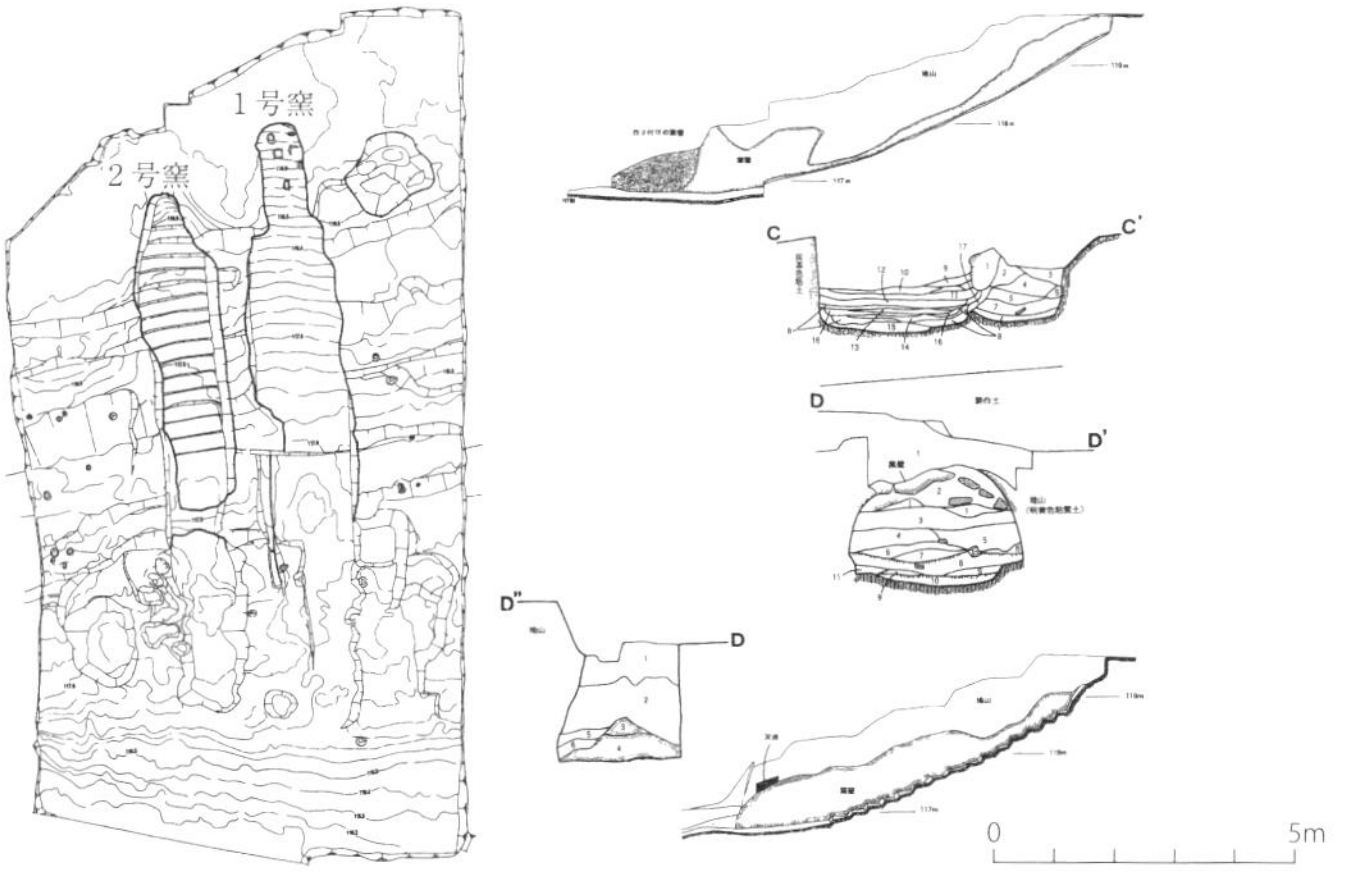

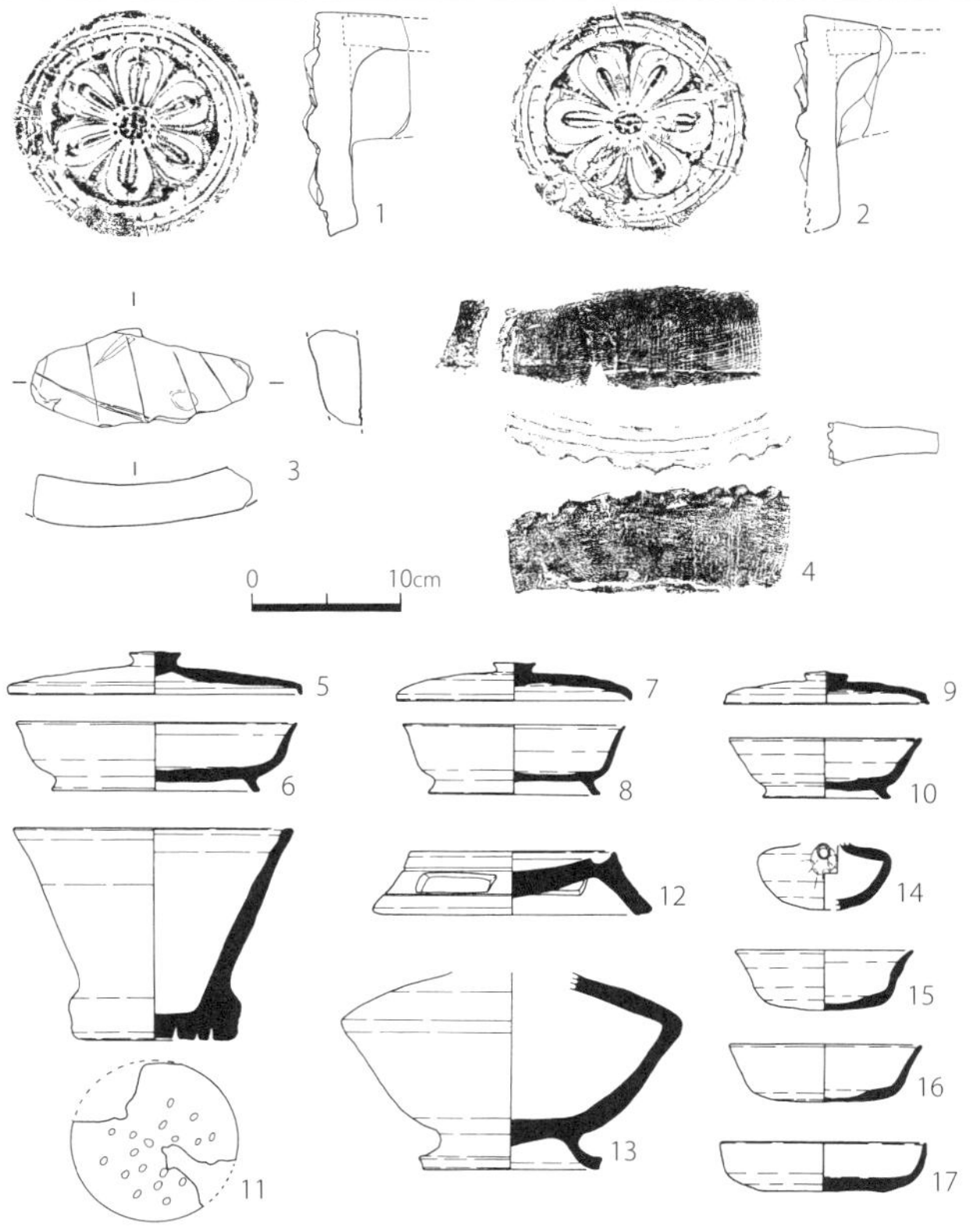

第25図　上：小粕窯跡［縮尺1:250］　下：小粕窯跡出土遺物［縮尺1:8］

おり、遺物は有鈕蓋などの型式から古代六、七期（八世紀前葉）に比定できる。特徴的な遺物には単弁蓮華文をもつ軒丸瓦や指圧波状文をもつ軒平瓦がある。的矢俊昭によると、瓦の文様の特徴から磁賀県湖東を中心に分布する湖東式の系譜で、軒丸と軒平のセットは小粕と湖東だけだという[18]。湖東式を創建瓦とした塔ノ塚廃寺や野々目廃寺などは近江国愛知郡にあり、渡来系氏族である朴市秦氏が居住した地域と考えられている。他の近江出土の湖東式も渡来系氏族とかかわりのある氏寺のもので、その祖型は百済・新羅寺院の軒丸瓦にみられ、百済・公州の西穴寺址に同一文様があるため朝鮮から畿内を経由せずに伝えられたという[19]。小粕窯産の須恵器や瓦の供給先は不明であるが、舎利孔をもつ心礎の存在から境内に建てられた寺院のものであった可能性が高い。

三　宮ノ奥窯跡の須恵器

平成二十六年（二〇一四）八月に劔神社南西約七五〇メートルの地点で、須恵器窯に伴う灰原が新たに発見された。越前町織田に所在する宮ノ奥窯跡である。織田盆地東側の丘陵裾部に位置するが、一〇メートルほど山を登った傾斜面に立地している。地権者が山仕事中に偶然発見したもので、溶着資料を含んだことで窯跡と認定された。須恵器の時期は古代九期（八世紀後葉）に比定でき、梵鐘の紀年銘にある神護景雲四年（七七〇）に近い。これまで織田盆地では鎌坂窯以外の須恵器窯は未確認であるので、時期的なことを考慮すると梵鐘鋳造との関係性が指摘できる。しかも須恵器の形態と焼成具合は隣接する越前町宮崎地区の樫津窯跡（丹生窯跡群の一支群）のものと酷似しており、ほとんど区別がつかない。胎土に黒色粒子を含むのは丹生窯産の特徴であるので、その付近の粘土を使用したとみられる。想像をたくましくすれば窯が操業した背景には梵鐘奉納時に行事をおこなうなど緊急の事態が想定でき、食器などの需要が高まった結果ともとらえられるだろう。

四　平成二十一年発見の土師器

平成二十一年（二〇〇九）七月十六日、劔神社境内の社務所北約三メートルの地点で、石畳工事時に遺物の不時発見があった。遺物は平安時代とみられる土師器であった。これまで古代剣神社の関係資料については国宝の梵鐘（奈良後期）、境内にある心礎・礎石（奈良初期か）などが知られていたが、それ以降の考古資料は確認されていなかった。その意味で境内の出土遺物は古代における剣神社、剣御子寺の様相を知るうえで貴重な資料となる。ここでは以前の資料紹介をもとに概要を述べ、詳細については注のなかで詳細に記した。[20]

土師器は無台皿ないし無台椀の口縁部あるいは底部であり、全体の形態まではわからず破片が多いため器種や時期を比定するのは難しい。底部は底面が糸切りと内外面回転ナデ調整の点で共通する（第26図1～7）。口縁部から底部にかけての稜が明瞭・不明瞭の違いはあるが、底径は五・五～六・〇センチに集中することから一規格とみられる。三点の口縁部には薄手のものと厚手のものがある（第26図9～11）。薄手のものは無台椀、厚手のものは無台皿の可能性が高い。類例には福井県越前市の徳神遺跡D区SK2出土資料がある。[21]本遺構では無台皿二点、有台皿一点、灰釉陶器二点が出土した。灰釉陶器は東濃窯の明和27号窯出土資料に酷似することから一一世紀第2四半期に位置づけられている。[22]他にも同様な特徴を有する土師器として福井県坂井市の坂井兵庫遺跡群上兵庫地区ルSK11[23]、丹生郡越前町の大谷寺遺跡[24]、同町の厨海円寺遺跡[25]出土のものがあり、

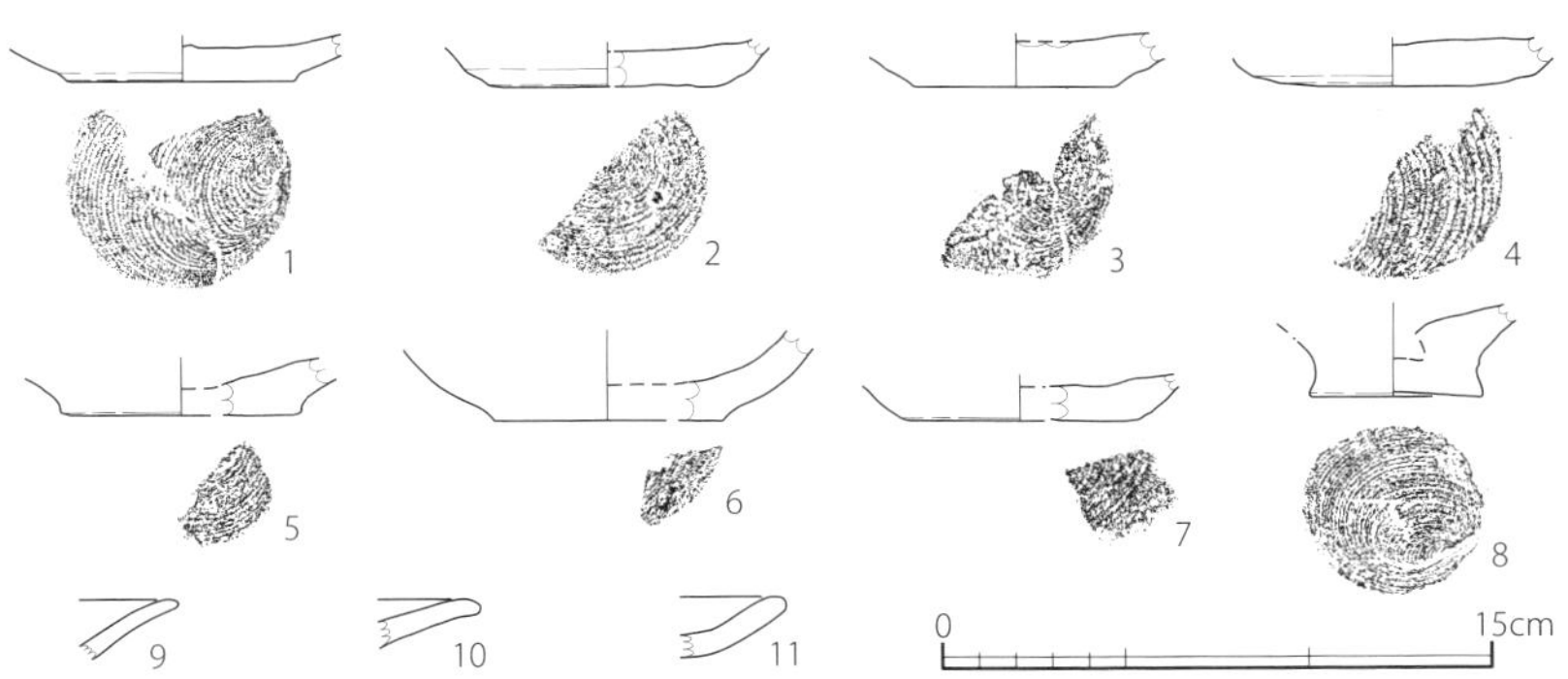

第26図　劔神社境内出土の土師器［縮尺1:4］

一一世紀前半に比定できる[26]。これらの事例を踏まえると、劔神社のものは同じような口縁部や底部であるので一一世紀前半頃に位置づけられる。しかし、薄手の口縁部（第26図10）が有台椀などであれば一〇世紀まで遡るかもしれない。

次に柱状高台（第26図８）の時期である。越前町内では他に大谷寺遺跡[27]、厨海円寺遺跡[28]、小倉石町遺跡[29]などで確認されており、野澤雅人は底径四～五センチ、底部厚二センチをはかるものは一一世紀後半から一二世紀前半までの時期に位置づけている[30]。ただし劔神社のものは柱状部が未発達であり、古相ととらえれば一一世紀中頃まで遡る可能性が高い。とすれば他の土師器と時期的に近接し、一一世紀前半を中心とする時期に限定できるかもしれない。しかし土師器のなかには薄手の口縁部が存在し、一〇世紀の土師器椀の可能性が指摘できる。従来の柱状高台の出現時期を踏まえると一〇世紀末から一一世紀後半までと広い時期幅も想定できるが、破片であるのでこれ以上の言及は難しい。

なお、これらの土師器は地表下約〇・七～一・〇メートルの地点で発見されており、約一メートルの地点には黄褐色粘質土が確認できた。つまり古代の遺構面は削られることなく、そのまま保存されている可能性が高い。今後、境内の発掘調査が進めば古代の剣神社とその神宮寺の建物配置や時期などが明らかになっていくだろう。

五　境内隣接地の陶質土器

劔神社境内東の個人宅において井戸の掘削中に須恵器系の硬質の青みのある土器が二点出土した。二点は有蓋高杯で、上が蓋、下が身の部分である（第27図１・２）。福井県内および国内出土の須恵器と比べると異質で、形態的特徴と全体的な雰囲気から陶質土器と考えられる。古川登の報告文によると、二点はその形態的特徴から朝鮮半島南部の洛東江下流東側、釜山から慶州を含む新羅ないし新羅の影響下にある地域で焼かれたという[31]。具体的に蓋は韓国慶州市の月城路古墳群２号墳出土蓋との類似から古墳中期後葉から末頃、身は慶州市の月城路古墳群４号墳や釜山市の林石遺跡２号墳出土高杯との類似から古墳後期初頭から前葉にかけての時期に位置づけられている。蓋と身の口径は異なり別個体とみられるので、他にも遺物は存在していた可能性が高い。一方で、古川は陶質土器と断定できないとも述べる[32]。蓋の天井部には回転ヘラケズリ調整を残しているが、朝鮮半島南部製のものは回転ヘラケズリ調整ののちにナデ調整を施して痕跡を消すという。その点でいえば蓋は陶質土器ではなく国産の可能性も考えなくてはならない。仮に国産ならば丹生山地中部で生産された可能性が高い。それは近年発掘された越前町の番城谷山5号墳出土(33)の須恵器の存在からである。本墳は墳長四五メートルの造出付円墳で(34)、墳丘裾部からは大甕とともに二五点の初期須恵器（ＴＫ216型式期）が出土した。大部分は黒色粒子をまばらに含む胎土で、焼成具合も丹生窯産の須恵器に酷似していたことから丹生山地で生産された可能性が高い(35)。したがって境内隣接地の須恵器については国産の可能性を考慮しながらも、日本の須恵器に類例がないことを踏まえ朝鮮半島南部産と考えておく。

なぜ時期の異なる陶質土器が劔神社境内の隣接地でまとまって出土したのか。ひとつの仮説を提示すると、その発見場所は劔神社東側の南北に走る馬場通りを挟んだ隣接地にあたることから、五、六世紀にその一帯が神地で、神祀りを執りおこなっていたというものである。奈良時代の梵鐘には「剣御子寺鐘／神護景雲四／年九月十一日」の銘文が刻まれるので、剣御子神社が遅くとも奈良後期（七七〇年）には鎮座していた。付近の小粕窯跡で発見された古代六、七期（八世紀前葉）の瓦と須恵器、境内に残る心礎の年代を重視し、そこに神宮寺的性格をもつ寺院が創建されたとすれば剣御子神社もその時期に遡ることになる(36)。陶質土器は西暦五〇〇年前後、剣御子神社が七〇〇年代に存在したとすれば二〇〇年の間がある。境内の隣接地というだけで陶質土器が神祀りの道具として使用されたか否かは確定的でないが、五、六世紀に神地が存在していればその可能性は高くなるだろう。

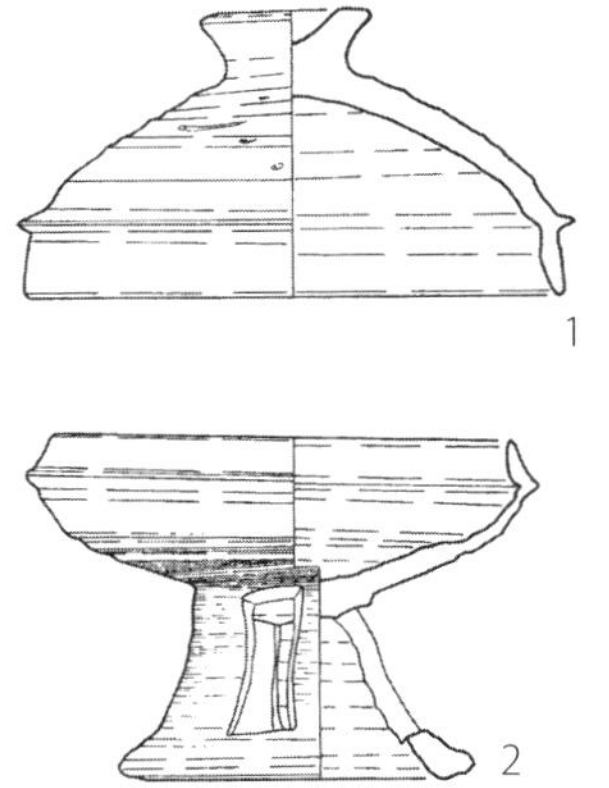

第27図　陶質土器［縮尺1:3］

この評価については次節で詳しく触れるが、劔神社境内で実施した発掘調査の成果が参考になる。境内に広く展開する神林は弥生時代中期の遺構が埋没したあと黒色土だけの堆積であり、しかも無遺物地帯が展開していたことから遅くとも古墳時代には神地が形成されていた可能性が高い。[37]とすれば境内周辺で発見された遺物は祭祀に伴うもので、陶質土器という関係から祭祀を執りおこなったのは秦氏など渡来系氏族とみられる。のちの史料にはなるが、敦賀郡伊部郷には秦氏の存在が確認され、[38]小粕窯跡出土の湖東式瓦は滋賀県湖東に居住した秦氏ゆかりのものである。劔神社付近には文献・考古資料からも渡来系氏族の居住が確認できるので、境内隣接地で発見された二つの陶質土器は神地の存在だけでなく、渡来系氏族が関与した可能性を考えるうえで貴重な資料となるだろう。

第三節　発掘調査の成果

越前町教育委員会は劔神社境内に残る寺院痕跡や周辺の関係資料の重要性に注目し、平成二十二年（二〇一〇）七月から試掘調査を開始した。調査は平成二十六年（二〇一四）七月まで六次に及び、調査区は二五か所を数えた（第28図）。平成二十二年、二十三年度は境内の中心参道の東側、平成二十四年度は中心参道の西側、平成二十五年、二十六年度は神林を対象としている。[39]その成果の概要を以下に述べる。

一　劔神社古絵図との検証

劔神社は織田盆地のほぼ中心に位置し、境内の東約一〇〇メートルの地点を織田川が南流する。その河岸段丘上にあたるので、境内周辺は西から東にかけて傾斜し、わずかに形成された南北に細長い平場の上に建物群は展開する。そのため境内西側は比高二メートル程度の崖で一段高くなる。本殿・拝殿や織田神社は境内でも北東の一段高い場所に位置するが、東側は段丘を利用した土塁で仕切られている。拝殿前方の一段低い境内は最も広い平坦地を形成し、社務所・便所・蔵などの建物が並ぶ。段丘の一段高い平場となる西側の神林には、猿田彦神社・忠魂社・水木稲荷社・宝物殿が建つが、その北側には東西方向に走る川があり、現在の池にむかって合流している。

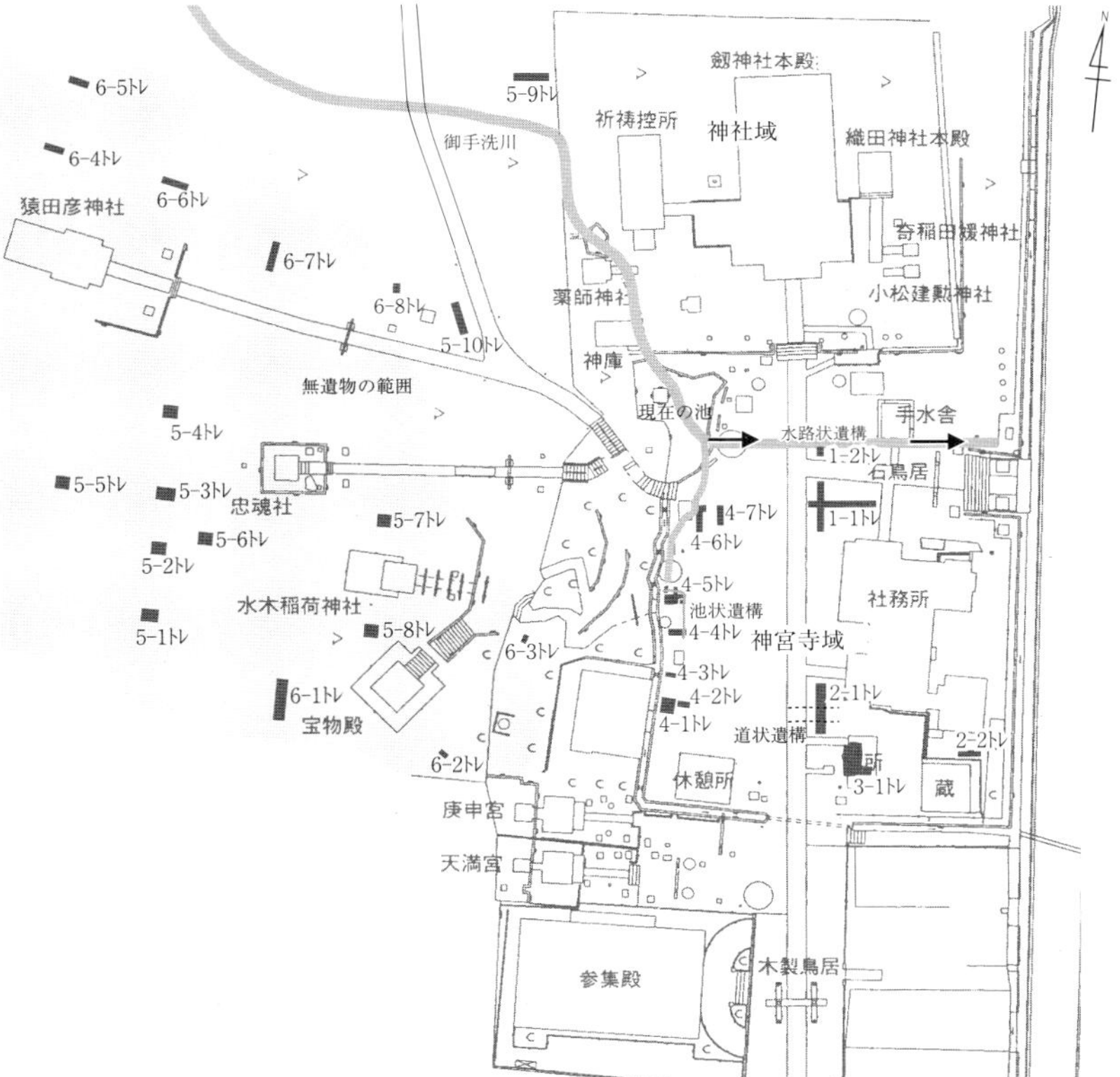

第28図　劔神社境内の建物配置と調査区［縮尺 1:1,500］

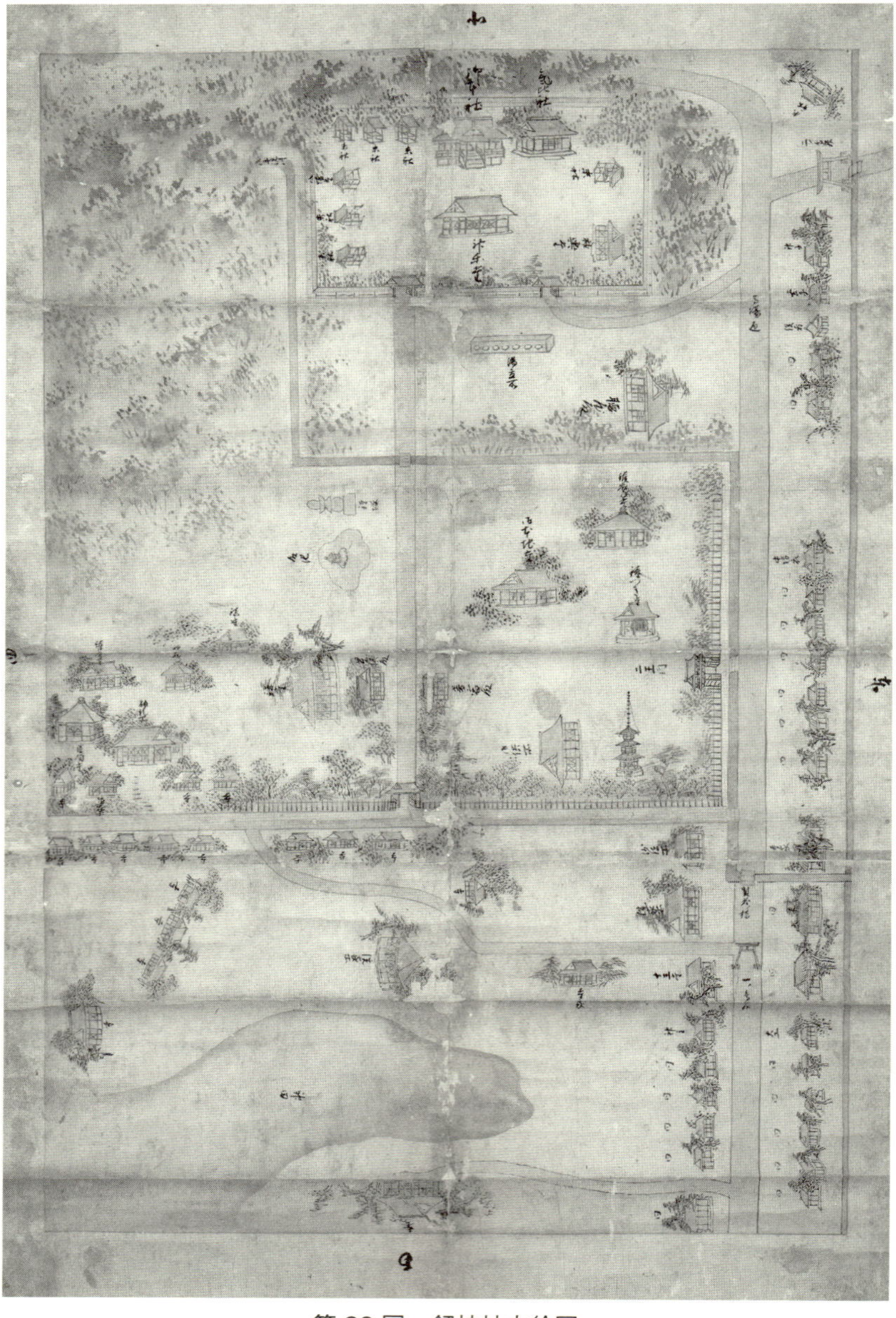

第29図　劔神社古絵図

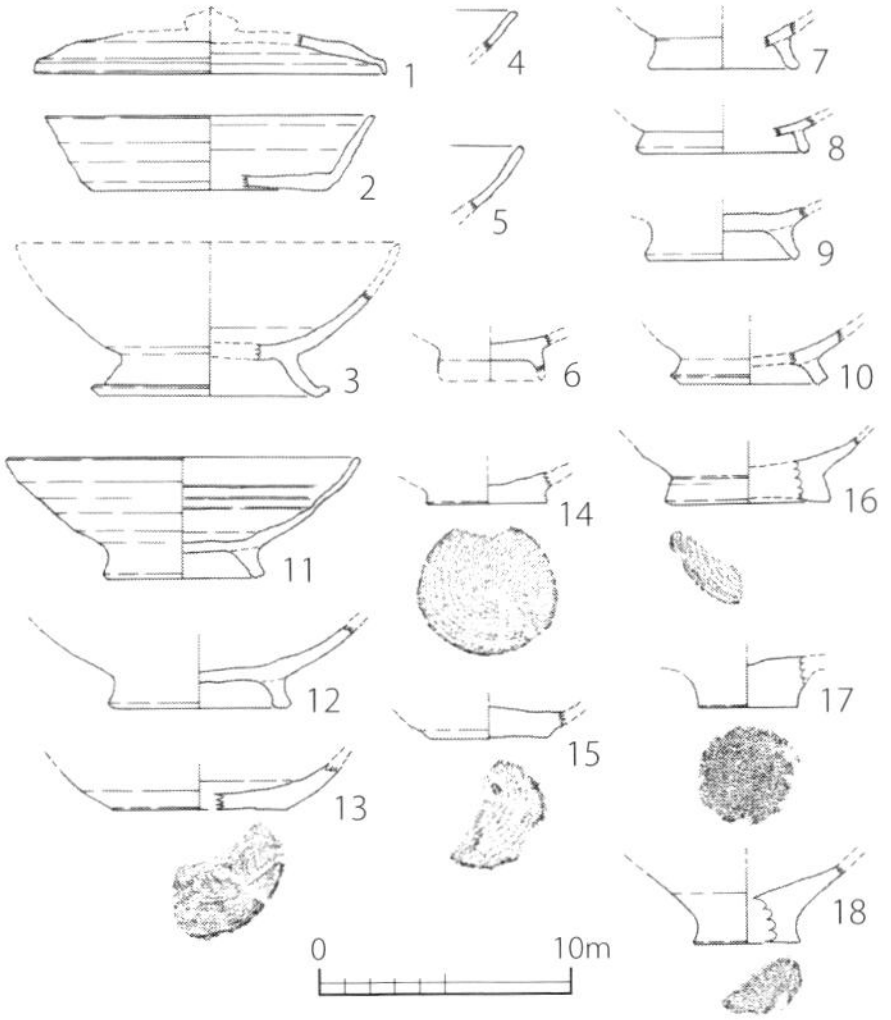

第 30 図　第 1 次調査出土遺物［縮尺 1:6］

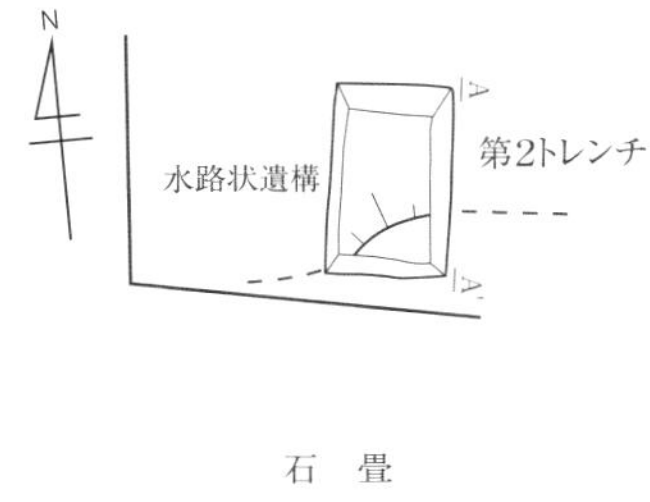

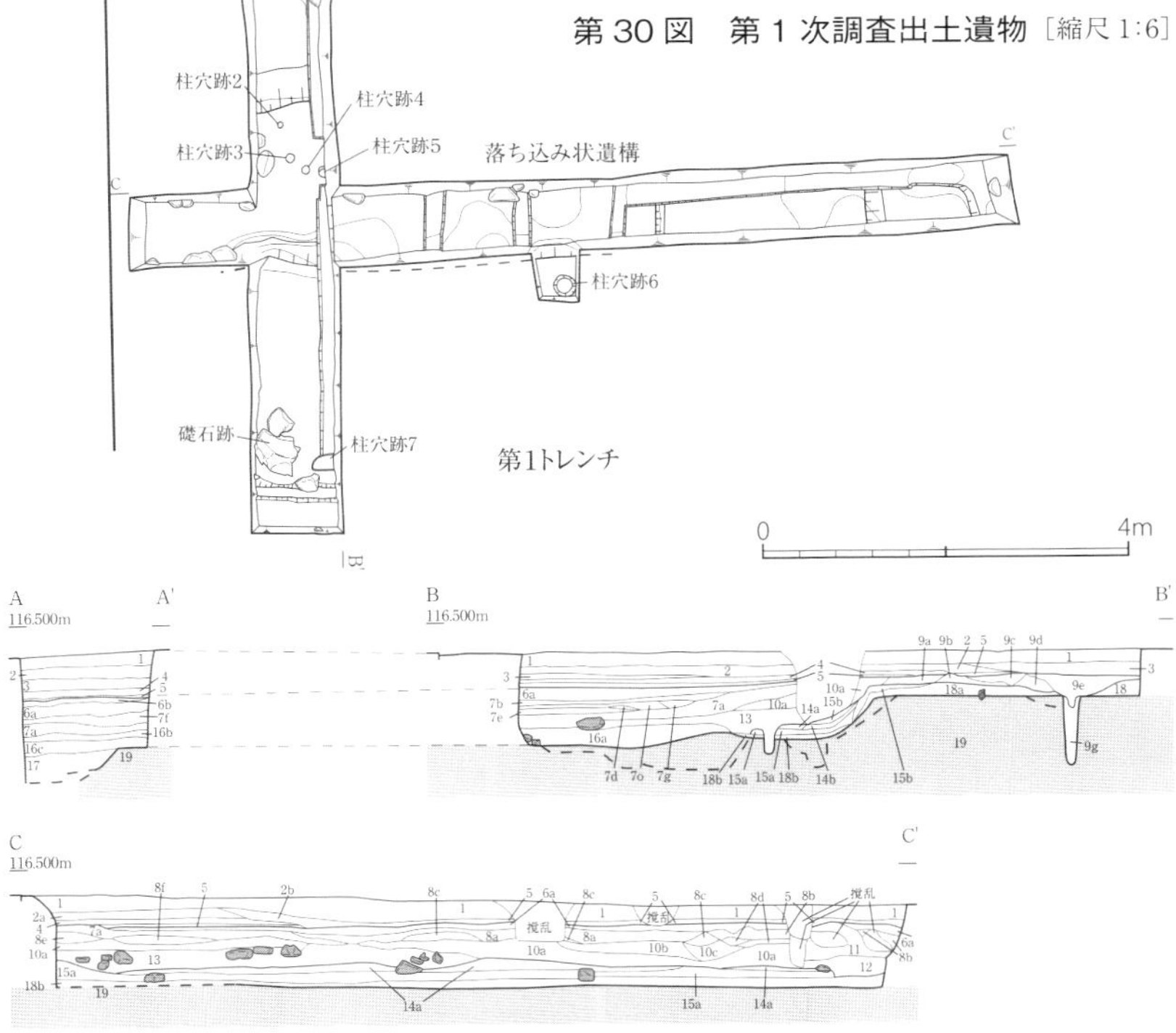

第 31 図　第 1 次調査トレンチ平面図・断面図［縮尺 1:120］

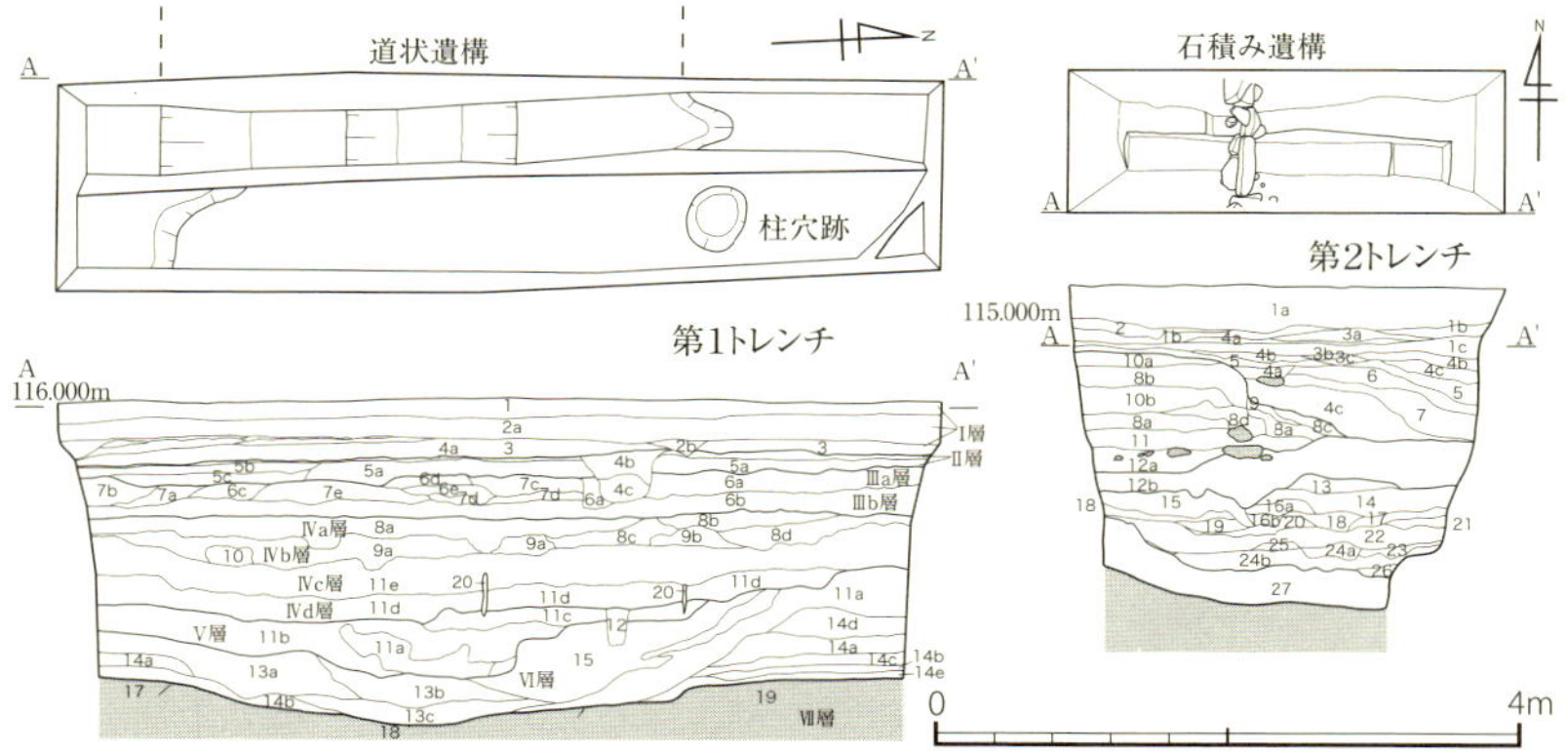

第 32 図　第 2 次調査平面・断面図 ［縮尺 1:100］

第 33 図　第 2 次調査出土遺物
（1〜43 第 1 トレンチ、44〜51 第 2 トレンチ）［縮尺 1:6］

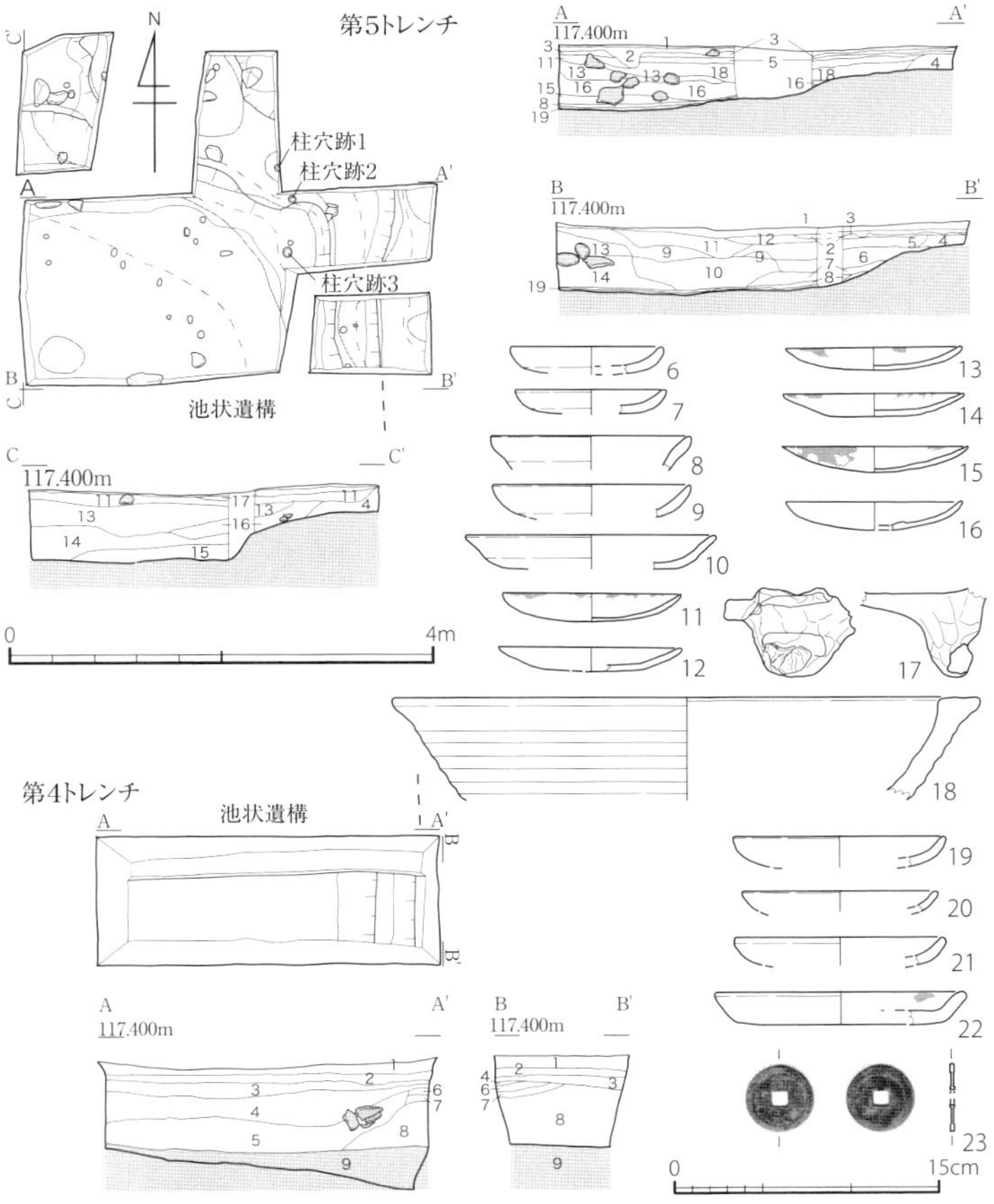

第 34 図　第 4 次調査第 4・5 トレンチ平面・断面図［縮尺 1:100］と
出土遺物（1〜18 第 5 トレンチ、19〜23 第 4 トレンチ）［縮尺 1:6］

発掘調査では「劔神社古絵図」（室町時代）にある施設の比定につとめた（第29図）。古絵図には御手洗川が描かれるが、第一次調査第2トレンチでは水路状遺構（御手洗川か）と南側に接する幅八メートルの落ち込み状遺構を検出したので、神社と神宮寺の境界とみられる（第30・31図）。つまり遺構の北側が神社域、南側が神宮寺域に相当する。また古絵図の神宮寺域には殿池・講堂・仁王門などが描かれる。第一次調査第1トレンチ南では礎石、第二次調査第1トレンチでは地表下二・三メートルで、仁王門から講堂に続く道状遺構（参道か）（第32・33図）、第四次調査第4、5トレンチでは池状遺構（殿池か）を検出した（第34図）。遺構上面で踏み固められた中世の土師器皿は古絵図の描かれた時期のものも含む。これらの調査の成果から古絵図に描かれたものが実際に遺構として検出され、その信憑性の高さを示す結果となった。

二　旧地形と境内整備

第一次調査2トレンチ、第三次調査は地山が深いので、特に拝殿前と便所あたりは谷がはいり込む地形であった（第35・36図）。発掘調査の成果から、もとの境内は東西方向に細い丘陵が八つ手状に展開し、その間を谷がはいり込んでいたとみられる。平安時代末期に大規模に埋められて、平坦な境内へと造り替えられた。特に第二次調査第1トレンチの整地層は厚く、奈良時代から現在までの境内整備の過程が明らかとなった。しかし遺物のなかには小粕窯産のものは発見されず、古代神宮寺の関連建物についても検出するには至らなかった。それは部分的なトレンチ調査ということもあり、しかも境内は歴史上綺麗に片付けられ、境内整備に伴う整地層にしか遺物を含まなかったためである。今後は境内西側の一段低くなった箇所を調査対象とする必要があるだろう。

出土遺物は奈良時代後期から近現代までであり、歴年の境内整備に伴うものである。第一次調査に伴う遺物は大規模に埋められた整地層からの出土で、遺物には江戸時代末以降のものを一切含まなかった。『越前国名蹟考』［文化十二年（一八一五）］の境内図には神社と神宮寺の区画が明瞭であり、御手洗川らしきものも描かれているので、幕末から明治初めにかけて一気に埋められた可能性が高い。大規模な土木工事の痕跡は神仏判然令に伴う廃仏毀釈運動が原因と考え

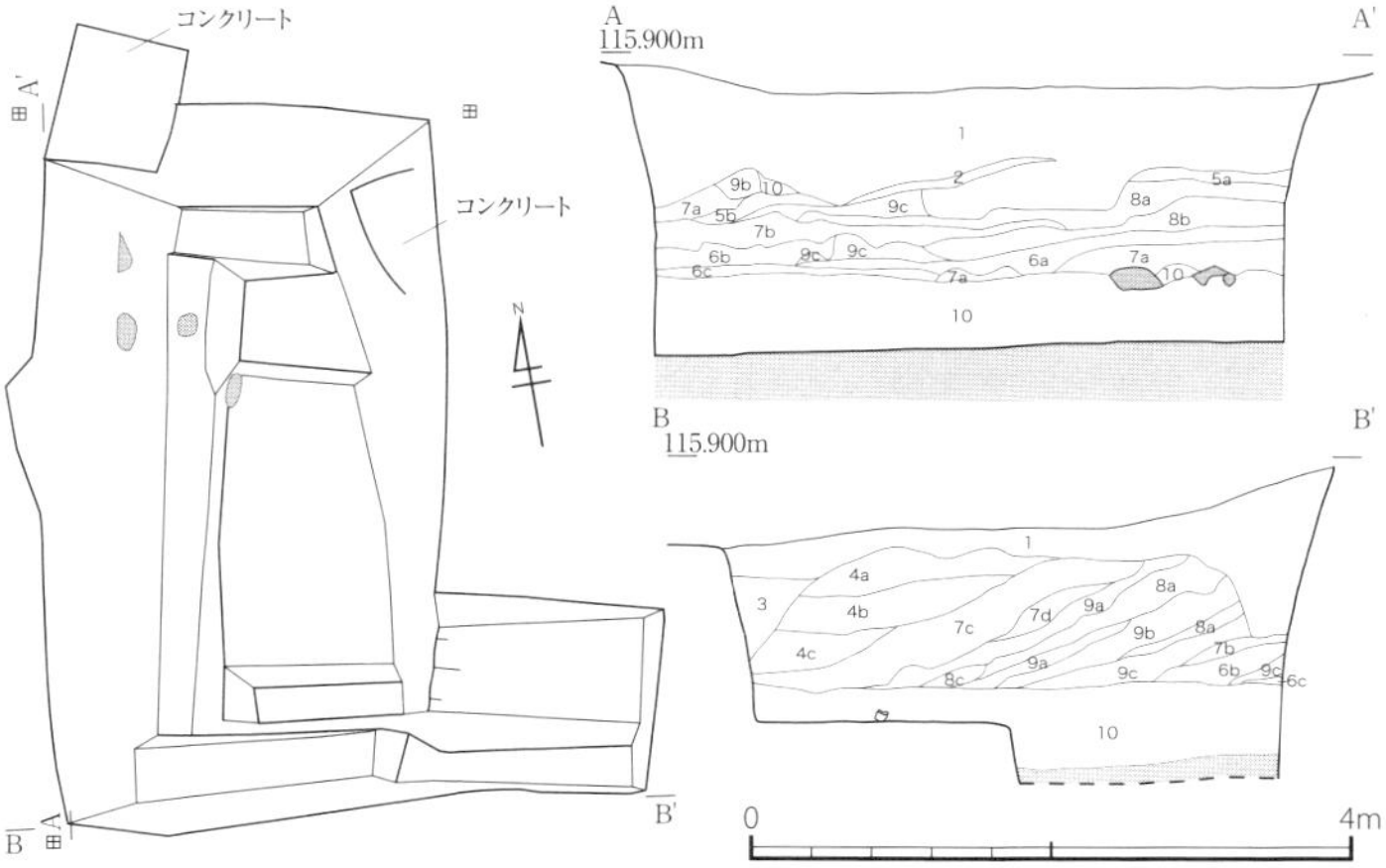

第 35 図　第 3 次調査区平面・断面図［縮尺 1:100］

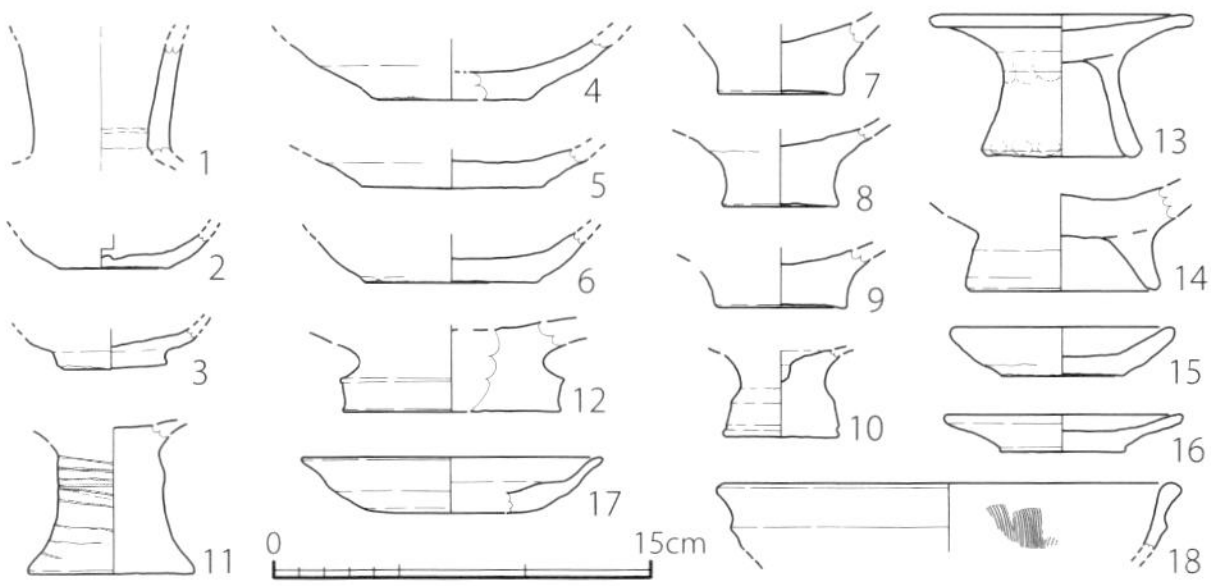

第 36 図　第 3 次調査区出土遺物［縮尺 1:6］

られる。なお、境内にあった神宮寺関係の施設（養体院・延命院）については明治時代以降に境内から出ており、現在は旧神前院護摩堂［越前町指定文化財］だけが残っている。

三　神林の調査と神地の存在

境内の西側は一段高い段丘で、約二二〇〇〇平方メートルの広い平場が展開する。現在は杉による神林であり、地元では「おはやし」と呼ばれる。古絵図では鬱蒼とした杜が描かれた場所である。劔神社で最も広い平坦地であり、神宮寺関係施設の展開が予想できたので、平成二十五、二十六年（二〇一三、一四）度の二年間で一八か所の調査区を設定した。各区の堆積状況を観察すると、表土から地山まで一様に黒色系土が詰まり、約五〇から八〇センチほどの厚みであった。地山から掘り込まれた古代・中世の遺構はなく、表土層に近世以降の遺物が混じる程度で、遺物はまったく出土しなかった。しかし、第五次調査第2トレンチ（第37・38図）と第六次調査第1トレンチ（第39・40図）では、弥生時代中期の土坑が地山を掘り込んで検出された。つまり弥生時代の遺構が埋没して以降、現代まで人為的な痕跡がいっさい認められなかった。

無遺物の範囲は猿田彦神社の周辺、水木稲荷神社から宝物殿あたりまで及んでいた。しかし第六次調査第8トレンチ・第五次調査第9、

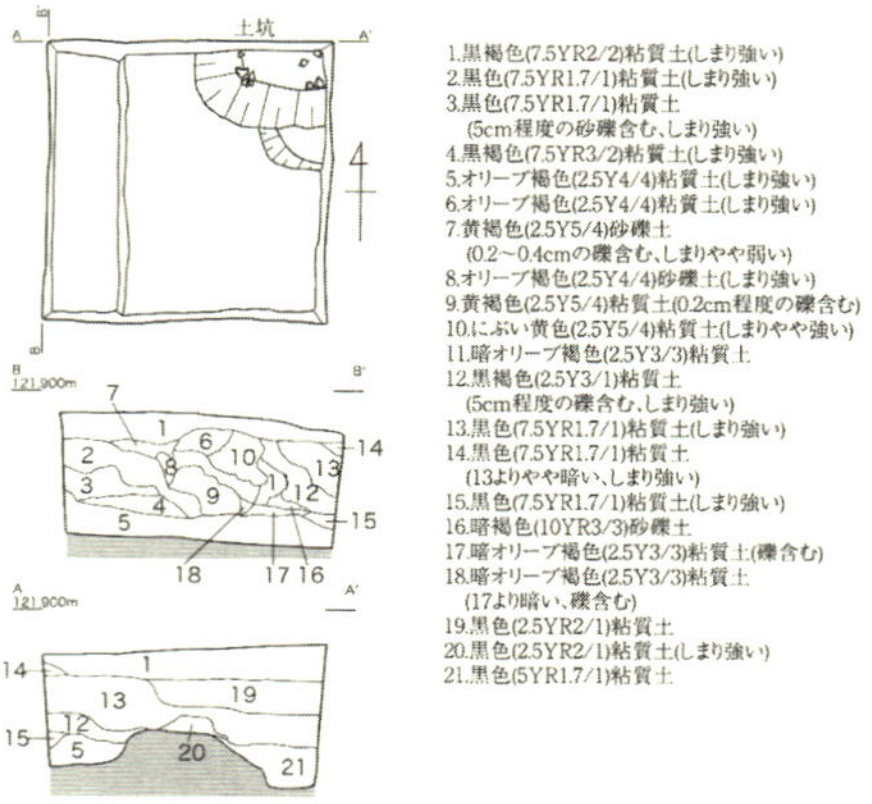

第37図　第5次調査第2トレンチ
平面・断面図［縮尺 1:100］

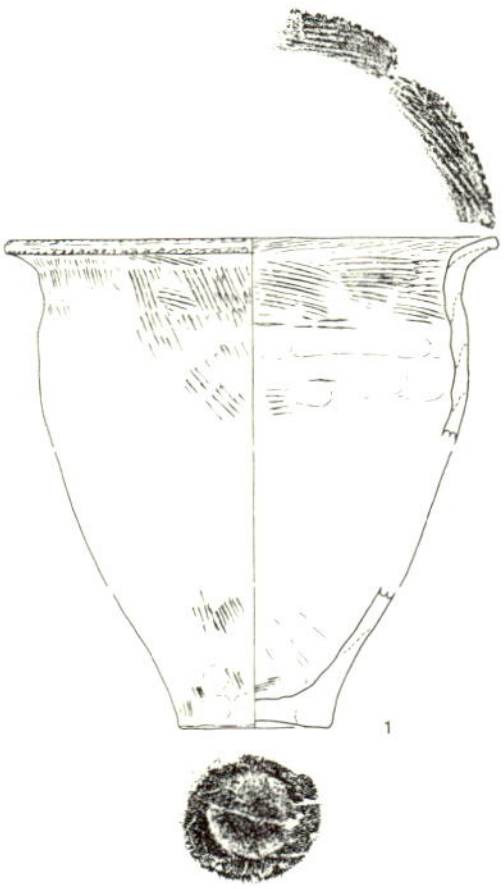

第38図　第5次調査第2トレンチ
出土遺物［縮尺 1:6］

10トレンチのように古代から中・近世に至るまで数多くの遺物が出土した。神林においても拝殿西側から御手洗川にかけての一段低くなった一帯は祭祀などで使用した土器の廃棄場所となっていた（第41・42図）。境内は遺物の有無に極端な差があるので、長期間捨てない場所の観念が働いていたようである。盆地のほぼ中央に位置し広大な平坦地をもつ劔神社の一等地がまったく土地利用されていないことは不自然であるので、古くから神林の大部分が神聖な場所として認識されて

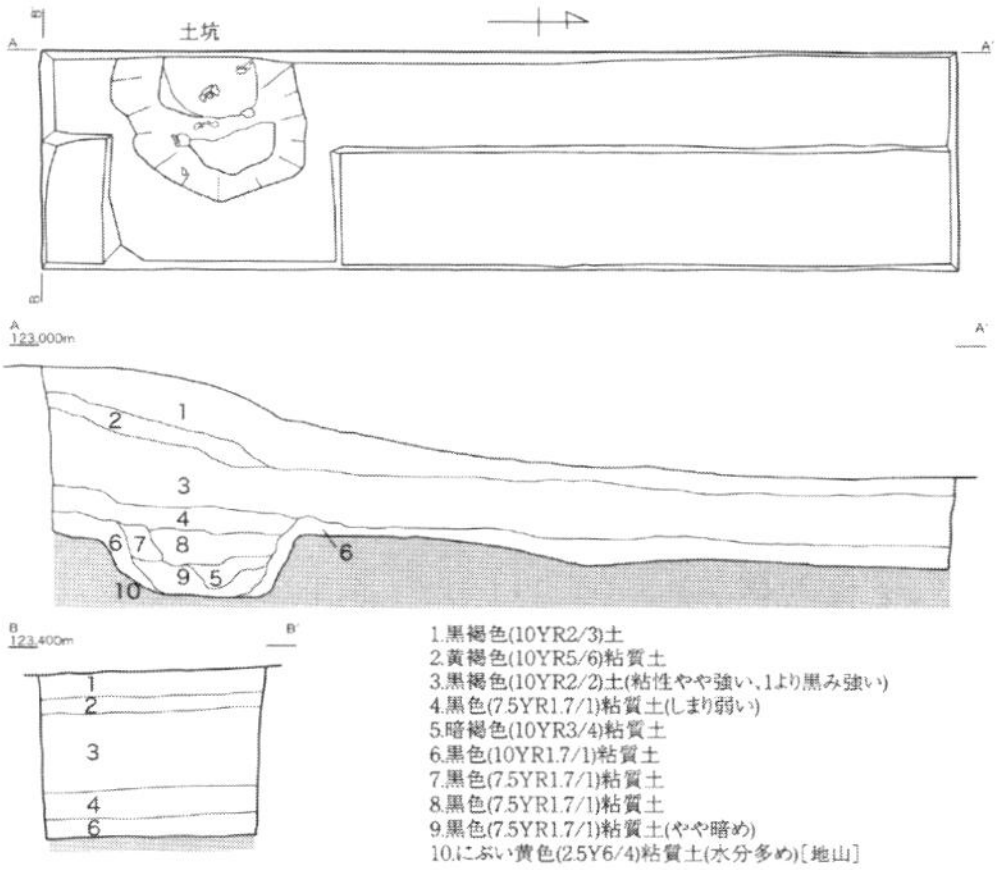

第39図　第6次調査第1トレンチ
平面・断面図［縮尺 1:100］

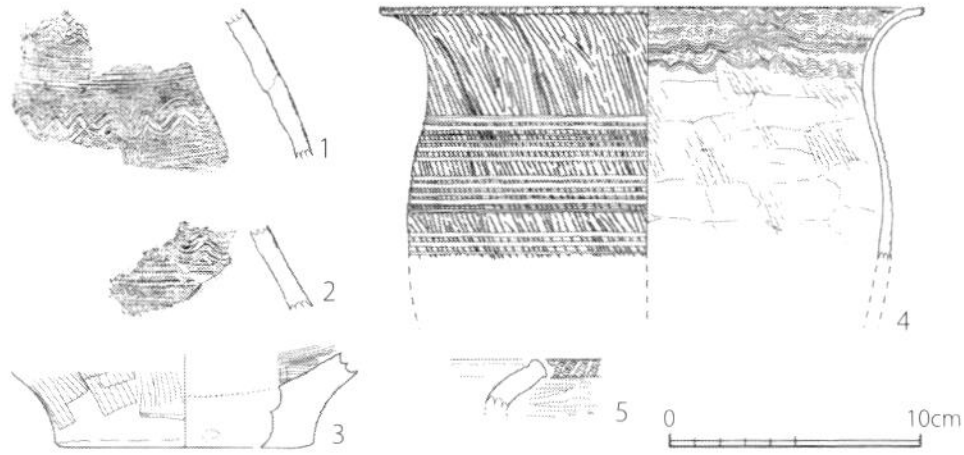

第40図　第6次調査第1トレンチ
出土遺物［縮尺 1:6］

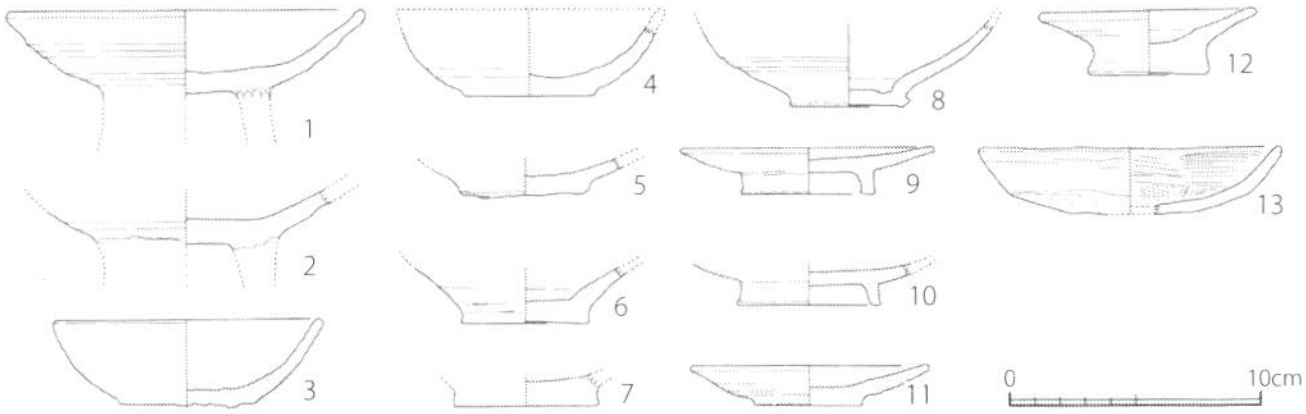

第41図　第5次調査第10トレンチ出土遺物［縮尺 1:6］

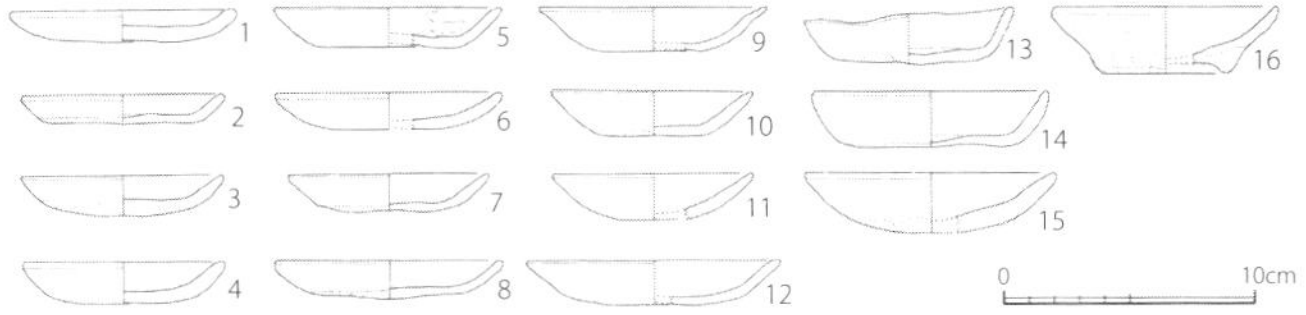

第42図　第6次調査第8トレンチ出土遺物［縮尺 1:6］

いたことを示唆している。

社伝によると剣神社はもと座ヶ岳の山頂にあり、それを盆地の中央に里宮として降ろしたことで始まる。座ヶ岳は劔神社から北に二・九キロの距離にあり、どこから見ても綺麗な円錐形を呈する山容をもつ。劔神社本殿の基軸はわずかに西に振れ、その延長上には座ヶ岳の山頂がある。つまり座ヶ岳の方向を意識した建物配置で、特徴的な山を要した神体山信仰の一形態をとっている。その両者を結んだ南三三・五キロ先には氣比神宮が鎮座している。同じ古代敦賀郡の神社で、気比が一宮、剣が二宮の位置づけであった。両社は座ヶ岳を基点に南北直線上に配置されるばかりか、それぞれに気比神とその御子神である剣神を祀り、仲哀天皇と忍熊皇子の親子を合祀するなど深い関係性が指摘できる[40]。こうした点を重視すると、古い段階から劔神社境内に神地が存在していたことも充分に考えられる。

おわりに

剣御子神社の神宮寺は梵鐘の銘文や文献史料の記述、境内出土の須恵器や宮ノ奥窯跡の存在などから奈良時代後期には確実に存在していた。境内には心礎が残り、付近には瓦や仏具を焼く窯跡が発見されているので、少なくとも七一〇年代の寺院が建立されたことは間違いない。しかしそれが剣御子寺という寺名で、神宮寺であったかは判断が難しい。織田盆地を拠点とする氏族の寺院が建てられて、その後に神宮寺に変更することも考えられるからである。そうなると、前提として七一〇年代あるいはそれ以前に神社ないしはその前身となる神地が存在したかが問題となる。その証明は難しいが、織田盆地のほぼ中心地にあたる劔神社が座ヶ岳を意識した鎮座地である点、座ヶ岳と氣比神宮を結んだ南北線上に劔神社が鎮座する点、発掘調査により広大な無遺物の範囲が存在した点を考慮すると、七一〇年代に寺院が建てられる以前から神地は存在していた可能性が高い。したがって当初から神宮寺ないしは神宮寺的性格を有した寺院であったとみている。上田正昭が護法善神や神身離脱のタイプの他に神奈備・磐座・神籬などの信仰を重視し、神社がまずあって神仏習合が具体化するのではない例のあることを強調している[41]。こうした見解も踏まえると、仮に神社の存在が証明できなくても実際に神地の一角に寺院が建てられたとすれば、それは神宮寺と考えておきたい。

注

（1）水島基「第二章 奈良時代 第三節 剣神社の鐘」『織田町史』織田町史編集委員会、一九七一年。
（2）杉本壽『延喜式内社剣神社と織田甕』織田町文化研究会、一九八〇年（『越前国織田荘剣大明神誌』安田書店、一九八五年 所収）。
（3）的矢俊昭「第六章 考察」『小粕窯跡発掘調査報告書』織田町教育委員会、一九九四年。
（4）青木豊昭「剣御子寺―日本最古級の神宮寺」「コラム なぜ剣御子寺は日本最古級の神宮寺と考えられるのですか？」『織田 こころの里わざの里 織田町歴史資料館 常設展示図録』織田町歴史資料館、二〇〇一年。
（5）奈良国立博物館『特別展 神仏習合―かみ とほとけが織りなす 信仰と美―』二〇〇七年。
（6）上田正昭『神と仏の古代史』吉川弘文館、二〇〇九年。同「神仏習合史の再検討」『京都府埋蔵文化財論集』第六集、京都府埋蔵文化財調査研究センター、二〇一〇年。
（7）劔神社縁起や劔神社文書は、織田町誌編纂委員会『織田町誌 資料編 上巻』織田町、一九九四年、須恵器の編年と暦年代は、堀大介「古代須恵器編年と暦年代―越前・加賀を中心に―」『あさひシンポジウム二〇〇三記録集 山の信仰を考える―越知山と泰澄を深めるために―』朝日町教育委員会、二〇〇四年の文献にもとづく。
（8）坪井良平「奈良・平安時代の鐘」『梵鐘』学生社、一九七六年。
（9）五十川伸矢「日本古代の梵鐘と中世の梵鐘」『鋳造遺跡研究資料二〇〇六 小論集 日本古代の鋳物生産』鋳造遺跡研究会、二〇〇六年。
（10）森浩一「古代史と越の国」『森浩一・語りの古代学』大巧社、二〇一一年。
（11）堀大介「劔神社と神仏習合を考える」『越前町織田文化歴史館 平成二十二年度企画展覧会図録 神仏習合の源流をさぐる―氣比神宮と劔神社―』越前町教育委員会、二〇一〇年。

(12) 六国史と『延喜式』は「剣神」、その他の史料は「剣御子」「剣御子神」とある。森浩一は剣御子を仲哀天皇の第二皇子の忍熊皇子とし、国家反逆罪の人物を祀る神社を収録するのは都合が悪いため、正史には意図的に御子を省かれたのではないかと考えられた（森二〇一二）。現在も劔神社は忍熊皇子を主祭神として祀る。

(13) 森浩一「敗者の古代史 第六回 剣御子としての忍熊王」『歴史読本 二〇一二年四月号』新人物往来社、二〇一二年。

(14) 福井県教育委員会『福井県白山信仰関係古文書調査報告書 越知神社 劔神社 瀧谷寺文書目録』二〇一二年。

(15) 水島通夫「劔神社古絵図復元模型」「コラム 劔神社古絵図の復元過程」『織田 こころの里わざの里 織田町歴史資料館 常設展示図録』織田町歴史資料館、二〇〇一年。

(16) 髙木久史「中世における地域レベルの信仰─企画趣旨説明にかえて─」『越前町織田文化歴史館 平成十七年度企画展覧会図録 越前町の神仏』越前町織田文化歴史館、二〇〇五年。

(16) 西井龍儀「北陸の塔心礎─柱穴式を中心に─」『北陸の古代寺院　その源流と古瓦』桂書房、一九八七年。なお西井の研究成果にもとづいて北陸のなかで類例を探すと、柱穴や舎利孔の規模でいえば新潟県胎内市中条町の乙宝寺のものに酷似している（中条町一九八二）。『中条町史』の見解では乙宝寺は柱穴式のＩＢで、柱穴に添って一部欠損するが、柱穴の直径は〇・六六メートル、深さ〇・三メートル、中央部の舎利孔は直径〇・二三メートル、深さ〇・一五メートルをはかり、七世紀末頃から奈良時代初期頃の白鳳様式とされる。平野団三の見解によれば東北蝦夷討伐の前進基地磐舟の柵近くの大寺のものとみられている（平野一九六三）。劔神社と乙宝寺のものは直径〇・六七メートル前後をはかり、北陸の他のものと比べると小規模であるが、同規模のものとしては石川県加賀市の弓波廃寺（上田一九二四、小森一九七八）や同県羽咋市の柳田シャコデ廃寺（木立ほか一九八七）のものがあげられる。
中条町史編さん委員会『中条町史 資料編 第一巻 考古・古代・中世』一九八二年。平野団三「乙宝寺心礎と上越心礎の問題」『越佐研究』第二〇集、新潟県人文研究会、一九六三年。上田三平「第二章 礎石及ビ古瓦 忌波ノ礎石」『石川県史蹟名勝調査報告第二輯 加賀能登社寺旧跡・殖産遺跡』石川県、一九二四年。小森秀三『弓波廃寺跡範囲確認発掘調査報告』加賀市教育委員会、一九七八年。木立雅朗ほか『柳田シャコデ廃寺跡 詳細分布調査報告書』羽咋市教育委員会、一九八七年。

(17) 的矢俊昭『小粕窯跡発掘調査報告書』織田町教育委員会、一九九四年。

(18) 的矢俊昭「第六章 考察」『小粕窯跡発掘調査報告書』織田町教育委員会、一九九四年。
(19) 小笠原好彦「八 近江の仏教文化」『古代を考える 近江』吉川弘文館、一九九二年。
(20) 堀大介「越前町劔神社境内地出土の土師質土器」(『越前町織田文化歴史館 館報』第五号、越前町教育委員会、二〇一〇年。1は残存高一・三センチ、底径六センチ、底部厚約一センチ。内外面ともに回転ナデ調整を施し、底部には糸切り痕が残る。安定した底面で、わずかに高台風につくる。色調は、にぶい黄褐色。胎土は密で、直径〇・五ミリ以下の砂粒を含む。焼成は良好。2は残存高一・三五センチ、底径五・六センチ、底部厚約一・〇センチ。内外面ともに回転ナデ調整を施し、底部には糸切り痕が残る。回転ナデ調整により底面からの立ち上がりは不明瞭である。色調は灰白色。胎土は密で、直径〇・五～一・〇ミリ程度の砂粒を含む。焼成は良好。3は残存高一・五センチ、底径五・五センチ、底部厚約一・二センチ。内外面ともに回転ナデ調整を施し、底部には糸切り痕が残る。安定した底面で、軽い回転ナデ調整が残る。色調は浅黄橙色。胎土は密で、直径〇・五ミリ程度の砂粒を含む。焼成は良好。内外面に炭化物が付着する。4は残存高一・三センチ、底径六・一センチ、底部厚約一・二センチ。内外面ともに回転ナデ調整を施し、底部には糸切り痕が残る。回転ナデ調整により底面からの立ち上がりは不明瞭である。色調は、にぶい橙色。胎土は密で、直径〇・五～一ミリ程度の砂粒を含む。焼成は良好。内外面に炭化物が付着する。5は残存高一・六五センチ、底径六センチ、底部厚約〇・九センチ。内外面ともに回転ナデ調整を施し、底部には糸切り痕が残る。安定した底面で、わずかに高台風につくる。色調は浅黄橙色。胎土は密で、直径〇・五～一・〇ミリ程度の砂粒を含む。焼成は良好。内面には炭化物が付着する。6は残存高一・六センチ、底径六センチ、底部厚約一・一センチ。内外面ともに回転ナデ調整を施し、底部には糸切り痕が残る。安定した底面からわずかに立ち上がり、高台風につくる。底面から内湾気味に立ち上がる。色調は、にぶい橙色。胎土は密で、直径〇・五～一・〇ミリ程度の砂粒を含む。焼成は良好。内外面に炭化物が付着する。7は残存高一・三五センチ、底径六センチ、底部厚約一・〇センチ。内外面ともに回転ナデ調整を施し、底部には糸切り痕が残る。回転ナデ調整により底面からの立ち上がりは不明瞭である。色調は、にぶい橙色。胎土は密で、直径〇・五ミリ程度の砂粒を含む。焼成は良好。8は残存高二・六五センチ、底径四・七センチ、底部厚二センチ。内外面ともに回転ナデ調整を施し、底部には糸切り痕が残る。明瞭な底部下半が末広がりに張り出す。色調は浅黄褐色。胎土は密で、〇・五ミリ程度の砂粒を含む。焼成は良好。９は残存高一・七センチ、器壁〇・五センチをはかる。口唇部は先細りし、口縁部全体が外反する。内外面ともに回転ナデ調整を施す。色調は、にぶい黄燈色。胎土は密で、直径〇・五ミリ程度の砂粒を含む。焼成は良好。10は残存高一・三センチ、器壁〇・六センチ。口唇部は先細りし口縁部全体が外反する。内外面ともに回転ナデ調整を施す。色調は浅黄燈色。胎土は密で、直径〇・五〜一ミリ程度の砂粒を含む。焼成は良好。11は残存高一・七センチ、器壁〇・六センチ。口縁部は厚手で、口唇部が軽く外反する。内外面ともに回転ナデ調整を施す。色調は、にぶい黄燈色。胎土は密で、直径〇・五ミリ程度の砂粒を含む。焼成は良好。

(21) 奥谷博之『徳神遺跡』武生市教育委員会、二〇〇四年。

(22) 野澤雅人「古代末期から中世にかけての土師質土器様相」『越前町文化財調査報告書Ⅰ』越前町教育委員会、二〇〇六年。

(23) 中川圭三ほか『坂井兵庫地区遺跡群Ⅱ（遺物編）』福井県教育庁埋蔵文化財調査センター、二〇〇五年。

(24) 福岡正春「附章 丹生郡朝日町越知山大谷寺遺跡採集の遺物について」『下糸生脇遺跡』福井県教育庁埋蔵文化財調査センター、一九九九年。堀大介ほか『朝日山古墳群・佐々生窯跡・大谷寺遺跡 重要遺跡範囲確認調査報告書』越前町教育委員会、二〇〇六年。

(25) 鈴木篤英ほか『厨海円寺遺跡 厨遺跡』福井県教育庁埋蔵文化財調査センター、二〇〇八年。

(26) 野澤前掲（22）文献。

(27) 福岡・堀ほか前掲（24）文献。

(28) 鈴木ほか前掲（25）文献。

(29) 清水孝之『小倉石町遺跡』福井県教育庁埋蔵文化財調査センター、二〇〇一年。

(30) 野澤前掲（22）文献。

(31) 古川登「越前町織田劔神社隣接地出土の陶質土器について」『越前町文化財調査報告書Ⅰ』越前町教育委員会、二〇〇六年。1は口径一〇・五センチ、高さ五・九センチ。口縁部はほぼ垂直に立ち上がり、口縁部と天井部とは鋭い断面三角形の稜で画される。天井部は尖り気味に高く、その頂部には逆ハの字形を呈する鈕がつく。鈕の直径三・四センチ。調整は天井部に回転ヘラケズリ調整、他の部位は丁寧な回転ナデ調整を施す。ロクロの方向は左回転。色調は暗灰色。胎土は緻密。

微細な長石質の白色粒子と発泡粒の黒色粒子を多く含む。焼成は良好。2は口径九・一センチ、高さ七・二センチ。口縁部は内傾して立ち上がり、その端部は丸い。立ち上がりの高さ〇・八センチ。受部は痕跡程度で短いため、使用により摩滅した可能性が高い。受部径一〇・二センチ。脚部はハの字形に開き、その脚端部は丸みをもった鈍い三角形を呈する。脚部径七・〇センチ、高さ四・〇センチ。脚部に穿たれた透かし孔は細長い長方形で三孔が配置され、杯底部に棒状の工具による全周しない沈線二条が施される。調整は杯底部に脚部接合後にカキメ調整、脚部側面にカキメ調整に似た粗いヨコナデ調整、他は丁寧な回転ナデ調整を施す。色調は明灰色。胎土に微細な白色粒子を多く含み、発泡粒の黒色粒子がわずかに認められる。焼成は良好。

(32)　古川前掲（31）文献。

(33)　堀大介「調査速報 番城谷山5号墳の分布調査の成果―丹南地区初の埴輪と葺石をもつ古墳の発見―」『越前町織田文化歴史館 館報』第五号、越前町教育委員会、二〇一〇年。

(34)　堀大介「番城谷山4・5号墳」『第三〇回福井県発掘調査報告会資料』福井県教育庁埋蔵文化財調査センター、二〇一五年。

(35)　堀大介「海を渡った陶質土器」『平成二十五年度 越前町織田文化歴史館企画展覧会 海は語る ふくいの歴史を足元から探る』越前町教育委員会、二〇一三年。

(36)　堀大介「劔神社と神仏習合を考える」『越前町織田文化歴史館 平成二十二年度企画展覧会図録 神仏習合の源流をさぐる―氣比神宮と劔神社―』越前町教育委員会、二〇一〇年。

(37)　堀大介「劔神社境内遺跡第五・六次発掘調査報告」（『越前町織田文化歴史館 館報』第一〇号、越前町教育委員会、二〇一五年。

(38)　『東南院文書』「越前国司解」（『福井県史 資料編一 古代』「越前国東大寺領荘園関係文書四四」福井県、一九八七年 所収）。

(39)　堀大介「平成二十二年度劔神社境内地遺跡発掘調査報告」『越前町織田文化歴史館 館報』第六号、越前町教育委員会、二〇一一年。同「劔神社境内遺跡第二・三・四次発掘調査報告」『越前町織田文化歴史館 館報』第八号、越前町教育委員会、二〇一三年。

(40)　堀大介「古代学の視点から泰澄を読み解く二」『越知山泰澄の道三 調査研究コラム二〇一三』越知山泰澄塾、二〇一三年。同「古代ケヒ神の基礎的研究」『桜井市纒向学研究センター紀要 纒向学研究』第二号、桜井市纒向学研究センター、二〇一四年。〔本書第一編第二章〕。

(41)　上田前掲（6）文献。

挿図出典

第22図　国土地理院の二五〇〇〇分の一「織田」の地形図をもとに作成。

第23図　国京克巳・建設設計工房 編『劔神社本殿・同摂社織田神社本殿調査報告書』劔神社、二〇〇六年の図1－2をもとに作成。

第24図　筆者・古川登氏による図化、筆者によるトレース。写真は筆者撮影。

第25図　的矢俊昭『小粕窯跡発掘調査報告書』織田町教育委員会、一九九四年の第15～17図をもとに作成。

第26図　堀大介「越前町劔神社境内地出土の土師質土器」（『越前町織田文化歴史館 館報』第五号、越前町教育委員会、二〇一〇年の第2図より転載。

第27図　古川登「越前町織田劔神社隣接地出土の陶質土器について」『越前町文化財調査報告書Ⅰ』越前町教育委員会、二〇〇六年の第1図より転載。

第28図　国京克巳・建設設計工房 編『劔神社本殿・同摂社織田神社本殿調査報告書』劔神社、二〇〇六年の図1－2をもとに作成。

第29図　越前町教育委員会写真提供。

第30・31図　堀大介「平成二十二年度劔神社境内地遺跡発掘調査報告」『越前町織田文化歴史館 館報』第六号、越前町教育委員会、二〇一一年の第11図1～18、第4図より転載。

第32・33図　堀大介「劔神社境内遺跡第二・三・四次発掘調査報告」『越前町織田文化歴史館 館報』第八号、越前町教育委員会、二〇一三年の第2・4図、第4・5図より転載。

第34図　堀大介「劔神社境内遺跡第二・三・四次発掘調査報告」『越前町織田文化歴史館 館報』第八号、越前町教育委員会、二〇一三年の第8図4トレ・5トレ、第9図より転載。
第35・36図　堀大介「劔神社境内遺跡第二・三・四次発掘調査報告」『越前町織田文化歴史館 館報』第八号、越前町教育委員会、二〇一三年の第6図、第7図より転載。
第37・38図　堀大介「劔神社境内遺跡第五・六次発掘調査報告」『越前町織田文化歴史館 館報』第一〇号、越前町教育委員会、二〇一五年の第4図2トレ、第6図より転載。
第39・40図　堀大介「劔神社境内遺跡第五・六次発掘調査報告」『越前町織田文化歴史館 館報』第一〇号、越前町教育委員会、二〇一五年の第8図1トレ、第9図より転載。
第41・42図　堀大介「劔神社境内遺跡第五・六次発掘調査報告」『越前町織田文化歴史館 館報』第一〇号、越前町教育委員会、二〇一五年の第7図、第10図より転載。

第六章　北陸道における初期神宮寺の成立

はじめに

福井県には越前国の気比神社と若狭国の若狭比古神社に伴う初期神宮寺の創建譚が知られる。気比神宮寺と若狭比古神願寺は記録上国内最古級に位置づけられているが、[1]考古学的に実証されたわけではない。前者は未調査のため様相不明で、その存否についても意見が分かれる。後者は小浜市教育委員会による若狭神宮寺遺跡の発掘調査の成果から様相は明らかになったが、出土遺物は八世紀中葉以降のものが中心で、それ以前に遡るのは難しい。このような現状のなかで福井県丹生郡越前町織田に鎮座する劔神社に伴う神宮寺の研究は足がかりとなる。劔神社所蔵の梵鐘［国宝］の銘文から奈良後期における神宮寺の存在は明らかであり、[2]青木豊昭により劔神社境内とその周辺に残る寺院関係資料から最古級の事例として紹介されてきたものの、[3]これまでの神仏習合史のなかでは取り上げられてこず平成二十二年（二〇一〇）に発表された上田正昭の論考において初めて取り上げられた。[4]同年から越前町教育委員会が実施した境内の発掘調査を契機として、[5]剣神社とゆかりの深い気比神社に伴う気比神宮寺も奈良初期に創建された可能性を考えるようになった。それは親子神を形成する気比神社と剣神社（のちの一宮と二宮）が同じ古代越前国の敦賀郡に鎮座し、現在も越前町の座ヶ岳を基点に南北一直線に並ぶだけでなく、縁起をはじめ伝承や古絵図などからも両神の深い関係性がうかがえるからである。本章では剣御子神宮寺の考古学的な成果を受け、北陸道において有力な地域神を祀る越前国の気比神社、若狭国の若狭比古神社、能登国の気多神社に伴う神宮寺に関する考古学の調査成果や文献史料をもとに成立時期とその背景について検討する。[6]

第一節　事例の検討

一　気比神宮寺

国史にみる気比神宮寺の初見は『日本文徳天皇実録』斉衡二年（八五五）五月壬子条の記事で、「詔、越前国気比大神宮寺、御子神宮寺、置二常住僧一、聴二度五人一、心願住者亦五人、凡一十僧、永々不レ絶」とある。[7] 神宮寺が九世紀中頃に存在したとわかるが、それ以前に遡る奈良時代の史料には『家伝』下の武智麻呂伝の創建譚が知られる。[8] 神身に苦悩する気比神の願いにより藤原武智麻呂が神宮寺を創建したというもので、これが正しければ藤原氏が関与した記録上の最古級の神宮寺となるが、境内の発掘調査がなされていない現状では文献史学の成果をもとにその成立について探るしかない。

まずは霊亀年間（七一五〜七）に成立をみる見解である。辻善之助は「武智麻呂伝が僧延慶の著であって、（中略）天平宝字の頃に作られたる書物であらうと思ふ。従って、武智麿の生存時代を出ることあまり遠からざる頃のものであるから、その神宮寺建立の事も恐らく事実であらう。殊にそれより以前に、既に伊勢太神宮寺が存してゐたのであるから、時代思想の上からは、気比神宮寺も建てられてあるとするも何等差支はない」と述べる。[9] しかし、伊勢太神宮寺については誤記とみられているので、伊勢神の事例を根拠とはできない。[10] 田村圓澄は「気比神宮寺の建立を伝える「武智麿伝」の製作年代から考えて「為レ吾造レ寺」と願った気比神の託宣の内容を直ちに武智麻呂在世当時の思想と見なすことに懐疑的な見解もあるが、神身離脱の願望は初期神仏習合の類型的な思想内容をなしており、厳密な年代決定は別として、ほぼ当時の神仏習合の事情を反映した」とみている。[11] 村山修一は気比神宮寺と若狭比古神願寺が建立されたのは「決して歴史的には不自然でない。ただ気比や若狭比古の場合は私的建立であって国家的活動とは異なるが、武智麻呂は当時人臣の中では第一の権力者不比等の長子であり、彼の神宮寺建立は朝廷内の空気を反映しているとみて差支えない」と述べ、神宮寺の創建に武智麻呂という国家権力の中枢にいる人物の関与をおおむね認めている。[12]

次に、神身離脱の言説については、のちの時代の思想を反映したとの見解である。田中卓は「いずれにせよ〝諸大神〟に対する仏者の考は、かの武智麻呂伝（僧延慶の撰）にみえる気比の神の「吾因二宿業一為レ神固久、今欲レ帰二依仏道一、修二行福業一」という託宣の内容と同類のものであり、共におよそ天平宝字年間の神仏習合思想の一面として重視さるべきものであろう」と述べる。[13] 村山修一は「かくてこれ以後、習合思想の意識的宣伝は著しく、例えば武智麻呂伝に夢中神が早く仏道に帰依して神たるを免れたいと告げたのは、霊亀元年（七一五）のこととしているけれども、かかる伝説的説話は延慶がこの書を著わした天平宝字頃（七五七～六四）の思想を反映させたもの」とみている。[14] これらの見解は霊亀年間（七一五～七）の成立を否定するものではないが、神身離脱の言説については天平宝字年間（七五七～六五）の思想としてとらえられている。

さらに奈良初期の創建に懐疑的な見解もある。家永三郎は神仏習合の始まりを八幡神のみの例外的な現象ととらえ、気比神宮寺については「もっとも武智麿伝によるに霊亀元年頃の事実として、藤原武智麻呂が越前気比神の神託に従って神宮寺を創立したと云ふから、必ずしも神仏習合を八幡神に始まるとはなし難い様にも考へられるが、武智麿伝の製作年代から考へて気比神の託宣の内容を直に霊亀当時の思想とみなしてよいかどうか疑はしく（曽て私が論証した通り、同じ藤原家伝の鎌足伝の方には明に後代から施された潤色の迹が見出される）、加之延喜式神名帳頭註所引風土記に見える通り「気比宇佐同体也」と云ふ考へ方が行はれたこともあるらしいから、この事実とて神仏習合が八幡神をめぐって始ったとする推定を積極的に否定する反証ともならない様である」と述べる。[15]

これらの研究史を踏まえ包摂的にまとめたのが白山俊介である。なぜ気比神宮寺創建の時期を霊亀元年（七一五）に設定し、あるいは気比神宮寺の名前を出すことができたのかを考え、霊亀当時に存在したことを否定し得る決定的な根拠もないと述べる。[16] また、武智麻呂が神宮寺を介して敦賀に眼を向けたとした点は藤原仲麻呂の時からしだいに強化されてきた藤原南家と越前国とのつながりが前提にあり、仲麻呂が命じて作製させたのが「武智麻呂伝」である点から仲麻呂自身が越前国へ勢力を浸透させていたことへの政治的配慮とみている。加えて気比神宮寺そのものは非常に流動的な社会情況であった霊亀元年頃から存在していたが、それを維持してきた豪族が後年になって政権を握った藤原仲麻呂と接触する目的で工作したのではないかとも考えている。

以上、武智麻呂が実際に関与したか否かは意見が分かれるが、霊亀元年（七一五）の創建について懐疑的な見解は一部にあるものの、おおむね認める見解が大勢である。(17) ただし、神身離脱の言説については霊亀元年に存在した可能性を考えた見解、伝の成立した天平宝字年間（七五七～六五）の思想を反映したとみる見解があるが、後者については藤原仲麻呂に対する政治的配慮からの記述で神宮寺を維持してきた関係者の工作とする具体例がある。これらを明らかにするのは考古学の分野になるが、過去に境内の発掘調査などはおこなわれておらず、その存否については不明である。しかし、久保智康は『福井市史』のなかで「気比神宮の境内では塔の心礎が池庭の石に使われており、柱を受ける穴の形態から白鳳ないし奈良時代のものである可能性が大きい。これらは成立譚の語る時期とさほど降らないころに、なんらかの瓦葺堂宇が存在していたことを物語っている」と述べる。(18) この見解を積極的に評価すれば心礎は舎利孔をもつので、劔神社境内遺跡・柳田シャコデ廃寺（以下、シャコデ廃寺と略する）・弓浪廃寺のものと同じ形態となり、(19) 劔神社の年代観を重視すれば気比神社境内に創建された神宮寺のものであった可能性は高いだろう。

二　若狭比古神願（宮）寺

若狭比古神社は現在の若狭彦神社のことで、小浜市遠敷に鎮座する若狭国一宮である。若狭比古神願寺については『類聚国史』巻第一八〇　仏道部七に所収された天長六年（八二九）三月乙未条の記事にあり、若狭比古神社の神主である和朝臣宅継が同家に伝わる古記により語ったところの内容が記されている。(20) 養老年間（七一七～二四）疫病が流行し病死者も多く、大雨や日照りが時季外れにあって穀物の作柄も悪かった。宅継の曽祖父赤麻呂は仏道に入り深山に修行中、神が人に化して神身の苦悩を離れて仏法に帰依したいが、この願を果しえない。この災害の祟りをなすとのべたので、彼は神のために道場をたて仏像を造り神願寺とした。修法をおこなうと、以後年穀豊かで病死する人もなくなったとある。

神宮寺の記録としては気比神宮寺とともに極めて早い時期といえる。研究史を振り返ると、田村圓澄は神の苦悩の背景や、その建立に関係する氏族にまつわることが争点だとし[21]、村山修一も同様に飢饉や疫病の天災が仏道に入りえないための神の祟りだとする思想に注目、氏族の出自や神の姿なども含めた外来思想の影響下にあった事情を暗示させるものだという[22]。最も具体的に述べた白山俊介は、在地の豪族らが一般農民の生活苦ということに関して必然的に敏感にならざるを得なかったとし、古い神の権威を単に否定し去ってしまうのではなく、それを乗り越え発展させる形態で仏法を受け容れたとみている[23]。三者の見解を踏まえると、神身離脱の思想的背景や外来的影響について述べ、史実とは言いがたい部分はあるものの養老年間（七一七～二四）の成立時期を疑うものは少なく、奈良初期の創建が前提となっている。とすれば考古資料との整合性が問題になる。

若狭神宮寺遺跡については小浜市教育委員会が平成十五年（二〇〇三）から平成十七年（二〇〇五）にかけて調査区域①～⑤[24]、平成十八年（二〇〇六）から二十年（二〇〇八）にかけて調査区域③、⑥～⑩の六次調査にわたり古代神願寺の伽藍内容とその消長、また中世の僧坊の内容や範囲確認を目的として実施している[25]（第43図）。調査面積は全体で約一一七〇平方メートルをはかり、特に本堂裏にあたる現本堂後背地区（②・③区域）では、神宮寺関連の遺構が初めて検出された点で成果があった。ここでは主な遺構と遺物について検討する。本区域の第5トレンチ調査では石積基壇（一辺八・七メートルの正方形）・自然石の心礎・礎石一基・礎石栗石などの抜取痕六基が検出され、小規模な木造層塔跡が想定された（第43図左下）。基壇石積は高さ約一メートルをはかり、下段一段目を大型の自然石により布積状に配置、上段は小型の自然石を小口状に構築し、北側の中央部にのみ石積階段の痕跡を残す。初層平面は礎石の配置から三間四面（約三・八メートル）の構造をもち、中央間一・四メートル、脇間一・二メートルに復元される。直径約一メートルをはかる自然石の心礎は地上式で、心柱座・舎利孔はない。出土遺物は八から一〇世紀にかけての瓦・須恵器・土師器がある。報告書によると「塔の構造と遺物の出土様相、近接中世墓との切り合い関係から、塔の存続期を九世紀初頭から

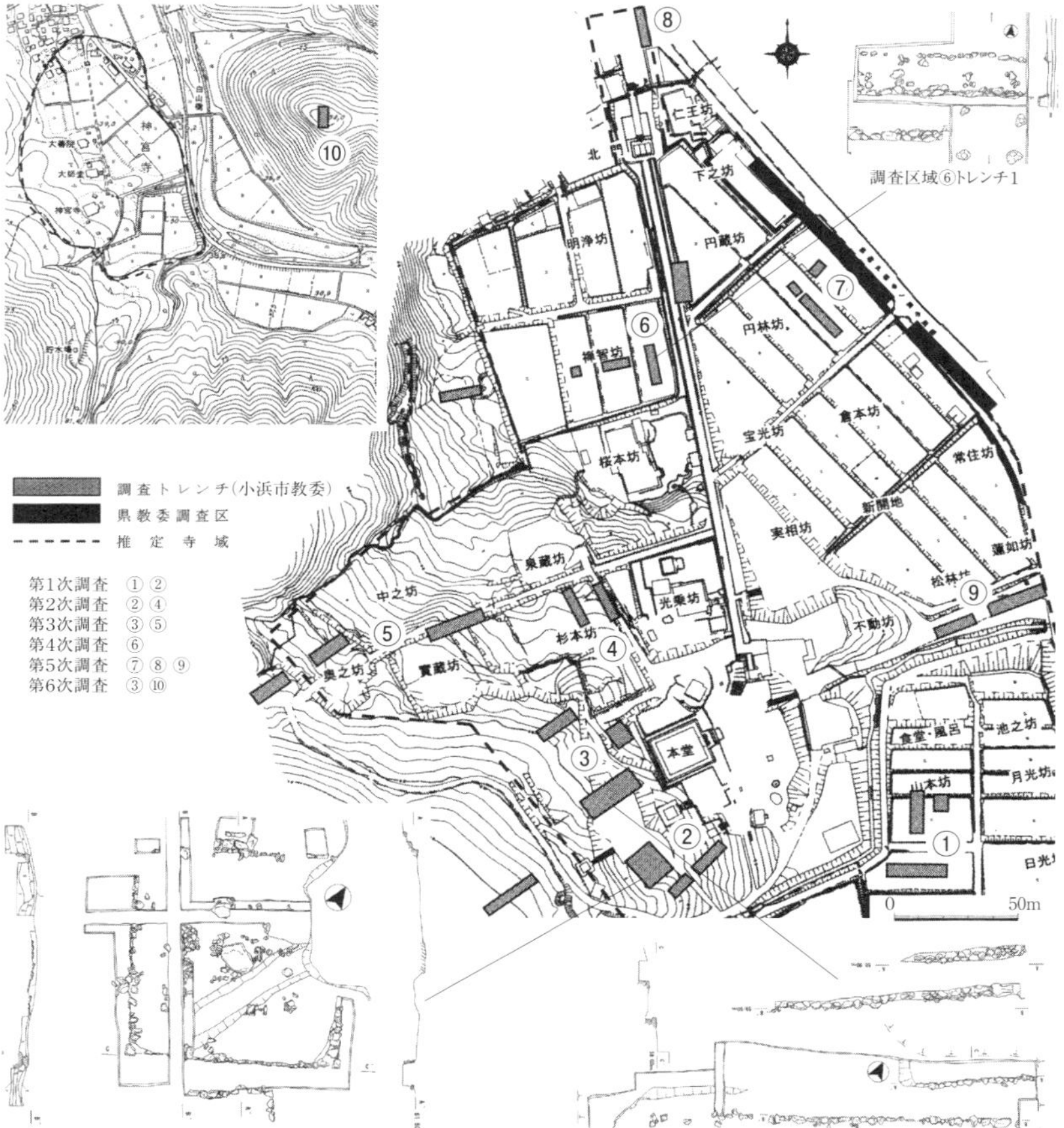

第43図　若狭神宮寺遺跡と関連遺構
[左上図は縮尺1:16,000、右図は縮尺1:4,000、遺構は縮尺1:400]

一一世紀代までの範疇に想定」するものの、「奈良期の遺物の状況から、八世紀中頃の創建と九世紀代の再整備を想定することも難くない」としている。(26)

次に現本堂後背地区には塔跡の北側に接する平坦面（区画遺構）がある（第43図右下）。その北側に設定された東西方向に長い第6トレンチでは東西方向に展開する区画石積が検出され、寺院施設の区画を兼ねたとみられる。平坦地の造成は西から東に緩やかに傾斜する地山の西側を削り出し、東側の谷方向へ向けて盛土造成をおこなう。石積は盛土の北側への流出を防ぐために谷部（東側）の方を強固かつ多重に構成する。加えて谷部（東側）の端部約五メートルは下段にも石積を配する二段構造である。石積石材は塔跡基壇のものと同質で、東西の主軸も合致している。平坦面からの流出土中より塔跡と同種の遺物が出土した。したがって区画石積は「概ね塔跡と併行する施設といってよかろう」とし、「調査区域と塔跡の間の平坦面には、古代神願寺の主要仏堂の存在が想定され」ている。(27)

奈良・平安時代の遺物は土師器・須恵器・二彩陶器・瓦などがある（第44・45図）。報告によると須恵器は九から一〇世紀前半までの時期に比定され、八世紀中葉に遡る未図化の杯蓋片も少量あるというが、報告書で図化された須恵器のなかには古代六～八期（八世紀前半）に比定できそうな口縁端部が地面に接しない古いタイプのもの（第44図2）を含んでいる。無台杯についても口径一二・六センチをはかり、器壁五ミリ程度の比較的分厚いタイプのもの（第44図7）などは古代六～八期（八世紀前半）に遡るもので、また古代八、九期（八世紀中頃）とみられる有台杯、古代九、一〇期（八世紀後葉）とみられる無台皿（第44図11）、八世紀とみられる土師器の甕（第44図14～16）も含む。小型の無台杯は端部を外反させる灯明に用いた特殊器種で（第44図8）、墨の付着した杯蓋片などは転用硯とみられる。墨書土器は少量だが、「宅」「賀」の文字が確認できる（第44図12・13）。仏具としては須恵器の瓶子と鉄鉢がある（第44図9・10）。奈良二彩の口縁部小片は緑色釉を基調に黄褐色の斑点をもち、他に図示不可能な二彩陶器の破片が一〇点前後ある。

瓦については軒丸瓦が発掘調査では一点のみで、復元直径一五・六センチをはかり外区に二重圏線と凸鋸歯文のある複弁八葉蓮華文をもつ平城宮式6225型式である（第45図3）。他に不時発見による同様の瓦二点が神宮寺に伝世してい

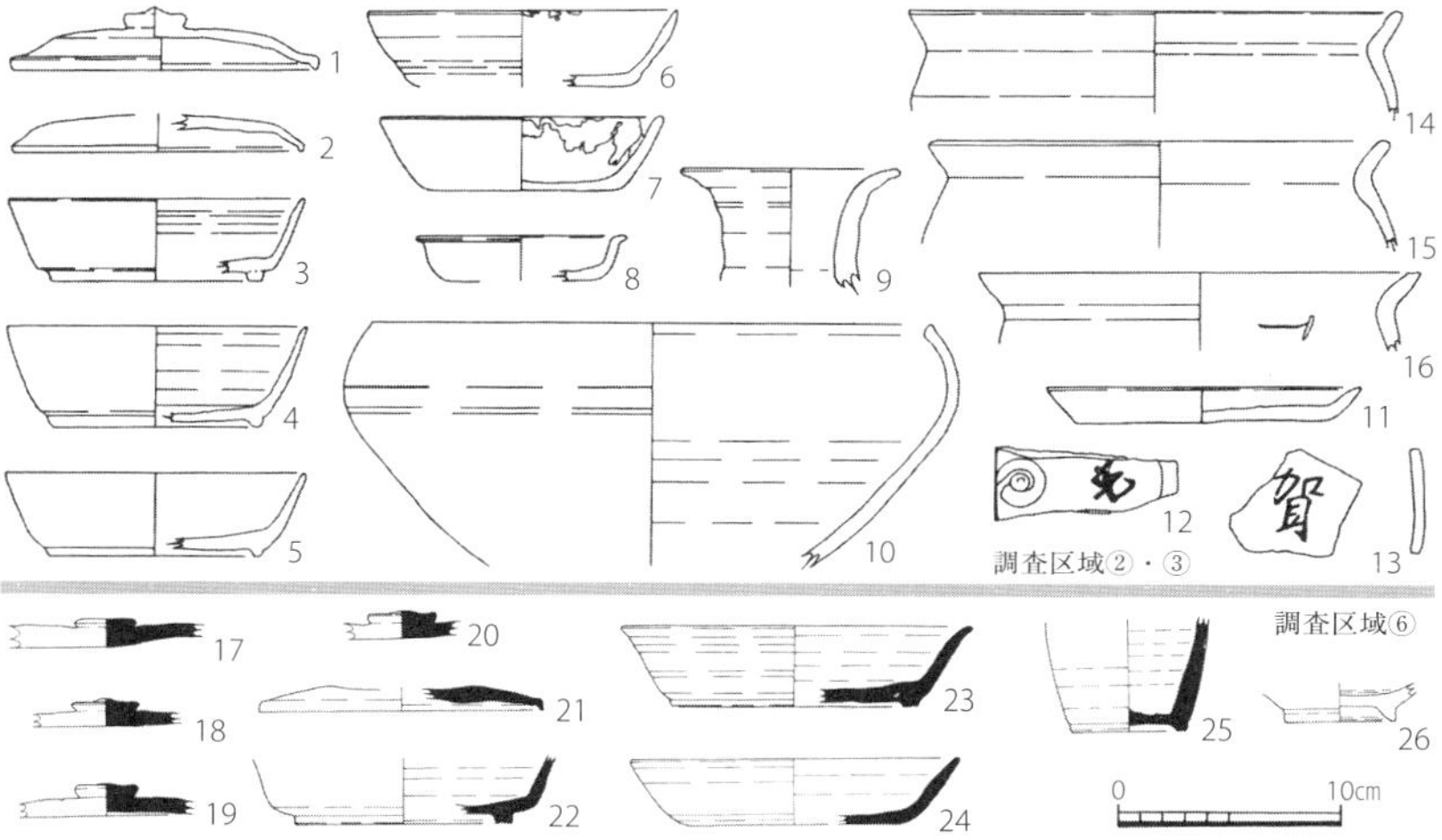

第44図　若狭神宮寺遺跡出土遺物［縮尺1:6］
1〜13・17〜25 須恵器　14〜16 土師器　26 緑釉陶器

る（第45図4）。平瓦・丸瓦は二種類ある。ひとつは凹面に布目、凸面に縄目タタキを施し、焼成はやや不良で黒褐色や暗灰色の色調を呈するもの、ひとつは凹面にカキ目、端部にナデ調整と一部アテ具、凸面に格子状のタタキを施し、焼成は良好で淡灰色を呈するものである。報告書では「一定量検出されているが、全面葺きがそのまま廃絶した状況の検出量ではな」く、[28]「平安時代初頭の復興により植物性資材に屋根葺が変更になったことも想定される」[29]が、松葉竜司は堂塔の屋根構成として部分的に瓦を用いていた可能性を考えている。[30]

さて、塔と仏堂は山麓沿いに南北の基軸を意識した伽藍配置である。この南北軸を北側に延長した杉本坊の位置では6225型式の軒瓦採取の伝があり、発掘調査では奈良二彩の破片が表採された。また、塔跡の南側に近接する中世墓の下段は基壇状の区画をもち、周辺には平安時代の須恵器が散乱することから僧堂とみられている。さらに南に延長すると鈴が降臨したと伝える聖地、鈴応山が位置する。しかも平坦面（石積区画）を基点に東西の基軸が存在し、延長上には後背の長尾山と前面の白山を結ぶ聖なるラインがある。これを軸に現在の神社は配置されるが、神宮寺の成立以前の古い崇拝にもとづいている。つまり南北線と東西線の交差点が平坦面（石積区画）であり、主要仏堂（金堂か）が位置す

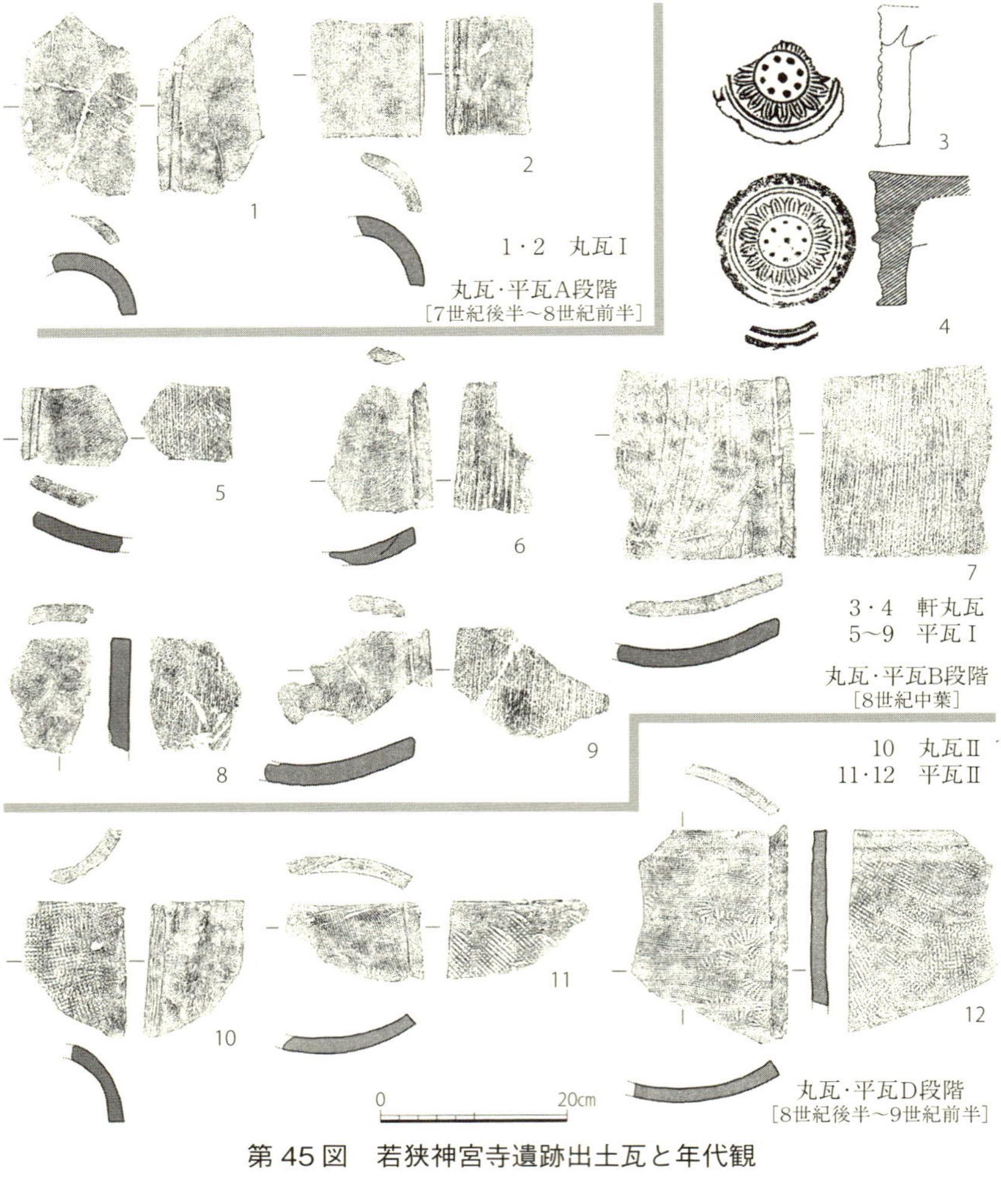

第45図　若狭神宮寺遺跡出土瓦と年代観

るので、元々の平坦面には前面の白山と後背の長尾山を意識した神地あるいは神社遺構が存在し、そこへ主要仏堂（金堂）と塔跡を南北軸に建てることで神宮寺的な性格をもつ宗教施設が完備されたことになる。[31]

報告書によると、その成立時期は奈良時代初頭まで遡れないが、須恵器の杯蓋・無台杯、平城宮式6225型式の軒丸瓦、奈良二彩の碗などの遺物から八世紀中頃の存在を裏付けることは可能であり、同じく寺伝の桓武朝による復興の伝承についても奈良時代の創建時より同位置にあった伽藍を平安時代初頭の復興とみれば調査成果に符合するという。[32]問題となるのは八世紀前葉に遡るか否かである。[33]松葉竜司は、丸瓦・平瓦の製作技法・調整・胎土などに注目し、遠敷郡中枢部ともいえる小浜市の遠敷地区から国分地区にかけての地域から出土する丸瓦・平瓦のなかから型式設定し得る共通群（A〜E）を抽出した。その型式分類と年代観から七世紀後半、八世紀中葉、八世紀後半〜九世紀前半、一二世紀以後に瓦生産がおこなわれたと結論づけた。特に太興寺廃寺で多くの出土量を誇る七世紀後半の丸瓦・平瓦Aの造瓦は在地寺院の創建に直結し、若狭国分寺跡・西縄手下遺跡などで僅少出土した同種の瓦は太興寺廃寺からの距離も至近であることから搬入や二次的移動に伴うものとみる。本エリアは七世紀後半から八世紀前半にかけて順次、古代寺院や官衙群が造営された遠敷郡中枢部と位置づけるが、神宮寺関連遺跡（若狭神宮寺遺跡のこと）でこの型式の丸瓦が出土していることに注意を要すると述べる。

争点となるのは松葉の設定した「丸瓦・平瓦A」と「丸瓦・平瓦B」の位置づけである。前者は丸瓦に玉縁部がみられず、無段式平瓦の凹面に模骨痕が明瞭に残ることから桶巻作りとしたもので、[34]太興寺廃寺出土の丸瓦Ⅰ・平瓦Ⅰ、西縄手下遺跡出土の丸瓦Ⅰ・平瓦Ⅰ、若狭国分寺跡出土の丸瓦Ⅰ・平瓦Ⅰ、神宮寺関連遺跡出土の丸瓦Ⅰが該当するといい、およそ七世紀後半から八世紀前半にかけての年代が与えられている。特に太興寺廃寺では紀寺式の軒丸瓦と組み合う創建期の所用瓦とみられることから七世紀後半に位置づけている。後者は丸瓦が有段式で、平瓦の凹面に模骨痕や布綴じ合わせ目はみられず、太興寺廃寺出土平瓦の側面に布目が残るものがあるなど、凸型成形台による一枚作りとしたもので、[35]太興寺廃寺出土の丸瓦Ⅱ・平瓦Ⅲ、西縄手下遺跡出土の丸瓦Ⅱ、神宮寺関連遺跡出土の平瓦Ⅰが該当するといい、平瓦が一枚作り成形である点、太興寺廃寺や神宮寺関連遺跡では6225系の軒丸瓦との併行関係が考えられる点などを考慮し、八世紀中葉に位置づけられたものである。

若狭国における七世紀後半から八世紀前半にかけての瓦生産は在地寺院の造営に直結し、遠敷郡東端でも一定量の瓦生産がみられるが、「各瓦生産には相互交流は認められず、個別に製作工人が招聘されていることが特徴である」という。その一方で「八世紀中葉の丸瓦・平瓦Bの造瓦は、おそらく平城宮式6225型式の軒丸瓦とともに遠敷郡中枢部へもたらされている」といい、太興寺廃寺の平瓦Ⅱにみるように平瓦の一枚作り成形が導入され、「その造瓦技術は6225系の軒丸瓦とともに中央系の技術移入があったものと理解できる」という。(36) しかも、丸瓦に関しては丸瓦Aと丸瓦Bとの間に平瓦のような明瞭な製作技法の差異は認められず、側縁調整の差異と無段式から有段式への変化を見出せる程度であるため「6225系の若狭への導入は在地の造瓦組織を包括する形で造瓦体制の再編が進んだものと理解される」という。

松葉の見解を重視すれば若狭神宮寺遺跡出土瓦のなかに丸瓦Ⅰを含むことは重要な意味をもち、かつ七世紀後半から八世紀前半にかけて仏教施設が存在した可能性を示唆している。松葉によると、太興寺廃寺所用瓦の一部が転用された可能性、あるいは神願寺の創建が文献史料にみられるような八世紀前葉の段階ではないにせよ、律令初期段階からのちの神願寺（神宮寺）建立地の周辺は国府・郡家などの官人層によって重視され、一堂伽藍的な寺院施設が存在した可能性も考えておく必要があるという。(37) また、須恵器のなかでも笠形が高い杯蓋、口径や器壁などやや大ぶりな無台杯などは全体の形態から古代六～八期（八世紀前半）の可能性が指摘できる。したがって太興寺廃寺所用瓦が転用とすればむしろ八世紀に下げて考えるべきで、瓦以外の年代観とも齟齬はない。以上、白山と長尾山の東西軸を意識した神地が古くからあり、国府・郡家などの官人層によって神祇信仰の拠点として重視されるなか、東西軸を意識した神宮寺的な性格をもつ一堂的な寺院施設が八世紀前葉に創建された可能性は高いことになる。

三　気多神宮寺

気多神社は現在の氣多大社のことで、石川県羽咋市寺家町に鎮座する能登国一宮である。その神宮寺である気多神宮寺については『日本文徳天皇実録』斉衡二年（八五五）五月辛亥条が最も古い国史関係の史料で、「詔、能登国気多大神宮寺、置二常住僧一、聴二度三人一、永々不レ絶」とある。[38] 翌日の壬子条には気比神宮寺と御子神宮寺にも同じような内容が記されている。[39] これらの記事は「八世紀後半から九世紀後半にかけて頻繁に行われた神階昇叙などの気多・気比両神に対する優遇策の一環であり、既に建立されていた神宮寺に対して僧の食料が国家から保障された事、即ち定額寺化を示す記録として理解すべきである」という。[40] 気多神宮寺は九世紀中頃にその存在が明らかだが、さらに古い資料には富山県高岡市の東木津遺跡出土の木簡があり、表は「気多神宮寺涅槃浄土紙布米入使」、裏は「□暦二年九月五日三枚入布師三□」とある。[41] □暦二年九月五日に涅槃・浄土を祈願し、気多神宮寺に紙・布・米を奉納したという。「□暦」の年号については出土遺物の年代観から「延暦」の可能性が高く、延暦二年（七八三）時点での気多神宮寺の存在を示している。ただし出土地が越中国内であるので『延喜式』巻第一〇神名下に収載された越中国射水郡一三座のひとつ気多神社に伴う神宮寺である可能性も指摘できる。しかし、川崎晃によると越中国の気多神社の勧請は九世紀になるので、東木津遺跡出土木簡に記載された気多神宮寺は能登国の所在のものとみられている。[42]

これより古い史料と直接的な考古資料はないが、寺家遺跡の砂田地区において中央建物群の南部で検出された二間×三間の掘立柱建物（ＳＢ21）は注目される。これは雨落ち溝や三間の庇付を伴う谷地形の底を神域とし、建物主軸はほぼ真北をとり玉垣状遺構によって区画される神社遺構で、神社建築における三間社流造となる可能性が高い。[43] 九世紀第１四半期・古段階（Ⅳ２期）には北部建物群とともに出現し、九世紀３四半期（Ⅴ期）には中央建物群とともに併存している。報告書ではⅣ２期からⅤ期までを九世紀に位置づけるが、その暦年代については古代一二期（八世紀末）から一三期（九世紀初頭）まで遡る。ＳＢ21が気多神社か否かは定かではないが、延暦年間（七八二〜八〇六）と年代的に合致することを指摘しておきたい。

明確な神社遺構は八世紀末に確認できるが、気多神の存在は神封授与・神階奉授の史料から知られる。『続日本紀』延暦三年（七八四）三月丁亥条には正三位に叙したとあるが、それ以前に従三位の神階奉授がおこなわれた可能性が高い。また、『新抄格勅符抄』所引の大同元年牒には天平神護元年（七六五）頃に封三〇戸を奉り、『続日本紀』では神護景雲二年（七六八）十月に封二〇戸・田二町を充てるとあるので、神階奉授に伴う封戸・位田の給付をはかったとすれば従三位の神階は七六〇年代に奉授された可能性が高い。宝亀元年（七七〇）八月一日には中臣葛野飯麻呂が遣わされ幣帛を奉じさせた記事があり、称徳天皇の不予によるものとみれば越前国の気比神、若狭国の若狭比古神とともに北陸道の有力神として律令国家に重視された結果ととらえられる[44]。

加えて、気多神にかかる最古の史料は『万葉集』巻第一七 四〇二五の歌で、「赴二参気太神宮一、行二海辺一之時、作歌一首」の「之乎路可良　多太古要久礼婆　波久比能海　安佐奈芸思多理　船梶母我毛」とある[45]。天平二十年（七四八）の春、越中国守であった大伴家持は当時越中に属していた能登を巡行し、気多神社に参詣したというものである。「気太神宮」は八世紀中頃にその存在が知られるが、遺構としては確認できていないので、寺家遺跡の祭祀的色彩の強い遺構・遺物をもとにその成立を推測していくしかない。本章では初期神宮寺について七、八世紀前半を中心に検討するため、その前提として寺家遺跡の砂田地区における祭祀建物群の変遷と祭祀遺物の様相、そこから推測できる祭祀主体者を問題としたい。

報告書をもとに牧山直樹・中野知幸の知見とともに検討する[46]（第46図[47]）。砂田地区の建物群は竪穴建物で構成される七世紀から八世紀前半までの時期と、これらが建て替えられ掘立柱建物となる八世紀第3四半期以降の時期に分かれる。七世紀第1四半期（Ⅰ1期）には一群三棟が成立し、第2四半期（Ⅰ2期）には一群三棟へと拡大、第3・4四半期には未発見のものの八世紀第1四半期（Ⅱ1期）には三群五棟、第2四半期・前（Ⅱ2期）には六群一〇棟、第2四半期・後（Ⅲ1期）には六群一六棟と展開している（第47図）。七世紀第1四半期は主軸の規制も認められず小集落的様相が強かったものの、七世紀第２四半期にはカマドが南東隅に統一され、主軸規制と小群内での竪穴建物の配置が見られ始め、集落の計画的な編成が開始された。七世紀後半は様相不明であるが、八世紀前半には主軸規制を採りながら建物小群が広く展開し群構成化していくことに特徴がある。

次に竪穴建物（SBT）出土の祭祀遺物・特殊遺物に着目すると、七世紀の竪穴建物33出土の帯金具は混入として除外すれば、八世紀１四半期（Ⅱ１期）には竪穴建物13から和同開珎一点・銅鈴二点、竪穴建物16より帯金具一点・素文鏡一点・海獣葡萄鏡一点、竪穴建物20から素文鏡一点があり、八世紀２四半期・古段階（Ⅱ２期）には竪穴建物６から銅鈴一点、竪穴建物19から帯金具一点・素文鏡一点、竪穴建物29より帯金具一点、竪穴建物32から和同開珎一点、SBT 37から素文鏡一点、八世紀２四半期・新段階（Ⅲ１期）には竪穴建物４から和同開珎一点、ガラス容器片一点、竪穴建物９から鉄製紡錘車、竪穴建物12から素文鏡一点、竪穴建物15から垂飾一点、帯金具一点、竪穴建物36から和同開珎一点、竪穴建物24から海獣葡萄鏡片一点、銅鈴一点、竪穴建物28からガラス坩堝二点・素文鏡一点がある。八世紀前半の竪穴建物出土の祭祀遺物は竪穴建物９出土の鉄製紡錘車一点を除くと、すべて銅製品で占められる。特に八世紀第１四半期の竪穴建物16はカマドがない特殊

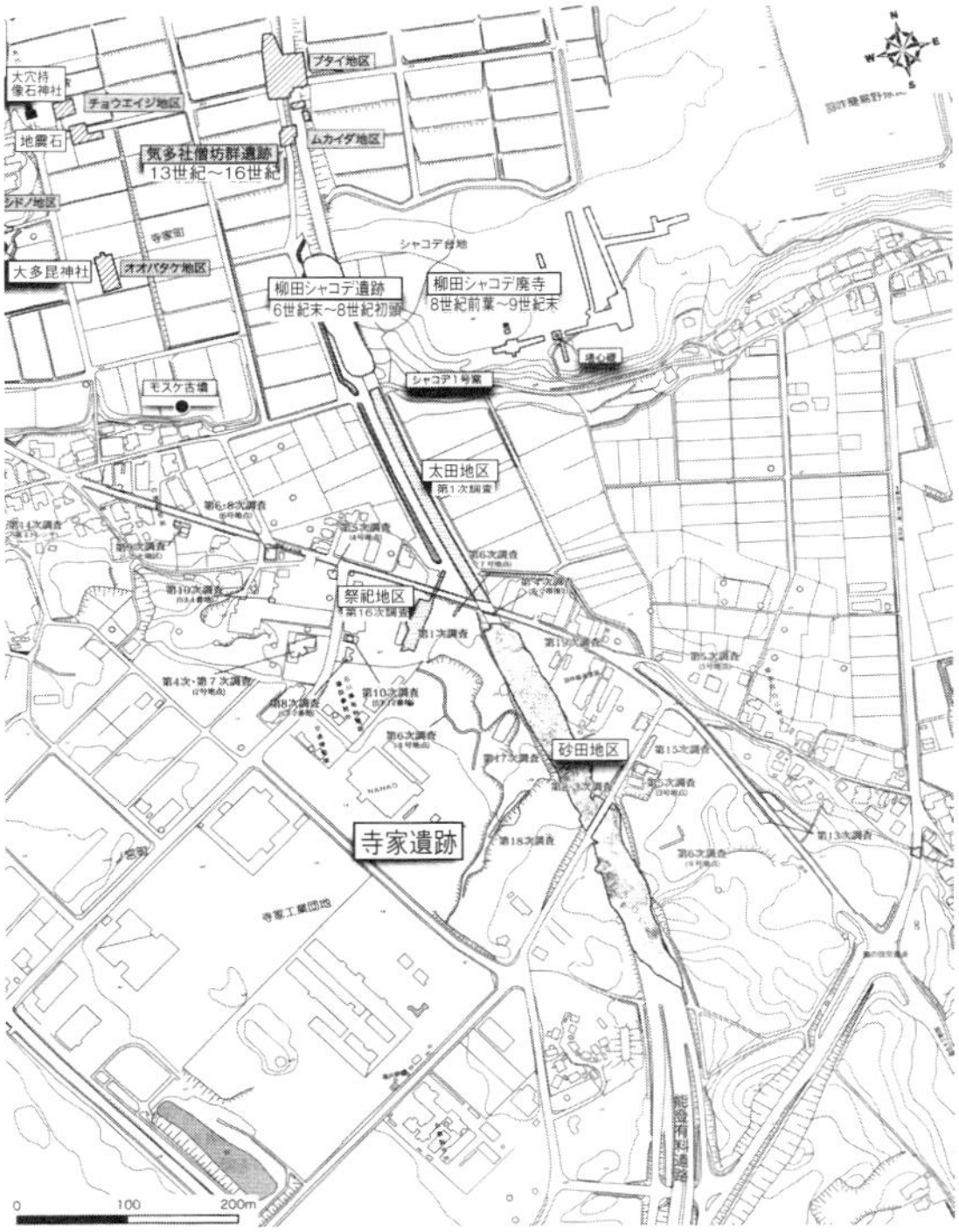

第46図　寺家遺跡と周辺遺跡［縮尺 1:12,000］

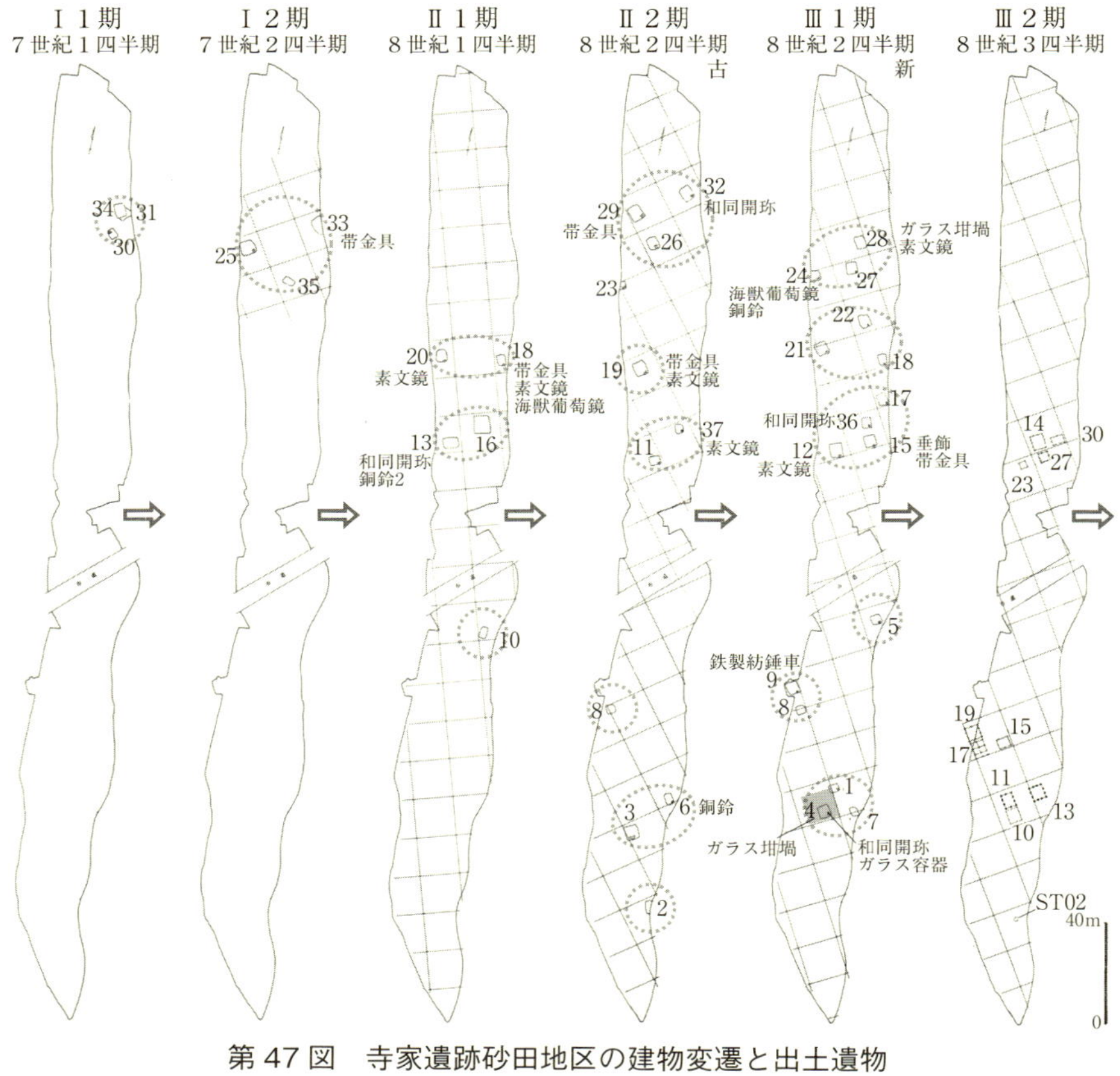

第 47 図　寺家遺跡砂田地区の建物変遷と出土遺物

な竪穴建物で、海獣葡萄鏡を使用した祭祀がみられるだけでなく帯金具も共伴することから公的な立場の官人などの関与による祭祀がおこなわれた可能性が高い。加えて国家の関与がうかがえるガラス生産の関連遺物も出土したことから、集落的でありながら公的な祭祀がおこなわれた建物群であったと推察される(48)。

つまり八世紀前半における神社遺構は確認できないが、八世紀初頭から公的な祭祀が始まると、八世紀中頃にはより国家的な祭祀へと発展したことになる。より国家的なものへの昇華は神亀元年（七二四）から始まる渤海との交流が想定されるが、小嶋芳孝は奈良時代の寺家遺跡砂田地区の評価について以下のように述べる(49)。「砂丘の尾根筋に三棟前後を一単位とする建物群が計画的に配置され、各建物群では祭祀遺物の保管や祭祀具の製作などがおこなわれていたと推定」し、「竪穴建物から出土したガラス坩堝は朝廷が宮廷工房の工人を派遣していたことを示しており、寺家遺跡での祭祀に朝廷が関わっていたことは明らか」とし、「地方では出土例が少ない奈良三彩壺や海獣葡萄鏡・素文鏡、佐波理鋺なども、朝廷から供給された祭具だった可能性が高」く、「また、貴重な佐波理製の鋺や匙などをおしげもなく打ち欠いて製作した瓔珞からも、寺家遺跡での祭祀が朝廷の「意志」を背景にしていたことを推測できる。（中略）このように特異な様相を持った集団は神社の祭祀基盤を構成した集団、つまり「神戸」と呼ばれた人々だった可能性が高い」とみている。

加えて小嶋は『万葉集』にある「気太神宮」は写本時の誤写でなく、『続日本後紀』承和元年（八三四）九月癸酉条にある「気多大神宮」の記事(50)から九世紀に入っても気多神を祀る社が「神宮」と呼称され、砂田地区では八世紀代は竪穴建物や掘立柱建物など住居的な施設しか検出していないが、未調査区域（おそらく調査区の東側）に奈良時代の「神宮」を管理した建物群が造営されたと推定している(51)。つまり素文鏡・海獣葡萄鏡などが出土し始める八世紀初頭に遡って国家的な祭祀が執りおこなわれた可能性が高い。さらに小嶋は、寺家遺跡で調査した道路調査区から約二キロ東の砂丘上で発掘された五世紀後半の竪穴住居出土の滑石製紡錘車・管玉・青銅鏡の鈕部分を住居内出土の珍しい事例としてあげ、古墳時代後期初頭には羽咋砂丘の一角が神聖空間になっていて、祭祀がおこなわれていた可能性を考えている(52)。

しかも砂田地区では七世紀代の竪穴住居が七棟検出されていて、祭祀地区でも七世紀に遡る可能性がある金銅製耳環・メノウ勾玉や竪穴状遺構一基を検出しているので、五世紀代の祭祀空間が西北に移動し、七世紀になって砂田地区とその周辺が神聖空間になったとみている。

こうした見解を踏まえると、天平二十年（七四八）の記録は追えるが、その約二〇年前の渤海との交流が開始した契機あるいは結果として神社が成立したとは考えにくい。神社遺構として存在したかは不明だが、それ以前に神地が海辺に存在し、それにかかる祭祀が執りおこなわれていた可能性は高い。そういう意味では八世紀になって祭祀地区にあらわれた国家的な祭祀の様相は気多神社の前身となるものを考えるうえで重要である。八世紀前半ないしは七世紀に遡り神地が存在したとすれば寺家遺跡における仏教施設の有無が争点となる。

寺家遺跡では大量の祭祀遺物に混じり鉄鉢や瓦など仏教関係の遺物が出土した。砂田地区では瓦が4F2、4G2、4H1、5F8、5G5～7、5H3・5・6、5I4・5・7、瓦塔が4G1、鉄鉢が5G7、銅鋺が4F2、5H3・4の地区に分布するので、北側への集中が認められる[53]。遺物は少量で、伽藍や仏堂などの施設が明確になっているわけではない。仏教儀礼も同時に執りおこなわれたと考えた方がいいだろう。とすれば気多神社の前身とみられる施設の近くでは、いわゆる仏教寺院としての形態はとっておらず、どこか別のところに神宮寺の機能をもたせた宗教施設を探す必要があるが、注目するのは寺家遺跡祭祀地区から北北東二〇〇メートル離れた台地上に創建されたシャコデ廃寺である。

シャコデ廃寺は標高一九メートルのシャコデ台地上に展開する八世紀前葉までには創建された寺院である[54]。台地上には塔の心礎があったが、昭和四年（一九二九）に柳田町の善正寺に移設された。昭和四十六年（一九七一）に実施された発掘調査では近現代以降の耕作による影響もあり、周囲からは金堂や講堂など他の伽藍は検出されなかった。塔基壇については心礎石の抜き取り穴を中心とする一辺約四・五メートルの方形のわずかな高まりがあり、塔建物の基軸はほぼ真北を向く三間×三間、柱間一・五メートル（五尺）、一辺四・五メートルと推定され、その規模から三重塔とみられる。

牧山直樹・中野知幸は寺家遺跡の総括のなかで「気多神宮寺は古代気多神社の官社の過程とともに密接に関わって成立したと考えられ、寺家遺跡と地理的にも時期的にも関係の深いシャコデ廃寺が気多神宮寺であるのかこれまで議論が行われてきた。（中略）現状ではシャコデ廃寺を気多神宮寺と見做すには積極的かつ具体的な資料に乏しく、その関係については不明といわざるを得ない状況である」と述べる。[55] 気多神宮寺の成立にかかる統一見解には至っていないので、これらの解明には関係史料を検討し考古資料をもとに推測していくしかない。そこでシャコデ廃寺の創建に焦点を絞り研究史を整理していく。

まず浅香年木は『日本文徳天皇実録』斉衡二年（八五五）五月辛亥条の記事を受け、元より気多神宮寺は「各地で推進されていた「神身離脱」運動の所産としての気多神社の「神願寺」が、律令政府によって、有力名神の「神宮寺」として、その仏教統制のもとに捕捉されたことを意味するのであって、気多神社における「神願寺」の創建が、これに先行することはいうまでもない」とし、「気多神社の現社地の南東七〇〇メートル、寺家遺跡の「祭祀地区」の北北東二〇〇メートルの近距離にあって、八世紀前半に建立され、九世紀に修造を受けたことが知られる羽咋市柳田町のシャコデ廃寺跡を、律令期の気多神宮寺跡に比定する通説は当を得たものであり、宮司設置以前の建立が疑いないとすれば、それは、在地の有力首長もしくは富豪層が主体となって推進する「神身離脱」のための「神願寺」形成運動の所産と見なすべきであり、律令期に、在野の救済者の宗教活動に寄せる北陸道在地の強い反対《（ママ）》制の希求が生み出した泰澄伝承の本質と無理なく接合する」と述べる。[56] つまり神願寺と神宮寺を区別して考え、神願寺→神宮寺ととらえて神宮寺の成立を九世紀中頃とみている。

加えて牧山直樹・中野知幸はシャコデ廃寺の創建を考えるうえで、柳田シャコデ遺跡の成立にも関連するが、滝古墳群および柳田古墳群の造営や古窯群の経営を背景とした在地の首長級氏族の存在が前提にあり、[57]「仮にシャコデ廃寺を気多神宮寺と同一視すれば、シャコデ廃寺の創建契機は在地首長級氏族の発願による私寺造営事業」とし、「いずれかの段階で氏寺・私寺といった性格から神宮寺的な性格を帯びる転換期を迎えたもの」と考えている。その時期につ

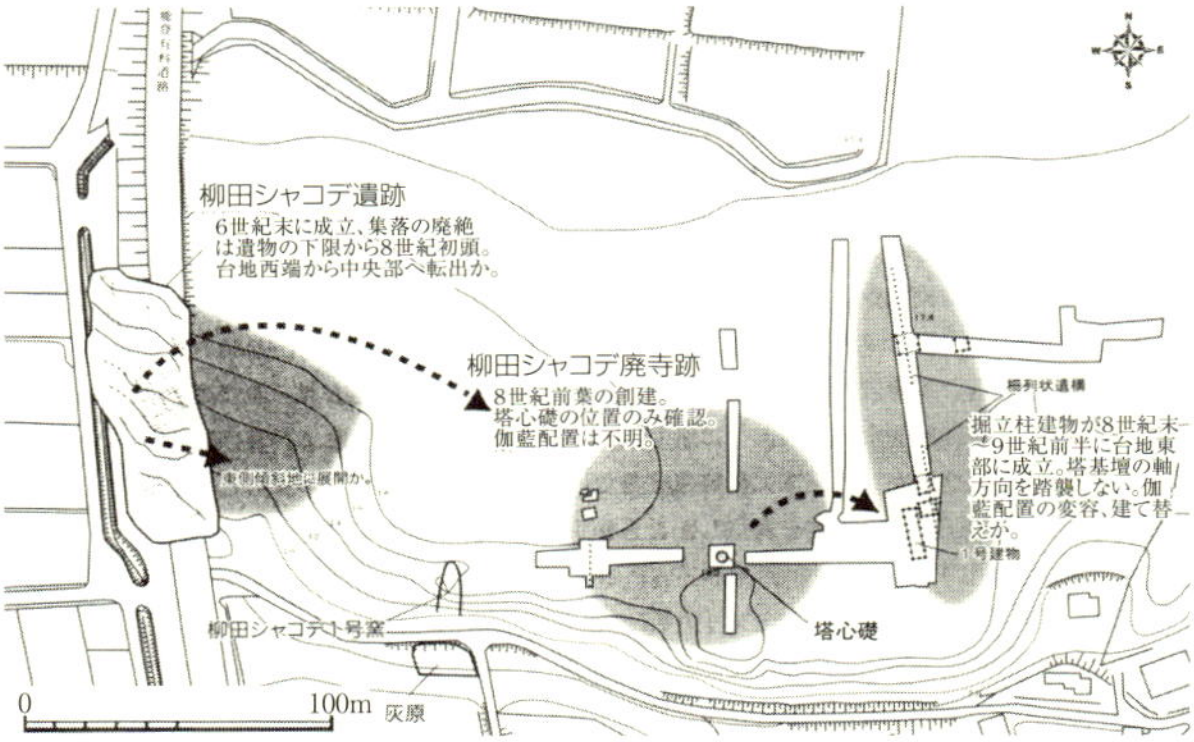

第48図　柳田シャコデ廃寺の成立と展開

いては「八世紀後半において寺家遺跡および松川瓦窯における画期と関係し、二次立国後の能登国府との関連」を指摘する。在地首長級氏族による氏寺・私寺から神宮寺という二段階の発展段階を想定し、その画期を柳田シャコデ遺跡・寺家遺跡・柴垣松川瓦窯出土の平城宮式瓦に根拠を求めている。

次に小嶋芳孝はシャコデ台地に展開する第Ⅱ期の大型建物群についてⅠ期の集落を移転させて出現したという経緯から政治的な性格があり、「瓦や瓦塔の出土から、気多神宮寺との関係も考えられるが、むしろこの時期まで存続しているシャコデ廃寺が神宮寺と呼ばれていた可能性が高」[58]く、創建当初からシャコデ廃寺を気多神宮寺と考えている（第48図）。その後も「八世紀初頭のシャコデ廃寺の塔建立の時期は、対岸の砂丘で展開された寺家遺跡での祭祀活動の活発化と併行している。この事は、両者が一体のものとして意識され、また運営されていた事を示」し、「八世紀初頭には神宮寺的な性格を伴って創建された可能性があり、斉衡二年の記事が気多神宮寺の創建を示していると考えるのは困難である」と述べる[59]。加えて「九世紀中頃と推定されるシャコデ廃寺の廃絶後に、塔跡の建物一棟を除いて本格的な再建が行われた形跡を確認できなかった」のは、「斉衡二年の詔が出された前後に、気多神宮寺が現在の気多神社境内周辺に移転した可能性を考える必要が生じた」と指摘している[60]。

一方、吉岡康暢はシャコデ廃寺の成立年代について柳田シャコデ遺跡4号竪穴建物外周溝の出土須恵器が七世紀末であること、心礎および丸瓦の型式から柳田シャコデ遺跡の小首長集団が退転した直後の七世紀末（六八〇～九〇年代）とみている[61]。そして寺家遺跡との関係を「国造氏族が社・祭場と寺・道場をどのように認識し一体的に配置したか分明で、（中略）羽咋評家の公権を介したことも予想されるものの、斉明朝の北征を契機とする気多の神威の高揚を仏力によって増幅し、日本海域の名神として位置づけようとした」と推測する。それは「天武・持統朝（六七二～六九六年）の一連の金光明経・仁王経の頒布、陸奥・越の蝦夷の得度や仏像の賜与にみられる、超地域的な国家仏教の性格を強めた仏教イデオロギーによる文明開化策に呼応して、滝大塚古墳を始祖とする古墳祭祀に代わり氏の霊廟として卓越した視覚性を具備する寺院を新たに建立し、羽咋クニの小首長・民衆に臨むという思潮に沿うものであった」と述べる。シャコデ廃寺を神宮寺とは考えておらず、氏族祭祀との緊密な一体性を演示したところに羽咋クニの在地的主体性がうかがえると結論づけ、剣御子寺や氣比神宮境内における白鳳期の心礎の存在は七世紀末の地方寺院の普及にあたり、すでに神仏習合の思惟が芽生えていたことを示しているとも述べる。

こうしてみると、㈠七世紀後葉・八世紀初頭は氏寺・私寺的な位置づけで、八世紀中頃に神宮寺の成立とする見解、㈡八世紀前半は神願寺で、定額化によって九世紀中頃に神宮寺となった見解、㈢創建当初から神宮寺的性格をもつ寺院とする見解に分かれる。そもそも創建の立地自体が寺家遺跡に近接したあり方を呈するので、神宮寺的性格をもつ寺院としての機能をあとから付与したというより、柳田シャコデ遺跡の規格的な集落（Ⅱ期集落）が七世紀後葉に再編され八世紀初頭には廃絶すること、[62]また八世紀初頭前後に寺家遺跡の祭祀地区において祭祀遺物が集中的に出土し、祭祀場を外界より画するように土塁状遺構が築かれたことも踏まえると、当初より仏教的な機能をもつ施設を、台地上に一体感をもたせるように配置したと考える方が理解しやすい。[63]とすればシャコデ廃寺の創建自体が白鳳時代（七世紀後葉）、報告書のなかでも七世紀末～八世紀初頭、八世紀初頭と見解は微妙に分かれているので、正確な時期比定が重要である。実際に発掘調査では軒丸瓦一点、丸瓦八点、平瓦四点、瓦塔片三点、土師器三点、須恵器四九点が出土し、採集遺物としては軒丸瓦二点、平瓦三五点、平瓦二点、須恵器七点が報告されている（第49図）[64]。

次に、より時期比定可能な須恵器、塔の心礎、時期の異なる瓦群の検討をおこなう。

まず須恵器については各トレンチとN３トレンチ８区の出土遺物に分かれる。前者は杯蓋八点、有台杯四点、杯六点、鉄鉢形五点、他二点の合計二五点、後者は杯蓋五点、有台杯三点、杯四点、鉄鉢形一点、他二点、甕胴部片六点、溶着須恵器一点の合計二二点を数える。時期比定の難しい破片や特殊品などを含むが、古代一〇期（八世紀後半）ないしは一一～一三期（九世紀前半）に下るものが一定量存在する一方で、直径一一～一二センチをはかる厚手の杯身（第49図4～6）、笠形の高さが高い杯蓋（第49図2）など古代六～八期（八世紀前半）に遡るものも含んでいる。しかし、有鈕付の杯蓋のなかでも内側に返しをもつタイプがまったく存在せず、積極的に古代五期（七世紀後葉）ととらえる資料も含まれてないことから、八世紀前葉のものと考えておきたい。

次に善正寺にある塔の心礎は舎利孔をもたない一般の柱穴式で、長径一五二センチ、短径一三五センチを、柱孔径六七センチ、深さ一二センチの浅い円孔をもつ。元々シャコデ廃寺内に存在したもので、西井龍儀によると柱孔径は加賀市弓波廃寺の心礎と同法量で、白鳳時代末期に比定されている[65]。加賀地域の末松廃寺と弓波廃寺の心礎との比較検討から両者に後出することが指摘され、しかも同一系譜の石工により製作された可能性が高い。

瓦については二時期ある。Ⅰ期創建時の軒丸瓦は型式不詳で、丸瓦は加賀の白鳳期のそれにみられる凸面にカキ目調整を施したものだが、少量で塔全体が全面瓦葺きではなかったと考えられている。Ⅱ期の軒丸瓦は北方三キロ弱の柴垣松川瓦窯産の瓦当厚の薄い複弁五葉蓮華文の軒丸瓦と曲線顎を呈する平城宮6664もしくは6666型式系の軒平瓦が想定される[66]（第49図24～29）。同瓦窯産の丸瓦・平瓦はシャコデ廃寺から出土するので、平城宮式瓦も供給されていた可能性が高い。しかし、シャコデ台地上からは平城宮式瓦の出土は確認されておらず、現状では柴垣松川瓦窯の生産地資料が確認されるのみである。状況証拠ではⅡ期の伽藍はⅠ期の塔を中心とする構造を継承し、屋瓦を新相の瓦で全面的に葺き替え装いを新たにしたとみられる。新たな軒丸瓦を採用した瓦葺き建物による寺院建築が存在したとすれば第二次能登立国とも関わり、気多神宮寺を考えるうえでの重要資料となる。

以上、シャコデ廃寺の須恵器は八世紀前葉におさまるもので、暦年代でいえば七〇〇年ないしは七一〇年前後ととらえられる。そのことは塔の心礎が同一系譜の石工によるもので、末松廃寺→弓波廃寺→シャコデ廃寺という型式変化

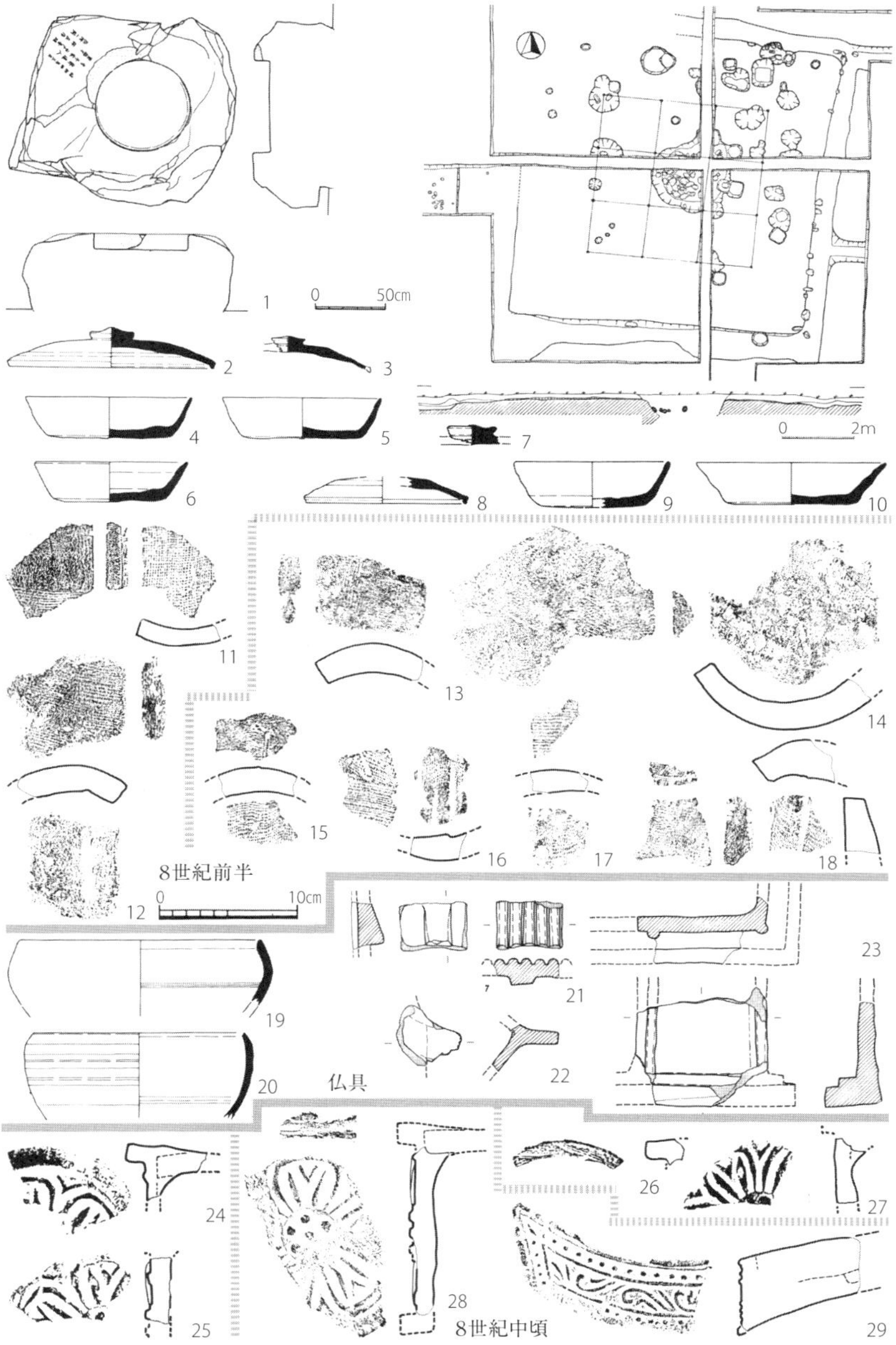

第49図　柳田シャコデ廃寺の塔跡・心礎と出土遺物

［塔跡は縮尺1:230、心礎は縮尺1:60、遺物は縮尺1:6］

1 塔心礎　2～6 須恵器（各トレンチ）　7～10 須恵器（N3トレンチ８区）　11・12 Ⅰ類丸瓦　13～18 Ⅰ類丸瓦（採集遺物）　19・20 須恵器鉄鉢　21～23 瓦塔　24・25 軒丸瓦（柳田シャコデ遺跡）　26・27 軒丸瓦（寺家遺跡）　28・29 軒丸瓦（柴垣松川窯跡）

をたどるなか最新型式であることと齟齬はなく、その創建を八世紀前葉まで下げて考える根拠となり得る。報告では瓦についても七世紀末・八世紀初頭という年代幅が想定されたが、柳田シャコデ遺跡の八世紀初頭の廃絶による成立と寺家遺跡の八世紀初頭にみられる規格性の一致なども踏まえると、八世紀前葉まで下げて考えることができる。平城宮式瓦については二次立国後の能登国府との関連が指摘でき、八世紀中頃に律令国家によるてこ入れがなされた可能性が高い。しかし八世紀中頃をもって神宮寺の成立とするのではなく、それ以前の八世紀前葉にすでにその萌芽があったととらえた方が理解しやすい。それはシャコデ廃寺・寺家遺跡・柳田シャコデ遺跡が連動的にとらえられるからである。しかも祭祀の内容が公的な祭祀ないしは国家的な様相をもつので、羽咋国造からの流れで羽咋評家の公権を介したことが想定できる。したがってシャコデ廃寺はその占地において当初から神宮寺的性格をもつ寺院として創建された可能性を考えておきたい。

四　他の参考となる事例

初期神宮寺を考えるにあたり石川県内の古代寺院（宗教施設）を類型化した松山和彦の論考が参考になる。[67]松山は、白鳳寺院に代表される「瓦・伽藍を持つ遺跡」を除いた、瓦葺建物を持たないが確実に寺院とされる遺跡、さらに確実ではないものの古代の宗教施設の可能性が含まれる遺跡をａ～ｈの八類型に区分した。特に重要なのは杉野屋専光寺遺跡を傍らに置き、額谷カネカヤブ遺跡を中心に考えたｂ類型（杉野屋専光寺型）である。

典型例とする石川県金沢市額谷町の額谷カネカヤブ遺跡は標高五五メートルの富樫丘陵に位置し、金沢市南部から野々市町にかけて広がる平野を眼下にもつ。遺構には掘立柱建物・鍛冶炉・地鎮土坑・井戸などがあり、土師器・須恵器・石帯・鍛冶滓などが出土した。[68]須恵器のなかには鉄鉢形のもの、稜をもつ水瓶とみられるものなど仏教的色彩の強いものがあり、報告書によると黒色付着物のある遺物は灯明を必要とする何らかの施設が存在したことの証拠とみている。また、遺跡内の施設に灯明の需要が高かったことを古代神事における重要要素のひとつととらえ、「「土器に残る色」は、当遺跡になんらかの宗教的（ここでは敢えて）神事的施設の存在を裏付けるもの」と評価し、『延喜式』巻第一〇神名下収載の額東神社がかつて額山に鎮座した伝承をもとに「当遺跡がいわゆる「額山」に推定され、旧額東神社社殿推定地とされている事は大変興味深い」と述べる。(69)

松山和彦は本遺跡について「延喜式内社の鎮座地と伝承される点は興味深く、谷から流れ出る小河川が農業用水でもあった可能性が高いことから、水の祭祀に関連した側面も考慮せざるを得ないだろう。その前提に立てば小河川流域が信仰圏として想定されてこようが、その場合、須恵器の器種等にみる仏教的色彩からは、神宮寺的性格も考える必要もあるだろう。石帯の出土からは伝統的に在地の神祇の祭祀に与かってきた村落の有力者層ないしは郷長クラスが、仏堂の建立においても積極的な役割を担ったとも想像される」と述べる。(70)加えてb類型の関連として石川県鳳珠郡穴水町の美麻奈比古神社前遺跡の事例をあげる。本遺跡は小又川が山間から海岸低地に出る地点の南山裾に位置し、排水の樋施設を伴う特殊な石組井戸（八世紀中葉）が検出された。周辺からは須恵器鉄鉢や水瓶が出土した。(71)遺跡名の由来ともなった神社は『延喜式』巻第一〇神名下に収載された鳳至郡九座のひとつであるので、境内の水場にかかる仏教儀礼が想起される。神地の一角に建てられた仏教的施設であれば神宮寺的な意味合いがあり、信仰の対象とする場において仏事をおこなったとすれば神仏混淆を意識した祭祀が想定できる。

次に石川県河北郡宇ノ気町の指江B遺跡の事例をあげる。(72)本遺跡は標高六〇メートルの丘陵を背にし、能登街道や指江集落、河北潟を眼前にみる低丘陵の裾部に位置する。八ツ手状に伸びる小丘陵の間に二つの谷が展開するが、ひとつの谷地形がG・H地区（北部域）、もうひとつの谷地形がH・F・I地区（南部域）に分かれる。遺物は旧河道からの出土が主で、古代九～一一期（八世紀後半）には遺物量が増大していく。南部域のI区では「多真利」「倉人」「富貴得」「夜乎」「□寺」墨書土器、畿内系の土師器、赤彩の土師器、灯明痕をもつ土器、須恵器の鉄鉢などが出土し、八世紀のものが主体である。本部域でも丘陵裾部に近い隣接するH区からは四面庇付建物（SB03）が検出され、仏具や寺院関連の墨書土器が確認できることから仏堂的な性格をもつ可能性が高い。一方、北部域では墨書土器・赤彩土師器は少ないものの、「大宮」「小神」墨書土器、多足机など特殊な遺物、「大国別社」と記された木簡などが出土している。同じ宗教施設の場にありながら谷を隔てて寺院系と神社系に性格が分かれる。しかも南部域では仏事をおこなう建物が存在するので、神地に伴う神宮寺的な性格をもつものとして注目される。

こうした見解は上田正昭の見解において補強される。(73) 上田は新タイプの神宮寺のあり方について「護法善神」「神身離脱」以外に神奈備・磐座・神籬などの信仰をベースとした習合を考えた。神社がない場合の神仏習合を強調し、京都府木津市の馬場南遺跡の事例をあげる。本遺跡は当初天神山（標高九九・四メートル）から流れる谷川の聖なる水の流れに対する水の祭祀の場で、天神山の神奈備信仰が前提としてあったが、八世紀になると「神雄寺」「山寺」墨書土器などが示すように本堂や礼堂が建てられることになる。習合のあり方としては降雨と治水を司る水源神の性格をベースとした神宮寺的な性格が想定できる。加えて京都府亀岡市宮前町の山寺の事例を紹介している。神尾山寺は『延喜式』巻第一〇 神名下に収載された丹波国桑田郡の神野神社に伴う神宮寺で、その信仰の由来は神尾山にあり本殿をもたない神社であったという。三輪山と同じような形態で、山を神が宿る山あるいは神が降臨する山として信仰の対象とする神奈備信仰の祭祀形態がベースとなって登場する神宮寺とみている。これらの事例は神仏習合を考えるうえで重要な視点といえるだろう。

第二節　若干の考察

北陸道の有力な地域神として知られる三社に伴う神宮寺の検討をおこなったところ、少なくとも神社の鎮座地ないしは、それに関連する神地内において寺院が八世紀前葉には創建され、時期的に一律であることを確認した。気比神の場合は『家伝』下 武智麻呂伝の成立年代を踏まえると八世紀前葉に創建された蓋然性は高く、氣比神宮境内の心礎はその存在を裏付けるものである。心礎の関連でいえば劔神社も同型式のものが境内にある。発掘調査により神地の存在は明らかであるので、小粕窯跡出土の瓦と須恵器の時期から神宮寺的性格をもつ寺院が八世紀前葉に創建された可能性は高い。剣神（剣御子神）は南北直線上に並ぶ立地や御子を冠する神名から気比神との関係性が強いとみれば気比神宮寺が奈良初期に創建された証左となり得る。若狭比古神の場合は発掘調査により八世紀中葉の存在は確実視できるが、古代六～八期の須恵器と丸瓦・平瓦B段階の瓦の存在から八世紀前葉に遡る可能性が高い。気多神の場合はシャコデ廃寺に対する評価次第である。近接する占地のあり方から神宮寺的性格をもつ寺院と考えた方が自然であり、瓦と心礎の年代や柳田シャコデ遺跡の衰退時期を踏まえれば八世紀前葉に位置づけられる。このように八世紀前葉をひとつの画期ととらえたが、問題はのちに名神大社と称される三社において、なぜ神宮寺の創建がおこなわれたかである。その理由については北陸のもつ地理的環境と宗教的な先進性が前提にあり、八世紀前葉における国家との関係性も指摘できる。

本郷真紹は地理的環境について「大陸の文化が真っ先に伝わる環境にあった日本海沿岸地域には、既に仏教が、或いは大陸の民間信仰と混在した形で伝わっていた可能性が高いように思われる」とし、「大陸文化の影響は、渡来人が定住し、現地の文化に同化する過程で、その地域の信仰にも及ぶことになり、奈良時代以後に進展する状況とは些か異なる意味合いでの神仏混淆を生ぜしめた」と考える。国家との関わりについては「このような推測が成り立つとすれば、律令国家が成立する前後の段階で、自国の神と異国の仏とを明確に区別していた中央の支配者層と異なり、北陸地域の住民は、それを意識しているか否かは別として、仏教的要素の混在した土着の神に対する独自の信仰を抱いており、結局このような状況が、律令国家の宗教政策に対応する形で、神仏混淆の模範型を中央に提示するに至ったと見なされるのである」と述べる(74)。これを宗教的な先進性ととらえれば「越前の敦賀・若狭の遠敷という比較的近い距離にある二所の在地の神が、他地域の神に先駆けて八世紀前半の段階で仏教との接触を求め、結果神宮寺が建てられたという共通した伝を有するのは、極めて興味深い事実」であり、「とりわけ、仏教文化の発展という点では先進の地域であった筈の畿内に未だ同様の状況が窺われない段階で、北陸地域の神々にはかような傾向が現れていたという点は、特に注意する必要があ」るという。[75] これらの見解によれば早期の神宮寺創建は北陸という渡来文化の色濃い地域性のもと、元々その素地を有する歴史性のなかで理解できる。

次に想定される理由は鎮護国家思想の展開である。国家の目的からすれば本来地域性・独立性の濃厚な在地の神々の編成を試み、仏教と同様に諸神にも国家鎮護の役割を帯びさせる必要があり、在地の神々をこのように扱うには前提として従来の神観念が変化し、神の存在とその効験について地域的限界を克服し、どの地域のいずれの神にも共通する普遍化のための神々の性格やその存在意義を規定する必要があった。[76] そこで注目されたのは神々が仏を護り、仏を篤く信仰する人々や社会を護るという護法善神の思想で、護国経典の代表的存在である『金光明最勝王経』四天王護国品の四天王にもとづいた国家守護の考え方である。これによって在地の神々も国家を擁護する存在との認識が生み出され、早い段階から仏教の影響を受け、神仏混淆の素地を有した神から順に神階奉授がなされたとの見解につながる。これは聖武天皇が八世紀中葉に目指した国家政策であるが、その前段階における北陸道の諸神に伴う神宮寺の成立理由としては少し足りない。

考古資料に則すれば、若狭比古神と気多神については平城宮式瓦を一部に含むので八世紀中葉における国家との関係性は指摘できる。共通するのは在地の有力氏族が八世紀前葉に神宮寺的性格を帯びた寺院を創建したあと、八世紀中葉に平城宮式瓦の導入した点にある。若狭比古神の場合は平城宮式瓦（6225型式）が国分寺造立時期などと一致することから国家との関係のなかで理解できる。気多神の場合は平城宮式瓦（6664もしくは6666型式）の退化型式であることから年代的には少し下る。天平神護元年（七六五）に「原気多神戸」の一部に対する封戸制適用の動きと、寺家遺跡における竪穴住居群が一斉に掘立柱建物群に建て替えられるという単位集団群の様相の推移とも連動している。具体的には天平神護元年（七六五）に始まる気多神社への神封奉充は新たな財源としての神封の設定ではなく、令制以前から「原気多神戸」を構成してきた単位集団のうちの一定数に対して律令政府が封戸制を適用し、一般財源と区別されるべき別枠の維持財源として在地首長＝郡司の掌握下から切り離し、管理を強化したことを意味している。[77] その契機については神宮寺を「準官寺」として格付けし、鎮護国家の宗教装置に取り込む働きかけがあったとみられている。(78)併せて天平宝字元年（七五七）の第二次立国後の能登国府の事業とすれば理解しやすい。なお先に触れたように浅香年木は在地の有力首長もしくは富豪層が主体となる神願寺→国家による仏教統制のもとに捕捉された神宮寺という二段階で考えた。(79)

たしかに八世紀前葉の在地主体から八世紀中葉の国家主体へという道筋は理解できるが、第一段階については八世紀中頃に神宮寺の認定という図式を描いたとしても、その場所が認定後に大幅に移動したわけではないので、神地ないし神社境内に建てられた点では国家関与の有無にかかわらず当初から神仏混淆色の強い性格を有する寺院であった可能性は高い。二段階目については護法善神の言説にもとづいた国家政策で、鎮護国家思想の展開とも連動している。国家の関与を八世紀中頃以降とみれば、神宮寺の前身となる神宮寺的性格を帯びた寺院が成立し、在地有力者あるいは富豪層が信仰の主体であったとすれば、北陸の地理的環境と宗教的先進性にもとづいた神仏混淆的な状況が自然発生的に生み出されたことになる。しかし、政治的には八世紀初頭といえば大宝律令が本格始動し、官社制度が全国的に展開していく時期である。(80)『続日本紀』大宝二年（七〇二）二月己卯条の「物頒㆓幣帛於畿内及七道諸社㆒」と慶雲三年（七〇六）二月庚子条の「是日、甲斐・信濃・越中・但馬・土左等国一十九社、始入㆓祈年幣帛例㆒、其神名具㆓神祇官記㆒」の記事は八世紀前葉の展開を裏づけるものである。(81)神社の官社化が盛行し始める時期と重なるので、神宮寺の創建については神祇信仰と信仰主体の視点から国家の直接的な関与とともに考える必要があるだろう。

まず気多神は六世紀中頃以降のミヤケ設置や塩の貢納から記紀の説話に至るまで国家との関係性が強い有力神であった。(82)気比神宮寺の成立時期についても『家伝』下　武智麻呂伝に示された八世紀前葉には創建されていた可能性が高い。武智麻呂の関与についても仏教思想の普及が藤原氏の果たすべき役割として強く意識されていた可能性があり、(83)武智麻呂を通じて神仏混淆の状況が語られたことは、北陸の宗教性に鑑みて文化的な理由を裏付けるものと見なすことができ、その子である仲麻呂が中央政界で台頭してくる過程とも関係するという。(84)ともに国家中枢部の人物であるので、武智麻呂が創建したとすれば当初から国家が関与した神宮寺であったのかもしれない。八世紀初頭には気比神が官社制度に組み込まれ、従前から国家的要素の強い神社であるので、仮に敦賀に影響力を有する在地氏族がその創建に関与していたとしても、境内に簡単に神宮寺を建てることができたかといえば、それは難しいだろう。そのため神宮寺創建に至る神身離脱の論理・言説を新たに構築する必要があったとみている。

次に気多神については斉明朝の阿倍比羅夫の北征が契機となり、日本海域における航海神としての地位が確立し、寺家遺跡では祭祀地区に神庭を新たに設営し祭祀集団の組織化が図られ、同じ流れで孝徳朝には羽咋君一族が評督に任命されたとみられている[85]。七世紀後半の空白期を挟んで八世紀前半に内容物が公的な祭祀ないしは国家的な色彩のものに変化したのは、蝦夷征討を背景に国造神から国家神へ転化したととらえられる。これらを積極的に評価すれば律令国家が本格始動した八世紀初頭を契機に従来の祭祀とは一線を画するものとして、神地での祭祀が国家の関与のもとおこなわれた可能性が高い。こうした状況のなかシャコデ廃寺が寺家遺跡の神庭を見下ろす台地の南端に創建される。両遺跡が双向的に対峙した占地をとることについては「寺家祭祀遺跡、ひいては背後の丘陵から滝岬にかけて形成された、羽咋君一族を主たる被葬主体とみてよい柳田・滝古墳群と一体感を演示する聖空間のロケーションの中に位置づけられていること」が重要で、実質的支配者としての国造級氏族である羽咋君一族が古墳群の造営とその古墳祭祀を継承・継続し、羽咋郡域における奉斎者としてその氏族祭祀を顕示するための視覚性も備えた装置としてシャコデ廃寺は位置づけられる[86]。

しかも神庭近くに位置し創建より場所が移動していないことを踏まえると、当初より神宮寺的な性格を有した寺院であった可能性が高い。吉岡康暢は「在地の祭祀の主宰者でもあったこの首長層による造寺の影響は、寺家遺跡に対しても向けられたと想定され、神祇が外来神である仏教の力を借りる初期神仏習合の社会的背景をイメージしておく必要がある」と述べるが[87]、仏教の力を借りるとの発想は重要である。加えて気多神が奈良時代より国家の殊遇に浴し、その神威が仰がれたのは東北経営あるいは、のちの新羅や渤海を中心とした対外関係があり、地理的に日本海の中央に突出する能登半島の要地に鎮座したことと関係している[88]。仮に蝦夷征討をはじめとする東北経営に北陸道の神々の力が期待されたとすれば、その神威の増幅をねらう神宮寺の創建は律令国家の政策に対応する形で積極的に採用された可能性が高い。とすれば造寺の主体は在地の有力氏族であったかもしれないが、神仏混淆の模範型を中央に提示するというより、その背後には東北経営という国家の意図があり、なかば試験的に国家主導でおこなわれた可能性についても考えておきたい。その実働的な理論的実践者の存在については、もう少し深めて考える必要があるだろう。

おわりに

本章では剣御子神宮寺が奈良初期に創建された可能性が高いことを受け、北陸道に鎮座する越前国の気比神、若狭国の若狭比古神、能登国の気多神に伴う神宮寺について文献史料と考古資料を中心に検討した結果、神宮寺的な性格をもつ寺院が八世紀前葉に神地ないしは神社境内において創建され、時期も一律的に並ぶ可能性が高いことを指摘した。従来の八世紀中頃に神宮寺が成立とする見解とは一線を画する結論となった。その理由については北陸道がもつ地理的環境や宗教的な先進性だけでは説明が難しく、八世紀初頭から本格化する神祇信仰の全国的な展開のなかで神宮寺的な性格を有する寺院が成立した背景として在地の有力氏族が信仰の主体となり、その背後には国家的な関与が存在していた可能性を推測した。国家が北陸道の諸神に期待したとすれば、それは八世紀前葉に本格化する蝦夷征討をはじめとする東北経営であった可能性が高い。実際の征討と面的な領域支配を実施していくには地域限定であった神の領域を超える論理が重要となるので、地域神が仏教の力を借りて神威の増幅をはかったとの言説についても検討する必要がある。特に、気比神・若狭比古神にかかる神宮寺譚にはその創建に至る論理の基軸といえる神身離脱の言説が伴う。そのことについても仏教が神祇信仰を位置づけるための論理・言説か否かを、漢籍との比較のなかで検討する必要がある。本章で検討した三社において神宮寺が創建された目的とその政治的・社会的な背景については第七章で詳しく論じたい。

注

（1）逵日出典『神仏習合』臨川書店、一九八六年。
（2）水島基「第二章 奈良時代 第三節 剣神社の鐘」『織田町史』織田町史編集委員会、一九七一年。杉本壽『延喜式内社剣神社と織田甕』織田町文化研究会、一九八〇年（『越前国織田荘剣大明神誌』安田書店、一九八五年 所収）。
（3）青木豊昭「剣御子寺―日本最古級の神宮寺」「コラム なぜ剣御子寺は日本最古級の神宮寺と考えられるのですか？」『織田 こころの里わざの里 織田町歴史資料館 常設展示図録』織田町歴史資料館、二〇〇一年。
（4）上田正昭「神仏習合史の再検討」『京都府埋蔵文化財論集』第六集、京都府埋蔵文化財調査研究センター、二〇一〇年。
（5）堀大介「平成二十二年度劔神社境内地遺跡発掘調査報告」『越前町織田文化歴史館 館報』第六号、越前町教育委員会、二〇一一年。同「劔神社境内遺跡第二・三・四次発掘調査報告」『越前町織田文化歴史館 館報』第八号、越前町教育委員会、二〇一三年。同「劔神社境内遺跡第五・六次発掘調査報告」『越前町織田文化歴史館 館報』第一〇号、越前町教育委員会、二〇一五年。
（6）須恵器の編年と暦年代は以下の文献にもとづく。堀大介「古代須恵器編年と暦年代―越前・加賀を中心に―」『あさひシンポジウム二〇〇三記録集 山の信仰を考える―越知山と泰澄を深めるために―』朝日町教育委員会、二〇〇四年。
（7）『日本文徳天皇実録』斉衡二年五月壬子（五日）条（黒板勝美 編『新訂増補 国史大系第三巻 日本後紀 続日本後紀 日本文徳天皇実録』吉川弘文館、一九三四年 所収）。
（8）『家伝』下 武智麻呂伝（沖森卓也・佐藤信・大嶋泉『藤氏家伝 鎌足・貞慧・武智麻呂伝 注釈と研究』吉川弘文館、一九九九年 所収）。
（9）辻善之助「本地垂迹説の起源について」『史学雑誌』第一八編第一、四、五、八、九、一二号、一九〇七年（『日本仏教史之研究』金港堂書籍、一九一九年 所収）。
（10）家永三郎「飛鳥寧楽時代の神仏関係」『神道研究』第三巻第四号、神道研究会、一九四二年（『日本思想史に於ける宗教的自然観の展開』斎藤書店、一九四七年 所収）。
（11）田村圓澄「神宮寺の創建」『史淵』第八七輯、九州大学文化学部、一九六二年。

(12) 村山修一『本地垂迹』吉川弘文館、一九七四年。
(13) 田中卓「イセ神宮寺の創建」『芸林』第八巻第二号、芸林会、一九五七年。
(14) 村山修一『神仏習合思潮』平楽寺書店、一九五七年。
(15) 家永前掲（10）文献。
(16) 白山俊介「初期に於ける神宮寺序説」『湘南史学』第二集、東海大学大学院日本史学友会、一九七五年。
(17) 『気比宮社記』巻二　宮社神伝部下「道後神社」（官幣大社氣比神宮『気比宮社記』三秀舎、一九四一年 所収）の項には以下のようにある。
旧記曰、霊亀元年泰澄和尚参二籠于気比神宮一、而令レ勤二一夏行法一毎日於二敦賀郡西浦鶩ヶ崎之巌嶽一為二百礼一、而西ハ剣神社南ハ椎ヶ崎道前神ノ社東ハ大椋天ノ宮ヘ奉二巡礼一夜ハ坐二于幸臨山天筒麓ニ一道後神社之森蔭ニ令二止宿一終夜奉レ唱二此神ノ御ン神徳一亦一刀三礼躬彫二刻観世音菩薩霊像一躯一、而奉レ安二置于幸臨山麓地一矣
泰澄が霊亀元年（七一五）気比神宮に参籠して行法を勤め、道後神の神徳を唱えて観世音菩薩を彫像したとある。泰澄による神仏習合の事例で文献上の創建と同年代である。『家伝』下 武智麻呂伝にもとづく創作かもしれないが、「旧記曰」の表現から古い伝承であったとも考えられる。
(18) 久保智康「第三章 古代社会の諸様相 第二節 古代の信仰と寺院」『福井市史 通史編一 古代・中世』福井市、一九九七年。
(19) 西井龍儀「北陸の塔心礎―柱穴式を中心に―」『北陸の古代寺院 その源流と古瓦』桂書房、一九八七年。ともに舎利孔をもたないが、瓦や須恵器の分析などから弓波廃寺は石川県野々市市の末松廃寺に後続する七世紀末を前後する時期、シャコデ廃寺についても白鳳期まで遡る可能性も指摘されている。ただシャコデ廃寺については気多神社の神宮寺とし、八世紀前半まで下るとの見解があり、弓波廃寺については神階奉授の事例として出てくる忌浪神社ゆかりの寺院と考えれば、劔神社と同じような時期の初期神宮寺の事例ととらえることもできる。
(20) 『類聚国史』天長六年三月乙未（十六日）条（黒板勝美 編『新訂増補 国史大系第六巻 類聚国史 後篇』吉川弘文館、一九三四年 所収）。
(21) 田村前掲（11）文献。

(22) 村山修一『本地垂迹』吉川弘文館、一九七四年。
(23) 白山前掲(16)文献。
(24) 下仲隆浩「第三章 調査の内容 第四節 神宮寺関連遺跡」『小浜市重要遺跡確認調査報告書Ⅱ』小浜市教育委員会、二〇〇六年。
(25) 下仲隆浩「第三章 調査の内容 第一節 若狭神宮寺遺跡」『小浜市重要遺跡確認調査報告書Ⅲ』小浜市教育委員会、二〇一〇年。
(26) 下仲前掲(24)文献。
(27) 下仲前掲(24)文献。
(28) 下仲前掲(25)文献。
(29) 下仲前掲(24)文献。
(30) 松葉竜司「若狭国遠敷郡における律令期の瓦生産─丸瓦・平瓦を中心に─」『館報 平成二十五年度』福井県立若狭歴史博物館、二〇一五年。
(31) 下仲前掲(24)文献。
(32) 下仲前掲(24)文献。
(33) 松葉前掲(30)文献。
(34) 松葉前掲(30)文献。丸瓦・平瓦Aは凸面には縦方向の太い縄叩きを施すが、ほとんどが叩き目をナデ消し、凹面の布目痕をそのまま残す。側面・端面には丹念なケズリ調整を施し、加えて凹面のみ、あるいは凹面・凸面の両面という違いはあるものの、側縁にも強いケズリを施すものである。
(35) 松葉前掲(30)文献。丸瓦・平瓦Bは凸面に縦方向の細い縄叩きを施す。丸瓦は叩き目をナデ消すものがほとんどであるが、平瓦は叩き目を残す。丸瓦の側縁は未調整のものが多く、分割破面をそのまま残しているものも多い。一方で、平瓦は凹面に対して鋭角に面取り状に側面を削り取るものもみられる。
(36) 松葉前掲(30)文献。
(37) 松葉前掲(30)文献。
(38)『日本文徳天皇実録』斉衡二年五月辛亥(四日)条。

(39)『日本文徳天皇実録』斉衡二年五月壬子（五日）条。
(40)小嶋芳孝「第Ⅵ章 シャコデ廃寺と気多神宮寺」『柳田シャコデ廃寺跡 詳細分布調査報告書』羽咋市教育委員会、一九八七年。
(41)山口辰一ほか『石塚遺跡・東木津遺跡調査報告―都市計画道路下伏間江福田線築造に伴う平成九・十年度の調査―』高岡市教育委員会、二〇〇一年。
(42)川崎晃「「越」木簡覚書―飛鳥池遺跡出土木簡と東木津遺跡出土木簡―」『高岡市万葉歴史館 紀要』第一一号、高岡市万葉歴史館、二〇〇一年。同「気多神宮寺木簡と難波津歌木簡について―高岡市東木津遺跡出土木簡補論―」『高岡市万葉歴史館 紀要』第一二号、高岡市万葉歴史館、二〇〇二年。
(43)牧山直樹・中野知幸「第七章 寺家遺跡とシャコデ廃寺」『寺家遺跡発掘調査報告書 総括編』羽咋市教育委員会、二〇一〇年。
(44)浅香年木「古代の北陸道における韓神信仰」『日本海文化』第六号、金沢大学法文学部日本海文化研究室、一九七九年。
(45)『万葉集』巻第一七 四〇二五（高木市之助・五味智秀・大野晋 校注『万葉集 四』岩波書店、一九六二年 所収）。
(46)小嶋芳孝ほか『寺家遺跡発掘調査報告Ⅱ』石川県立埋蔵文化財センター、一九八八年。
(47)牧山・中野前掲（43）文献。
(48)牧山・中野前掲（43）文献。
(49)小嶋芳孝「寺家遺跡から見た古代神祇信仰の成立と変容」『日本古代考古学論集』同成社、二〇一六年。
(50)『続日本後紀』承和元年（八三四）九月癸酉（二十六日）条（黒板勝美 編『新訂増補 国史大系第三巻 日本後紀 続日本後紀 日本文徳天皇実録』吉川弘文館、一九三四年 所収）。
(51)小嶋前掲（49）文献。
(52)小嶋前掲（49）文献。
(53)小嶋ほか（46）文献。
(54)木立雅朗・谷内碩央ほか『柳田シャコデ廃寺跡 詳細分布調査報告書』羽咋市教育委員会、一九八七年。
(55)牧山・中野前掲（43）文献。

(56) 浅香年木「ＸＸＸⅧ 古代の能登国気多神社とその縁起」『寺家遺跡発掘調査報告Ⅱ』石川県立埋蔵文化財センター、一九八八年。
(57) 牧山・中野前掲（43）文献。
(58) 小嶋芳孝「ＸⅢ 寺家遺跡の構造と問題点」『寺家 一九八〇年度調査概報』石川県立埋蔵文化財センター、一九八一年。
(59) 小嶋前掲（40）文献。
(60) 小嶋前掲（40）文献。
(61) 吉岡康暢「末松廃寺をめぐる問題」『史跡 末松廃寺跡』文化庁、二〇〇九年。
(62) 河村好光『羽咋市柳田シャコデ遺跡』石川県立埋蔵文化財センター、一九八四年。
(63) 吉岡前掲（61）文献。
(64) 木立・谷内ほか前掲（54）文献。
(65) 西井前掲（19）文献。
(66) 木立雅朗「第Ⅳ章 遺物 第四節 小結」『柳田シャコデ廃寺跡 詳細分布調査報告書』羽咋市教育委員会、一九八七年。
(67) 松山和彦「北陸における古代寺院の一様相」『越前・明寺山廃寺―平安時代前期寺院址の調査―』清水町教育委員会、一九九八年。
(68) 谷口宗治『金沢市 額谷カネカヤブ遺跡―額谷ふれあい公園整備事業に伴う埋蔵文化財発掘調査報告書―』金沢市教育委員会、一九九五年。
(69) 谷口宗治「第三章 調査の成果 第三節 まとめ」『金沢市 額谷カネカヤブ遺跡―額谷ふれあい公園整備事業に伴う埋蔵文化財発掘調査報告書―』金沢市教育委員会、一九九五年。
(70) 松山前掲（67）文献。
(71) 四柳嘉章ほか『美麻奈比古神社前遺跡』穴水町教育委員会、一九九七年。
(72) 大西顕ほか『宇ノ気町 指江遺跡・指江Ｂ遺跡』石川県教育委員会・石川県埋蔵文化財センター、二〇〇二年。
(73) 上田正昭「神仏習合史の再検討」『京都府埋蔵文化財論集 第六集』京都府埋蔵文化財調査研究センター、二〇一〇年。

(74) 本郷真紹「古代北陸の宗教文化と交流」『古代王権と交流三 越と古代の北陸』名著出版、一九九六年。
(75) 本郷前掲(74)文献。
(76) 本郷前掲(74)文献。
(77) 浅香前掲(56)文献。
(78) 吉岡前掲(61)文献。小田富士雄は、『類聚三代格』巻第二「年分度者事」にある「太政官符／豊前国八幡神戸人出家事／右奉二今日廿二日、勅一、件神戸人毎レ年一人宜下令二得度一入中彼国弥勒寺上／天平勝宝元年六月廿六日」などの記事をもとに、天平勝宝元年(七四九)に年分度者一人を弥勒寺に入れることを定められたのは日本における年分度者の初見とし、弥勒寺は完全な官寺の部類に属さないまでも準官寺的性格をもつ寺院であったと述べる。小田富士雄「第二章 宇佐・弥勒神宮寺」『小田富士雄著作集Ⅰ 九州の考古学研究 歴史時代篇』学生社、一九七七年。
(79) 浅香前掲(56)文献。
(80) 巳波利江子「八・九世紀の神社行政―官社制度と神階を中心として―」『寧楽史苑』第三〇号、奈良女子大学史学会、一九八一年。
(81) 『続日本紀』大宝二年三月己卯(十二日)条、慶雲三年二月庚子(二十六日)条(青木和夫・稲岡耕二・笹山晴生・白藤禮幸 校注『新日本古典文学大系一二 続日本紀 一』岩波書店、一九八九年 所収)。
(82) 堀大介「古代ケヒ神の基礎的研究」『桜井市纒向学研究センター研究紀要 纒向学研究』第二号、桜井市纒向学研究センター、二〇一四年。[本書第一編第二章]。
(83) 吉川真司「天皇家と藤原氏」『岩波講座 日本通史 第五巻 古代四』岩波書店、一九九五年。
(84) 本郷前掲(74)文献。
(85) 吉岡前掲(61)文献。
(86) 吉岡前掲(61)文献。
(87) 吉岡前掲(61)文献。
(88) 小倉学「気多神社名神大」『式内社調査報告第一六巻 北陸道二』皇学館大学出版部、一九八五年

挿図出典

第43図　下仲隆浩ほか『小浜市重要遺跡確認調査報告書Ⅱ』小浜市教育委員会、二〇〇六年の第32・33図、下仲隆浩・西島伸彦『小浜市重要遺跡確認調査報告書Ⅲ』小浜市教育委員会、二〇一〇年の第10・18図をもとに作成。

第44図　下仲隆浩ほか『小浜市重要遺跡確認調査報告書Ⅱ』小浜市教育委員会、二〇〇六年の第34図2・15〜17・19・29〜31・38〜41・43・45・46・48、下仲隆浩・西島伸彦『小浜市重要遺跡確認調査報告書Ⅲ』小浜市教育委員会、二〇一〇年の第32図3〜9、11〜13より転載。

第45図　下仲隆浩ほか『小浜市重要遺跡確認調査報告書Ⅱ』小浜市教育委員会、二〇〇六年の第35図49、福井県『福井県史 通史編一 原始・古代』一九九三年の図115、松葉竜司「若狭国遠敷郡における律令期の瓦生産―丸瓦・平瓦を中心に―」『館報 平成二十五年度』福井県立若狭歴史博物館、二〇一五年の第11図3〜9、第12図10〜12より転載。

第46図　牧山直樹・中野知幸『寺家遺跡発掘調査報告書 総括編』羽咋市教育委員会、二〇一〇年の第1－1図の一部をもとに作成。

第47図　牧山直樹・中野知幸『寺家遺跡発掘調査報告書 総括編』羽咋市教育委員会、二〇一〇年の第7－1図をもとに作成。

第48図　小嶋芳孝ほか『寺家遺跡発掘調査報告Ⅱ』石川県立埋蔵文化財センター、一九八八年のFig.378と牧山直樹・中野知幸『寺家遺跡発掘調査報告書 総括編』羽咋市教育委員会、二〇一〇年の第6－1図をもとに作成。

第49図　木立雅朗・谷内碩央ほか『柳田シャコデ廃寺跡詳細分布調査報告書』羽咋市教育委員会、一九八七年の第3図、第8図7・8、第10図16〜18、第12図1・6・10〜12・22・23、第13図26・29・38・39、第15図5・6・8〜11、第19図1〜4、第20図1・3、第25図左より転載。

附論三　古代山林寺院における神祀りの可能性

―大谷寺遺跡と明寺山廃寺の事例をもとに―

はじめに

福井県嶺北西部の日本海に面する丹生山地には、山林が大部分を占める地理的条件のもと宗教施設が奈良から平安時代にかけて要所に造営された。現在確認できる遺跡は六か所を数えるが、なかでも福井市風巻町・大森町の明寺山廃寺と丹生郡越前町大谷寺の大谷寺遺跡は発掘調査が実施されており、奈良後期から平安前期にかけて盛行する山林寺院であることが判明している[1]（第50図）。遺構・遺物の様相から寺院活動の一端を知ることができる一方で、両遺跡は山岳信仰の霊地として知られる越知山と白山を遥拝できる絶景の地に立地し、仏教とは言い難い痕跡も一部に確認されたことから、仏事とは性格の異なる儀式ないしは祭祀がおこなわれた可能性が指摘できる。本論では山林寺院内での神祀りのあり方について両遺跡の分析をもとに検討する[2]。

一　明寺山廃寺の事例

遺跡の概要　明寺山廃寺は福井平野と日本海の隔てる丹生山地を流れてきた志津川が平野部に注ぎ込む渓口部の丘陵上に立地する。本堂の背後に築造された風巻神山3号墳の墳頂からは東側に白山、南西側に越知山を望むことができる。発掘調査は清水町教育委員会が昭和五十六、五十七年（一九八一、二）に二回、平成六年（一九九四）に一回実施しており、調査報告書と古川登の研究成果にもとづいて以下に概要を記述する[3]。

主な遺構　遺構は北東から南西にかけて展開する丘陵頂部の標高五五〜六三メートルに位置し、平野部との比高は約四八メートルをはかる。丘陵頂部に削り出しや盛土で平坦面をつくり、建物や関連施設が建てられた。特に南面する本堂（SH9501）と東面する脇堂（SH9504）からなる。二つの建物はL字形に配置され、方位を意識した朝堂院の形式をとる。両堂の前面には約二〇メートル四方の平坦面が形成され、中央よりやや北に掘立柱建物（SH9502・9503）が配置される。遺物は平坦面の周辺と脇堂の床下部分からの出土のみで、無遺物の中央部は清浄に保たれていた（第51図）。須恵器の形態的特徴から古代九、一〇期（八世紀後葉）には創建が始まり、古代一六期（一〇世紀前葉）には廃絶する山林寺院である。その実態は修行の場ではなく、里の人々の信仰に支えられた寺とみられている。

本堂（SH9501）は自然の岩盤を削った基壇の上に建つ。基壇は東西辺長一六・一メートル、南北辺長一〇・五メートルに復元された。礎石は基壇上に残存せず、柱穴の痕跡のないことから礎石建物と考えられる。ただ、礎石に伴う掘形や根石は存在しないので、岩盤に直接柱を立てたとみられる。基壇前面に残る前後二列の柱穴は創建・建替の二時期の足場痕跡とされる。本堂は桁行三間（八・四メートル）×梁行二間（五・六メートル）に復元され、奈良県奈良市の海竜王寺西金堂に類似する建物という。なお、基壇には東の谷に降りる排水溝を伴う道が接続する。本堂に至る参道は前面を迂回して東側の谷を通る緩やかなルートとみられる。本堂の基壇上と周

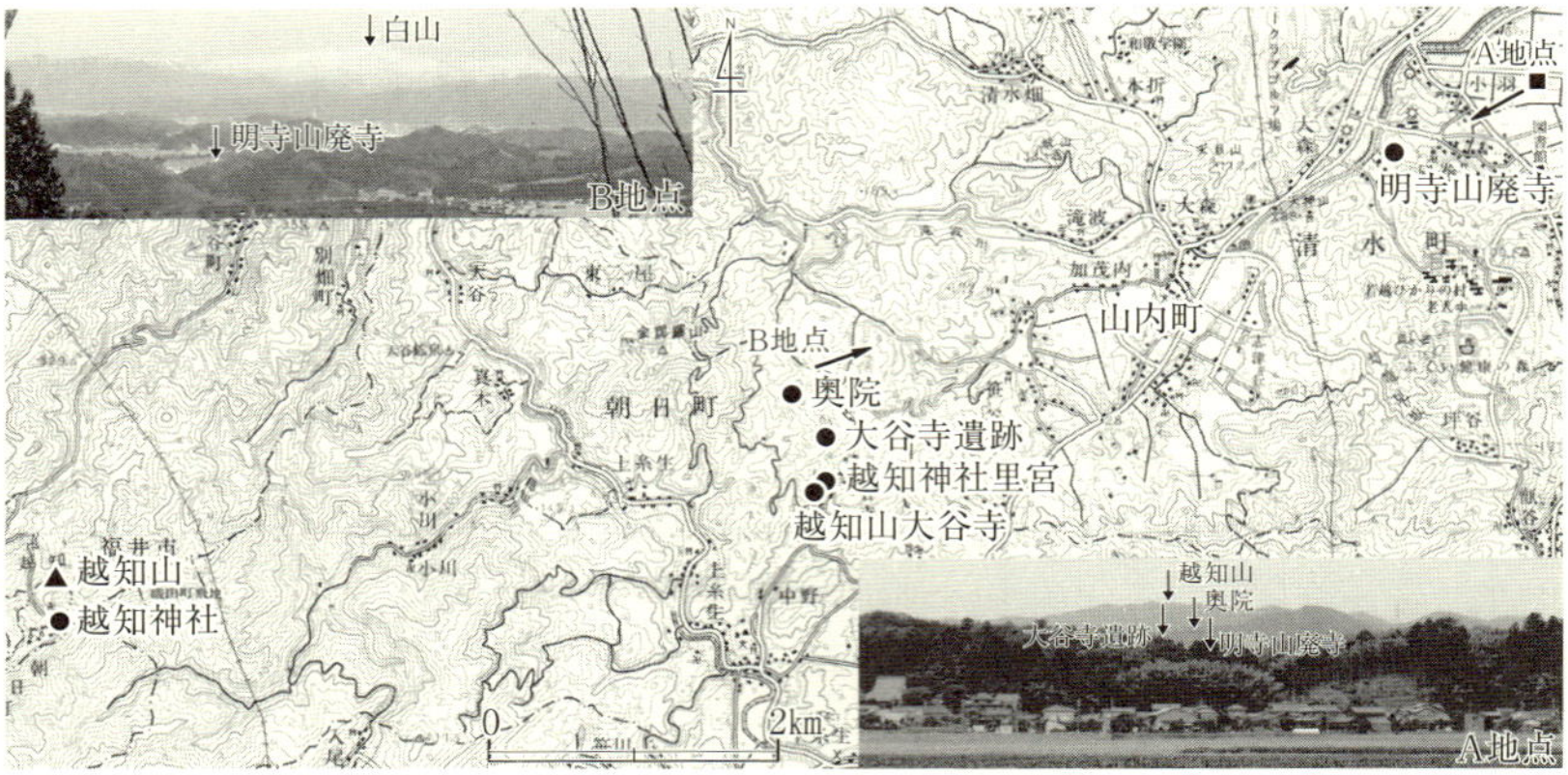

第50図　越知山と明寺山廃寺・大谷寺遺跡［縮尺 1:100,000］

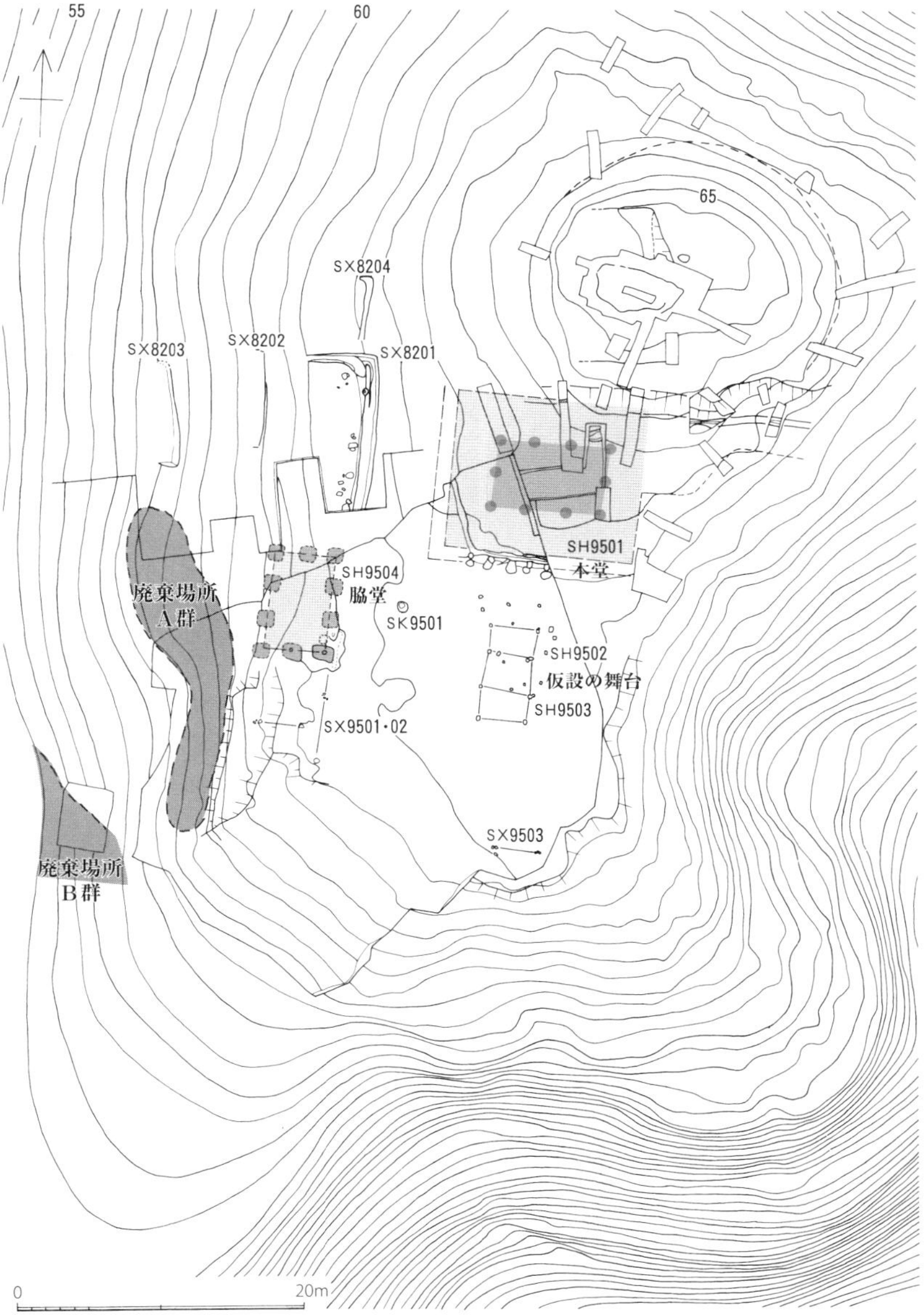

第51図　明寺山廃寺遺構配置図［縮尺1:600］

囲からは少量の須恵器杯片、須恵器甕の内面を利用した猿面硯片、水晶製丸玉が出土した。

脇堂（ＳＨ9504）はＳＨ9501の南西にある平坦面造成時の盛土を掘り込んだ掘立柱建物で、桁行三間（七メートル）×梁行二間（四・五メートル）に復元された。柱穴は一辺一メートル超で、柱痕跡は直径四〇センチをはかる。遺構内には堆積土がなく、下部に円筒形の空洞もあることから柱は抜き取られたとみられる。報告書では脇堂の付近出土の土師質瓦塔から、それを安置した塔院と考えられた。床下にあたる部分からは多量の須恵器の転用硯が出土し、創建期の脇堂の廃絶時に土器と墨丁が柱穴上にまとめて置かれているので、呪術的な意味合いをもつ行為とみられている。

掘立柱建物（ＳＨ9502・9503）は報告書に二棟と報告されたが、現在は一間（三・三メートル）×三間（六・六メートル）のひとつの建物（仮設の舞台）ととらえられている。八個の柱穴のうち一個は柱穴の深さが六〇センチに達しており、幡を下げる竿立てとすれば平坦面の中央に幡が翻っていたことになる。施餓鬼会の仮設舞台のように色とりどりの短冊などを吊した可能性が指摘されている。

主要な出土遺物　出土遺物は須恵器・土師器が大部分を占める（第52図1〜23）。須恵器は椀・杯・盤・蓋が主体で、他に大平鉢・瓶子・甕などがある。土師器の大半には使用痕が認められない。短胴甕が圧倒的に多く、ほとんど完形に復元できないことから意図的に破砕し斜面に廃棄したとみられる。須恵器のなかには金属器模倣のものがあり、鉄鉢を含む（第52図21）。無台杯のなかには小型のものが数点あり、県内では宗教施設での出土が目立つことから密教法具の「六器」を模倣した品であった可能性が高い（第52図13〜15）。なお瓶子は「華瓶」と考えられる（第52図22・23）。金属器の代用品として須恵器で製作されたとすれば、九世紀中頃から一〇世紀にかけて密教壇供が造られ、山頂で密教修法が執りおこなわれた可能性を指摘できる。

また、須恵器杯蓋の内面に焼成前に「寺」の字を押捺した施印土器（第52図16・17）、灯明や硯に転用した須恵器の杯や墨書土器などがある（第52図3〜5・10〜12）。灯明具は須恵器の無台杯二九点・有台杯二点・土師器無台杯四点である。須恵器は破片が全形の三分の一以下のものは図化せず、未整理の灯明具が資料収納箱で一箱程度あるということとなので、多量に存在したことは確かである。万灯会のような灯を燈す夜半におこなわれる行為を彷彿とさせる。黒墨は蓋の転用硯二五点、盤の転用硯三六点、椀の転用硯一点、甕の転用硯（猿面硯）一点の計六三点を数える。朱墨は蓋の転用硯一点、盤の転用硯三点、杯の転用硯二点の計六点を数える。硯以外に黒墨・朱墨の付着した筆ならしもある。墨書土器は須恵器に施したもので、三六点を数える。判読可能のものには「寺」七点、「日宮」一点、「目丸」二点、「丸」一点、「収」一点、「守」一点、「万」二点などがある（第52図3・6・13・14・17・19）。多量の転用硯は写経がおこなわれ、「写了」墨書は写経を終えたことを示す。関連遺物として文房具の墨丁がある（第52図26）。舟形を呈する唐墨で、界線で区画したなかに樹枝紋を施す。使用面と切断面が残り、墨を折って使用したとみられる。

他に、奈良産とされる軟質の緑釉陶器ないし二彩とされる瓶子、数珠と思われる水晶製丸玉、発火具として赤色石英および瑪瑙製の火打石、建築部材として鉄釘、造営関係の遺物として鉄素材（鼠銑鉄）・椀形滓・スラグがある（第52図27・28）。加えて、「万」「目丸」墨書土器は明寺山廃寺の麓に展開する拠点集落の鐘島遺跡においても確認された（第53図5・6）。その主体者は緑釉陶器など高級品を保有し、明寺山廃寺の活動にかかわった集団ととらえられ、両遺跡の強い関係性が指摘できる（第52図24、第53図17）。特に鐘島遺跡出土の「目丸」は人名で、明寺山廃寺の活動に関与していた可能性が高い（第52図19、第53図5）。

脇堂の性格　脇堂（ＳＨ9504）の性格について深める。報告書では塔院に比定されたが、他の可能性を考えるうえで注目するのは報告書において「□宅」と判読されていた墨書土器である（第54図）。須恵器皿は口径一四・四センチ、器高二・六センチをはかり、ほぼ完形である。きっちりと安定性のない少し湾曲した底部をもち、厚い底部に対して口縁部の厚みは薄く、口縁部は外反しながら内湾気味に立ち上がる。内外面は回転ナデ調整で、特に底部外面はヘラ切り後ナデ調整、内面は仕上げナデ調整を施す。色調は灰白色を呈する。焼成はやや軟、胎土は緻密で、直径一ミリ前後の灰色粒子・橙色粒子・白色粒子など多く含む。口縁部や全体の形態から古代一三、一四期（九世紀中葉）に比定できる。底面中央には墨書が認められる。文字を観察すると上の字は横棒が明瞭で、その上に口の字らしき四角が認められる。横

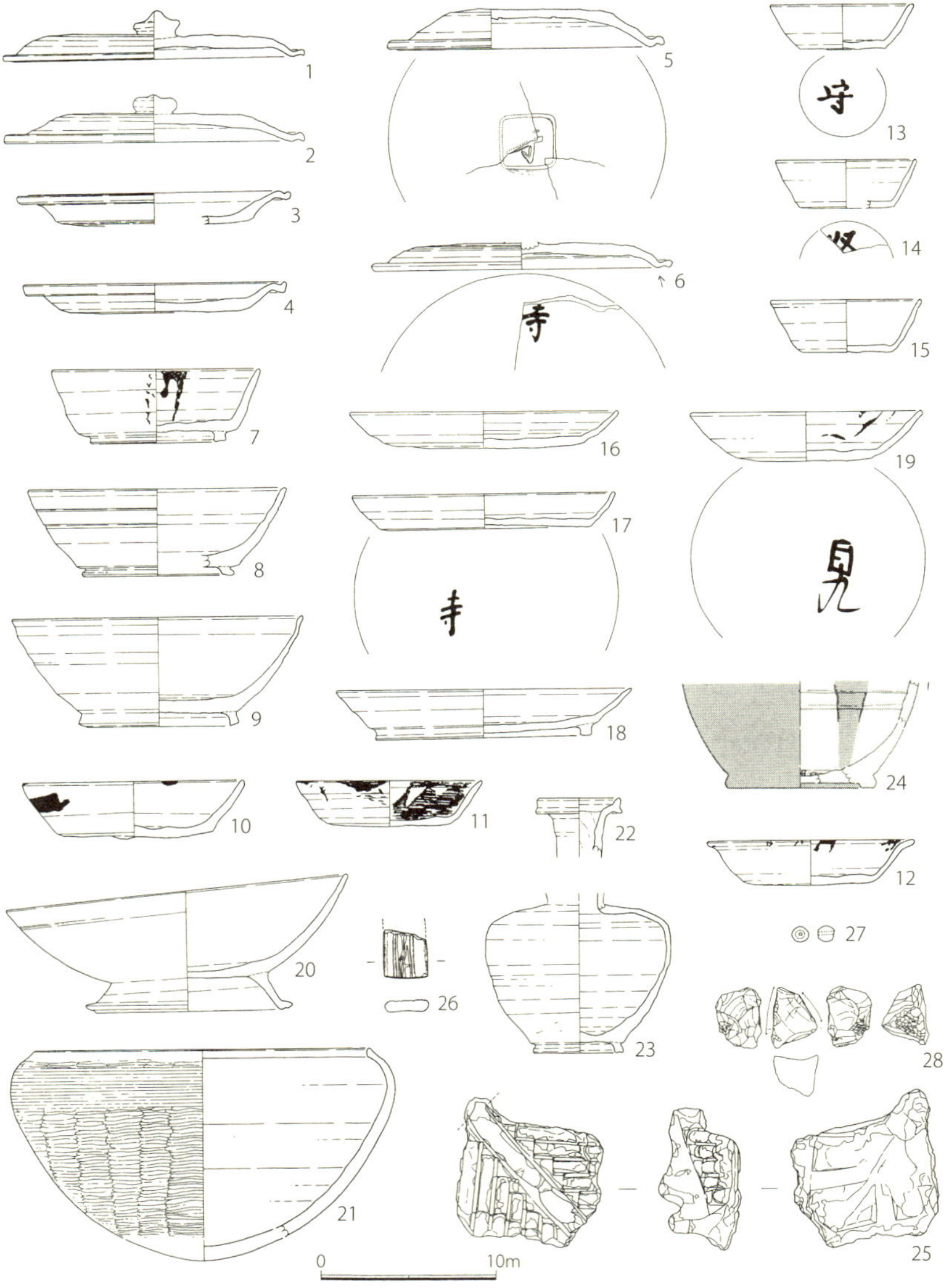

第 52 図　明寺山廃寺出土遺物［縮尺 1:5］

1～23 須恵器　24 緑釉陶器　25 瓦塔　26 墨丁　27 水晶製丸玉　28 火打石

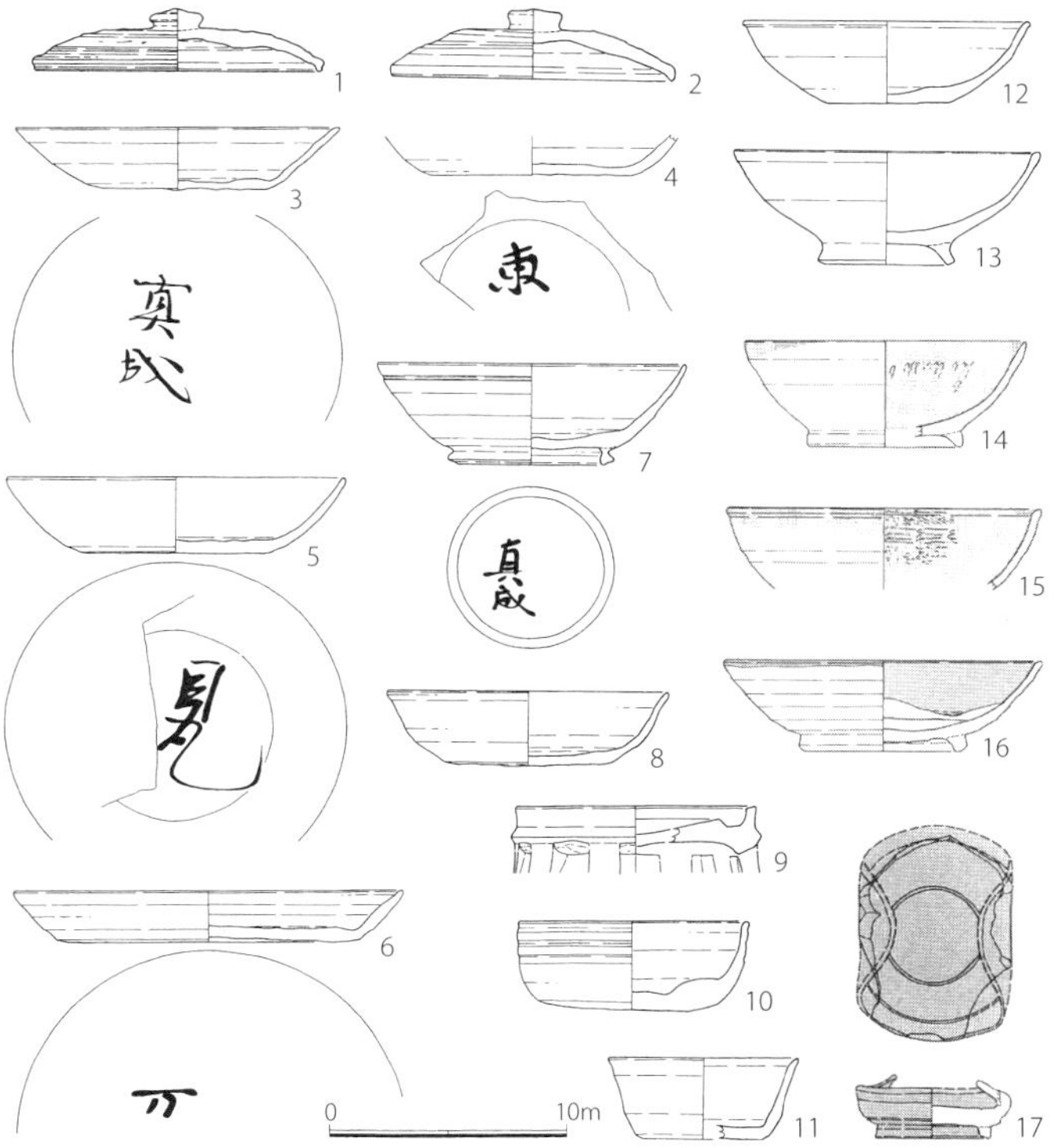

第53図　鐘島遺跡出土遺物［縮尺1:5］
1～11 須恵器　12・13 土師器　14・15 黒書土器　16　灰釉陶器　17 緑釉陶器

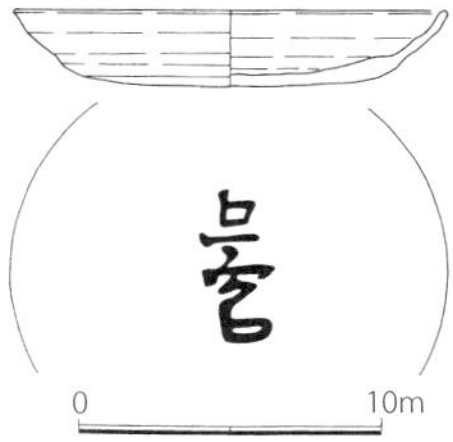

第54図 「旦宮」
墨書土器［縮尺1:5］

棒を加えれば「旦」と判読できる。下の字は「宀」の下に大小二つの「口」状のものが確認でき、下側の「口」の方は楕円形におさめたように見えるので「宮」と判読できる。つまり「□宅」ではなく「旦宮」であった可能性が高い。「旦」とは壇のことで、祭祀を執りおこなった宮との解釈もできる。

脇堂付近から出土したことを踏まえると、脇堂が神祀りを執りおこなった施設であった可能性が高い。その見解を補強するのが建物構造の違いである。柱穴をもたない礎石建物の本堂に対して脇堂（ＳＨ9504）は掘立柱建物である。仏教施設ならば礎石建物にするはずだが、掘立柱建物を採用した点で神社遺構の性格を示している。実際に脇堂に立つと越知山が背後にそびえ、遥拝の点でも神祀りにふさわしい場所である。しかも脇堂下の丘陵西側の斜面に展開する廃棄場所（Ａ・Ｂ群）からは大量の土師器が出土した。古川登によると土器は最厚で〇・五メートルも堆積していたという。廃棄土取りで削られた廃棄場所Ｂ群が資料整理箱四五箱、廃棄場所Ａ群が資料整理箱八箱を数える。報告書には二か所で全体の遺物量の約六五パーセントを占めるとある。窯場の灰原・物原を彷彿とさせる状況で、相当量の土師器が廃棄されたとみられる。

土師器は杯（灯明具）・長胴甕・短胴甕からなる。組成としては杯・長胴甕は少量で、短胴甕が多数を占める。口縁端部の形状は様々に異なり、時期は古代一〇～一六期（八～一〇世紀）にかけてのものである。図化されたものを参考にすると、短胴甕はずんぐりとした胴部をもち底部は安定しており、口径一六・八～二二・〇センチ程度、高さは一二・四～一三センチ前後をはかる。外面は回転ナデ調整を施し、体部下あたりを縦方向の手持ちヘラ削り調整を施す。煮炊具として用いられた長胴甕に対して煤が付着した短胴甕はわずかで、特に廃棄場所のものには使用による煤や、加熱による赤変・剝離の痕跡は認められない。なかには赤い顔料で彩られたものもある。つまり短胴甕のほとんどが未使用品であり、それだけが集中して廃棄される特殊な状況にある。おそらく日常性を排除された性質をもつものへと転化させ、祭祀用に用意したものといえる（第55図）。

加えて大量の土師器甕は大部分が破片で、その接合を試みても形にならないという。完形のまま上から廃棄したというより意図的に打ち割り投げ捨てた状態であるので、未使用品のまま破砕することに意味があったようである。報告書には仏教儀礼の一環としてとらえながらも未使用の点を考慮して、人面墨書土器のように空の容器を用いて人々の苦悩などを払う、あるいは何かを封じることに用いたとある。何かのまじないに使用したとみられる遺物のあり方はその特殊性を示すもので、神祇的あるいは道教的な祭祀内容を示している。重要なのは脇堂の背後から見える越知山との関係性である。脇堂に大量の未使用品を破砕し廃棄したとすれば、それは禊的な行為ととらえられる。本廃寺は丹生山地の北麓で、越知山信仰圏の入口部にあたるので、入山時に禊をおこなう場として機能し、下部に大量に廃棄された土師器の短胴甕は穢れを祓う道具であった可能性が高い。他の山林寺院では認められない特殊な事例であるので、山林寺院における神祀りの存在を証するものといえるだろう。

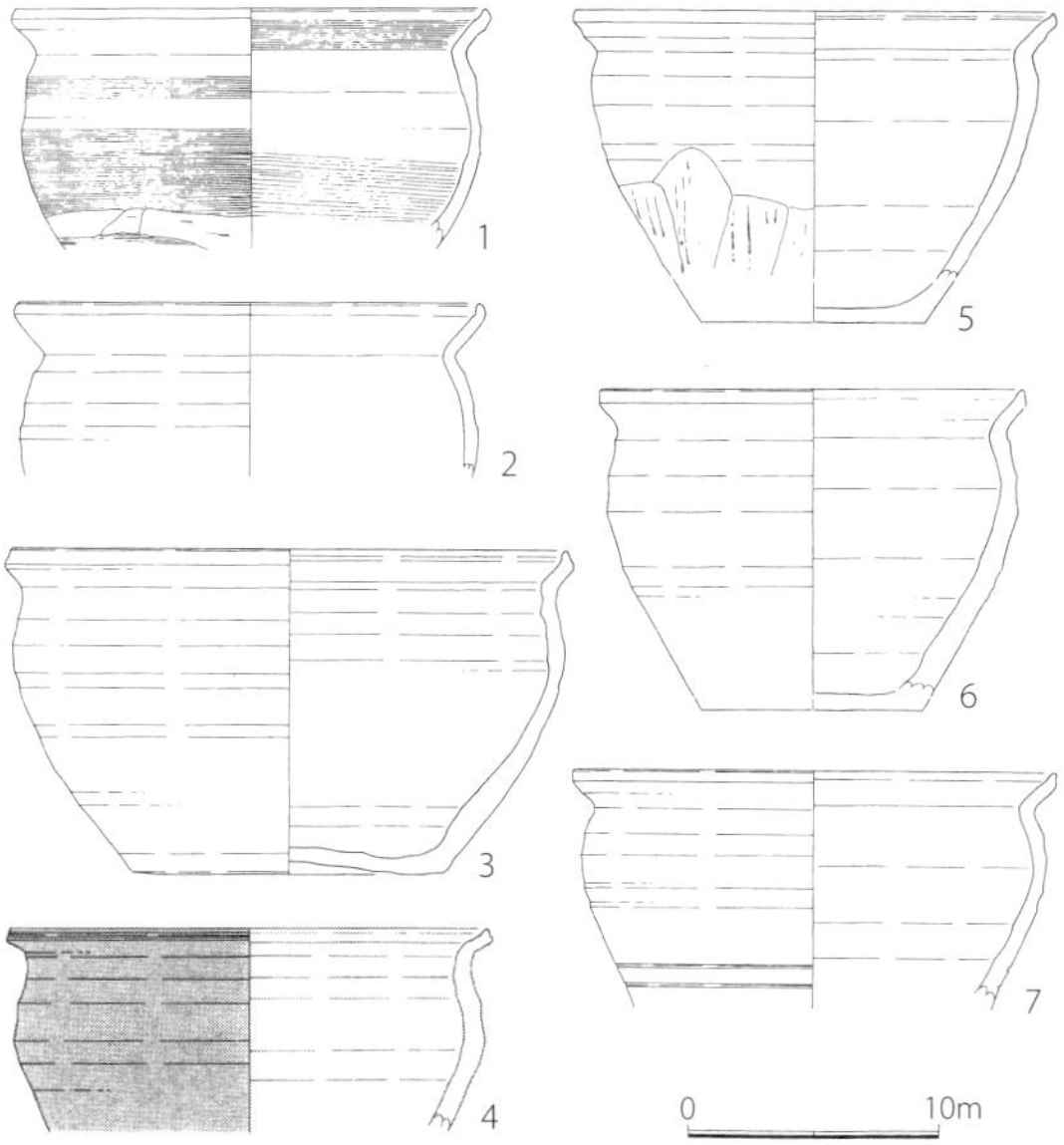

第55図　廃棄場所出土の土師器短胴甕［縮尺 1:6］
1〜2 廃棄場所A　3〜7 廃棄場所B

なお山林寺院での神祀りの行為として土師器の短胴甕を用いたとすれば、それを大量に調達するのは容易ではない。相当の経済力のある人物たちの協力が必要であり、それは山林寺院の経営者と同一人物と考えられる。とすれば鐘島遺跡の重要性が改めて浮き彫りとなり、両遺跡で共通する文字に注目すると、「目丸」という人物がそれに関与していた可能性が高い。鐘島遺跡は丹生郡の郡領層の集落とみられているが(4)、それだけ大量の土師器を準備することが果たして可能だったのか、それより上位層の存在も想定できる。

二　大谷寺遺跡の事例

遺跡の概要　越知山から直線距離五・三キロの地点、北東方向に別当の越知山大谷寺がある。[5]その裏山は堂山地区にあたり、地元では元越知山（標高二〇〇メートル）と呼ぶ。越知山の山塊から谷を挟んだ金毘羅山（標高三四七メートル）の東南麓にあたる。元越知山の山頂には巨大な平坦面が展開し、平安時代の山林寺院や近世の城郭寺院に関係する遺構が残る。他に本地堂・不動堂・金堂・西国三十三番観音堂・十王堂・鐘楼・井戸跡、平坦面の南方には別山堂が現存する。一五分ほど北に行った尾根上には奥院があるので、元越知山においても三所権現は形成されている。朝日町教育委員会（平成十七年度は合併により越前町教育委員会）は平成十四年（二〇〇二）から十七年（二〇〇五）度にかけて元越知山山頂付近の堂山地区とその麓の大長院周辺および円山塚状遺構の測量調査と範囲確認調査を実施し、平安前期の山林寺院であることが判明した。報告書やその後の調査成果にもとづいて概要を述べる。

主な遺構　発掘調査では、測量調査で確認された遺構の規模と時期、遺跡の存続期間の特定を目的として、A～Jの一〇か所にトレンチを設定した（第56図）。H・Iトレンチでは大型の基壇状遺構が検出された。地山を削り出して長方形に造り、裾部は南北二五・二メートル×東西一六メートル、高さ〇・五～〇・九メートル、平坦部は南北一二・一メートル×東西一〇メートルをはかる。建物の関連遺構として溝状遺構・性格不明な遺構・土坑・柱穴跡があるが、遺構の深さは比較的浅い。礎石を据えた遺構（SX01・02）が存在し周辺に礎石が散乱するので、講堂などの礎石建物が想定される。造成時期の特定は難しい。土坑（SK01）からは一二世紀後葉頃の土師器皿や底部片が出土した。遺構のなかで最新の時期となる。他に、その付近出土の土師器皿・陶磁器は一一から一二世紀のもので、東側の据部では土師器皿や土師器杯・椀の底部が大量に廃棄されていた。基壇状遺構は出土遺物の状況から一三世紀までは機能したと考えられる。遺構の上面では方向の異なる時期不明の溝状遺構（SD01）があるので、別の時期の建物が存在した可能性が高い。他にも基壇状遺構の周辺からは柱穴跡や性格不明な遺構が検出されたが、建物の配置など詳細までは把握できなかった。

第56図　大谷寺遺跡遺構配置図［縮尺1:1,000］

Jトレンチでは小型の基壇状遺構が検出された。裾部で南北一三・二メートル以上×東西一四・七メートル、高さ〇・四～一・三メートルをはかる。平坦部では南北八・八メートル×東西八・四メートルの長方形を呈する。造成土や盛土から出土した須恵器は九世紀中頃から一〇世紀前葉にかけての時期に比定できる。それ以降の遺物を含まないため、基壇の造成は一〇世紀前葉に限定できる。基壇の中央部に盗掘坑があり、遺構の残存状況は良好ではなかった。そのため基壇に伴う柱穴跡は確認できず、上部構造は不明である。付近からは「神」墨書土器が出土したため、神祀りをおこなった神社遺構とも考えられる。なお、基壇の造成前には下層遺構が存在していた。地山には面的に広がる二つの平坦面があり、北側では谷状地形が展開する。柱穴跡六基・土坑一基・溝一基があり、遺構に伴う遺物は出土しなかったが、時期は造成以前とみられる。

主な出土遺物　出土遺物には須恵器・土師器・灰釉陶器・緑釉陶器・陶磁器・越前焼などがある。特殊品として香炉・六器・転用硯などの仏具、墨・煤付着の土師器・須恵器、墨書土器など寺院活動を示すものが目立つ。須恵器は蓋・皿・杯・椀が多く、九世紀中葉から一〇世紀前葉にかけての時期に比定できる（第57図1～9）。杯蓋の天井部に鈕の痕跡が認められるものもあるので、九世紀前葉まで遡る可能性が高い。硯に転用した杯蓋や皿、灯心油痕をもつ杯・椀、黒墨の付着する筆ならしをした高台付きの椀がある。転用硯は知識写経など僧による継続的な寺院活動の痕跡を示すものである。一定量ある土師器の椀・杯は一〇、一一世紀とみられる（第57図14・15）。大部分が一一世紀以降のもので、底部に回転ロクロによる糸切り痕を残す。柱状高台は柱状部の未発達のものから高いものまで、採集資料も含め一二世紀頃に比定できる。手づくねの土師器皿はコースター型のロクロ土師器から手づくねへの過渡期のものが多く一二、一三世紀に比定できる（第57図16～19）。

灰釉陶器は六点と少ないが、九世紀中頃から一〇世紀にかけての時期に比定できる。過去には灰釉陶器の浄瓶も採集された（第57図22）。三点ある緑釉陶器は香炉のもので、九世紀中頃から一〇世紀にかけての時期に比定できる（第57図20）。古瀬戸の壺は肩部から胴部にかけて沈線による条線が施され、安定した高台がつく。白い肌に薄緑がかった釉薬

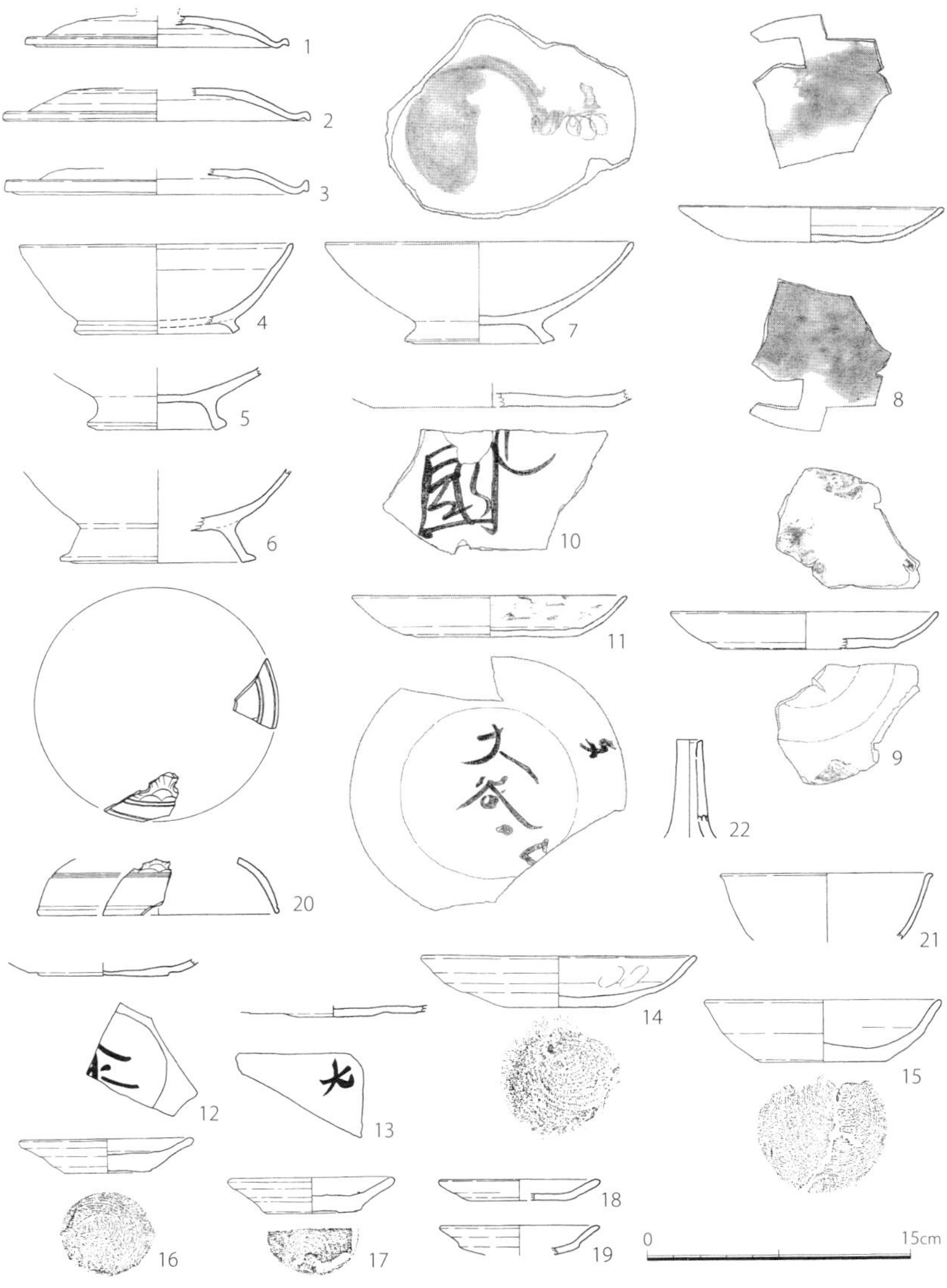

第 57 図　大谷寺遺跡出土遺物［縮尺 1:5］
1～13 須恵器　14～19 土師器　20 緑釉陶器　21・22 灰釉陶器

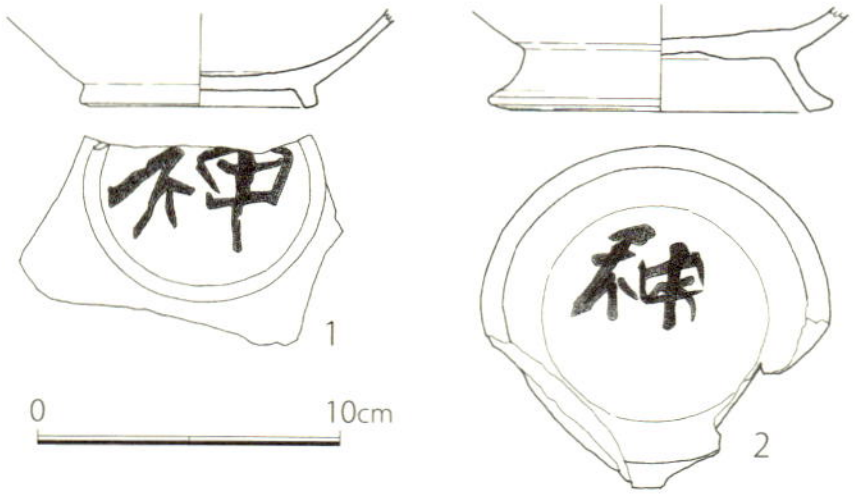

第58図　「神」墨書土器［縮尺1:5］

をもち、古瀬戸Ⅱ期で一三世紀前葉に比定できる。これらは仏具とみられる。貿易陶磁器の白磁碗も出土し、太宰府編年の白磁碗ⅩⅡ類、一一世紀後葉から一二世紀前葉にかけての時期に比定できる。大量の遺物のなかで越前焼の少なさに特徴がある。一二世紀後葉に越前焼が成立したことを考えると、それを数点しか含まないことは土師器皿・陶磁器の時期とも符合する。山頂に展開する遺構は一三世紀にいったん断絶し、その中心施設は越知山大谷寺周辺に集約していき、山頂は聖地として本地堂など一部の建物を残すに留まったものと考えられる。

狭い調査面積にもかかわらず墨書土器の数は多い。判読可能なものは一四点で、「神」二点、「泰ヵ」一点、「大」二点、「□国」一点、「大谷」三点、「東」一点、「公我女」一点、「鴨家」一点、「山内」一点、「戌」一点などがあり、古代一四〜一六期（九世紀後葉〜一〇世紀前葉）に比定できる（第57図10〜13）。須恵器の食膳具が多く、杯蓋には上面、有台椀と無台杯・皿には底面に墨書が記載された。大半の文字は一点しかないが、「大谷」は数点確認できる。「大」とあるのは「大谷」と推定できる。大谷とは人・寺・土地の名なのかはわからないが、宗教施設に「大谷」の名が定着していたことだけは確かである。なかでも「山内」墨書土器は小型の無台杯で、金属器を模倣した特殊な器形である。県内では宗教施設において認められるので仏具であった可能性が高い。密教法具の「六器」に形態が似るため金属製の代用品ともとらえられる。他の出土遺物との関係では緑釉陶器の香炉が「火舎」、灰釉陶器の浄瓶が「華瓶」の役割を果たした可能性が高い。「六器」「火舎」「華瓶」のセットは平安前期に比定できるので、密教の導入・影響とともに密教壇供がつくられ、山頂において密教修法が執りおこなわれていたのだろうか。

小型の基壇状遺構の性格　小型の基壇状遺構付近からは福井県内でも例のない「神」墨書土器が二点出土した（第58図）。一点はBトレンチ出土で、須恵器の杯（椀）の底部である（第58図1）。器高三・四センチ以上で、底径七・八センチをはかる。高台はハの字状に開き、七・五ミリの長さをもつ。外面は回転ナデ調整で、底部はヘラ切りのあと未調整である。内面は回転ナデ調整、最後に仕上げナデ調整を施す。色調は淡黄灰色を呈する。焼成は良好、胎土は緻密で、直径一ミリ前後の灰色粒子・橙色粒子・白色粒子など多く含む。底部には「神」が底面全体に記される。全体の形態から古代一四～一六期（九世紀後葉～一〇世紀前葉）に比定できる。もう一点はJトレンチ出土で、須恵器の杯（椀）の底部である（第58図2）。器高三・六センチ以上、底径一一・四センチをはかる。高台は端部が上方に拡張し内側に凹みをもち、全体的に大きくハの字状に開き、二・四センチの長さをはかる。外面は回転ナデ調整で、底部はヘラ切りのあとナデ調整、内面は回転ナデ調整のあと仕上げナデ調整を施す。色調は外面が灰色、内面が暗灰色を呈する。焼成は良好、胎土は緻密で、直径一ミリ前後の灰色粒子・橙色粒子・白色粒子など多く含む。底部には「神」が底面全体に記される。全体の形態から古代一四～一六期（九世紀後葉～一〇世紀前葉）に比定できる。ともに小型の基壇状遺構付近から出土し、神社的な建物（神社遺構）に伴うとすれば、「神」の器は神祀りで用いられた可能性が高い。平坦面上の施設は南面する大型の基壇状遺構の長軸方向がベースとなり、門跡などの施設や平坦面をめぐる溝も同じような配置をとる。しかし、小型の基壇状遺構では大型のものと比べて建物の方向が異なる。平坦面の北東端にあたるとともに白山が遥拝できる絶景の場所に位置するので、白山神に対する神祀りの地としてはふさわしいだろう。

三　若干の考察

これまで明寺山廃寺と大谷寺遺跡は別々の山林寺院として認識されていたが、神社遺構と特殊な墨書土器の存在、大量に廃棄された土師器の短胴甕のあり方など、それぞれの特徴は異なるものの神祀りを思わせる共通点が存在した。その成立は明寺山廃寺が創建された八世紀末であるが、特に九世紀中葉から後葉にかけての遺物が顕著であるので、神仏習合が本格化する時期と軌を一にしている。それでは、なぜ数ある山林寺院のなかで近接するふたつの山林寺院に特徴的な神祀りの様相が見て取れるのかを考えてみたい。

まずは立地に注目する。両遺跡は越知山と白山を直線で結んだ線上（N－74°－E）におおむね位置し、ともに越知山と白山の両方を遥拝できる点で共通している。具体的には明寺山廃寺の神社遺構と考えた脇堂（SH9504）の奥の方には越知山がそびえ、その斜面には大量の土師器が廃棄されていた。つまり神社遺構は越知山側を意識した祭祀行為の場所と考えられる。一方、大谷寺遺跡の神社遺構は「神」墨書土器の存在と平坦面の最東端に位置することから白山を意識した祭祀行為の場所ととらえられる。これは越知山・白山一体観の信仰といえるが、遺跡の配置についても当初から方向を意識したとすれば、寺院内での神祀りの可能性が高くなる。[6]しかも、両山を結んだ直線上に西から越知山―（五・三キロ）―大谷寺遺跡―（四・三キロ）―明寺山廃寺―（四・〇キロ）と、宗教施設が約四、五キロの距離で均等に配列される点でもその可能性は首肯できる。

もう少し見解を深めると、明寺山廃寺は丹生山地の北東側の入口部にあたり、それから越知山に向かって狭い谷筋を遡った中間地点に大谷寺遺跡は位置している。加えて明寺山廃寺から四・〇キロ先の北東方向には北陸最大の山林寺院である朝宮大社遺跡が展開し、[7]「旦宮」墨書土器と思わせる地名の共通性と、山頂近くに白山を遥拝できる平坦面もあることから寺院内での神祀りが想定できる。その関連でいえば明寺山廃寺が営まれた丘陵上には「明寺山」「明寺」「寺ヶ平」、丘陵の周辺には「明寺口」「明寺川添」「明寺橋」「明寺」の地名が残り、実際の寺名は明寺であった可能性が高い。「明」にある「あける」「よあけ」の意味は「旦」につながるので、旦宮あるいは明宮の神宮寺的な性格を有していたのかもしれない。なお、「旦」は「あさ」とも呼び、朝宮大社遺跡は字を採用した遺跡名である。したがって「明寺」「旦宮」「朝宮」の痕跡は両遺跡の深い関係性を示している。

次に同一の信仰圏であることは遺物面でも明らかである。特に明寺山廃寺の麓に展開する鐘島遺跡出土の「御山内」墨書土器、大谷寺遺跡出土の「山内」墨書土器は重要な遺物である[8]（第59図）。これは鐘島遺跡から大谷寺遺跡までが「越知山内」という同じ宗教的な空間であったことを示している。それを証するように両遺跡の間には現在も山内町があり、同一信仰圏の痕跡を今に残している。他に大谷寺遺跡出土の「鴨家」墨書土器も根拠となる（第60図）。『和名類

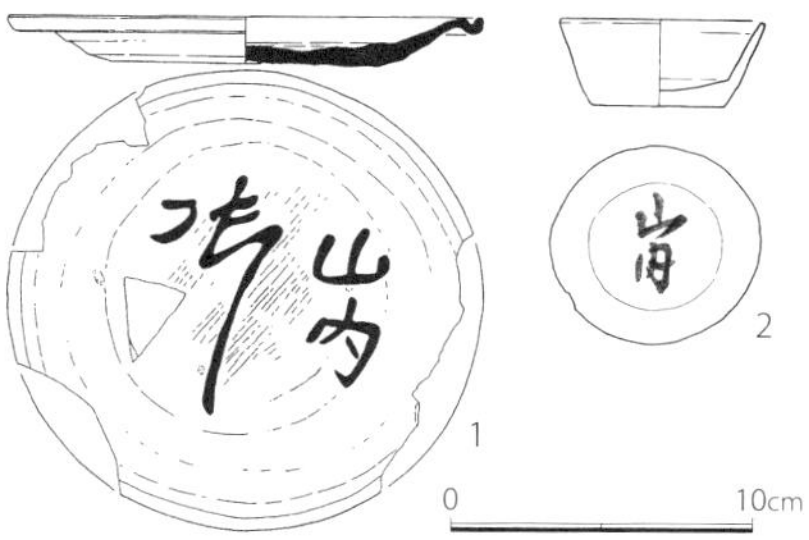

第59図　「山内」墨書土器［縮尺1:5］

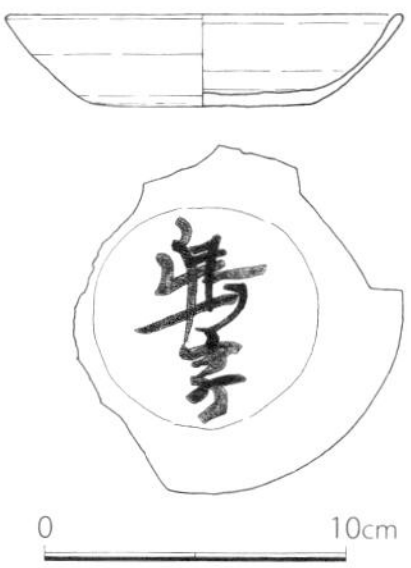

第60図　「鴨家」墨書土器［縮尺1:5］

聚抄』には越前国丹生郡のひとつに賀茂郷があるが、賀茂神社が鎮座する福井市大森町付近あたりに比定できる(9)。鐘島遺跡は郷倉など官衙的機能を兼ね備えた賀茂郷の政治・経済の中心的位置づけの集落で、郡領層に連なる有力氏族の居館を伴うとみられる(10)。とすれば「鴨家」墨書土器は鐘島遺跡付近から持ち込まれた可能性があり、賀茂郷の領域や大谷寺遺跡の造営主体を考えるうえで重要な資料といえる。これらの遺物から明寺山廃寺と大谷寺遺跡には深い関係性があった可能性が高い。

以上を踏まえると、両遺跡の神社遺構の存在と神祀りを思わせる特殊な様相は、越知山・白山一体観の信仰のなかでとらえられる。注目するのは越知山で修行し白山を開いたとされる泰澄の事跡を記した『泰澄和尚伝記』の内容との一致である。泰澄についてはその存在を思わせる考古資料が数多く発見されており、両山を一体とする信仰圏が確立した九、一〇世紀頃には原泰澄伝が成立していたとみているので、内容的に信憑性が高いと考えられる(11)。伝記の本文末尾には、白山の禅定は清浄な仙嶇で容易に登り難い所であるので、まずは越知峯に登り魔難を払い、怨霊を退けてから参詣すべきだとある。明寺山廃寺の大量廃棄場所は越知山の方向を意識した点で入山時の禊の痕跡ととらえられ、一連の考古資料とも整合することになる(12)。

しかも、これまで無関係とされてきた二つの遺跡は越知山・白山という広い視野で見ると、ひとつの信仰圏としてとらえられる可能性が高く、緑釉陶器などの高級品を伴う。明寺山廃寺では郡領層の有力氏族が関係し、大谷寺遺跡では「国」と記された墨書土器が存在する。同じ両山を結んだ線上にある福井市の朝宮大社遺跡では、その圧倒的な規模から国レベルの造営主体も想定されるので、越知山・白山一体観の信仰圏が広域的に確立していたとすれば、その母体はどこにあったのか、山林寺院の階層性の問題や政治的な背景について検討する必要がある。今後は他の宗教施設や関連遺物を検討し、低山を中心とした信仰圏という視点で山林寺院における神祀りについて考えていきたい。

注

（1）堀大介「泰澄と丹生の山林寺院」『越前町織田史（古代・中世編）』越前町教育委員会、二〇〇六年。

（2）須恵器の編年と暦年代は、堀大介「古代須恵器編年と暦年代―越前・加賀を中心に―」『あさひシンポジウム二〇〇三記録集 山の信仰を考える―越知山と泰澄を深めるために―』朝日町教育委員会、二〇〇四年の文献にもとづく。

（3）古川登ほか『越前・明寺山廃寺―平安時代前期寺院址の調査―』清水町教育委員会、一九九八年。同『風巻神山古墳群』清水町教育委員会、二〇〇三年。古川登「明寺山廃寺」『季刊考古学』第一二一号、雄山閣、二〇一二年。同「越前地方の古代の山寺―明寺山廃寺の再検討から―」『越前町織田文化歴史館 研究紀要』第一集、越前町教育委員会、二〇一六年。

（4）田中伸卓「丹生郡の古代氏族と郷について」『越前・明寺山廃寺―平安時代前期寺院址の調査―』清水町教育委員会、一九九八年。

（5）堀大介「福井県大谷寺遺跡の成立に関する一考察」『文化史学』第五五号、文化史学会、一九九九年。堀大介ほか『朝日山古墳群・佐々生窯跡・大谷寺遺跡 重要遺跡範囲確認調査報告書』越前町教育委員会、二〇〇六年。堀大介「越知山山岳信仰の遺跡群―大谷寺遺跡を中心に―（福井県）」『仏教芸術 特集号 山岳寺院の考古学的調査（東日本編）』三一五号、毎日新聞社、二〇一一年。

（6）堀大介「越知山・白山一体観の信仰に関する一考察」『同志社大学考古学シリーズXⅡ 実証の考古学―松藤和人先生退職記念論文集―』同志社大学考古学研究室、二〇一八年。

（7）古川登・堀大介「越前最大級の古代山林寺院、朝宮大社遺跡」『平成二十九年度 越前町織田文化歴史館 泰澄白山開山一三〇〇年記念企画展覧会 異人探求 泰澄十一の疑問』越前町教育委員会、二〇一七年。古川登「朝宮大社遺跡と方山真光寺」『越前町織田文化歴史館 研究紀要』第三集、越前町教育委員会、二〇一八年。

(8) 鐘島遺跡出土の「御山内」墨書土器(採集資料)は須恵器の杯蓋で、約四分の三が残存する(第59図1)。口径一五・六センチ、器高一・七センチをはかる。鈕のないタイプで、椀・杯とセットになる。口縁端部を丸くおさめ天井部は広いが、薄くて偏平である。外面は回転ナデ調整で、底部はヘラ切り調整を施し、スノコ状の圧痕が残る。内面は回転ナデ調整を施し仕上げナデ調整が認められる。色調は灰色を呈する。焼成は良好、胎土は緻密で、直径一~三ミリ程度の白色粒子をまばらに含む。時期は無鈕の点と口縁部の形態から古代一四~一六期(九世紀後葉~一〇世紀前葉)に比定できる。蓋の外面には「御山内」墨書がある。報告書では「御山」と判読されたが、越前町織田文化歴史館開催の企画展覧会のとき「内」の字の存在が明らかとなった。なお内側の表面は滑らかなので、転用硯とみられる。一方、大谷寺遺跡出土の「山内」墨書土器は須恵器の無台杯で、完形である(第59図2)。口径六・八センチ、器高三センチ、底径四・二センチをはかる。外面は回転ナデ調整で、底部はヘラ切り調整、内面は回転ナデ調整を施す。色調は淡青灰色を呈する。焼成は良好、胎土は緻密で、直径一~三ミリ程度の白色粒子をまばらに含む。底部と胴部が明瞭な稜をもつので、金属器「六器」を模倣したものとみられる。類例が少ないため時期の判断は難しいが、周辺の出土土器から古代一四~一六期(九世紀後葉~一〇世紀前葉)に比定できる。

(9) 舘野和己・櫛木謙周「第四章 律令制下の若越 第一節 地方のしくみと役人 二 若越の郷(里)」『福井県史 通史編一 原始・古代』福井県、一九九三年。

(10) 古川登「明寺山廃寺の創建と変遷、その活動について」『越前・明寺山廃寺―平安時代前期寺院址の調査―』清水町教育委員会、一九九八年。

(11) 堀大介「『泰澄和尚伝記』成立過程の基礎的研究」『越前町織田文化歴史館 研究紀要』第二集、越前町教育委員会、二〇一七年。

(12) 堀大介「古代白山信仰の考古学的検討――『泰澄和尚伝記』の風景を求めて」『越前町織田文化歴史館 研究紀要』第三集、越前町教育委員会、二〇一八年。

挿図出典

第50図　国土地理院「福井」「鯖江」五〇〇〇〇分の一の地形図をもとに作成。写真は筆者撮影。
第51図　古川登ほか『風巻神山古墳群』清水町教育委員会、二〇〇三年の第30図をもとに作成。
第52図　古川登ほか『越前・明寺山廃寺—平安時代前期寺院址の調査—』清水町教育委員会、一九九八年の第18図1・3・5・9・19、第19図20・23・35、第20図53・56、第21図73・75・77、第22図105、第23図112・120・123、第24図133・150、第26図179、第31図304、第32図314・322、第33図330、第41図416・417・437、第42図439より転載。
第53図　古川登ほか『越前・明寺山廃寺—平安時代前期寺院址の調査—』清水町教育委員会、一九九八年の第41図8・9、第45図17・18・29・34・35・36、第46図42・50、第48図73、第49図92・93・106・112、第50図121・126より転載。
第54図　古川登ほか『越前・明寺山廃寺—平安時代前期寺院址の調査—』清水町教育委員会、一九九八年の第19図40より転載。
第55図　古川登ほか『越前・明寺山廃寺—平安時代前期寺院址の調査—』清水町教育委員会、一九九八年の第34図335・341、第36図366・368・369・371、第37図383より転載。
第56図　堀大介ほか『朝日山古墳群・佐々生窯跡・大谷寺遺跡 重要遺跡範囲確認調査報告書』越前町教育委員会、二〇〇六年の第72図をもとに作成。
第57図　古川登ほか『越前・明寺山廃寺—平安時代前期寺院址の調査—』清水町教育委員会、一九九八年の第86図1・13・20・31・34・35・38・39、第87図47・52・53・62・63、第90図149・150・160・161、第91図160・164・165・166・167より転載。
第58図　1は堀大介ほか『朝日山古墳群・佐々生窯跡・大谷寺遺跡 重要遺跡範囲確認調査報告書』越前町教育委員会、二〇〇六年の第86図14、2は堀大介ほか『朝日山古墳群・佐々生窯跡・大谷寺遺跡 重要遺跡範囲確認調査報告書』越前町教育委員会、二〇〇六年の第93図207より転載。
第59図　1は古川登「越前地方における古代の山寺—明寺山廃寺の再検討から—」『越前町織田文化歴史館 研究紀要』第一集、越前町教育委員会、二〇一六年の第2図、2は堀大介ほか『朝日山古墳群・佐々生窯跡・大谷寺遺跡 重要遺跡範囲確認調査報告書』越前町教育委員会、二〇〇六年の第93図212より転載。
第60図　堀大介ほか『朝日山古墳群・佐々生窯跡・大谷寺遺跡 重要遺跡範囲確認調査報告書』越前町教育委員会、二〇〇六年の第93図210をもとに作成。

終編　なぜ初期神宮寺は創建されたのか

第七章　神身離脱言説の検討―初期神宮寺の成立を考えるために―

はじめに

北陸道における初期神宮寺の成立について考古資料を中心にすでに検討したが、結論は以下にまとめられる。[1]まず気比神・若狭比古神社・気多神を祀る、のちの一宮や名神大社と称される神社において、三重塔をもつ簡素な寺院が奈良時代初期には創建されており、神地ないしはその近接地あるいは神社境内に存在する点では当初から神宮寺的な性格を有することを明らかにした。創建年代についても気比神宮寺・剣御子神宮寺・柳田シャコデ廃寺（以下、シャコデ廃寺と略する）の心礎が舎利孔をもつ古いタイプで、若狭神宮寺遺跡も含めた須恵器や瓦の年代も踏まえると七世紀後葉に遡るものではなく、八世紀前葉に限定して考えることができた。加えて若狭神宮寺遺跡とシャコデ廃寺関連の遺跡出土の平城宮式瓦が一部の堂宇に採用され、国分寺の創建（七四一年）や第二次能登立国（七五七年）などの契機により律令国家の直接的な関与・影響のもと護法善神の思想にもとづく国家的なテコ入れがおこなわれたことも併せて指摘した。七五〇年代といえば伊勢神宮寺（七六六年）、多度神宮寺（七六三年）、鹿島神宮寺（七四九〜五七年）の創建譚があり、一般的に成立期としてとらえられる見解は古くからあるが、少なくとも北陸道に鎮座する主要四社には神地ないしは神社領域内あるいは付近において寺院痕跡が認められる事実を確認したので、心礎・須恵器・瓦などの考古資料の総合的な年代観を踏まえると、八世紀前葉に成立し（成立期）、八世紀中頃に展開した（展開期）と二段階の画期を見出すことができた。

そこで問題となるのが前者の場合、なぜ北陸道を代表する三神とその関連する御子神を祀る神社において神宮寺ないしは神宮寺的性格を有する寺院が創建されることになったのか。気比神宮寺と剣御子神宮寺については以前に神の祟り性を鎮魂する目的としてその創建理由を考え、蝦夷征討に際して八世紀初頭前後に付与された天皇霊・皇族霊の慰撫をひとつの要因ととらえたが、[2]現段階では若狭比古神に適用することは難しいので、あくまでも二次的なものと位置づけておきたい。気比・気多神に関しては国家神への昇格とともに八世紀前半の東北経営に地域神の力が必要であり、神威の高揚という視点でとらえることの重要性について言及した。本章では日中における神身離脱の言説の分析をおこなうなかで神宮寺創建に至る論理を検討し、北陸道に鎮座する有力な地域神三社に伴う初期神宮寺の成立と政治的な背景についても明らかにしたい。

第一節　研究史と課題

日本の神仏習合については膨大な研究の蓄積があるが、北條勝貴によれば重要な争点は㈠習合過程、㈡発生の場、㈢外来と土着の三点に絞られるという。[3]㈠の発展過程は習合の道筋が単線的か複線的かという議論で、神仏習合の構造につながるものである。前者は神仏の邂逅から本地垂迹に至る流れを直線的に連結して理解した辻善之助の見解に始まり、[4]家永三郎・原田敏明・堀一郎などがそれを発展させる形で継承している。[5]後者は田村圓澄が提示した護法善神と神身離脱の二形式が中央・地方という別々の神格において発現し、習合は国家・民間双方において複合的に展開する二重構造をとるというもので、[6]高取正男をはじめ逵日出典、義江彰夫など多くの研究者に支持されている。[7]㈡は古江亮仁・堀一郎・逵日出典などが山林修行者の活動や山岳仏教の展開に注目した見解である。[8]㈢は神身離脱・護法善神の言説形式の伝来と社会の内的文脈のどちらを重視するかという議論である。前者は神仏習合が中国的発想とする津田左右吉の問題提起に端を発し、[9]寺川真知夫や吉田一彦などによりその原型が『高僧伝』などの漢籍にあることが示され、[10]後者は高取正男や義江彰夫などのように日本社会の固有の展開のなかで習合現象を把握しようとしたものである。[11]

ここで重視したいのは第一が㈢の言説のとらえ方に関係し㈠の一部ともかかわる成立の問題、第二が㈡の発生の場に対して別の要素も加味できる点、第三が高取正男の提示した概念「信仰の主体」の問題である。[12] 加えて第四が北陸道の神宮寺を考える際に、なぜ八世紀前葉なのかという命題に対して、当時の政治・社会的な背景を踏まえたうえでより見解を深めていく必要がある。

第一の問題について過程ですら一様にとらえるのが難しく、その成り立ちについても様々な見解が存在するが、一九五〇年代までにほぼ出揃い、あとは理論の精緻化と事象の個別的研究だという。[13] 長坂一郎がまとめた見解を参考にすると、[14] 成立については①神祇と仏教が自然に近づいて成立したもの（辻説[15]）、②仏教内で成立したもの（津田説[16]）、③仏教が神祇に働きかけて成立したもの（家永説、原田説[17]）、④神祇が仏教の影響を受けて自ら変化して成立したもの（田村説、堀説、高取説[18]）に分かれる。従来は神身離脱の要求の部分が注目を集め、仏教が神を人と同じ救済対象として自分の世界に取り込み、仏教が神祇に対して優位になる形で両者が習合したと理解され、神身離脱や護法善神の言説が漢籍に存在することで仏教内ないしは仏教主導の見解が主体的であった。特に神身離脱の言説については中国の『高僧伝』にもしばしば見えており、[19] 仏教思想の一部として中国から導入されたものと考えられている。しかし、のちほど検討するように日本の言説は神の一方的な要求に留まり、実際的な離脱と救済がおこなわれていないので、神仏習合の成立を考えるうえで④の神祇側が仏教の影響を受けて自ら変化したという視点が重要とみている。

第二の発生の場については寺家遺跡や劔神社境内遺跡などの発掘調査事例から神地ないしは神社の存在が明らかとなっており、[20] 近隣への仏教施設の展開という点では発生の場を限定するものではなく、山林修行者の活動領域や山岳仏教の展開以外の可能性についても求めていく必要がある。これは第三の信仰の主体とも関わる問題で、特に初期神宮寺の成立を考えるうえで重要である。気多神については滝大塚古墳が築造された五世紀前半から始まる羽咋氏の系譜のなかで、気比神については歴代の敦賀の首長墳から六世紀中頃を契機とした王権との強いつながりをもった角鹿氏との関係性のなかで、剣神については陶質土器や湖東式瓦の存在から渡来系氏族である秦氏とのつながりのなかでとらえる必要があり、いずれも在地の神祇信仰の延長のなかで神宮寺の創建を考えるうえで重要である。とすれば第四のなぜ八世紀前葉の北陸道に鎮座する諸神に、それこそのちの名神大社とされる神社において神宮寺が創建されたかであるが、神階奉授は決して神を序列化するための装置ではなく、神祇信仰の主体的変容とより一層の神威の高揚への期待ととらえる視点が重要なのかもしれない。(21)

三橋正によると、日本における神への信仰（在来信仰）は、言語化（思想化）された部分のみに注目すると、仏教という教義的・組織的に優れた外来宗教に包括された観があるが、実際には自らの存在意義を保ちながら共存を可能にしたのであり、このような使い分けの信仰構造（意識構造）がどのようにして形成されたのかを解明する必要があるという。(22)仏教に飲み込まれなかった神道（神祇信仰）の歴史を正しく探る必要があるのかもしれない。以上の視点や見通しを踏まえたうえで、第二節では日中における神身離脱の言説、第三節では神の要求による神宮寺創建の事例について検討し、第四節では北陸道における神宮寺の成立と背景について若干の考察を加える。

第二節　神身離脱の言説

神仏習合にかかる言説には、神が自らの現身を悪報ととらえその身からの離脱を願い、また仏教の功徳を積むことで実際に離脱し救済されたとする「神身離脱」、神が仏法を守護し仏法の世界のなかに一定の地位を占めることで守護神となる「護法善神」に大別できる。日本における神仏習合の論理だてについて吉田一彦は「神祇信仰の側から唱えられたものではなく、仏教側から説かれたものであった」とし、「日本固有の宗教観念の中から自生的に生まれたものではなく、中国仏教で説かれていた論理・用語がほぼそのまま受容されたものであろう」と述べる。(23)こうした言説の淵源は中国の仏教思想にあり、日本に将来された漢籍が典拠となるのは確かであろう。また、寺川真知夫は「仏教が日本に至るまでの間、中国でも朝鮮半島諸国でも、日本と同様に固有の思想や信仰と軋轢・相克の問題はあったにちがいなく、仏教はすでに中国などの各地で固有信仰を克服する経験を積んでいた。したがってその経験の蓄積の一つである伝承が日本における布教活動のなかでも生かされた可能性は想定しえる」と述べる一方で、「日本の神身離脱伝承では神身離脱のさまも、その後の神社の神の存在の有無も説かず、曖昧である。世高伝にはまた神への転生の因縁を持戒の怠りと説くもののあるのも注意される」とも述べる。[24] 神仏習合にかかる中国の論理・用語は中国の仏教思想にあり、日本に将来された漢籍が典拠となるのは確かであり、日本における神宮寺創建譚や神身離脱言説の形成に影響を与えたことは間違いないと思うが、内容的に異なる点が存在することもまた事実である。

一方で、佐藤弘夫は神仏習合外来説に対して疑義を呈し、「中国思想の受容がこの列島の信仰世界に地殻変動を生じさせたのではなく、すでに発生しつつあったコスモロジーの変動に対して、それを理論づけるための教理的な素材を提供したという意味に解釈できるとすれば、私はその見解に賛意を示したい」と述べる。たとえば垂迹の思想について「人は必ず聖なる存在を観念する。それはなんらかの具体的な表象の形をとる。彼岸の超越者がこの世界に化現する（垂迹する）という観念は、人類のもつ普遍的な宗教性に根ざしたものと考えるべき」で、「不可視の聖性とその表象それぞれのイメージ、及び両者の関係は、（中略）当該地域の社会構造や歴史段階・文化的伝統に規定されてさまざまな論理と形態をとることになった」との見解は傾聴すべきである。[25] そのため日本の固有神や地域神を克服するという仏教側からの立場で位置づけ、完全な中国の思想的影響と言い切ってしまうには、日中のかかる言説の違いを検討し、日本における神宮寺の創建に至る論理を構築するために漢籍を利用した可能性についても考える必要がある。まずは日本の神身離脱の言説について検討する。

一　気比神宮寺と若狭比古神願（宮）寺

越前国の気比神の事例について『家伝』下 武智麻呂伝には以下のように記されている。[26]

此年、左京人、得㆓瑞亀㆒、改㆓和銅八年㆒、為㆓霊亀元年㆒、公嘗夢遇㆓一奇人㆒、容貌非㆑常、語曰、公愛慕㆓仏法㆒、人神共知、幸為レ吾造レ寺、助二済吾願一、吾因二宿業一、為レ神固久、今欲下帰二依仏道一、修中行福業上、不二レ得因縁一、故来告レ之、公疑二是気比神一、欲レ答不レ能而覚也、仍祈曰、人神道別、隠顕不レ同、未二レ知昨夜夢中奇人、是誰者一、神若示レ験、必為二樹寺一、於レ是、神取二優婆塞久米勝足一、置二高木末一、因称二其験一、公乃知レ実、遂樹二一寺一、今、在二越前国神宮寺一是也

（『家伝』下 武智麻呂伝）

霊亀元年（七一五）藤原武智麻呂は夢で容貌が非常な一奇人に遇った。奇人は「公は仏法を愛で慕うこと、人と神ともに知られている。望むべきは私のために寺を造り、私の願いを助け救って欲しい。私は宿業により神となって本当に久しい。いま仏道に帰依し福業を修行したいが、因縁を得ることができないので、やって来て告げたのだ」と語った。武智麻呂はこれが気比神だろうかと疑い、答えようとしたが、できないまま夢から覚めた。そして「人と神と道は別で、隠と顕は同じではない。昨夜の夢の中の奇しき人を何者かは知らない。もし神験を示したならば必ずあなたのために寺を建てよう」と祈りながら言った。神は優婆塞の久米勝足を取って高い木の枝先に置いたので、神の仕業だと悟った。武智麻呂は真実だと知り、遂に一寺を建てた。今、越前国にある神宮寺がこれである。

気比神は自分のために寺を造り、自分の願いをかなえて欲しいが、宿業により神の身となって長い期間が経ち、仏道に帰依し福業を修行しようと思っても因縁を得ないので現れたという。武智麻呂は疑いながらも験によりその意に添って神宮寺を建立した。注目するのは気比神が仏道に帰依したいなど自身の願望を語ってはいるものの、実際に仏道修行し救われたとは記されておらず、あくまでも願望にとどまる点である。しかも、武智麻呂は近江守在任中にもかかわらず、なぜか隣国である越前国の神宮寺創建譚に登場している。これが歴史事実ならば地域を超えて気比神の神威が及んでいることになる。

若狭国の若狭比古神の事例について『類聚国史』巻第一八〇 仏道部七所収の天長六年（八二九）三月乙未条には以下のようにある。(27)

六年三月乙未、若狭国比古神、以二和朝臣宅継一為二神主一、宅継辞云、拠二撿古記一、養老年中、疫癘屢発、病死者

衆、水旱失レ時、年穀不レ稔、宅継曽祖赤麿、帰二心仏道一、練二身深山一、大神感レ之、化レ人語宣、此地是吾住処、我稟二神身一、苦悩甚深、思下帰二依仏法一、以免中神道上、無レ果二斯願一致二災害一耳、汝能為レ吾修行者、赤麿即建二道場一造二仏像一、号曰二神願寺一、為二大神一修行、厥後年穀豊登、人無二夭死一云々

（『類聚国史』巻第一八〇　仏道部七）

神主の和朝臣宅継が同家に伝わる古記により語るところとして、養老年中（七一七～二四）は疫病が流行し病死者も多く、大雨や日照りが時季外れにあって穀物の作柄も悪かった。宅継の曽祖父赤麻呂は仏道に入り深山に修行中、神が人に化して神身の苦悩を離れ、仏法に帰依したいが、この願を果しえないので、この災害の祟りを起こしているとのべた。彼は神のために道場をたて仏像を造り、号して神願寺と言った。そして神のために修行をおこなうと、その後年に穀は豊かとなり病死する人もいなくなったとある。

山林修行中の身である赤麻呂のところに若狭比古神が現れ、神身そのものが苦悩の根本原因であるので、その状態から離れ仏法に帰依したいとする神身離脱の内容であるが、この願を果たすことができないことが神の祟りの原因であり、疫癘の流行や天災による不作となってあらわれている。しかも気比神と同様に仏道に帰依し救済されたとの記述にはなってない。二つの譚の内容が異なるのは気比神の場合が神からの純粋な願望に留まるのに対し、若狭比古神の場合が災害の原因が自身の祟りにあると告白し、神のために修行をおこなった結果として災害がおさまった点にある。深読みをすれば元々は赤麻呂が勝手に神域付近で山林修行していたことが祟りの原因ともとらえられる。とすれば仏教の進出に対する神祇側の素直な反応を示すもので、神祇と仏教との接触・葛藤の一端を示している。若狭比古神の神主の家に伝えられた古記であることを重視し、しかも神の救済に至っていない内容などから仏教側から神を位置づける意図はなく、神祇側からの積極的な仏教に対する関心を示した言説とみたい。その信仰の主体は和氏など在地の有力氏族と記されるが、若狭比古神の奉斎はその神名の通り若狭国造との関係性が指摘できる。しかも神祇祭祀による災害除去が効果のない場合を利用して神仏接近を説く人物が存在していたことも想定できるだろう。

二　多度神宮寺と陀我神宮寺

伊勢国の多度神の事例について『神宮寺伽藍縁起并資財帳』には以下のようにある。(28)

桑名郡多度寺鎮三綱謹牒上
　神宮寺伽藍縁起并資財帳
以㆓去天平宝字七年歳次癸卯十二月庚戌《ママ》朔廿日丙辰《ママ》㆒、神社以東有㆓井於道場㆒、満願禅師居住、敬㆓造阿弥陀丈六㆒、于㆑時在㆑人、託㆑神云、我多渡神也、吾経㆓久劫㆒作㆓重罪業㆒、受㆓神道報㆒、今冀永為㆑離㆓神身㆒欲㆑帰㆓依三宝㆒、如㆑是託訖、雖㆑忍数遍、猶弥託云々、於㆑茲満願禅師、神坐山南辺伐掃、造㆓立小堂及神御像㆒、号称㆓多度大菩薩㆒
（『神宮寺伽藍縁起并資財帳』）

天平宝字七年（七六三）十二月二十日のこと、多度神社東の井於に道場があり、満願禅師が居住し敬って丈六の阿弥陀如来を造る。あるとき人がいて神は託宣し「我は多度神である。長い間にわたり重い罪業をなしてしまったので、神道の報いを受けている。今、神身を離れるために三宝に帰依したい」と発した。それからも数遍にわたり託宣があったという。満願禅師は神坐山（多度山）の南辺を伐り払って小堂および神像を造立すると、多度神を「多度大菩薩」と称した。

多度神社東の井於にはすでに道場があり、満願が居住し仏像を安置しているので、神社境内に近いという点ではすでに神宮寺的な意味合いをもつ道場（仏教施設）が存在していた可能性が高い。そこへ多度神が現れて託宣し、満願禅師は神坐山の南辺に新たに小堂および神像を造立したのが神宮寺になる。長い間の重い罪業がもとで神として存在し、その神身を離れるために三宝に帰依したいとの要求であったが、ここでも実際に仏道に帰依し救済された内容とはなってない。神の願望による神宮寺の創建となるが、気比神と若狭比古神と異なるのは満願により大菩薩と称された点にある。菩薩号の事例として注目されるが、神自身が実際に帰依したことで菩薩になったわけではなく、あくまでも満願により名づけられた称号という形をとっている。

また多度神は『延喜式』巻第九 神名上では伊勢国桑名郡の「多度神社名神大」とあるに過ぎず、気比神・若狭比古神・気多神・陀我（多賀）神についても「気比神社七座並名神大」、「若狭比古神社二座名神大」、「気多神社名神大」、「多何神社二座」（以上、巻第一〇 神名下）としか記されていない。[29] 神社名に菩薩が入るのは常陸国鹿島郡の「大洗磯前薬師菩薩明神社名神大」、同国那賀郡の「酒烈磯前薬師菩薩神社名神大」（以上、巻第九 神名上）だけである。華園聰麿は「神身離脱の願望は確かに時代の一つの流行であったかもしれないが、わが国の神の観念を完全に変えるほどの影響力を及ぼさなかったと考えるべきではなかろうか」と述べる。[30] とすれば多度大菩薩としたのは縁起を記す際に仏教側の意向が強くあらわれた結果ととらえられる。

近江国の陀我神の事例について『日本国現報善悪霊異記』（以下、『日本霊異記』と略する）「依レ妨二修行人一得二猴身一縁第廿四」には以下のように記されている。[31]

近江国野州郡部内、御上嶺、有二神社一、名曰二陀我大神一、奉レ依二封六戸一、社辺有レ堂、白壁天皇御世之宝亀年中、其堂居住、大安寺僧恵勝、暫頃修行時、夢人語言、為レ我読レ経、驚覚念怪、明日小白猴現来言、住二此道場一、而為レ我読二法華経一云、僧問言、汝誰耶、猴答言、我東天竺国大王也、彼国有二修行僧一、従者数千、所以農業怠数千者千余数云二数千一也、因我制言、従者莫レ多、其時我者、禁二従衆多一、不レ妨レ修レ道、雖レ不レ禁レ修レ道、因レ妨二従者一、而成二罪報一、猶後生受二此獼猴身一、成二此社神一、故為レ脱二斯身一、居二住此堂一、為レ我読二法華経一、僧言、然者供養行也、時獼猴答曰、無二本応レ供物一、僧言、此村籾多有、此乎充二我供養料一、令レ読レ経、獼猴答言、朝庭眖レ我、而有二典主一、念二之己物一、不レ免レ我、々恣不レ用典主者即彼神社司也、僧言、無二供養一者、何為奉レ読レ経、獼猴答言、然者、浅井郡有二諸比丘一、将レ読二六巻抄一、故我入二其知識一浅井郡者、同国内有郡也、六巻抄者、是律名也、此僧念怪、随二獼猴語一、往二告檀曰山階寺満預大法師一、陳二獼猴語一、其檀曰師、不レ受而言、此猴語也、我者不レ信、不レ受不レ聴、即将レ読レ抄、為レ設之頃、堂童子優婆塞、忩々走来言、小白猴居二堂上一、纔見、九間大堂、仆如二微塵一、皆悉折摧、仏像皆破、僧坊皆仆、見誠如レ告、既悉破損、檀曰僧更作二七間堂一、信二彼陀我大神顕レ名猴之語一、同入二知識一、而読二所レ願六巻抄一、并成二大神所レ願、然後、乎レ至二于願了、都無二障難一、夫妨レ修二善道一、儻得下成二獼猴一報上、故僧勧催、猶不レ可レ妨、得二悪報一故、往昔過去、羅睺羅作二国王一時、制二一独覚一、不レ令レ乞レ食、入レ境不レ聴、七日頃飢、依二此罪報一、羅睺羅、不レ生二六年一、在二母胎中一者、其斯謂之矣
（『日本霊異記』）

修行の人を妨げたことで猿になった話である。近江国野州郡の御上の峰に陀我大神を祀った神社があり、大安寺僧の恵勝が宝亀年間（七七〇～八一）に社の近くの堂に住んで修行していた。そのとき夢に人が現われ、自分のために経を読んで欲しいと告げる。恵勝は眼を覚まし不思議に思うと、翌日に小さい白猿が現われて今度は自分のために『法華経』を読んで欲しいと願った。恵勝がその正体を問うと、猿は「仏道修行は禁じないが、従者を妨げたので罪の報いを受け、死んで後の世に猿の身を受けて、この社の神となった。そこでこの身から逃れるために、どうかここの堂に住んで、私のために『法華経』を読んでください」と答えた。恵勝は供え物を要求すると、猿はないと言った。恵勝は村にたくさんある籾を供え物の費用とするよう勧めると、猿は朝廷の役人による自分への籾を、社司が私腹を肥やし自由に使えないと告げた。再び恵勝はそれでは経が読めないと言うと、浅井郡で大勢の僧がいて『六巻抄』を読もうとしているので、その僧の仲間に入ろうと猿は提案した。恵勝は不思議に思って猿の言うままに行って、檀家の山階寺の満預大法師に猿のことを話したが、満預は真に受けず『六巻抄』を読もうと準備をしていると、寺の使用人が走ってきて堂宇や仏像などがたちまちのうちに壊れたと告げた。檀家の僧は七間の堂を造り直し、陀我大神と名乗った猿の言うことを信じて僧の仲間に入れ、『六巻抄』を読んで要求にしたがうと、そのあと願いごとが終わるまで何の災難もなかったという内容である。

前世の悪業により白猿の身を受けた陀我神は『法華経』を読むように神社近くの堂で修行していた大安寺僧の恵勝に要求する。供え物が必要という理由で恵勝に断られるが、神は浅井郡での法要に参加することを提案したものの、結局は猿の言うことだとして満預が信用しないでいると、悉く堂宇や仏像を破壊されてしまう。そのため檀家の僧は猿を

仲間に入れ、念願の『六巻抄』を読むことができたが、願いごとが終わるまでは何の災難もなかったという。この言説は若狭比古神の場合と同じように神の願望から始まる。紆余曲折を経ても願望はかなわず、その結果として堂宇・仏具は破壊されたが、陀我神が実際に仏道に帰依し救済されたとは記されていない。他に社司が供え物を自分の物と思っているとの神の発言は注目すべき点で、そもそもの神の怒りの発端のようにも思える。神は祟りをなす恐ろしい存在であり、大安寺僧の恵勝と山階寺（興福寺）僧の満預がたとえ官僧であったとしても神の要求は飲まざるを得ず、その要求が満たされると災難は消えるという流れである。そもそも神社の近くにあるという点で神宮寺的な性格をもつ仏教施設とみられるが、そこでは修行した僧が活動しているので、神社境内ないしは付近における仏教の進出そのものが神の怒りを引き出した原因のようにもとらえられる。

三　中国における神身離脱の言説

神と仏を融合する論理・言説が中国の漢籍に存在することは指摘されている。津田左右吉は「神が僧の前に現はれて法を聴いたとか、戒をうけたとか、または済度を乞うたとか、いふ話はいろいろに作られてゐて、高僧伝などにも記してあるから、日本の仏家のかういふ説には、一つは、それから示唆せられたところもあろう。この思想の由来は、いふまでもなくインドにあるが、日本の仏家の考としてはかう見られよう」と述べる[32]。その後、寺川真知夫は『弁正論』巻第七に収載された『晋寺塔記』逸文など中国の神身離脱伝承について紹介した[33]。吉田一彦は『続高僧伝』巻第二五の法聡伝、『出三蔵記集』巻第一三所収の「安世高伝」、『高僧伝』『続高僧伝』にみられる仏教側から語られた神をめぐる説話について検討した[34]。北條勝貴は神身離脱で知られる安世高による蛇神済度伝承は因果応報説が重要な要素で、その形成には仏教系知識人が関与し、廬山の仏教教団による宮亭湖の祠廟信仰の解体が目的であり、また山林修行者を中心とする仏教勢力が各地の山神信仰を解体あるいは取り込み、教線を拡大しながら護法善神を創出した過程を明らかにしている[35]。次に三者の研究成果にもとづき、神身離脱の言説について検討する。

まず、唐の道宣の撰で貞観十九年（六四五）成立とされる『続高僧伝』所収の「法聡伝」には以下のように記されている。(36)

貞観十九年、嘉興県高王神、降二其祝一曰、為レ我請二聡法師一受二菩薩戒一、依レ言為授、又降レ祝曰、自今以往酒肉五辛一切悉断、後若祈レ福可レ請二衆僧一、在レ廟設レ斎行道、又二十一年、海塩県鄱陽府君神、因レ常祭会、降レ祝曰、為レ我請二聡法師一講二涅槃経一、道俗奉迎幡花相接、遂往就レ講、余二数紙一在、又降レ祝曰、蒙二法師講説一、得レ稟二法言一、神道業障多有二苦悩一、自レ聴レ法来、身鱗甲内細虫噉レ苦已得二軽昇一、願道俗為レ我稽二請法師一、更講二大品一遍一、乃不レ違レ之

（『続高僧伝』巻第二五「蘇州常楽寺釈法聡伝 三三」）

貞観十九年（六四五）嘉興県の高王神は祝に神がかりして、私のために法聡法師を請じて菩薩戒を受けたいと告げ、実際に受戒がなされた。また祝に神がかりすると、これより酒肉五辛の一切を断つと告げた。これ以後、福を祈ると衆僧が招かれ、廟では設斎や行道がなされた。貞観二十一年（六四七）海塩県鄱陽府の君神も祝に神がかりして、私のために聡法師を請じて『涅槃経』の講説を聴聞したいと告げた。俗人を迎え幡と花を相接し、ついに実際に講経がおこなわれた。再び神は祝に神がかりして法師の講説を蒙り、法言をさずかった。私は神道の業障が多く苦悩があるが、法を聴くことで身の鱗甲内の細い虫が苦を食らうように、すでに軽く高いところに行くことができた。俗人よ、今度は私のために法師を留めて講じ、さらに大品一遍を講じて欲しいと告げた。実際にそれに背かずおこなった。ここでは神の要求に対して神への受戒、講経が実際におこなわれるなど結果が報告されている。なかでも神道の業障、神としての苦悩が軽くなったとの記述は注目される。

次に、唐の法琳（五七二～六四〇）の撰で『弁正論』巻第七所引の『晋寺塔記』逸文（六世紀頃の成立）には以下のようにある。(37)

梁外兵尚書劉璆晋塔寺記云、沙門安世高者、安息国王之太子也、陰持入経是其所レ出也、往二予章一至二宮亭湖一、廟神告二世高曰一、吾昔在二外国出家作道人一、好行二布施一不レ持レ戒、今日在レ此為二宮亭湖神一、周円千里並吾所レ統、

百姓貢二献珍玩無数一、是我先身損レ已之報、若能持レ戒福応生レ天、以レ毀レ禁故墮二此神中一、師是同学今得二相見一、悲欣可レ言、寿尽二旦夕一、而醜形長大、不レ欲三於此捨レ命穢汚二湖水一、当レ度二山西空沢之中一、此身滅後恐墮二地獄一、吾有二絹一千匹、石函中并諸雑物一、可下為レ我立レ塔営二建三宝一、使中我過レ世得上レ生二善処一、深以相託、世高聞レ此涕泣流レ漣、便語レ神曰、何不二現レ形面共言対一、神曰、毀レ戒之罪形甚醜陋、見必驚怖、世高曰、但暫現レ身吾不レ懼也、神従二床後一出頭乃是大蟒蛇、至二世高膝辺一涙如二雨下一、不レ知二其尾長短所在一、俄而入二於床後一、世高於是収二取絹物一悉内二船中一辞別而退、宗侶一時颺レ帆進レ路、神復出二蛇身一登二于山頂一遙望発去、衆人挙レ手然後乃滅、倏忽之間便達二予章一、即於彼境以起二東寺一、神即移、度二山西一過レ命、頭尾相去四十余里、今尋陽郡蛇村是也、世高還レ都以二廟中余物一、於瓦官寺起二塔三層一、世高後夢神来報云、蒙二師作福已離蟒身一、又見二宣験記一也

（『弁正論』巻第七「廟神奉絹即離蟒身」）

沙門安世高は予章へ向かう途中で宮亭湖に寄った。そこにいる廟神は世高に「私は昔外国にいて出家し道人となる。好んで布施をおこなったものの戒律を守らなかったために、今日、ここにいて宮亭湖の神となった。周円千里は私の統べる所である。百姓が珍玩を貢献すること無数である。師よ、あなたは前世において同学であり、今こうして相まみえることができた。しかし、このように姿形が醜く長大である。ここで命を捨てて湖水を汚すことを望んではいない。山の西の空沢にわたりたい。それよりもたとえ死んだとしても地獄に落ちることを恐れている。私には自分に献じられた絹千匹があり、石函中に諸の雑物もある。これをもとに私のために塔を立て、三宝を営み建ててください。私が死んだあと善処が生じ得るようにして欲しい。あなたに深く託したい」と告げた。世高はこれを聞いて涙を流した。対面できないかと提案したが、神は毀戒の罪により形はとても醜いので、見ると驚くと言った。自分は大丈夫だから姿を現すように世高が言うと、神は床の後ろより頭を出した。本当に大蟒蛇であった。世高の膝あたりに来て泣き崩れた。世高は絹物を取ると船を進めた。神は再び蛇の姿で現れ、山頂に登って手を挙げると、やがて消えた。予章に到着した世高は廟神の願いを受けて実際に東寺を創建した。神はすぐに移り、山の西にわたり亡くなった。頭から尾まで四〇余里

もあったという。次に世高は廟の余物でもって瓦官寺に三重塔を建立した。のちに神は夢にあらわれ、世高のおかげで蛇身を離れることができたと報告した。

前世の悪業により長大な蛇として宮亭湖の廟神に生まれ変わった神であったが、絹織物などの供物をもとに世高により寺院と三重塔が建てられると、実際に醜い神の姿から脱することができたという内容である。いわゆる神身から脱し救済されたとする蛇神済度譚である。寺川真知夫によると「前世の業因を語りえた神は大蟒蛇身であっても超人間的存在、過去世を察知しえる存在であったとの設定である。因果応報の事実を示すためには必要なモチーフであった。『弁正論』はこれを「信毀交報篇」に収め、儒教の仏教的因果応報論批判への論駁のため、仏教的因果応報の正しさを説く例証話とした。土俗神も輪廻転生し、仏教信仰によって救済されるとの思想が明らかである」という。[38] 加えて宮亭廟神といえば四、五世紀において商旅の人々から強固な信仰を集めており、民間祠廟の解体を目的として仏教側から語り出された神身離脱の言説であったと考えられている。[39]

他に僧祐（四四五～五一八）の撰で天藍九～十七年（五一〇～一八）成立とされる『出三蔵記集』巻第一三の「安世高伝第一」にも同じような内容がある。[40]

我当㆘過㆓廬山㆒度㆗昔同学㆖、行達㆓䢼亭湖廟㆒、此廟旧有㆓霊験㆒、商旅祈禱乃分㆓風上下㆒、各無㆓留滞㆒、常有㆘乞㆓神竹㆒者㆖、未㆑許輒取、舫即覆没、竹還㆓本処㆒、自㆑是舟人敬憚、莫㆑不㆑懾㆑影、世高同捺三十余船、奉㆑牲請㆑福、神乃降㆑祝曰、舫有㆓沙門㆒、可㆓更呼上㆒、客咸共驚愕、請㆓世高㆒入㆑廟、神告㆓世高㆒曰、吾昔在㆓外国㆒、与㆑子倶出家学道、好行㆓布施㆒、而性多瞋怒、今為㆓䢼亭湖神㆒、周迴千里並吾所㆑統、以㆓布施㆒故珍玩無数、以㆓瞋恚㆒故墮㆓此神中㆒、今見㆓同学㆒悲欣可㆑言、寿尽㆓旦夕㆒而醜形長大、若於㆑此捨㆑命、穢㆓‐汚江湖㆒、当㆑度㆓山西空沢中㆒也、此身滅恐堕㆓地獄㆒、吾有㆓絹千匹并雑宝物㆒、可㆓為㆑我立㆑塔、営㆑法使㆑生㆓善処㆒也、世高曰、故来相度、何不㆑見㆑形、神曰、形甚醜異、衆人必懼、世高曰、但出、衆不㆑怪也、神従㆓床後㆒出㆑頭、乃是大蟒蛇、至㆓世高膝辺㆒、涙落如㆑雨、不㆑知㆓尾之長短㆒、世高向㆑之胡語、傍人莫㆑解、蟒便還隠、世高即取㆓絹物㆒、辞別而去、舟侶颺レ帆、神復出二蟒身一、登二山頂一而望二衆人一、挙レ手然後乃滅、倏忽之頃、便達二予章一、即以二廟物一造二立東寺一、世高去後、神即命過、暮有二一少年一、上レ船、長二跪世高前一、受二其呪願一、忽然不レ見、世高謂二船人一曰、向之少年、即䢼亭廟神、得レ離二悪形一矣、於レ是廟神歇没、無二復霊験一、後人於二西山沢中一、見二一死蟒一、頭尾相去数里、今尋陽郡蛇村是其処也

（『出三蔵記集』巻第一三「安世高伝第一」）

安世高は昔の同学を済度しようと述べて廬山に赴いた。ここの䢼亭の湖廟の神は霊験があることで古くから知られていた。神は祝に神かがりして船中の沙門を呼ぶよう告げた。安世高は廟に入ると、神は「私は昔、外国にいて出家し仏道を学んでいた。好んで布施をおこなったが、瞋怒の心がひどいので、今は䢼亭湖の神となってしまった。周廻千里は私の統べる所である。絶えず布施があるため珍玩は無数にあるが、瞋怒のため神に堕ろして湖廟の神となった。今こうして同学と相まみえることができた。ただ姿形は醜く長大である。もしここで命を捨てたとしても川と湖を汚してしまう。できれば山の西の空沢にわたりたい。恐ろしいのは死んだあと地獄に落ちることだ。私には絹千匹と雑宝物がある。これをもとに私のために塔を立て法を営み、私の死後に善処を生じさせて欲しい」と告げた。世高はなぜ姿を見せないのかと問うと、神は形がとても醜いので、衆人が見ると驚くと答えた。世高が出てこいと促すと、神は床の後ろより頭を出した。本当に大蟒蛇であった。神は世高の膝あたりに来て泣き崩れた。世高は布施を受け取り舟で進むと、神は再び蛇の姿を現した。山頂に登って手を挙げると、やがて消えた。予章に到着した世高は廟の物で実際に東寺を創建した。世高が去ったあと神はすぐに亡くなった。ある暮れに一人の少年が現れ、世高の前にひざまずいて呪願を受けたあと突然見えなくなった。世高は船人に少年が䢼亭の廟神であり、悪形を離れて転生したと告げた。のちに西の山沢のなかで蛇の死骸が発見されたが、頭と尾は数里もあったという。

他に恵皎の撰で天監十八年（五一九）成立とされる『高僧伝』巻第一所引の「安清伝」がある。[41] これらは仏教系志怪小説『宣験記』の所伝を原型としており、このうち『晋寺塔記』逸文が伽藍に関わる要素のみを抄録しているのに対し、『出三蔵記集』『梁高僧伝』の方は原話をある程度忠実に伝えられているという。[42] 安世高伝には諸書により微妙なず

れはあるが、呪願や誦経による救済を語る伝承を最初とし、尋陽郡蛇村の東寺建立による救済伝承、さらには瓦官寺の三重塔の建立伝承と結びつけられ、神廟の費用によって神宮寺や仏塔を建立した話として整備展開されたものと推測されている[43]。いずれにせよ神が仏教者の力によって生まれ変わり、救われたとする点に注目している。

四　神身離脱願望の言説

越前国の気比神と若狭国の若狭比古神、伊勢国の多度神と近江国の陀我神、次に中国の『続高僧伝』などにおける神身離脱の言説について見てきた。日本の場合は神が神の身であることに苦しみを感じ、そこから脱しようと仏法に興味を示し救済を願う存在として描かれるが、いずれの神も救済は実現しておらず、仏教側が神祇信仰を位置づけるための言説とするには違和感を覚えるものばかりである。神の祟りや怒りは神域への仏教の進出にもとづくもので、それに対して神は苦悩を示しながらも仏法に興味・関心を示す態度が見て取れる。つまり神祇側に主体性がある言説のようにとらえられる。尾留川方孝は若狭比古神と陀我神の神身離脱の言説を検討し、陀我神の場合は「これまでこの神による神身離脱要求の部分が注目を集め、仏教が神を人と同じ救済対象として自身の世界に取り込んだとし、仏教が神に対して優位になる形で両者が習合したと理解された」とする従来の見解に対し、「ただ言説の全体を見ると事態はもう少し込み入っている」。神身離脱の言説は『日本霊異記』の下巻三十五と中巻二十四などの苦しむ有情を仏教の力によって救済する話と、その骨格に違いはないが、話を特徴付けるディテールには明らかな違いがある」とし、「神身離脱が結局実現していない」点を強調している[44]。未完結な点を重視すれば寺川真知夫がいう「神身離脱願望」の表現がふさわしいだろう[45]。

加えて若狭比古神の場合は「神のために修行したとは述べられるものの、その完了すなわち神身離脱の実現については何も述べていない」であり、陀我神の場合は「当初の要求は神身離脱を実現すべく神社の近くのお堂に居住し法華経を読めというものだが、経緯があって結局近くで行われる予定だった比丘の斎会に一度参加したにすぎず、やはり神身離脱が実現したとは述べられていない。経典を引用してエピソードを総括する説示では前半に注目して、前世で仏教修行を妨害したためにその報いとして現世で猿となったのだと説き、猿の姿もしくは神身からの解放については何も言及していない」と述べる。[46] つまり神身離脱の成功は仏教の力を強調するうえで重要事項となるはずだが、二つの事例は言及すらされない。気比神と多度神についても神身離脱の実現は語られず、仏教が神より優位な立場にあるどころか仏教の不十分さを示すだけで、仏が神を救う話として完結していない。

さらに尾留川は「仏教者の行為は慈悲に基づいて主体になされる救済行為の体裁をなしていない。神は神身であるために苦しんでいると訴えているが、受け身の態度ではなく、その発言の締めくくりの部分では自分のために仏教的行為を実行するように命令している。苦しみを知った仏教者が能動的に慈悲に基づき救済するわけではない。この行為を成立させるのは慈悲を持つ仏教者の主体性ではなく、神の一方的な命令なのである」とし、「苦しみからの救いを求める者とこれを格別の力により救う者ならば、前者は後者に対して供養して然るべきだが、『霊異記』の話では救われるべき神はその要求に応じていない。仏教者が神の要求を受けいれ従っていることと対照的である」と述べる。[47] 祟りをにおわせながら一方的に命令し要求を突きつける神こそが能動的であり、行為は命令に従って実行されたにすぎず受動的なものである。つまり仏教者側に主体性はないことになる。

なお中国の「蛇神済度伝承」は仏事を営むモチーフや神身への転生の因縁を明らかにするモチーフであるとともに、神が元々有していた費用で寺院が創建された内容になっていたが、それに近い言説は陀我神の事例である。神社の経費で仏事を営むものであったが、中国の場合と異なるのは社司が私腹を肥やし自由に使えない点で、不完全な箇所を残している。神の供物の点では共通するが、中国の場合は実際に三重塔が立ち、寺院が創建されたという成功事例であるのに対し、日本の場合は明らかな失敗事例である。これも仏教の教理としては未完の内容といえる。

まとめると、日中ふたつの神身離脱の言説は類似するが、中国の言説は苦しむ存在である神を第三者が仏教的行為により救い、実際に救ったとする点で、日本のそれとは異なる。繰り返すが、尾留川の言を参考に述べると、[48] 日本における神身離脱の説話では神が祟りにより脅迫的に命令し、また場所も指定し、仏事をする側はただ従うばかりであり、苦しむ神は解放されていない。基本となる骨格は共通するが、話の落としどころには明らかな違いがある。したがって日本における神身離脱願望の言説を仏教的行為の実践によって苦しむ有情を救済する話と位置づけることはできないので、実際に仏教の布教に生かされたかは疑問である。これらの見解を踏まえると、三橋正が述べるように改めて仏教によって形成されてきた神の歴史を段階的に把握した辻善之助や、仏教に対抗する「神道」が奈良時代末から平安時代初期にかけて成立したとする高取正男の見解は最も基準とされるべきで、在地の神祇信仰が仏教の影響をも受けながら少しずつ形成され、変形していったのであり、その多元的な様相を解明していく必要があるのかもしれない(49)。

第三節　神の要求による神宮寺の創建

他の古い創建譚としては八幡神宮寺の事例が知られる。北陸道の三社に伴う神宮寺のうち二社において神身離脱願望の言説が語られたが、八幡神宮寺にはそのような譚はない。田村圓澄は国家神の性格が強いことをその要因とみている(50)。八幡神宮寺の成立については『宇佐八幡宮弥勒寺建立縁起』（以下、『建立縁起』と略する）と『八幡宇佐宮御託宣集』（以下、『託宣集』と略する）に詳しい。神の要求型として理解できるので、二つの史料を足がかりにその創建について整理する。

まず承和十一年（八四四）四月十一日の状により豊前国司が同年六月十七日に官符および古記に拠勘して申上したとされる『建立縁起』には以下のように記されている(51)。

定二大神朝臣・宇佐公両氏一任二大少宮司一以二辛島勝氏一為二祝禰宜一、

右大御《菩薩》神者、是品太天皇御霊也、（中略）因レ茲天璽国押開豊桜彦尊（聖武天皇是也、）御世、神亀二年正月廿七日、切二払菱形小椋山一、奉レ造二大御神宮一、即奉レ移レ之、（還坐日不詳也、）以二辛島勝波豆米一為二禰宜一、（波豆米事自二前日一為二禰宜一歟、然者爰為二禰宜一之由如何、）又創而奉レ造二御寺号弥勒足禅院、在菱形宮之東之足林私曰、此足字如何、可尋之、也、同御世、天平三年正月廿七日、陳顕神験、奉預官幣、私曰、使安倍朝臣忠麻呂也、同九年四月七日、依大御神之発願、天平九年丁丑四月七日、神吾当来導師弥勒尊乎欲崇布、遷立伽藍、奉安慈尊利、一夏九旬乃間、毎日奉拝慈尊牟、文、始自五月十五日移来足禅院、建立宮之西、則今弥勒寺是也矣、同十五年、立三重塔一基

（『建立縁起』）

神亀二年（七二五）正月二十七日、菱形の小椋山を切り開いて大御神宮を造る。遷座の日は不詳であるが、これを移し辛島勝波豆米を禰宜とした。初めて造られた寺は弥勒禅院と号し、菱形宮の東の足（日足のこと）林にある。天平三年（七三〇）正月二十七日に顕し神験を述べ、官幣に預かった。天平九年（七三七）四月七日に御大神の発願があり、八幡神は「私は当来の導師たる弥勒菩薩よ、それを崇めようと思うので、伽藍を遷し建て慈尊（弥勒菩薩）を安置し、一夏九旬のあいだ毎日慈尊を拝んでみたい」と託宣した。五月十五日より始めて足（日足のこと）禅院を移し来て宮の西に建立した。これが今の弥勒寺である。それから天平十五年（七四三）には三重塔一基が建てられた。

次に神吽が著した『託宣集』には以下のように記されている。(52)

聖武天皇二年、神亀二年乙丑正月廿七日、託宣、

神吾《礼》為導未来悪世衆生《仁》、以薬師・弥勒二仏《天》為我本尊《須》、理趣分、金剛般若、光明真言所念持《呂》也者、

神託之趣、奏聞之間、依勅定被造寺安置仏像、号弥勒之禅院、大菩薩御願主也、在菱形宮東方日足林、即鋳懸鐘一口、高二尺三寸、又奉造御堂安置本尊、号薬師之勝恩寺、大神比義之建立也、在同宮辰巳方南無江之林、弥勒寺初別当者法蓮和尚、大菩薩得如意宝珠之時、依御約束也、

（中略）

聖武天皇十四年、天平九年丁丑四月七日、託宣、

我《礼》当来導師弥勒慈尊《乎》欲崇《布》、遷立伽藍奉安慈尊《利》、一夏九旬《乃》間、毎日奉拝慈尊《牟》者、依大神願奏大政官、始自同十年五月十五日従日足禅院十三年、之後、移来建立之、今弥勒寺是也

（中略）

孝謙天皇七年、天平勝宝元年十一月八日、神託、
我礼以二十二月晦夜天一移二御寺利一、修正三箇夜之間、衆僧入堂之時者跪二候仏後戸外一天衆僧入堂乃後波参二候仏前露地一天
奉レ祈二天朝牟一者、
依二此神託一、同八年奉二行修正初三夜一、薬師勝恩寺者、弥勒禅院同時、天平十年五月十五日、自二日足浦一移来建二立之一、今
金堂是也、大菩薩毎年正月初三ケ夜之間、飛レ霊行二於金堂一、奉レ祈二金闕万歳一、勤二御願於宝壇一、奉レ護二宝祚
億載一、衆僧謹奉二行御修正一也

（『八幡宇佐宮御託宣集』験六　小倉山社部上）

神亀二年（七二五）正月二十七日、八幡神は未来悪世の衆生を導くために薬師・弥勒の二仏を我が本尊とし、理趣分・金剛般若・光明真言を念ずると託宣した。そこで八幡神が願主となり日足の林に弥勒禅院を建て、大神比義が南無江の林に薬師の勝恩寺を建て、約束により弥勒寺初代別当を法蓮和尚とした。加えて勝恩寺は弥勒禅院と同時期であり、天平十年（七三八）に日足から移ってきた時にこれを建てたのが今の金堂だとある。

二つの史料を勘案すると、神亀二年（七二五）八幡宮の小椋山への遷座とともに宮の東にある日足の林には弥勒禅院、東南にある南無江の林には勝恩寺を創建したが、天平九年（七三七）の大御神の発願により天平十年（七三八）に宮の西に移ることで弥勒寺は創建された。それ以外の弥勒寺の記事については『類聚三代格』天平勝宝元年六月二十六日の太政官符があり、以下のように記されている。(53)

太政官符
豊前国八幡神戸人出家事
右奉二今月廿二日　勅一、件神戸人毎レ年一人宜下令二得度一入中彼国弥勒寺上
天平勝宝元年六月廿六日

（『類聚三代格』巻第二　年分度者事）

この記事を重視すれば弥勒寺は記録上、天平十年（七三八）から一一年後の天平勝宝元年（七四九）にその存在が確認できるので、その由緒によれば八幡神社に伴う八幡神宮寺が弥勒寺として成立したことになる。弥勒寺は発掘調査の

成果から境内に計画的な伽藍整備をおこなっているので、神宮寺である可能性は高い。問題は『建立縁起』にあるように天平八年（七三六）か、あるいは『託宣集』のように神亀二年（七二五）の成立か。それとも神亀二年以前に遡るものなのか、先学の研究成果をもとに考えてみたい。

神亀二年（七二五）での弥勒禅院に神宮寺としての姿をみるのは史料解釈上可能であるが、それ以上に遡らせて考えるのは中野幡能である。弥勒禅院の前身たる神宮寺として虚空蔵寺と法鏡寺を想定する。具体的には、虚空蔵寺は宇佐祖の比咩神を祀る豊川社の近くにあることを理由とし、また出土遺物から同時代とされる法隆寺様式の法鏡寺は本尊を薬師如来とする点、伝・大神比義の建立の点を踏まえて八幡宮（鷹居社・小山田社）の神宮寺であった可能性を指摘する。[54]しかも神亀以前の朝廷の祈請は仏教的であり、常に法師（法蓮などの僧侶）の褒賞がおこなわれたことが神宮寺を有したことを物語るという。それから八幡神・比咩神の氏神の神宮寺的存在であった両寺が天平三年（七三〇）比咩神の官幣を期して合体に至ると八幡神の影響が弥勒寺に対して強くなり、比咩神の方は比咩神宮寺としての中津尾寺の建立へと発展していく。[55]

そして八幡宮が神亀二年（七二五）小椋山に移ったことで神宮寺との距離ができたことを理由に日足へ移るが、霊亀二年（七一六）五月の廃寺併合の方針に則った結果が一か寺への合併をうながしたとみられる。[56]日足にある初期の弥勒禅院は本尊が弥勒菩薩、奈良初期に現れた弥勒下生の信仰にもとづいて弥勒禅院と号し、別当には法蓮を宛てたようであるが、法鏡寺が完全に一体化しきれなかったのか、南無会林には大神氏が勝恩寺を建立し薬師如来を安置したようで、実際に寺院跡も発見されたと述べる。[57]何より両寺は放生会の際の放生導師としてのちの時代にも奉仕しており、また合併後も弥勒寺の末寺として存続したことを踏まえると、こうしたあり方は宇佐氏の虚空蔵寺、大神氏の法鏡寺という伝説とともに弥勒寺に統合されたことを意味し、しかも私寺より官寺に転換したことも示しているという。[58]『託宣集』にみるように金堂が大神氏、講堂が宇佐氏によって建てられたことは鷹居社時代に造立された両寺の統合に他ならないとし、[59]統合した弥勒禅院は非公式だが、神宮寺の始まりだとも述べる。[60]

逵日出典は中野の見解に対して以下の五点をあげ批判する。[61]㈠鷹居社の時期、近くに虚空蔵寺と法鏡寺ができ、すでに神宮寺的存在であったとの見解に対して、そのような根拠はなく神社近くに寺院があれば単純に神宮寺あるいは神宮寺的と考えることは当を得ず、また朝廷の祈請が仏教的で法師の褒賞があったから八幡宮に神宮寺が存在したというのも奇妙である。㈡虚空蔵寺と法鏡寺が統合されて日足の弥勒禅院になったとの見解に対して、元々神宮寺的存在であったためとの理由は成り立たず、小椋山の遷座に伴い神宮寺との距離ができてくるとの理由も距離の問題ではなく、都で「廃寺併合の方針」が出され、それに則ったとの理由についても無関係だとしている。㈢虚空蔵寺を宇佐氏、法鏡寺を大神氏の氏寺としながらも鷹居社・小山田社の神宮寺あるいは神宮寺的なもので、それが統合されて新たな神宮寺（弥勒禅院）になったとの見解に対して、両寺は建立の趣旨が異なるにもかかわらず氏寺と神宮寺の区別がない。㈣法鏡寺の本尊を薬師如来とする見解に対して、『託宣集』『宇佐宮法鏡寺縁起書上写』の記述や法鏡寺跡の発掘調査の成果から薬師とは断定できず、本尊を異にする両寺が統合されて別の本尊の弥勒禅院になるとも考えられず、両寺が弥勒寺の末寺となって存続したとの見解に対しても、統合であれば末寺云々はあり得ない。㈤弥勒禅院は「非公式だが神宮寺の始まり」とする見解に対して、神宮寺に公式・非公式はない、とし中野の見解には暖昧さと矛盾に満ちていると述べる。

一方で、逵は神亀二年（七二五）の小椋山遷座にあたり境内外に弥勒禅院が創建されたことで神宮寺の成立とみている。[62]具体的には、簡潔に記された『建立縁起』と『託宣集』の記事を勘案し、日足（小椋山の東南東）の林に弥勒禅院、『建立縁起』にはみえないものの『託宣集』により、もうひとつの南無江（会のこと）（小椋山の東南）の林に薬師勝恩寺、二か寺の神宮寺が建立されたとする。しかし『建立縁起』に薬師勝恩寺の記載がないことからその主体が弥勒禅院にあり、薬師勝恩寺は付加的なものであったとする。なお、中野幡能は日足が大分県宇佐郡北馬城村日足（現在の大分県宇佐市日足）のことで、『託宣集』に出てくる「南無会」には礎石が存するというが、[63]逵は推定場所において明確な寺跡は未確認だとして批判的にみている。

次に、その成立を最も遅く考える重要な史料が『続日本紀』天平十三年閏三月甲戌条の記事であり、以下のように記されている[64]。

甲戌、奉二八幡神宮秘錦冠一頭、金字最勝王経・法華経各一部、度者十人、封戸、馬五疋一、又令レ造二三重塔一区一、賽二宿禱一也

（『続日本紀』天平十三年閏三月甲戌条）

朝廷が天平十三年（七四一）三月二十四日、八幡神宮にこれまでの宿禱（藤原広嗣の乱の際の戦勝祈願）に対する御礼として秘錦冠一頭、金字の『金光明最勝王経』、『法華経』各一部、度者十人、封戸から出させた馬五疋を献上し、また三重塔一基を造営させた。辻善之助はこの記事をもって八幡神社に伴う神宮寺の創建と解している[65]。これについて竹園賢了は「もし前年の藤原広嗣の乱の平定に対して報賽の意味で神宮寺を建立したのならば、明らかに神宮寺建立と記録されるべきであるが、経典や度者、塔の奉納として記録しているのは、已に以前に神宮寺があったから、そこへ奈良朝に最も尊ばれた『最勝王経』を納め、度者一〇人を置き、さらに寺の附属である三重塔を建てて、神宮寺の偉観を整えた」とし、「寺よりも先きに塔を建てる筈もないし、寺の建立を記さずに塔の建立を記録することもなかろう」と述べる[66]。また竹園は弥勒禅院を神宮寺と考える。「小椋山の社殿と同時に弥勒禅院が建てられて、法蓮が初代別当になった。社殿を整えると、従来の巫女の狂的な舞踏を主とした儀礼では満足できないから、壮重な誦経を行う仏教儀礼をも取り入れた」とし、「法蓮がそれまで行って来た儀礼を新しい社殿で行うことになったのであるが、（中略）、已に伊勢神宮寺が出来、霊亀年間に気比神宮寺も建てられていたのであるから、新宗教を取り入れた法蓮がこの傾向を知って、早くに仏教儀礼をここで催したのも当然であった」と述べる[67]。「弥勒禅院の号も奈良朝初期に現れた弥勒下生の信仰に基くものである。（中略）、已に当来仏弥勒菩薩の信仰は見られたが、この新しい信仰に基いてこの寺を弥勒菩薩を本尊とする弥勒禅院と称したのも、法蓮が中央の仏教に関心をもっていたから」としている。

逵や竹園などが述べるように弥勒寺と法蓮との関係、その背景に密な弥勒信仰が想定されることは、白山信仰の祖である泰澄和尚が弥勒信仰者であり、初期神宮寺の成立と関わる点を考慮すると首肯できるが[68]、日足に建てられた弥勒禅

院が当初から神宮寺であったか否かは検討を要する。『建立縁起』の記事で興味深いのは天平三年（七三一）の八幡神が顕れ神験を述べたあと、天平九年（七三七）四月七日に弥勒菩薩を拝みたいとの要求に似た託宣の形で弥勒寺が移転した点である。遡った神亀二年（七二五）には小椋山に移り、初めて御寺を造り弥勒禅院と号したとあるだけで八幡神の託宣が明確に語られていない。それに対して『託宣集』には神亀二年に創建された弥勒禅院は八幡神の神託とあり、願主は大菩薩（八幡神）である。加えて弥勒禅院と勝恩寺は統合したというが、『建立縁起』には勝恩寺のことは記されないので、その主体が弥勒禅院にあるのは明らかである。『託宣集』を重視すれば逵が述べるように弥勒禅院が八幡神宮寺で、神亀二年（七二五）の創建となるが、『建立縁起』の記述の方を重視すれば弥勒寺の創建された天平九から十年にかけての成立で、天平十三年（七四一）にその拡充として三重塔が創建されたととらえられる。ただし、のちに触れるように養老年間（七一七～二四）における隼人征討に対する八幡神の利用とその後の放生会の展開を踏まえると、田村圓澄が述べたように養老四年（七二〇）前後に成立した可能性も残しておきたい。(69)

第四節　若干の考察

一　信仰の主体と国家との問題

第二節では日中における神身離脱の言説を検討した結果、中国の場合は神の済度が語られ、仏教側が在地信仰の解体のため、あるいは布教に利用するためと考えたが、日本の場合は神の済度が語られた事例はなく、神の興味・関心にもとづく神からの一方的な要求ないしは願望にとどまるものとして曖昧に片付けられたものと理解した。実際に神の救いが実現していない中途半端な教説を、仏教側が積極的に布教の題材としたとは考えにくいので、神祇側を下位に位置づける仏教側の論理・言説とは言い難いだろう。あくまでも神祇側の主体性が強くあったからこそで、むしろ従来の神祇信仰の延長上に位置づけた方が妥当である。しかも中国の言説の一部を借用し、新たな神祇信仰の形態として仏教側の教理を積極的に取り入れた結果ともとらえられる。仮に仏教側の人物がその言説に関わったとしても、けっして神を解脱や救いの対象として語らなかった点において、日本における祟り性という神観念の本質を熟知していたことになるだろう。なお神が解脱し仏教に帰依したとすれば、菩薩の名を付した神社が『延喜式』神名帳において三社と少ないことの説明は難しくなる。したがって神祇信仰はけっして仏教側に取り込まれたのではなく、神祇側が仏教との接触・軋轢により変化を余儀なくされ、それ自体が仏教の影響とともに自ら形を変えた習合の形態として理解しておきたい。それが日本における神宮寺創建の言説のなかにあらわれた点をもっと強調するべきであろう。

さて、仏教との接触のなか在来信仰に対する変化の兆しのなかで、神宮寺の創建は新たな神祇信仰の新展開ととらえ直したが、なかでも北陸道に鎮座する越前国の気比神と若狭国の若狭比古神は「神身離脱願望」の言説を有する最古級の神宮寺であるが、在地の神祇信仰の視点から考えるには能登国の気多神の事例も重要である。これらの信仰の主体として地域を代表する有力氏族が想定でき、気多神は角鹿氏、若狭比古神は膳氏、気多神は羽咋氏が奉斎していた可能性が高い。いずれも国造とつながる氏族であるので[70]、国家の関与や王権による政治・支配体制についてもう少し深める必要があるだろう。国家制度との関係でいえば六世紀についてはミヤケ制、七世紀については国造制との関係、八世紀初頭においては官社制度との関係でとらえられる。

具体的に気比神の場合、敦賀には六世紀中頃にミヤケが設置され、敦賀津は日本海と国家中枢の地を結ぶ国家管理の港湾施設・南北ルートの交通路の拠点として整備された[71]。敦賀津へのミヤケ設置は衣掛山古墳群の築造を契機ととらえ、六世紀中葉の1号墳を最初として七世紀に至るまで展開する群集墳に王権の直接的な支配の姿をみた。しかも記紀にみる気比大神との名易え説話、呪いをかけ忘れた角鹿の塩、ケヒの由来が食霊であった説などを重視すると、気多神は六世紀以降、国家との強いつながりを有した地域神として重視された可能性が高い[72]。七世紀になるとミヤケは拡充していき、七世紀後半の評制に集約したとみられる。ちなみに気比神を奉斎した在地の有力氏族である角鹿氏は七世紀後葉に国造に就任したとみている。

『日本書紀』持統天皇六年九月条によると、白蛾が獲れたことへの吉祥として笥飯神に二〇戸を増封したとあるので、先立つ封戸の存在が想定されるが、封戸制の成立とともに七世紀後葉とみている。(73)『続日本紀』大宝二年（七〇二）三月己卯条の「惣頒二幣帛於畿内及七道諸社一」と慶雲三年（七〇六）二月庚子条の「是日、甲斐・信濃・越中・但馬・土左等国一十九社、始入二祈年幣帛例一、其神名具二神祇官記一」の記事を重視すれば、(74)巳波利江子が述べるように一層明確に全国的な官社制度として結実するのが大宝令以降となり、地域神社の官社化が盛行し始める時期とも重なるので、(75)畿内に地理的に近い気比神社はいち早くその制度のなかに組み入れられた可能性が高い。『気比宮社記』によれば大宝二年（七〇二）に仲哀天皇霊が合祀されたことになる。その流れで気比神の要求により神宮寺の創建に至るが、信仰の主体は『家伝』下　武智麻呂伝の記事が歴史事実ならば藤原氏となり国家的な側面が浮き彫りとなる。藤原氏が北陸方面への勢力の拡張をもくろみ、そこに政治的・経済的理由が想定されたうえでの付加の記述であれば、信仰の主体という点では国造に就任した角鹿氏を想定したい。しかも神宮寺の創建自体が八世紀中頃と下るものではなく、境内に残る舎利孔のある心礎や御子神である剣御子神宮寺の創建を踏まえると八世紀前葉に遡る可能性が高い。従来の仏教側からの下位の位置づけという点でいえば国家側からの地域神への支配・序列化という側面はなく、神祇側で理解すれば仏教的なものを取り込んだ新たな祭式として採用した可能性が考えられる。

その関連でいえば同じ敦賀郡に鎮座する織田の劔神社がある。(76)丹生山地中部に小盆地を形成する織田の北方には前方後円墳を有する中古墳群が展開し、盆地中央には織田神社・劔神社を中心とした杜が神地として古くから存在していた。その周辺からは陶質土器（五世紀末～六世紀前葉）が出土し、秦氏や伊部氏など渡来系氏族が居住した痕跡が認められるので、式内社の織田《おりた》神社は秦氏が蚕神あるいは養蚕の神を奉斎していた可能性が高い。そしてあるとき剣御子神が織田神社に合祀ないしは併祀される。元は剣御子神社で気比神の御子神としての性格であり、八世紀初頭までには現在の地に奉斎された可能性が高い。座ヶ岳を中心に劔神社と氣比神宮が南北直線に並ぶことによって敦賀側から見たときの北方鎮護の要として武神の性格をもつ剣御子神が意図的に置かれた歴史的な経緯が想定できる。したがって剣御子神宮寺が八世紀前葉に創建されたことは、その親神である気比神についても同じ時期に神宮寺が創建されていても不思議ではない。信仰の主体という点では湖東式瓦が採用された点から渡来系氏族の秦氏とみたいが、国家とのつながりの点では歴代の神主が忌部氏であることも踏まえて七世紀のなかでとらえている。忍熊皇子霊が祀られたのは記紀が編纂されていた八世紀初頭のことで、気比神社に仲哀天皇霊が祀られたことと同じ経緯が想定できる。

次に若狭比古神の場合である。若狭湾沿岸地域の中部には若狭町の上中古墳群において五世紀初頭から六世紀後葉にかけて大規模古墳が築造され、若狭湾を支配した歴代の政治権力者の奥津城が展開していた。従来は膳氏との関わりで論じられてきたが、中央氏族との関わりは直径八〇メートルの円墳で、大和型の横穴式石室を有する六世紀後葉築造の丸山塚古墳以降であり、敦賀に引き続きミヤケ設置がなされた可能性が高い(77)。上中古墳群以降の政治拠点は寺院や国分寺創建から判断すればその付近に想定できるので、国分寺とされる太興寺廃寺から南西に二キロに鎮座する若狭比古神社は政治拠点に近く、のちの名神大社に格付けされるだけの地理的・歴史的素地を具有している。『類聚国史』巻第一八〇　仏道部七の創建譚には神主は和氏とある。若狭比古神社の祭神が彦火々出見尊であり、彦火々出見尊と玉依姫の子が武位起命、その子が椎根津彦、その後裔が大倭国造にあたることから神主の和氏と結びつけたとすれば伝説的な域を出ない(78)。あるいは天武朝に連姓を賜わる倭直の場合、『続日本紀』以後多くは大倭または大和とあるので、大の字を冠せずに和氏とするのは百済系氏族の線が濃い(79)。

しかし和氏はあくまでも神主である。これを別問題ととらえれば若狭比古神を奉斎した在地の有力氏族は、政治拠点と近い地理的条件から七世紀後葉の時点では若狭国造の膳氏であった可能性は高い。若狭比古神願（宮）寺では発掘調査の成果により正面の神体山である白山と背後の長尾山の線上と直交する聖なる線上に堂宇が建てられ、北と南それぞれの延長上には若狭比古神社や鵜ノ瀬が位置することが判明している。神宮寺としては考古資料の検討から神地において一部に瓦を葺く簡素な堂宇を有した八世紀前葉、平城宮式瓦を採用し国家の関与が色濃くあらわれた八世紀中頃という二段階が想定される。

最後に神身離脱の言説は知られていないが、気比神と若狭比古神とともに最古級の神宮寺をもつ気多神の場合である。気多神の鎮座する付近は古くから潟湖が展開し、外海を航行する人と物を呼び込む門戸として機能していた。眉丈山丘陵先端の滝岬は日本海の沿岸流に乗って航海する際の格好の航路標識として認識され、寺家遺跡に近い滝川では墳長八〇メートルの滝大塚古墳（帆立貝形前方後円墳、五世紀中頃）が造営された。日本海を一望できる場所に立地するので、能登の西海岸に影響力をもった氏族が海上交通と深く関わっていたことを示している。(80)六世紀にはその周辺や気多神社背後の柳田丘陵には柳田古墳群や滝古墳群などが造営されるなど豪族の埋葬地として展開している。しかし、柳田丘陵やシャコデ台地の周辺では六世紀初めには須恵器、七世紀には鉄の生産が始まる。柳田シャコデ遺跡では掘立柱建物が検出され、須恵器窯生産とその経営に関与する工人集落とみられる。その背景には滝・柳田古墳群の造墓活動が六世紀末には終息することから生業構造の変化が生じ、これに従事してきた集団が窯業などへ生業および生産体制を変化させたことが指摘されている。(81)ミヤケ設置と関係があるかはわからないが、在地の有力氏族である羽咋氏が関与しており、七世紀後葉には国造としても任命されたとみている。

七世紀後葉の様相については不明な点は多いが、八世紀になると邑知潟につながる低湿地を挟み、その対岸にあたる寺家遺跡では祭祀場と祭祀集団の居住域や工房が整然と配置された。これについてはすでに検討したので、概要だけを述べる。(82)祭祀場は砂丘の窪地に設けられ、火を焚いた痕跡や神饌を煮炊きした石組炉、儀式に使用した素文鏡・海獣葡萄鏡や瓔珞などの祭具を埋めた土坑なども検出された。居住域や工房では祭祀に使う塩、刀子・ヤジリ・斧などの鉄製品が生産された。ガラスの坩堝は国内での出土は少なく、祭祀用のガラス製品製作のために都から官営工房のガラス工人が派遣されたものとみられる。他にも焼塩や畑作の跡も検出され、祭祀用の器具や神に供える食事の材料などの生産もおこなわれていた。寺家遺跡の人々が神社の生産活動を担ったことは明らかで、文献に記された神戸（神民）に関係すると考えられている。(83)

国家的様相が八世紀前半に極端に強くなるなか、律令国家にとって気多神に対する重要性が急上昇したとみられる。

それと軌を一にしてシャコデ台地にあらわれたのが神宮寺の性格を有するシャコデ廃寺である。気多神社では初期の段階から仏教と混淆し、神祇信仰の施設が並立することになり、氏族祭祀との緊密な一体性を演示したところに、在地的な主体性がうかがえる。信仰の主体の点では羽咋評家の公権を介したことを想定し国造に就任した羽咋氏の系譜とみる。(84)超地域的な国家仏教の性格を強めた仏教イデオロギーによる文明開化策に呼応して、滝大塚古墳を始祖とする古墳祭祀に代わり氏の霊廟として卓越した視覚性を具備する寺院を新たに建立し、羽咋クニの小首長・民衆に臨むという思潮に沿うものであったろう。神宮寺の創建には社・祭場と寺・道場を一体的に配置し、意味合いとしては斉明朝の北征を契機とする気多神の神威を仏力によって増幅させ、日本海域の有力な地域神として位置づける国家的な意図があった可能性は高い。

二　仏力による神威の増大

これまで神身離脱願望の言説にもとづく神宮寺の創建については仏教側からの神祇の位置づけという視点が主体的で、しかもその論理・言説は漢籍にあることからその思想的な部分も中国にあると考えられてきたが、実際の言説は結論において異なり、神の一方的な要求・願望にもとづく神宮寺の創建については従来の仏教側からの論理だて、序列化や布教目的では説明が難しいことを述べた。信仰の主体の点では神祇側が仏教の教理を理解し、新たな祭式として再編したことになるが、その際に神に期待していたのはより増大な神威とみている。華園聰麿は「神身離脱の願望には、神の苦しみからの解放とともに、神威の増大に対する願望も含まれていた」と述べる。(85)吉岡康暢は気多神の検討のなかで大化後斉明朝の越国守、阿倍比羅夫の北征が政治的・軍事的な航海神として神威の高揚するきっかけになったとし、シャコデ廃寺と寺家遺跡の場合は「斉明朝の北征を契機とする気多の神威の高揚を仏力によって増幅し、日本海域の名神として位置付けようとしたのではなかろうか」と推測している。(86)吉岡はシャコデ廃寺を神宮寺とは考えていないが、神祇信仰を仏教のなかに位置づけるという発想ではなく、気多神の神威を増幅させる装置として神宮寺が考案されたとすれば理解しやすい。そこで神仏との関係においてその意味合いが感じられる譚について検討する。
まず、多度神宮寺の『神宮寺伽藍縁起并資財帳』である。本文は三部構成で、第一部は巻頭に置かれた多度神宮寺の創建や伽藍整備に関わる縁起の部分、第二部は大半を占める多度神宮寺の財物・墾田を書き記した資財の部分、第三部は巻末の「私度沙弥法教」を中心とする知識結による功徳を願う写経の奥書に似た願文の部分に分かれる。第三部は以下のように記されている。(87)

伏願、私度沙弥法教并道俗知識等、項年之間構二造・法堂・僧房・太衆湯屋一、種々所レ修功徳、先用廻二施於多度大神一、一切神等増二益威光一、永隆二仏教一、風雨順序五穀豊稔、速截二業網一同致二菩提一、次願聖朝文武、擎二水滞善一、動二乾坤誓一、千代平朝、万葉常君、次願遠近有縁知識・四恩、済抜二塵籠一、共旁二覚者一、現在法侶等、同蒙二利益一、遂会二界外・輪際・有頂一、早離二閻浮一、倶奉二極楽一
（『神宮寺伽藍縁起并資財帳』）

三つの祈願のうち第一には多度大神をはじめとした諸神祇の力の増大とそれによる豊作の祈願、第二には国家における君臣秩序の安定と長久の祈願、第三には知識の協力者及び親類縁者の極楽往生の祈願を読み取ることができる。注目するのは第一の部分で、種々に修するところの功徳は多度大神に廻施し、一切の神の威光が増益していき、長く仏教が盛んになると風雨の順序はよくなり五穀豊穣になるとの内容である。
次に『続日本後紀』承和四年（八三七）十二月庚子条には以下のように記されている。(88)

大宰府言、管豊前国田河郡香春岑神、辛国息長大姫大目命、忍骨命、豊比咩命、惣是三社、元来是石山、而上木惣無、至二延暦年中一、遣唐請益僧最澄躬到二此山一祈云、願縁二神力一、平得レ渡レ海、即於二山下一、為レ神造レ寺読経、爾来草木蓊鬱、神験如レ在、毎レ有二水旱疾疫之災一、郡司百姓就レ之祈禱、必蒙二感応一、年登人寿、異二於他郡一、望預二官社一、以表二崇祠一、許レ之
（『続日本後紀』承和四年十二月庚子条）

最澄は渡唐に際し、豊前国の香春岑（賀春山）神に航海の安全を祈願した。山麓に神のために寺を造って読経した。すると元々木のない石山であったが、以後には草木が生い茂り、天災・病気の災いの時には地域の人々が祈禱すると

必ず感応を示してくれたという。これと似た話は『叡山大師伝』に以下のように記されている。[89]

昔大師臨二渡海一時、路次、寄二宿田河郡賀春山下一、夜夢、梵僧来到、披レ衣呈レ身而見、左半身似レ人、右半身如レ石、対二和上一言、我是賀春、伏乞和上、幸沐二大悲之願海一、早救二業道苦患一、我当下為二求法助一、昼夜守護上、竟レ夜明日、見二彼山一、右脇崩巌重沓、無レ有二艸木一、宛如二夢半身一、即便建二法華院一、講二法華経一、今呼二賀春神宮院一是也、開講以後、其山崩巌之地、漸生二艸本一、年年滋茂、村邑翁婆、無レ不二歎異一、又託宣曰、海中急難時、我必助守護、若欲レ知二我助一、以レ現レ光為レ験、因レ茲、毎二急難時一、有レ光相助、託宣有レ実、所レ求不レ虚、乃大師本願、始登山朝、終入滅夕、四恩之外、厚救二神道一、慈善根力、豈所レ不レ致哉

（『叡山大師伝』）

最澄が渡海に臨んだときの道中、田河郡の賀春山麓で寄宿した。夜になると夢に梵僧の姿をした人物が現れた。左半身は人に似るが、右半身は石のようであった。梵僧は最澄に「私は賀春の神である。渡海は大悲の願いであろう。私を急いで業道の苦患から救済してくれたならば、昼夜を問わず守護してやろう」と告げた。最澄は法華院を建て『法華経』を講じた。これが今の賀春神宮院である。開講の以後、崩巌の地であった山には草がしだいに生え、年を追うごとに生い茂った。村邑の翁は皆が歎異した。また神は託宣して「海中の急難のとき私は必ず助け守護しよう。もし私の助けを知ろうと思えば、光が現すことで験としなさい」と告げた。これにより実際の急難のごとに光が差し救われた。託宣は事実であり、虚ではなかった。すなわち最澄の本願とは始めは登山の朝にあり、終わりは入滅の夕にある。四恩の他に厚く神道を救うと、慈善の根力は至る所まで届くことになるだろう。

奥嶋神宮寺については『日本三代実録』貞観七年（八六五）四月二日壬子条には以下のように記されている。[90]

元興寺僧伝灯法師位賢和奏言、久二住近江国野洲郡奥嶋一、聊構二堂舎一、嶋神夢中告曰、雖レ云二神霊一、未レ脱二蓋纏一、願以二仏力一、将下増二威勢一、擁二護国家一、安二存郷邑上、望請、為二神宮寺一、叶二神明願一、詔許レ之

（『日本三代実録』貞観七年四月二日壬子条）

元興寺僧の賢和による奏言によれば、近江国野洲郡の奥嶋に長く住み、堂舎を構えていると、奥嶋神は夢中に現れて

「神霊といえども世俗のきずな俗累から解脱することができない。願わくば仏力によって、まさに神威を増大させて国を擁護し、郷邑を安存させて欲しい」と告げた。望み通りに神宮寺とし、神明の願いを叶えた。詔してこれを許すことにしたとある。

このように伊勢国の多度神、豊前国の香春岑神、近江国の奥嶋神の事例においては神のため、ないしは神社付近に神宮寺あるいは寺院を建てる功徳を積み、仏教が興隆すると諸神祇の力は増大し、自然環境も順調で豊作になり、あるいは石山に草木が生い茂り、仏力による神威の増大は国を擁護し郷邑を安存させるなどの内容が語られている。そのため仏教には神の神威を増大させる効果があったものととらえられる。

そこに神階奉授の意義を勘案すると理解しやすい。小林宣彦は㈠官社内の序列化が目的ならば畿内を中心として全国的におこなわれなかったのか、㈡人神や人格神の観念と深い繋がりがあったのか、㈢北陸道に多く見られるのかと問題提起し、『日本紀略』延暦二十一年（八〇二）正月甲子条にある「陸奥国三神加レ階、縁三征夷将軍奏二霊験一也」の事例をあげ、その奉授は神の霊験を期待しそれに対する感謝でもあり、位階の重要性は「優れたもの」として国が神に奉ったと述べる。[91]また「神祇令」の全二〇条は宮廷祭紀としての四時祭や即位儀礼の規定など祭祀についての規定ばかりで、神社を統制する規定はほとんど定められていないが、「僧尼令」の全二七条はその大部分が僧尼の行動を規制するものばかりである。このことは仏寺が統制されるべき対象なのに対し、神々は統制されるべき対象ではなく祀るべき対象であり、奈良時代の神階奉授が国家による統制の目的でおこなわれたのではないことを意味している。つまり、神階奉授には序列化の手段の意識や支配イデオロギーの観念はなく、他の様々な献物と同様に「奉る物」との認識がうかがえるもので、当時の国家がもっていた神に対する純粋な神助・霊験への期待があったとみられる。

なお、神階奉授がなされた神と初期神宮寺が創建された神社には共通項がある。神宮寺創建にかかる神身離脱の言説は人神観の浸透により生まれたかもしれないが、在地の有力氏族による新たな神祇祭祀の採用という側面があったとすれば、その行為を通じて地域神に対して何らかの神助・霊験を期待し、地域神に対し内外部からある種の変革が求められていた可能性は高い。それには地域神の神威が及ぶ領域を理解する必要がある。池上良正は神の本来もつ祟り性を慰撫するひとつの手段として仏教が誇る教義の力を借りた普遍化主義が重宝されたことが重要であるとした(92)。その根底には支配イデオロギーの観念より当時の国家がもっていた神に対する純粋な神助・霊験への期待が前提としてあるので、祟る存在に対して仏教の誇る教義の力を借りて供養・調伏することへの期待感が根底にあった。それは供養・調伏にとどまらず地域限定であった神の力を仏教の教理にもとづき普遍化することで、新たな神観念を誕生させる意味合いがあり、そこには国家による地域神への多大な期待が込められたとみている。

三　蝦夷征討と仏教による蛮族の教化

二では、北陸道に鎮座する有力な地域神に対して神階奉授がおこなわれたのは、優れたものを神に対して奉るもので、神助・霊験など特別な期待という意味合いがあり、神宮寺の創建についても同じ方向性をもつものとしてとらえ直した。具体的には地域限定であった神の力をその縛りから解放し、神威を仏教の力でさらに増幅させる目的としたことについて考えた。のちの名神大社で、一宮と称される北陸道に鎮座する三社のなかから神宮寺が成立するということは国家の三社への期待が読み取れる。なかでも気比神・気多神は七世紀後半から八世紀前葉にかけては蝦夷征討、八世紀後半を中心とした時期には新羅・渤海の外交にかかる防疫神として重視された。特に神宮寺の創建時期に注目すると、大宝元年（七〇一）の大宝律令の制定に始まり、和銅元年（七〇八）の蝦夷反乱や和銅五年（七一二）の出羽国の設置、養老四年（七二〇）の蝦夷反乱に至るまで、律令国家が版図拡大を目的に実施した東北経営と蝦夷との軋轢の時期と重なる。北陸道における神宮寺の創建がこれらの政治的・社会的な状況と関係する可能性について考えてみたい。

その前に八世紀前葉の出来事を『続日本紀』などにもとづいて時系列で取り上げる(93)。

文武二年（六九八）十二月　越後国に石船柵を修理させた。

文武四年（七〇〇）二月　越後・佐渡の二国に石船柵を造営させた。

大宝元年（七〇一）　大宝律令にて陸奥・出羽・越後国司に蝦夷支配のために一般国司とは異なる権限の付与。

大宝二年（七〇二）三月　越中国のうち四郡（頸城・古志・魚沼・蒲原）を割いて「越後国」とした。

和銅元年（七〇八）九月　越後国が出羽郡を新置したいと言上、これを許す。

和銅二年（七〇九）三月　陸奥・越後二国の蝦夷が危害を加えるので、東山道と北陸道の両方から討つ。遠江・駿河・甲斐・信濃・上野・越前・越中などの国から兵士を徴発、巨勢麻呂を陸奥鎮東将軍、佐伯石湯を征越後蝦夷将軍とした。

七月　上毛野安麻呂を陸奥守に任じた。諸国に命じて蝦夷征討のため兵器を出羽柵に運び送らせた。越前・越中・越後・佐渡の四国の船一〇〇艘を征狄所（蝦夷征討の根拠地）に送る。

八月　征蝦夷将軍の佐伯石湯などが征討を終えて入朝。天皇は恩寵を与える。

九月　蝦夷征討の将軍らに地位に応じて禄を賜る。遠江・駿河・甲斐・常陸・信濃・上野・陸奥・越前・越中・越後の諸国の兵士で、征夷の役に五〇日以上服した者には租税負担を一年間免除。

和銅五年（七一二）九月　「出羽国」の設置。

十月　陸奥国の最上・置賜の二郡を割いて出羽国に付けた。

和銅六年（七一三）十二月　陸奥国に丹取郡を新置。

和銅七年（七一四）十月　勅があり、尾張・上野・信濃・越後などの国の民二〇〇戸を割いて出羽の柵戸に移住させた。

霊亀二年（七一六）五月　相模・上総・常陸・上野・武蔵・下野の六国の民一〇〇〇戸が陸奥国に移住。

九月　　陸奥国の置賜・最上の二郡および信濃・上野・越前・越後の四国の民各一〇〇戸を出羽国に付属させた。

養老二年（七一八）五月　越前国の羽咋・能登・鳳至・珠洲の四郡を分離、能登国を設置。

養老三年（七一九）七月　東海・東山・北陸の民二〇〇戸を出羽柵に入植。

養老四年（七二〇）九月　陸奥国で蝦夷の反乱。按察使の上毛野広人を殺害。

　　　　十一月　陸奥・石背・石城の調・庸を減額。遠江・常陸・美濃・武蔵・越前・出羽の六国は征討軍の兵士と廝・馬従らの調・庸とその出身の房戸の租を免じる。


天武天皇十二年（六八三）から十四年（六八五）にかけて全国的規模での国境の確定作業がおこなわれ、持統天皇六年（六九二）までには越前・越中・越後の三国に分割されたとみられる。当初の越後国は渟足・磐船の二郡だけであったが、大宝二年（七〇二）には越中国のうちの四郡（頸城・古志・魚沼・蒲原）を割いて越後国が成立した。和銅元年（七〇八）には越後国が出羽郡を新置したいと言上すると、これが許されている。和銅二年（七〇九）三月には陸奥・越後二国の蝦夷は野蛮な心があって馴れがたく、しばしば良民に害を加えることから、使者を遣わせて遠江・駿河・甲斐・信濃・上野・越前・越中などの国から兵士などを徴発、陸奥鎮東将軍・征越後蝦夷将軍を任命し、東山道と北陸道の両方から討たせたとある。実際に抗戦状態にあったことは、同年七月の諸国に命じて蝦夷征討のため兵器を出羽柵に運び送らせた記事、越前・越中・越後・佐渡の四国の船一〇〇艘を征狄所（蝦夷征討の根拠地）に送った記事、同年八月の征蝦夷将軍の佐伯石湯などが征討を終えて入朝、天皇は恩寵を与える記事、同年九月の蝦夷征討の将軍らに地位に応じ禄を賜る記事、遠江・駿河・甲斐・常陸・信濃・上野・陸奥・越前・越中・越後の諸国の兵士で、征夷の役に五〇日以上服した者に租税負担を一年間免除した記事などからわかる。

出羽郡周辺の動乱とそれにかかる一連の税制処置がおこなわれた結果、その三年後の和銅五年（七一二）九月には「出羽国」が設置され、同年十月には陸奥国の最上・置賜の二郡を割いて出羽国に付けることになる。和銅七年

（七一四）には勅があり、尾張・上野・信濃・越後などの国の民二〇〇戸を割いて出羽の柵戸に移住させられた。霊亀二年（七一六）九月には陸奥国の置賜・最上の二郡および信濃・上野・越前・越後の四国の民の各一〇〇戸を出羽国に付属させ、養老三年（七一九）七月には東海・東山・北陸の民二〇〇戸を出羽柵に入植している。移住・移民施策により出羽国内は落ち着いたかにみえるが、養老四年（七二〇）九月には陸奥国で蝦夷の反乱が起き、按察使の上毛野広人が殺害された事件へと発展する。同年（七二〇）十一月には陸奥・石背・石城の調・庸を減額し、遠江・常陸・美濃・武蔵・越前・出羽の六国は征討軍の兵士と廝・馬従らの調・庸とその出身の房戸の租を免じることになる。

和銅二年（七〇九）と養老四年（七二〇）の二度の反乱があったが、律令国家による八世紀前葉の政策は多数の柵戸を戸単位で組織的に移配するという国家主導の移民政策方式でおこなわれており、七世紀後半のそれとは異なるものであった。熊谷公男の見解にもとづき、その違いを述べる。[94] 斉明天皇は小帝国を標榜する倭王権の権威づけに有効な手段として蝦夷に目を付けると、各地に居住する蝦夷集団と個別的に接触して服属させ、それらと朝貢制的な政治関係を結んで倭王権の政治支配のもとに置こうとした。一方、令制下における征夷が蝦夷と境を接する地域に城柵を設置し、新たに郡（近夷郡）を置いて領域支配を拡大することを基本としたものであった。前者が朝貢制支配の点的拡大とすれば、後者は国郡制の面的拡大といえるものであった。しかも大宝元年（七〇一）制定の大宝令によると陸奥・出羽・越後の国司には蝦夷支配のために他の一般の国司にはない権限が付与されている。それが饗給・征討・斥候（養老令の規定で、大宝令では饗給は撫慰）の三つの権限である。つまり東北経営を重視する律令国家は、いかにして地域文化を解体し大規模な移民政策のもとに面的に支配していくかが重要課題であった。そこで蝦夷の征討や実際の支配していくうえで重要なのは地域に根付く神々であり、それを駆逐していく強力な神の力とみている。

加えて蝦夷征討の際には国家側が在地の神への配慮をうかがわせる事例があるので、『日本書紀』をもとにみてみる。[95]

斉明天皇四年（六五八）四月条によると、阿倍比羅夫が齶田・渟代の蝦夷を服属させたあと軍を整えて船を齶田浦に連ねると、蝦夷の恩荷という人物が進み出て「官軍と戦うために弓矢を持っているのではない。ただ私たちは肉食の習慣があるので、弓矢をもつ。もし官軍に対して弓矢を用いたら、齶田浦の神にとがめられるだろう。清く明らかな心をもって帝に仕えよう」と誓って言った[96]。それから恩荷は小乙上の位を授かり、能代・津軽二郡は郡領に定められたとある。次に、斉明天皇五年（六五九）三月十七日条によると、比羅夫が再び北方遠征をおこない、齶田・渟代二郡の蝦夷二四一人とその捕虜三一人、津軽郡の蝦夷一〇二人とその捕虜四人、胆振鉏の蝦夷二〇人を一か所に集めて饗応し物を与えたとき、船一艘と五色に染め分けた絹を捧げて、その土地の神を祀ったとある[97]。これらの記事から齶田の浦には神が存在し、船を捧げたことは海神の性格を有するとともに、戦いのあと蝦夷に対する饗応だけでなく齶田の神に対しても配慮を怠らなかったことがわかる。つまり征討に際してはその領域を侵すので、戦いのあとには適切に対処し慰撫がおこなわれていたとみられる。

逆に攻める側が地域神の力を利用することがある。南九州の隼人征討に際して八幡神をバックにした事例である。その前に隼人との関わりを述べると、国家は七世紀末から八世紀にかけて隼人地域の内化のために軍事的な威圧と撫民教化の宗教政策の硬軟両用の政策を隼人に対しておこなう。大宝二年（七〇二）八月には薩摩・多褹の隼人による反乱があり、十月には征討のとき大宰府管内の九神社に祈禱し、その神威のお蔭で荒ぶる賊を平定できたとある[98]。こうした反乱とともに政策は着実に進んでいき、和銅三年（七一〇）正月には内裏において文武の百官と隼人と蝦夷に対して宴が催されると、隼人・蝦夷らも位を授かり禄を賜り、特に日向の隼人である曽君細麻呂には外従五位下が与えられ、大隅方面の内化政策が本格化してゆく[99]。和銅六年（七一三）四月には日向四郡を割いて大隅国が成立し[100]、和銅七年（七一四）三月には豊前国の民二〇〇戸を移住させる[101]。養老四年（七二〇）二月には一連の内化政策の軋轢から大隅隼人による反乱が勃発すると、三月には大伴旅人が征隼人持節大将軍に任じられ、乱は短期間のうちに鎮定される[102]。先の蝦夷の事例を踏まえると豊前国の民二〇〇戸の入植により従来の隼人と新たな入植者との間で軋轢が生じ反乱の引き金になった可能性が高い。

神宮寺の関連でいえば隼人の征討に際して八幡神が利用された点、弥勒寺の初代別当とされる法蓮が関係した点をあげる。八幡神との関係性については『建立縁起』には以下のようにある。[103]

元正天皇、養老四年、大隅・日向両国有㆓征罰事㆒、大御神託㆓波豆米㆒宣、隼人等多殺報、毎㆑年放生会可㆑修㆑之、云々、私曰、天平宝字五年始於㆓宇佐宮㆒修㆓放生会㆒也、　　（『建立縁起』）

養老四年（七二〇）大隅・日向の両国に征罰のことがあり、大御神（八幡神のこと）が波豆米（禰宜の辛嶋勝波豆米のこと）に託宣して「反乱した隼人を多く殺した報いとして年毎に放生会をおこなうべし」と告げた。同じような記事は『扶桑略記』養老四年（七二〇）九月条に以下のようにある。[104]

大隅、日向両国乱逆、公家祈㆓請於宇佐宮㆒、其禰宜辛嶋勝代豆米相㆓率神軍㆒、行㆓征彼国㆒、打㆓平其敵㆒、大神託宣曰、合戦之間、多致㆓殺生㆒、宜㆑修㆓放生㆒者、諸国放生会始㆑自㆓此時㆒矣　　（『扶桑略記』第六）

大隅日向の両国が反乱したので朝廷が宇佐宮に祈り請う。その禰宜である辛嶋勝代豆米が神軍を率い、反乱の起こった両国へ進んで敵を討ち平らげた。そして八幡神が託宣して「合戦の間、多くの殺生をしたため放生をおこなうべきである」と告げた。諸国に行なわれる放生会はこの時から始まったという。他にも隼人征討と八幡神の関係性を記したものはあるが、これらは隼人に対する殺生の報いとして放生会をおこなうことにつながる。つまり放生会の起源は八幡神が隼人征討に関わり、八幡神は社に鎮まった静態としてではなく、隼人征討という戦いに出陣する動態を示している。八幡神は基本的に荒ぶる力の発現を顕示し続け、その力の確認こそが放生会をおこなうことの神話的な意味であったとみられる。[105]

しかも八幡神と隼人征討に関与したとみられる人物が法蓮和尚である。大宝三年（七〇三）九月には医術の功績によって豊前国の野四〇町を下賜され、養老五年（七二一）六月には彼の三等以上の親族に宇佐君の姓を与えられている。[106]それぞれの前年には前者が薩摩・多褹の隼人による反乱、後者が大隅隼人による反乱があるので、法蓮の関与が推測される。特に法蓮は宇佐の虚空蔵寺を中心に活躍したが、法隆寺式の伽藍配置をなす虚空蔵寺跡からは法隆寺や川原寺系文様の瓦、南法華寺のものと同じ笵型でつくられた塼仏が出土するなど他寺院に認められない特徴があるので、法蓮の関与とともに畿内との密接な関係で造立されたとみられる。(107)『託宣集』によると天平十年（七三八）に弥勒寺を宇佐宮の西に移し、初代別当となったことを伝えるので、神仏習合の国家神と神宮寺を宇佐に創設したプランナーであった可能性が高い。

一方、攻める神との関連でいえば蝦夷の征討には鹿島神・香取神の存在がある。『延喜式』巻第九　神名上によると鹿島神は常陸国の「鹿島郡二座並大／鹿島神宮名神大、月次新嘗」とあり、『延喜式』巻第一〇　神名下にはかかる苗裔神（御子神のこと）は陸奥国において黒川郡の鹿島天足別神社、日理郡の鹿島伊都乃比気神社・鹿島緒名太神社・鹿島天足和気神社、信夫郡の鹿島神社、磐城郡の鹿島神社、牡鹿郡の鹿島御児神社、行方郡の鹿島御子神社の八社が知られる。(108)しかも『日本三代実録』貞観八年（八六六）正月廿日丁酉条にある鹿島神宮司の奏言に「大神之苗裔神卅八社在二陸奥国一」とあり、郡ごとの数を記録している。(109)『延喜式』巻第九　神名上によると香取神は下総国の「香取郡一座大／香取神宮名神大、月次新嘗」とあり、『延喜式』巻第一〇　神名下にはかかる苗裔神（御子神のこと）は陸奥国において牡鹿郡の香取伊豆乃御子神社、栗原郡の香取御児神社の二社がある。(110)律令国家が海岸沿いに北進する際に鹿島・香取神の神威を仰いだ可能性が高い。(111)なお、日本海沿岸における気比・気多神の痕跡は明瞭ではないが、気多神については『延喜式』巻第一〇　神名下に加賀国江沼郡の気多御子神社、越中国射水郡の気多神社、越後国頸城郡の居多神社、但馬国気多郡の気多神社の展開が知られる。(112)上田正昭は、気多神は気比神と並んで北陸の有力神とみなしており、能登もまた陸奥・出羽征鎮のための兵力供給地であったことから蝦夷の経路との関わりについて想定している。(113)

以上を踏まえると、蝦夷の征討にあたり活躍するのは、日本海沿岸においては北陸道に鎮座する有力な地域神であった可能性が高い。鹿島・香取神のような明確な痕跡は知り得ないが、気比神や気多神は海神であり航海神でもある。遅くとも八世紀前葉には国家神として位置づけられ、気比神については松原遺跡、気多神については寺家遺跡において国家的な色彩の強い祭祀がおこなわれた。これらは蝦夷征討を視野に考えた方が自然であろう。(114)逆に国家的様相が早くに帯びるのは日本海沿岸地域の有力な航海神で、当然対外交渉の拠点としても機能した歴史がある。しかも八世紀前葉は蝦夷征討と移民政策が全盛のときである。それまで地域限定でしか機能しなかった神の力は仏教の教理により解放され、それこそ小地域という縛りから脱し普遍化がはかられた。そこで神威増幅の装置として考案されたのが神宮寺であり、国家政策とのなかで地域神の変容と同時に積極的に創建されたと考えた。なお先に触れた八幡神、鹿島・香取の両神についても神宮寺の古い事例として知られるので、仏力による神威の増幅装置としての神宮寺の機能はある程度首肯できるかもしれない。

おわりに

神身離脱の言説にもとづく神宮寺の創建譚について、その論理が漢籍にあることからその思想的な淵源は中国にあり、仏教側からの神祇信仰の取り込み、あるいは国内での布教目的や神階奉授にみる神の序列化など仏教上位に考える傾向にあった。しかし、日本における同じような言説においては神が仏道に帰依し救済されたとは記されておらず、中国のそれとは結論の部分が異なることから神宮寺の創建は神の要求にもとづく一方的な願望に留まり、従来の神祇信仰にもとづく神の要求のあり方と同じような構造であることを確認した。そこから信仰の主体という点においては在地の有力氏族が神宮寺の創建に関与し、神祇側が仏教的な教理との接触・軋轢のなかで仏教を解釈し、ひとつの祭式として仏教的なものを新たに取り込んだ結果ととらえ直した。創建に至る論理の主たる要因としては従来の地域限定という殻から脱し、より広範に地域神の神威が及ぶことを目的としたもので、その殻を取り外すには、いわば未完の「神身離脱願望」の言説を語る必要があり、そこで中国の神身離脱の言説が利用された可能性が高い。北陸道では有力な地域神を祀る神社において神宮寺が創建され、八世紀前葉の成立と一律的に並ぶと考えたが、このことは北陸における地理的環境と宗教的な先進性だけでは説明が少し足りない。やはり地域神に期待されたのは神の霊威であり、その背景には律令国家による蝦夷征討と領域支配を目的とした東北経営があった。その征討と経営に越国が関与したことは明白であるので、国家の期待と要請により在地の有力氏族たちが活躍したことは想像に難くない。とすれば彼らが独自の神身離脱願望の言説を用いて神威を増幅させる装置として神宮寺を主体的に創建したとも考えられる。このことは八幡神が隼人征討の際に活躍し、その結果として放生会の開催や神宮寺が創建されたこととも連動している。加えて東北経営の東側の拠点である鹿島神社に伴う神宮寺［天平勝宝年間（七四九～五七）成立］の成立も早いこととつながる(115)。これらの言説を説いたのは北陸道の諸神であれば白山信仰の祖である泰澄和尚、豊前国の八幡神社に伴う神宮寺たる弥勒寺の初代別当となった法蓮和尚、伊勢国の多度神宮寺や常陸国の鹿島神宮寺の成立に関与した満願禅師など、仏教者でありながら従来の神祇信仰を尊重し神仏の接近を説き、かつ神宮寺の創建に協力的であった人物の存在が浮かび上がるが、今後は信仰の主体者だけではなく実際的な主導者についても考えていきたい。

注

（1）堀大介「北陸道における初期神宮寺の成立」『越前町織田文化歴史館 研究紀要』第四集、越前町教育委員会、二〇一九年。［本書第三編第六章］。

（2）堀大介「越前国剣神考」『越前町織田文化歴史館 研究紀要』第一集、越前町教育委員会、二〇一九年。［本書第二編第三、四章、附論二］。

（3）北條勝貴「東晋中国江南における〈神仏習合〉言説の成立―日中事例比較の前提として―」『奈良仏教の地方的展開』岩田書院、二〇〇二年。

（4）辻善之助「本地垂迹説の起源について」『史学雑誌』第一八編第一、四、五、八、九、一二号、一九〇七年（『日本仏教史之研究』金港堂書籍、一九一九年 所収）。

（5）家永三郎「飛鳥寧楽時代の神仏関係」『神道研究』第三巻第四号、神道研究会、一九四二年（『日本思想史に於ける宗教的自然観の展開』斎藤書店、一九四七年 所収）。原田敏明「神仏習合の起原とその背景」『日本宗教交渉史論』中央公論社、一九四九年。堀一郎「神仏交渉史に関する一考察」『印度学仏教学研究』第二巻第二号、日本印度学仏教学会、一九五四年。堀一郎「神仏習合に関する一考察」『神道宗教』第六号、神道宗教学会、一九五四年。堀一郎「神仏習合に関する一考察」『宮本正尊教授還暦記念 印度学仏教学論集』三省堂、一九五四年。
(6) 田村圓澄「神仏関係の一考察」『史林』第三七巻第二号、史学研究会、一九五四年（『飛鳥仏教史研究』塙書房、一九六九年 所収）。
(7) 高取正男「古代民衆の宗教―八世紀に於ける神仏習合の端緒―」『日本宗教史講座第二巻 宗教の改革』二、三一書房、一九五九年（『民間信仰史の研究』法蔵館、一九八二年 所収）。義江彰夫『神仏習合』岩波書店、一九九六年。逵日出典『神仏習合』臨川書店、一九八六年。逵日出典「神仏習合の素地と発祥期の諸現象―既存発祥論への再検討を踏まえて―」『芸林』第四〇巻第四号、芸林会、一九九一年（『奈良朝山岳寺院の研究』名著出版、一九九一年 所収）。
(8) 古江亮仁「奈良時代に於ける山寺の研究―総説篇―」『大正大学研究紀要』第三九輯、大正大学出版部、一九五四年。堀前掲（5）文献。逵前掲（7）文献。
(9) 津田左右吉『日本の神道』岩波書店、一九四九年（『津田左右吉全集第九巻 日本の神道』岩波書店、一九六四年 所収』）。
(10) 寺川真知夫「神身離脱を願う神の伝承―外来伝承を視野に入れて―」『仏教文学』第一八号、仏教文学会、一九九四年。吉田一彦「多度神宮寺と神仏習合―中国の神仏習合思想の受容をめぐって―」『古代王権と交流四 伊勢湾と古代の東海』名著出版、一九九六年。
(11) 高取正男「固有信仰の展開と仏教受容」『史林』第三七巻第二号、史学研究会、一九五四年（『民間信仰史の研究』法蔵館、一九八二年 所収）。同「神仏習合の起点―道行知識経について―」『藤島博士還暦記念 日本浄土教史の研究』平楽寺書店、一九六九年（『民間信仰史の研究』法蔵館、一九八二年 所収）。同『神道の成立』平凡社、一九七九年。義江彰夫「日本における神仏習合形成の社会史的考察」『中国―社会と文化―』七、東大中国学会、一九九二年。義江彰夫『神仏習合』岩波書店、一九九六年。
(12) 高取前掲（11）文献。
(13) 曽根正人「研究史の回顧と展望」『論集奈良仏教 第四巻 神々と奈良仏教』雄山閣、一九九五年。伊藤聡「神仏習合の研究史」『国文学 解釈と鑑賞』第六三巻三号、至文堂、一九九八年。
(14) 長坂一郎「神仏習合と神仏習合像についての研究史」『神仏習合像の研究―成立と伝播の背景―』中央公論美術出版、

二〇〇四年。
(15) 辻前掲（4）文献。
(16) 津田前掲（9）文献。
(17) 家永前掲（5）文献。原田前掲（5）文献。
(18) 田村前掲（6）文献。堀前掲（5）文献。高取前掲（7）・(11) 文献。
(19) 寺川前掲（10）文献。吉田前掲（10）文献。北條前掲（3）文献。
(20) 堀大介「越前・剣御子神宮寺の検討」『同志社大学考古学シリーズⅩⅠ 森浩一先生追悼論集 森浩一先生に学ぶ』同志社大学考古学シリーズ刊行会、二〇一五年。［本書第三編第五章］。
(21) 吉岡康暢「末松廃寺をめぐる問題」『史跡 末松廃寺跡』文化庁、二〇〇九年。
(22) 三橋正「仏教受容と神祇信仰の形成―神仏習合の源流―」『宗教研究』第八一巻第二輯、日本宗教学会、二〇〇七年。
(23) 寺川前掲（10）文献。
(24) 吉田前掲（10）文献。
(25) 佐藤弘夫「「神仏習合」論の形成の史的背景」『宗教研究』第八一巻第二輯、日本宗教学会、二〇〇七年。
(26)『家伝』下 武智麻呂伝（沖森卓也・佐藤信・大嶋泉『藤氏家伝 鎌足・貞慧・武智麻呂伝 注釈と研究』吉川弘文館、一九九九年 所収）。
(27)『類聚国史』巻第一八〇 仏道部七（黒板勝美 編『新訂増補 国史大系第六巻 類聚国史 後篇』吉川弘文館、一九三四年 所収）。
(28)『神宮寺伽藍縁起并資財帳』（三好筆太『神宮寺伽藍縁起并資財帳』国幣大社多度神社、一九三七年 所収）。
(29)『延喜式』巻第九 神名上、巻第一〇 神名下（黒板勝美 編『新訂増補 国史大系第二六巻 交替式・弘仁式・延喜式』吉川弘文館、一九三七年 所収）。
(30) 華園聰麿「神の祟りと祟る神―古代日本の神観念の形成過程に関する一考察―」『日本文化研究所研究報告』第三〇集、東北大学日本文化研究施設、一九九四年。

(31)『日本国現報善悪霊異記』下巻 依レ妨二修行人一得二猴身一縁第廿四（出雲路修 校注『新日本古典文学大系三〇 日本霊異記』岩波書店、一九九六年 所収）。
(32) 津田前掲（9）文献。
(33) 寺川前掲（10）文献。
(34) 吉田前掲（10）文献。
(35) 北條前掲（3）文献。
(36)『続高僧伝』巻第二五「蘇州常楽寺釈法聡伝 三三」（『大正新脩大蔵経 第五〇巻 史伝部二』大正新脩大蔵経刊行会、一九二七年 所収）。
(37)『弁正論』巻第七「廟神奉絹即離蟒身」（『大正新脩大蔵経 第五二巻 史伝部四』大正新脩大蔵経刊行会、一九二七年 所収）。
(38) 寺川前掲（19）文献。
(39) 北條勝貴「古代日本の神仏信仰」『国立歴史民俗博物館 研究報告』第一四八集、国立歴史民俗博物館、二〇〇八年。
(40)『出三蔵記集』巻第一三「安世高伝第一」（『大正新脩大蔵経 第五五巻 目録部』大正新脩大蔵経刊行会、一九二八年 所収）。
(41)『高僧伝』巻第一「安清三」（『大正新脩大蔵経 第五〇巻 史伝部二』大正新脩大蔵経刊行会、一九二七年 所収）。
我当下過二廬山一度中昔同学上、行達二䢼亭湖廟一、此廟旧有二霊験一、商旅祈禱乃分レ風上下、各無二留滞一、嘗有下乞二神竹一者上、未レ許輒取、舫即覆没、竹還二本処一、自レ是舟人敬憚、莫レ不二慴影一、高同旅三十余船、奉レ牲請レ福、神乃降祝曰、船有二沙門一、可二更呼上一、客咸驚愕、請レ高入レ廟、神告レ高曰、吾昔外国、与レ子倶出家学道、好行二布施一、而性多二瞋怒一、今為二䢼亭廟神一、周迴千里並吾所レ治、以二布施一故珍玩甚豊、以二瞋恚一故堕二此神報一、今見二同学一悲欣可レ言、寿尽二旦夕一、而醜形長大、若於レ此捨レ命、穢二汚江湖一、当レ度二山西空沢中一、此身滅後恐堕二地獄一、吾有二絹千疋并雑宝物一、可レ為立レ法、営レ塔使レ生二善処一也、高曰、故来相度、何不レ出レ形、神曰、形甚醜異、衆人必懼、高曰、但出、衆人不レ怪也、神従二床後一出レ頭、乃是大蟒、不レ知二尾之長短一、至二高膝辺一、高向レ之、梵語数番讃唄数契、蟒悲涙如レ雨須臾還隠、高即取二絹物一、辞別而去、舟侶颺レ帆、蟒復出レ身登レ山而望、衆人挙レ手、然後乃滅、倏忽之頃、便達二予章一、即以二廟物一造二東寺一、高去後、神即命過、暮有二一少年一、上レ船、長二跪高前一、受二其呪願一、忽然不レ見、高謂二船人曰、向之少年、即郏亭廟神、得レ離二悪形一矣、於レ是廟神歇末無二復霊験一、後人於二山西沢中一、見二一死蟒一、頭尾数里、今潯陽郡蛇村是也

(42) 北條前掲（39）文献。
(43) 寺川前掲（10）文献。
(44) 尾留川方孝「神身離脱の様相と動機―神祇信仰と仏教儀礼のせめぎあい―」『人文研紀要』第八二号、中央大学人文科学研究所、二〇一五年。
(45) 寺川前掲（19）文献。
(46) 尾留川前掲（44）文献。
(47) 尾留川前掲（44）文献。
(48) 尾留川前掲（44）文献。
(49) 三橋前掲（22）文献。
(50) 田村前掲（6）文献。
(51) 『宇佐八幡宮弥勒寺建立縁起』（中野幡能 校注「宇佐八幡宮弥勒寺建立縁起」『神道大系 神社編 第四七巻 宇佐』神道大系編纂会、一九八九年 所収）。
(52) 『八幡宇佐宮御託宣集』（中野幡能 校注「八幡宇佐宮御託宣集」『神道大系 神社編 第四七巻 宇佐』神道大系編纂会、一九八九年 所収）。
(53) 『類聚三代格』巻第二年度者事（黒板勝美 編『新訂増補 国史大系第二五巻 類聚三代格・弘仁格』吉川弘文館、一九三六年）。
(54) 中野幡能「第二章 応神八幡宮の成立 第二節 東大寺大仏の造立」『八幡信仰史の研究 増補版 上巻』吉川弘文館、一九七五年。
(55) 中野前掲（54）文献。
(56) 中野幡能「第一章 八幡神宮寺 第二節 弥勒寺の創立と発展」『八幡信仰史の研究 増補版 下巻』吉川弘文館、一九七五年。
(57) 中野前掲（56）文献。

(58) 中野幡能「第三 神宮寺の成立と発展」『宇佐宮』吉川弘文館、一九八五年。
(59) 中野前掲（54）文献。
(60) 中野幡能『八幡信仰』塙書房、一九八五年。
(61) 逵日出典「第三編 宮寺としての発展 第一章 八幡神宮寺の成立」『八幡宮寺成立史の研究』続群書類従完成会、二〇〇三年。
(62) 逵前掲（61）文献。
(63) 中野幡能「八幡信仰の二元的性格―仁聞菩薩発生をめぐる史的研究―」『宗教研究』第一四四号、日本宗教学会、一九五五年（中野幡能 編『民衆宗教史叢書第二巻 八幡信仰』雄山閣、一九八三年 所収）。
(64)『続日本紀』天平十三年閏三月甲戌（二十四日）条（青木和夫・稲岡耕二・笹山晴生・白藤禮幸 校注『新日本古典文学大系一三 続日本紀 二』岩波書店、一九九〇年 所収）。
(65) 辻前掲（4）文献。
(66) 竹園賢了「八幡神と仏教との習合」『宗教研究』第一五九号、一九五九年（中野幡能 編『民衆宗教史叢書第二巻 八幡信仰』雄山閣、一九八三年 所収）。
(67) 竹園前掲（66）文献。
(68) 堀大介「泰澄の思想と信仰―根本説一切有部毘奈耶雑事巻第二一の検討を中心に―」『越前町織田文化歴史館 研究紀要』第三集、越前町教育委員会、二〇一八年。
(69) 田村圓澄「神宮寺の創建」『史淵』第八七輯、九州大学文学部、一九六二年。
(70)『先代旧事本紀』（黒板勝美 編『新訂増補 国史大系第七巻 古事記 先代旧事本紀 神道五部書』吉川弘文館、一九三六年所収）。
(71) 山尾幸久『古代王権の原像―東アジア史上の古墳時代―』学生社、二〇〇三年。同『日本古代国家と土地所有』吉川弘文館、二〇〇三年。
(72) 堀大介「古代ケヒ神の基礎的研究」『桜井市纒向学研究センター研究紀要 纒向学研究』第二号、桜井市纒向学研究センター、二〇一四年。［本書第一編第二章］。

(73) 門脇禎二「気比神」『福井県史 通史編一 原始・古代』福井県、一九九三年。
(74) 『続日本紀』大宝二年三月己卯（十二日）条、慶雲三年二月庚子（二十六日）条（青木和夫・稲岡耕二・笹山晴生・白藤禮幸 校注『新日本古典文学大系一二 続日本紀 二』岩波書店、一九八九年 所収）。
(75) 巳波利江子「八・九世紀の神社行政—官社制度と神階を中心として—」『寧楽史苑』第三〇号、奈良女子大学史学会、一九八一年。
(76) 堀大介「越前国剣神考」『越前町織田文化歴史館 研究紀要』第一集、越前町教育委員会、二〇一九年。［本書第二編第三、四章、附論二］。
(77) 堀前掲（72）文献。
(78) 白山俊介「初期に於ける神宮寺序説」『湘南史学』第二集、東海大学大学院日本史学友会、一九七五年。
(79) 村山修一「四 奈良朝における神仏習合の進展」『本地垂迹』吉川弘文館、一九七四年。
(80) 小嶋芳孝「⑦かみ・ほとけ 気多のカミ祭りと寺家遺跡」『能登のくに—半島の風土と歴史—』北国新聞社、二〇〇三年。
(81) 河村好光『羽咋市柳田シャコデ遺跡』石川県立埋蔵文化財センター、一九八四年。
(82) 堀大介「北陸道における初期神宮寺の成立」『越前町織田文化歴史館 研究紀要』第四集、越前町教育委員会、二〇一九年。［本書第三編第六章］。
(83) 小嶋前掲（80）文献。
(84) 吉岡前掲（21）文献。
(85) 華園前掲（30）文献。
(86) 吉岡前掲（21）文献。
(87) 『神宮寺伽藍縁起并資財帳』。
(88) 『続日本後紀』承和四年十二月庚子（十一日）条（黒板勝美 編『新訂増補 国史大系第三巻 日本後紀 続日本後紀 日本文徳天皇実録』吉川弘文館、一九三四年 所収）。
(89) 『叡山大師伝』（天台宗宗典刊行会 編『伝教大師全集 別巻』天台宗宗典刊行会、一九一二年 所収）。

(90)『日本三代実録』貞観七年（八六五）四月二日壬子条（黒板勝美 編『新訂増補 国史大系第四巻 日本三代実録』吉川弘文館、一九三四年 所収）。
(91)小林宣彦「神階奉授に関する一考察―奈良時代を中心にして―」『古代諸国神社神階制の研究』岩田書院、二〇〇二年。
(92)池上良正『死者の救済史 供養と憑依の宗教学』角川書店、二〇〇三年。
(93)『続日本紀』巻第一～巻第六（青木和夫・稲岡耕二・笹山晴生・白藤禮幸 校注『新日本古典文学大系一二 続日本紀 一』岩波書店、一九八九年 所収）。『続日本紀』巻第七～巻第八（青木和夫・稲岡耕二・笹山晴生・白藤禮幸 校注『新日本古典文学大系一三 続日本紀 二』岩波書店、一九九〇年 所収）。宇治谷孟『続日本紀（上）全現代語訳』講談社、一九九二年。
(94)熊谷公男「③古代国家の蝦夷支配」『日本史リブレット一一 蝦夷の地と古代国家』山川出版社、二〇〇四年。
(95)『日本書紀』斉明天皇紀（坂本太郎・家永三郎・井上光貞・大野晋 校注『日本書紀 下』岩波書店、一九六五年）。
(96)『日本書紀』斉明天皇四年四月条。
(97)『日本書紀』斉明天皇五年三月甲午（十七日）条。
(98)『続日本紀』大宝二年八月丙申（一日）条、同年十月丁酉（三日）条。
(99)『続日本紀』和銅三年正月丁卯（十六日）条、同年正月庚辰（二十九日）条。
(100)『続日本紀』和銅六年四月乙未（三日）条。
(101)『続日本紀』和銅七年三月壬寅（十五日）条。
(102)『続日本紀』養老四年二月壬子（二十九日）条、同年三月丙辰（四日）条、同年六月戊戌（十七日）条。
(103)『建立縁起』。
(104)『扶桑略記』養老四年九月条（黒板勝美 編『新訂増補 国史大系第一二巻 扶桑略記 帝王編年記』吉川弘文館、一九三二年所収）
(105)村田真一「第三章『建立縁起』の八幡神―大菩薩と大帯姫の出現―」『宇佐八幡神話言説の研究―『八幡宇佐宮御託宣集』を読む―』仏教大学、二〇一六年。
(106)『続日本紀』大宝三年九月癸丑（二十五日）条、養老五年六月戊寅（三日）条。

(107) 飯沼賢司「奈良時代の政治と八幡神」『古代王権と交流八 西海と南島の生活・文化』名著出版、一九九五年。
(108) 『延喜式』巻第九、神名上、巻第一〇神名下。
(109) 『日本三代実録』貞観八年正月廿日丁酉条（黒板勝美 編『新訂増補 国史大系第四巻 日本三代実録』国史大系刊行会、一九三四年 所収）。
(110) 『延喜式』巻第九、神名上、巻第一〇神名下。
(111) 宮井義雄『鹿島香取の研究』山岡書店、一九四〇年。
(112) 吉岡前掲（21）文献。
(113) 上田正昭「神階昇叙の背景」『日本古代の国家と宗教 上巻』吉川弘文館、一九八〇年。
(114) 『延喜式』巻第一〇神名下。
(115) 『類聚三代格』巻第二年度者事。

初出一覧

第一編　古代敦賀の諸相とヤマト王権

第一章　敦賀における古墳の成立と展開

「古墳時代敦賀の考古学的研究」（『越前町織田文化歴史館　館報』第一〇号、越前町教育委員会、二〇一四年三月三十一日所収）の論文名を変更し、部分的に書き直した。

第二章　気比神の諸性格にみる古代敦賀の様相

「古代ケヒ神の基礎的研究」（『桜井市纏向学研究センター研究紀要　纏向学研究』第二号、桜井市纏向学研究センター、二〇一四年三月三十一日所収）の論文名を変更し、部分的に書き直した。

附論一　海神投供再考

「海神投供再考―海揚がり土器からその可能性を探る―」（『越前町織田文化歴史館　館報』第九号、越前町教育委員会、二〇一四年三月三十一日所収）をもとに書き直した。

第二編　越前国剣神登場の歴史的意義

第三章　越前国剣神考―『続日本紀』宝亀二年十月戊辰条の検討―

「越前国剣神考」（『越前町織田文化歴史館　研究紀要』第一集、越前町教育委員会、二〇一六年三月三十一日所収）の第一～三章に「おわりに」を加え、部分的に書き直した。

第四章　剣神社祭神考―『剣大明神略縁起并来由之事』を足がかりとして―
「越前国剣神考」（『越前町織田文化歴史館 研究紀要』第一集、越前町教育委員会、二〇一六年三月三十一日 所収）の第四～五章に「はじめに」「おわりに」を加え、部分的に書き直した。

附論二　なぜ劒神社の梵鐘は鋳造されたのか
「越前国剣神考」（『越前町織田文化歴史館 研究紀要』第一集、越前町教育委員会、二〇一六年三月三十一日 所収）の第六章に「はじめに」「おわりに」を加え、部分的に書き直した。

第三編　北陸南西部における神仏習合の成立

第五章　越前・剣御子神宮寺の検討
「越前・剣御子神宮寺の検討」（『同志社大学考古学シリーズⅪ 森浩一先生追悼論集 森浩一先生に学ぶ』同志社大学考古学シリーズ刊行会、二〇一五年一月三十日 所収）に注を加え、「疑問一一　泰澄は剣御子寺の創建に関わったのか？　心礎からみた交流」（『平成二十九年度越前町織田文化歴史館 泰澄・白山開山一三〇〇年記念企画展覧会 異人探究 泰澄十一の疑問』越前町教育委員会、二〇一七年）の内容を踏まえて書き直した。

第六章　北陸道における初期神宮寺の成立
「北陸道における初期神宮寺の成立」（『越前町織田文化歴史館 研究紀要』第四集、越前町教育委員会、二〇一九年三月三十一日 所収）。

附論三　古代山林寺院における神祀りの可能性―大谷寺遺跡・明寺山廃寺の事例をもとに―
「古代山林寺院における神祀りの可能性―大谷寺遺跡・明寺山廃寺の事例をもとに―」（『越前町織田文化歴史館 研究紀要』第四集、越前町教育委員会、二〇一九年三月三十一日 所収）。

終編　なぜ初期神宮寺は建てられたのか

第八章　神身離脱言説の検討―初期神宮寺の成立を考えるために―

「神身離脱言説の検討―初期神宮寺の成立を考えるために―」(『越前町織田文化歴史館 研究紀要』第四集、越前町教育委員会、二〇一九年三月三十一日 所収)。

あとがき

本書は、これまで発表した古代の敦賀に関する論文・研究ノート・資料紹介をまとめたもので、昨年十一月に刊行した前著『泰澄和尚と古代越知山・白山信仰』（雄山閣）の続編に位置づけられる。各論考は公表の状況に応じて様式が異なり、その時々の関心にもとづき執筆したものであるので、その後の論考と内容的な重複もあった。しかし、基本的には旧稿をそのまま収録し、なかには一書として読みやすいように部分的に書き直し、ひとつの論考を分割して加筆したもの、旧稿同士を組み合わせたものもある。各編・附論・終編の関係は初出一覧に示し、修正・編集の度合いは末尾に付した。

さて思い返せば、私が福井をフィールドとするようになったのは、平成十年（一九九八）夏に白山信仰の祖である泰澄和尚について、学生たちで調べ始めたことがきっかけであった。縁あって平成十三年（二〇〇一）から朝日町に奉職し、念願叶って平成十四年（二〇〇二）年には、泰澄入寂の地とされる大谷寺遺跡の発掘調査を実施した。平成十五年（二〇〇三）からは泰澄をテーマとしたシンポジウムが始まり、平成十六年（二〇〇四）十一月には第二〇回国民文化祭プレ大会、平成十七年（二〇〇五）十月には全国の霊山をテーマとする国民文化祭の本大会を開催した。しかし、平成十七年（二〇〇五）二月の町村合併により越前町が誕生したこともあり、泰澄研究は沈静化し、町としては町内全域を対象とする文化財悉皆調査事業に移行していった。

五年間かけて分布調査を実施し、同時に越前町織田史（二〇〇六年刊行）の執筆に携わった。越前町織田文化歴史館の常設展示図録（二〇〇一年刊行）には、劔神社の神宮寺が日本最古級の創建ともあるので、その歴史に関心をもつとともに境内発掘への学的好奇心は高まっていった。当時の劔神社の田中範夫宮司と関係者のご理解もあり、発掘調査は平成二十二年（二〇一〇）夏に現実化した。発掘調査では多くの発見があり、驚きの連続であった。残念ながら小粕窯跡の瓦は出土しなかったが、「劔神社古絵図」（室町時代）にある御手洗川と殿池、建物の礎石や講堂に至る参道の一部などを確認した。奈良時代から近現代までの出土遺物の数々は、その壮大な歴史を物語っていた。

五年間という発掘調査のなかで、本書のテーマに関する研究上での御縁があった。平成二十三年（二〇一一）には、第一九回春日井シンポジウムにおいて氣比神宮と劔神社の神仏習合に関する事例報告の機会をいただき、平成二十五年（二〇一三）には歴史読本編集部から氣比神宮に関する執筆の依頼があった。同年には織田文化歴史館で企画展覧会「海は語る　ふくいの歴史を足元から探る」を担当し、翌年の二月には纒向学研究センターにおいて気比神に関する研究発表の機会をいただいた。そして平成二十七年（二〇一五）には劔神社から織田文化歴史館に梵鐘［国宝］の寄託がなされ、企画展覧会「神と仏　祈り・祟り・祀りの精神史」を開催し、神仏習合について考えるようになった。近年では、平成二十九年（二〇一七）の泰澄・白山開山一三〇〇年記念事業がきっかけで文献史学や仏教学の立場から検討し、第六・七章の論考に行き着いた。

本書の刊行で一段落と言いたいが、泰澄和尚と神宮寺創建の相関など興味関心は尽きない。劔神社に神宮寺が創建された奈良時代初期といえば、『泰澄和尚伝記』によれば泰澄が越知山で修行した時期にあたる。越知山山頂で奈良時代の須恵器が発見されたが、泰澄に関するものかどうかは特定できない。ただ、神宮寺の創建は自然発生というより、多度神宮寺に満願禅師、弥勒寺に法蓮和尚が関与したように、それを主導した人物が存在していた可能性は高いだろう。加えて、泰澄については梅原猛先生が『梅原猛「神と仏」対論集　第二巻　神仏のすみか』（角川書店、二〇〇六年）、『越知山泰澄の道』（越知山泰澄塾、二〇〇九年）などの書籍や国民文化祭の記念講演会で、神仏習合の祖だと再三述べられたが、神社境内に寺院を建てる発想が誰かの手により生まれたとしたら、泰澄のような山林修行者が想定できるかもしれない。今後、泰澄和尚と神仏習合の関係性が、いつの日か解明されることを切に願いたい。

最後に、本書をまとめることができたのは、森浩一先生の「福井に戻ったら継体天皇と泰澄和尚のことを取り組みなさい」（二〇〇〇年三月、同志社大学考古学研究室にて）、梅原猛先生の「泰澄のカケラを掘り起こせ」（いただいた色紙より）

という私への鼓舞激励が根底にあった。本書をご覧いただくことができない無念さは筆舌に尽くしがたい。そして合併後一四年の間には、田中範夫名誉宮司、上坂省一宮司をはじめとする劔神社の皆さまなど多くの方のお世話になり、越前町・越前町教育委員会をはじめとする数多くの関係機関に御教示・御協力をいただいた。この場を借りて心から感謝の気持ちを伝えたい。それから出版を快諾いただいた雄山閣と編集部の羽佐田真一氏に厚く御礼申し上げたい。

筆者記す

二〇一九年九月十一日

■著者紹介

堀　大介（ほり　だいすけ）

1973年、福井県鯖江市生まれ。2006年、同志社大学大学院文学研究科博士課程後期退学。博士（文化史学）。専門は日本古代史。現在、越前町織田文化歴史館 学芸員。著書に『地域政権の考古学的研究—古墳成立期の北陸を舞台として—』（雄山閣）、『泰澄和尚と古代越知山・白山信仰』（雄山閣）、『海は語る　ふくいの歴史を足元から探る』（越前町教育委員会）、『神と仏　祈り・祟り・祀りの精神史』（越前町教育委員会）、共著に『東海学が歴史を変える　弥生から伊勢平氏まで』（五月書房）、『東海学と日本文化　地域学をめざして』（五月書房）、『講座日本考古学 第5巻 弥生時代（上）』（青木書店）、『神社の古代史』（KADOKAWA）、『古代史研究の最前線　古代豪族』（洋泉社）、『異人探究　泰澄十一の疑問』（越前町教育委員会）などがある。

2019年12月10日　初版発行　　《検印省略》

古代《こだい》敦賀《つるが》の神々《かみがみ》と国家《こっか》

—古墳《こふん》の展開《てんかい》から神仏習合《しんぶつしゅうごう》の成立《せいりつ》まで—

著　者　堀　大介

発行者　宮田哲男

発行所　株式会社 雄山閣

東京都千代田区富士見2-6-9
TEL　03-3262-3231 / FAX　03-3262-6938
URL　http: //www.yuzankaku.co.jp
e-mail　info@yuzankaku.co.jp
振　替：00130-5-1685

印刷・製本　株式会社 ティーケー出版印刷

©Daisuke Hori 2019
Printed in Japan

ISBN978-4-639-02675-4　C1021
N.D.C.210　364p　22cm